Novels and Stories

Alexander Pushkin

Романы и повести

Александр С. Пушкин

Novels and Stories

Copyright © 2018 by Indo-European Publishing
All rights reserved.

ISNB: 978-1-60444-875-7

Романы и повести

© Индоевропейских Издание, 2018

ISNB: 978-1-60444-875-7

КАПИТАНСКАЯ ДОЧКА

ГЛАВА I

СЕРЖАНТ ГВАРДИИ

– Был бы гвардии он завтра ж капитан.
– Того не надобно; пусть в армии послужит.
– Изрядно сказано! пускай его потужит…
....
Да кто его отец?

Княжнин[1].

Отец мой, Андрей Петрович Гринев, в молодости своей служил при графе Минихе[2] и вышел в отставку премьер-майором[3] в 17… году. С тех пор жил он в своей Симбирской деревне, где и женился на девице Авдотье Васильевне Ю., дочери бедного тамошнего дворянина. Нас было девять человек детей. Все мои братья и сестры умерли во младенчестве.

Матушка была еще мною брюхата, как уже я был записан в Семеновский полк сержантом[4], по милости майора гвардии князя Б., близкого нашего родственника. Если б паче всякого чаяния матушка родила дочь, то батюшка объявил бы куда следовало о смерти неявившегося сержанта, и дело тем бы и кончилось. Я считался в отпуску до окончания наук. В то время воспитывались мы не по-нонешнему. С пятилетнего возраста отдан я был на руки стремянному[5] Савельичу, за

---

[1] Княжнин Я. Б. (1742–1791) – русский писатель, драматург.
[2] Миних Б. Х. (1683–1767) – военачальник и политический деятель, командовал русскими войсками в войне с Турцией в 1735–1739 годах.
[3] Премьер-майор– старинный офицерский чин (приблизительно соответствует должности командира батальона).
[4] В XVIII веке дворянские дети с малых лет приписывались к какому-либо полку. Пока они росли, их повышали в чинах.
[5] Стремянной – слуга, сопровождавший барина во время псовой охоты.

трезвое поведение пожалованному мне в дядьки⁶. Под его надзором на двенадцатом году выучился я русской грамоте и мог очень здраво судить о свойствах борзого кобеля. В это время батюшка нанял для меня француза, мосье Бопре, которого выписали из Москвы вместе с годовым запасом вина и прованского масла. Приезд его сильно не понравился Савельичу. «Слава богу, – ворчал он про себя, – кажется, дитя умыт, причесан, накормлен. Куда как нужно тратить лишние деньги и нанимать мусье, как будто и своих людей не стало!»

Бопре в отечестве своем был парикмахером, потом в Пруссии солдатом, потом приехал в Россию pour ^etre outchitel⁷, не очень понимая значение этого слова. Он был добрый малый, но ветрен и беспутен до крайности. Главною его слабостию была страсть к прекрасному полу; нередко за свои нежности получал он толчки, от которых охал по целым суткам. К тому же не был он (по его выражению) и врагом бутылки, то есть (говоря по-русски) любил хлебнуть лишнее. Но как вино подавалось у нас только за обедом, и то по рюмочке, причем учителя обыкновенно и обносили, то мой Бопре очень скоро привык к русской настойке и даже стал предпочитать ее винам своего отечества, как не в пример более полезную для желудка. Мы тотчас поладили, и хотя по контракту обязан он был учить меня по-французски, по-немецки и всем наукам, но он предпочел наскоро выучиться от меня кое-как болтать по-русски, – и потом каждый из нас занимался уже своим делом. Мы жили душа в душу. Другого ментора я и не желал. Но вскоре судьба нас разлучила, и вот по какому случаю.

Прачка Палашка, толстая и рябая девка, и кривая коровница Акулька как-то согласились в одно время кинуться матушке в ноги, винясь в преступной слабости и с плачем жалуясь на мусье, обольстившего их неопытность. Матушка шутить этим не любила и пожаловалась батюшке. У него расправа была коротка. Он тотчас потребовал каналью француза. Доложили, что мусье давал мне свой урок. Батюшка пошел в мою комнату. В это время Бопре спал на кровати сном невинности. Я был занят делом. Надобно знать, что для меня выписана была из Москвы географическая карта. Она висела на стене безо всякого употребления и давно соблазняла меня шириною и добротою бумаги. Я решился сделать из нее змей и, пользуясь сном Бопре, принялся за работу. Батюшка вошел в то самое время, как я прилаживал мочальный хвост к Мысу Доброй Надежды. Увидя мои упражнения в географии, батюшка дернул меня за

---

⁶ Дядька – слуга, приставленный к мальчику в дворянской семье.
⁷ Чтобы стать учителем. Русское слово учитель дано во французском написании для придания ему комического оттенка.

ухо, потом подбежал к Бопре, разбудил его очень неосторожно и стал осыпать укоризнами. Бопре в смятении хотел было привстать и не мог: несчастный француз был мертво пьян. Семь бед, один ответ. Батюшка за ворот приподнял его с кровати, вытолкал из дверей и в тот же день прогнал со двора, к неописанной радости Савельича. Тем и кончилось мое воспитание.

Я жил недорослем, гоняя голубей и играя в чехарду с дворовыми мальчишками. Между тем минуло мне шестнадцать лет. Тут судьба моя переменилась.

Однажды осенью матушка варила в гостиной медовое варенье, а я, облизываясь, смотрел на кипучие пенки. Батюшка у окна читал Придворный календарь[8], ежегодно им получаемый. Эта книга имела всегда сильное на него влияние: никогда не перечитывал он ее без особенного участия, и чтение это производило в нем всегда удивительное волнение желчи. Матушка, знавшая наизусть все его свычаи и обычаи, всегда старалась засунуть несчастную книгу как можно подалее, и таким образом Придворный календарь не попадался ему на глаза иногда по целым месяцам. Зато, когда он случайно его находил, то, бывало, по целым часам не выпускал уж из своих рук. Итак, батюшка читал Придворный календарь, изредка пожимая плечами и повторяя вполголоса: «Генерал-поручик!.. Он у меня в роте был сержантом!.. Обоих российских орденов кавалер!.. А давно ли мы...» Наконец батюшка швырнул календарь на диван и погрузился в задумчивость, не предвещавшую ничего доброго.

Вдруг он обратился к матушке: «Авдотья Васильевна, а сколько лет Петруше?»

– Да вот пошел семнадцатый годок, – отвечала матушка. – Петруша родился в тот самый год, как окривела тетушка Настасья Герасимовна, и когда еще...

«Добро, – прервал батюшка, – пора его в службу. Полно ему бегать по девичьим да лазить на голубятни».

Мысль о скорой разлуке со мною так поразила матушку, что она уронила ложку в кастрюльку и слезы потекли по ее лицу. Напротив того, трудно описать мое восхищение. Мысль о службе сливалась во мне с мыслями о свободе, об удовольствиях петербургской жизни. Я воображал себя офицером гвардии, что, по мнению моему, было верхом благополучия человеческого.

---

[8] Придворный календарь – (годы издания 1735–1917), помимо календарных и других сведений, содержал списки высших военных и гражданских чинов, роспись дворцовых приемов и пр.

Батюшка не любил ни переменять свои намерения, ни откладывать их исполнение. День отъезду моему был назначен. Накануне батюшка объявил, что намерен писать со мною к будущему моему начальнику, и потребовал пера и бумаги.

– Не забудь, Андрей Петрович, – сказала матушка, – поклониться и от меня князю Б.; я, дескать, надеюсь, что он не оставит Петрушу своими милостями.

– Что за вздор! – отвечал батюшка нахмурясь. – К какой стати стану я писать к князю Б.?

– Да ведь ты сказал, что изволишь писать к начальнику Петруши.

– Ну, а там что?

– Да ведь начальник Петрушин – князь Б. Ведь Петруша записан в Семеновский полк.

– Записан! А мне какое дело, что он записан? Петруша в Петербург не поедет. Чему научится он, служа в Петербурге? мотать да повесничать? Нет, пускай послужит он в армии, да потянет лямку, да понюхает пороху, да будет солдат, а не шаматон[9]. Записан в гвардии! Где его пашпорт? подай его сюда.

Матушка отыскала мой паспорт, хранившийся в ее шкатулке вместе с сорочкою, в которой меня крестили, и вручила его батюшке дрожащею рукою. Батюшка прочел его со вниманием, положил перед собою на стол и начал свое письмо.

Любопытство меня мучило: куда ж отправляют меня, если уж не в Петербург? Я не сводил глаз с пера батюшкина, которое двигалось довольно медленно. Наконец он кончил, запечатал письмо в одном пакете с паспортом, снял очки и, подозвав меня, сказал: «Вот тебе письмо к Андрею Карловичу Р., моему старинному товарищу и другу. Ты едешь в Оренбург служить под его начальством».

Итак, все мои блестящие надежды рушились! Вместо веселой петербургской жизни ожидала меня скука в стороне глухой и отдаленной. Служба, о которой за минуту думал я с таким восторгом, показалась мне тяжким несчастьем. Но спорить было нечего! На другой день поутру подвезена была к крыльцу дорожная кибитка; уложили в нее чемодан, погребец[10] с чайным прибором и узлы с булками и пирогами, последними знаками домашнего баловства. Родители мои благословили меня. Батюшка сказал мне: «Прощай, Петр. Служи верно, кому присягнешь; слушайся начальников; за их лаской не гоняйся; на службу не напрашивайся; от службы не отговаривайся; и помни пословицу: береги платье снову, а

---

[9] Шаматон (разг., устар.) – гуляка, шалопай, бездельник.
[10] Погребец (устар.) – дорожный сундучок для посуды и съестных припасов.

честь смолоду». Матушка в слезах наказывала мне беречь мое здоровье, а Савельичу смотреть за дитятей. Надели на меня заячий тулуп, а сверху лисью шубу. Я сел в кибитку с Савельичем и отправился в дорогу, обливаясь слезами.

В ту же ночь приехал я в Симбирск, где должен был пробыть сутки для закупки нужных вещей, что и было поручено Савельичу. Я остановился в трактире. Савельич с утра отправился по лавкам. Соскуча глядеть из окна на грязный переулок, я пошел бродить по всем комнатам. Вошед в биллиардную, увидел я высокого барина, лет тридцати пяти, с длинными черными усами, в халате, с кием в руке и с трубкой в зубах. Он играл с маркером, который при выигрыше выпивал рюмку водки, а при проигрыше должен был лезть под биллиард на четверинках. Я стал смотреть на их игру. Чем долее она продолжалась, тем прогулки на четверинках становились чаще, пока, наконец, маркер[11] остался под биллиардом. Барин произнес над ним несколько сильных выражений в виде надгробного слова и предложил мне сыграть партию. Я отказался по неумению. Это показалось ему, по-видимому, странным. Он поглядел на меня как бы с сожалением; однако мы разговорились. Я узнал, что его зовут Иваном Ивановичем Зуриным, что он ротмистр ** гусарского полку и находится в Симбирске при приеме рекрут[12], а стоит в трактире. Зурин пригласил меня отобедать с ним вместе чем бог послал, по-солдатски. Я с охотою согласился. Мы сели за стол. Зурин пил много и потчевал и меня, говоря, что надобно привыкать ко службе; он рассказывал мне армейские анекдоты, от которых я со смеху чуть не валялся, и мы встали из-за стола совершенными приятелями. Тут вызвался он выучить меня играть на биллиарде. «Это, – говорил он, – необходимо для нашего брата служивого. В походе, например, придешь в местечко – чем прикажешь заняться? Ведь не все же бить жидов. Поневоле пойдешь в трактир и станешь играть на биллиарде; а для того надобно уметь играть!» Я совершенно был убежден и с большим прилежанием принялся за учение. Зурин громко ободрял меня, дивился моим быстрым успехам и, после нескольких уроков, предложил мне играть в деньги, по одному грошу, не для выигрыша, а так, чтоб только не играть даром, что, по его словам, самая скверная привычка. Я согласился и на то, а Зурин велел подать пуншу и уговорил меня попробовать, повторяя, что к службе надобно мне привыкать; а без

---

[11] Маркер (фр.) – лицо, прислуживающее при бильярде.
[12] Рекрут (устар.) – солдат-новобранец, лицо только что призванное на военную службу. Здесь употребляется устарелая форма родительного падежа множественного числа (вместо рекрутов).

пуншу, что и служба! Я послушался его. Между тем игра наша продолжалась. Чем чаще прихлебывал я от моего стакана, тем становился отважнее. Шары поминутно летали у меня через борт; я горячился, бранил маркера, который считал бог ведает как, час от часу умножал игру, словом – вел себя как мальчишка, вырвавшийся на волю. Между тем время прошло незаметно. Зурин взглянул на часы, положил кий и объявил мне, что я проиграл сто рублей. Это меня немножко смутило. Деньги мои были у Савельича. Я стал извиняться. Зурин меня прервал: «Помилуй! Не изволь и беспокоиться. Я могу и подождать, а покамест поедем к Аринушке».

Что прикажете? День я кончил так же беспутно, как и начал. Мы отужинали у Аринушки. Зурин поминутно мне подливал, повторяя, что надобно к службе привыкать. Встав из-за стола, я чуть держался на ногах; в полночь Зурин отвез меня в трактир.

Савельич встретил нас на крыльце. Он ахнул, увидя несомненные признаки моего усердия к службе. «Что это, сударь, с тобою сделалось? – сказал он жалким голосом, – где ты это нагрузился? Ахти господи! отроду такого греха не бывало!» – «Молчи, хрыч! – отвечал я ему, запинаясь, – ты, верно, пьян, пошел спать… и уложи меня».

На другой день я проснулся с головною болью, смутно припоминая себе вчерашние происшествия. Размышления мои прерваны были Савельичем, вошедшим ко мне с чашкою чая. «Рано, Петр Андреич, – сказал он мне, качая головою, – рано начинаешь гулять. И в кого ты пошел? Кажется, ни батюшка, ни дедушка пьяницами не бывали; о матушке и говорить нечего: отроду, кроме квасу, в рот ничего не изволила брать. А кто всему виноват? проклятый мусье. То и дело, бывало, к Антипьевне забежит: «Мадам, же ву при, водкю»[13]. Вот тебе и же ву при! Нечего сказать: добру наставил, собачий сын. И нужно было нанимать в дядьки басурмана, как будто у барина не стало и своих людей!»

Мне было стыдно. Я отвернулся и сказал ему: «Поди вон, Савельич; я чаю не хочу». Но Савельича мудрено было унять, когда, бывало, примется за проповедь. «Вот видишь ли, Петр Андреич, каково подгуливать. И головке-то тяжело, и кушать-то не хочется. Человек пьющий ни на что не годен… Выпей-ка огуречного рассолу с медом, а всего бы лучше опохмелиться полстаканчиком настойки. Не прикажешь ли?»

В это время мальчик вошел и подал мне записку от И. И. Зурина. Я развернул ее и прочел следующие строки:

«Любезный Петр Андреевич, пожалуйста, пришли мне с моим

---

[13] Сударыня, я вас прошу (фр.).

мальчиком сто рублей, которые ты мне вчера проиграл. Мне крайняя нужда в деньгах.

Готовый ко услугам
Иван Зурин».

Делать было нечего. Я взял на себя вид равнодушный и, обратясь к Савельичу, который был и денег, и белья, и дел моих рачитель[14], приказал отдать мальчику сто рублей. «Как! зачем?» – спросил изумленный Савельич. «Я их ему должен», – отвечал я со всевозможной холодностью. «Должен! – возразил Савельич, час от часу приведенный в большее изумление, – да когда же, сударь, успел ты ему задолжать? Дело что-то не ладно. Воля твоя, сударь, а денег я не выдам».

Я подумал, что если в сию решительную минуту не переспорю упрямого старика, то уж в последствии времени трудно мне будет освободиться от его опеки, и, взглянув на него гордо, сказал: «Я твой господин, а ты мой слуга. Деньги мои. Я их проиграл, потому что так мне вздумалось. А тебе советую не умничать и делать то, что тебе приказывают».

Савельич так был поражен моими словами, что сплеснул руками и остолбенел. «Что же ты стоишь!» – закричал я сердито. Савельич заплакал. «Батюшка Петр Андреич, – произнес он дрожащим голосом, – не умори меня с печали. Свет ты мой! послушай меня, старика: напиши этому разбойнику, что ты пошутил, что у нас и денег-то таких не водится. Сто рублей! Боже ты милостивый! Скажи, что тебе родители крепко-накрепко заказали не играть, окроме как в орехи...» – «Полно врать, – прервал я строго, – подавай сюда деньги или я тебя взашеи прогоню».

Савельич поглядел на меня с глубокой горестью и пошел за моим долгом. Мне было жаль бедного старика; но я хотел вырваться на волю и доказать, что уж я не ребенок. Деньги были доставлены Зурину. Савельич поспешил вывезти меня из проклятого трактира. Он явился с известием, что лошади готовы. С неспокойной совестию и с безмолвным раскаянием выехал я из Симбирска, не простясь с моим учителем и не думая с ним уже когда-нибудь увидеться.

---

[14] И денег, и белья, и дел моих рачитель – цитата из стихотворения Д. И. Фонвизина «Послание к слугам моим». Рачитель (книжн., устар.) – человек, заботящийся о чем-либо, ведающий чем-либо.

ГЛАВА II

ВОЖАТЫЙ

Сторона ль моя, сторонушка,
Сторона незнакомая!
Что не сам ли я на тебя зашел,
Что не добрый ли да меня конь завез:
Завезла меня, доброго молодца,
Прытость, бодрость молодецкая
И хмелинушка кабацкая.

Старинная песня

Дорожные размышления мои были не очень приятны. Проигрыш мой, по тогдашним ценам, был немаловажен. Я не мог не признаться в душе, что поведение мое в симбирском трактире было глупо, и чувствовал себя виноватым перед Савельичем. Все это меня мучило. Старик угрюмо сидел на облучке[15], отворотясь от меня, и молчал, изредка только покрякивая. Я непременно хотел с ним помириться и не знал с чего начать. Наконец я сказал ему: «Ну, ну, Савельич! полно, помиримся, виноват; вижу сам, что виноват. Я вчера напроказил, а тебя напрасно обидел. Обещаюсь вперед вести себя умнее и слушаться тебя. Ну, не сердись; помиримся».

– Эх, батюшка Петр Андреич! – отвечал он с глубоким вздохом. – Сержусь-то я на самого себя; сам я кругом виноват. Как мне было оставлять тебя одного в трактире! Что делать? Грех попутал: вздумал забрести к дьячихе, повидаться с кумою. Так-то: зашел к куме, да засел в тюрьме. Беда да и только! Как покажусь я на глаза господам? что скажут они, как узнают, что дитя пьет и играет.

Чтоб утешить бедного Савельича, я дал ему слово впредь без его согласия не располагать ни одною копейкою. Он мало-помалу успокоился, хотя все еще изредка ворчал про себя, качая головою: «Сто рублей! легко ли дело!»

Я приближался к месту моего назначения. Вокруг меня простирались печальные пустыни, пересеченные холмами и оврагами. Все покрыто было снегом. Солнце садилось. Кибитка ехала по узкой дороге, или

---

[15] Облучок – сиденье для кучера в повозке.

точнее по следу, проложенному крестьянскими санями. Вдруг ямщик стал посматривать в сторону и, наконец, сняв шапку, оборотился ко мне и сказал: «Барин, не прикажешь ли воротиться?»

– Это зачем?

– Время ненадежно: ветер слегка подымается; вишь, как он сметает порошу.

– Что ж за беда!

– А видишь там что? (Ямщик указал кнутом на восток.)

– Я ничего не вижу, кроме белой степи да ясного неба.

– А вон – вон: это облачко.

Я увидел в самом деле на краю неба белое облачко, которое принял было сперва за отдаленный холмик. Ямщик изъяснил мне, что облачко предвещало буран.

Я слыхал о тамошних метелях и знал, что целые обозы бывали ими занесены. Савельич, согласно со мнением ямщика, советовал воротиться. Но ветер показался мне не силен; я понадеялся добраться заблаговременно до следующей станции и велел ехать скорее.

Ямщик поскакал; но все поглядывал на восток. Лошади бежали дружно. Ветер между тем час от часу становился сильнее. Облачко обратилось в белую тучу, которая тяжело подымалась, росла и постепенно облегала небо. Пошел мелкий снег – и вдруг повалил хлопьями. Ветер завыл; сделалась метель. В одно мгновение темное небо смешалось со снежным морем. Все исчезло. «Ну, барин, – закричал ямщик, – беда: буран!..»

Я выглянул из кибитки: все было мрак и вихорь. Ветер выл с такой свирепой выразительностью, что казался одушевленным; снег засыпал меня и Савельича; лошади шли шагом – и скоро стали. «Что же ты не едешь?» – спросил я ямщика с нетерпением. «Да что ехать? – отвечал он, слезая с облучка, – невесть и так куда заехали: дороги нет, и мгла кругом». Я стал было его бранить. Савельич за него заступился: «И охота было не слушаться, – говорил он сердито, – воротился бы на постоялый двор, накушался бы чаю, почивал бы себе до утра, буря б утихла, отправились бы далее. И куда спешим? Добро бы на свадьбу!» Савельич был прав. Делать было нечего. Снег так и валил. Около кибитки подымался сугроб. Лошади стояли, понуря голову и изредка вздрагивая. Ямщик ходил кругом, от нечего делать улаживая упряжь. Савельич ворчал; я глядел во все стороны, надеясь увидеть хоть признак жила или дороги, но ничего не мог различить, кроме мутного кружения метели… Вдруг увидел я что-то черное. «Эй, ямщик! – закричал я, – смотри: что там такое чернеется?» Ямщик стал всматриваться. «А бог знает, барин, – сказал он, садясь на свое место, – воз не воз, дерево не дерево, а кажется, что шевелится. Должно быть, или волк, или человек». Я приказал ехать на незнакомый предмет, который тотчас и стал подвигаться нам навстречу. Через две минуты мы поровнялись с человеком. «Гей, добрый человек! – закричал ему ямщик. – Скажи, не знаешь ли, где дорога?»

– Дорога-то здесь; я стою на твердой полосе, – отвечал дорожный, – да что толку?

– Послушай, мужичок, – сказал я ему, – знаешь ли ты эту сторону? Возьмешься ли ты довести меня до ночлега?

– Сторона мне знакомая, – отвечал дорожный, – слава богу, исхожена и изъезжена вдоль и поперек. Да вишь какая погода: как раз собьешься с дороги. Лучше здесь остановиться да переждать, авось буран утихнет да небо прояснится: тогда найдем дорогу по звездам.

Его хладнокровие ободрило меня. Я уж решился, предав себя божией воле, ночевать посреди степи, как вдруг дорожный сел проворно на облучок и сказал ямщику: «Ну, слава богу, жило недалеко; сворачивай вправо да поезжай».

– А почему ехать мне вправо? – спросил ямщик с неудовольствием. – Где ты видишь дорогу? Небось: лошади чужие, хомут не свой, погоняй не стой. – Ямщик казался мне прав. «В самом деле, – сказал я, – почему думаешь ты, что жило[16] недалече?» – «А потому, что ветер оттоле потянул, – отвечал дорожный, – и я слышу, дымом пахнуло; знать, деревня близко». Сметливость его и тонкость чутья меня изумили. Я велел ямщику ехать. Лошади тяжело ступали по глубокому снегу. Кибитка тихо подвигалась, то въезжая на сугроб, то обрушаясь в овраг и переваливаясь то на одну, то на другую сторону. Это похоже было на плавание судна по бурному морю. Савельич охал, поминутно толкаясь о мои бока. Я опустил циновку, закутался в шубу и задремал, убаюканный пением бури и качкою тихой езды.

Мне приснился сон, которого никогда не мог я позабыть и в котором до сих пор вижу нечто пророческое, когда соображаю[17] с ним странные обстоятельства моей жизни. Читатель извинит меня: ибо, вероятно, знает по опыту, как сродно человеку предаваться суеверию, несмотря на всевозможное презрение к предрассудкам.

Я находился в том состоянии чувств и души, когда существенность, уступая мечтаниям, сливается с ними в неясных видениях первосония. Мне казалось, буран еще свирепствовал и мы еще блуждали по снежной пустыне... Вдруг увидел я ворота и въехал на барский двор нашей усадьбы. Первою мыслию моею было опасение, чтоб батюшка не

---

[16] Жило (устар.) – жилье.
[17] Соображаю – здесь: сопоставляю, согласую.

прогневался на меня за невольное возвращение под кровлю родительскую и не почел бы его умышленным ослушанием. С беспокойством я выпрыгнул из кибитки и вижу: матушка встречает меня на крыльце с видом глубокого огорчения. «Тише, – говорит она мне, – отец болен при смерти и желает с тобою проститься». Пораженный страхом, я иду за нею в спальню. Вижу, комната слабо освещена; у постели стоят люди с печальными лицами. Я тихонько подхожу к постеле; матушка приподымает полог и говорит: «Андрей Петрович, Петруша приехал; он воротился, узнав о твоей болезни; благослови его». Я стал на колени и устремил глаза мои на больного. Что ж?.. Вместо отца моего, вижу в постеле лежит мужик с черной бородою, весело на меня поглядывая. Я в недоумении оборотился к матушке, говоря ей: «Что это значит? Это не батюшка. И к какой мне стати просить благословения у мужика?» – «Все равно, Петруша, – отвечала мне матушка, – это твой посаженый отец; поцелуй у него ручку, и пусть он тебя благословит...» Я не соглашался. Тогда мужик вскочил с постели, выхватил топор из-за спины и стал махать во все стороны. Я хотел бежать... и не мог; комната наполнилась мертвыми телами; я спотыкался о тела и скользил в кровавых лужах... Страшный мужик ласково меня кликал, говоря: «Не бойся, подойди под мое благословение...» Ужас и недоумение овладели мною... И в эту минуту я проснулся; лошади стояли; Савельич дергал меня за руку, говоря: «Выходи, сударь: приехали».

– Куда приехали? – спросил я, протирая глаза.

– На постоялый двор. Господь помог, наткнулись прямо на забор. Выходи, сударь, скорее да обогрейся.

Я вышел из кибитки. Буран еще продолжался, хотя с меньшею силою. Было так темно, что хоть глаз выколи. Хозяин встретил нас у ворот, держа фонарь под полою, и ввел меня в горницу, тесную, но довольно чистую; лучина освещала ее. На стене висела винтовка и высокая казацкая шапка.

Хозяин, родом яицкий казак, казался мужик лет шестидесяти, еще свежий и бодрый. Савельич внес за мною погребец, потребовал огня, чтоб готовить чай, который никогда так не казался мне нужен. Хозяин пошел хлопотать.

– Где же вожатый? – спросил я у Савельича. «Здесь, ваше благородие», – отвечал мне голос сверху. Я взглянул на полати и увидел черную бороду и два сверкающие глаза. «Что, брат, прозяб?» – «Как не прозябнуть в одном худеньком армяке! Был тулуп, да что греха таить? заложил вечор у целовальника:[18] мороз показался не велик». В эту минуту хозяин вошел с

---

[18] Целовальник (устар.) – продавец вина в питейных домах, кабаках.

кипящим самоваром; я предложил вожатому нашему чашку чаю; мужик слез с полатей. Наружность его показалась мне замечательна: он был лет сорока, росту среднего, худощав и широкоплеч. В черной бороде его показывалась проседь; живые большие глаза так и бегали. Лицо его имело выражение довольно приятное, но плутовское. Волоса были обстрижены в кружок; на нем был оборванный армяк и татарские шаровары. Я поднес ему чашку чаю; он отведал и поморщился. «Ваше благородие, сделайте мне такую милость, – прикажите поднести стакан вина; чай не наше казацкое питье». Я с охотой исполнил его желание. Хозяин вынул из ставца[19] штоф[20] и стакан, подошел к нему и, взглянув ему в лицо: «Эхе, – сказал он, – опять ты в нашем краю! Отколе бог принес?» Вожатый мой мигнул значительно и отвечал поговоркою: «В огород летал, конопли клевал; швырнула бабушка камушком – да мимо. Ну, а что ваши?».

– Да что наши! – отвечал хозяин, продолжая иносказательный разговор. – Стали было к вечерне звонить, да попадья не велит: поп в гостях, черти на погосте.

«Молчи, дядя, – возразил мой бродяга, – будет дождик, будут и грибки; а будут грибки, будет и кузов. А теперь (тут он мигнул опять) заткни топор за спину: лесничий ходит. Ваше благородие! за ваше здоровье!» – При сих словах он взял стакан, перекрестился и выпил одним духом. Потом поклонился мне и воротился на полати.

Я ничего не мог тогда понять из этого воровского разговора; но после уж догадался, что дело шло о делах Яицкого войска, в то время только что усмиренного после бунта 1772 года. Савельич слушал с видом большого неудовольствия. Он посматривал с подозрением то на хозяина, то на вожатого. Постоялый двор, или, по-тамошнему, умет, находился в стороне, в степи, далече от всякого селения, и очень походил на разбойническую пристань. Но делать было нечего. Нельзя было и подумать о продолжении пути. Беспокойство Савельича очень меня забавляло. Между тем я расположился ночевать и лег на лавку. Савельич решился убраться на печь; хозяин лег на полу. Скоро вся изба захрапела, и я заснул как убитый.

Проснувшись поутру довольно поздно, я увидел, что буря утихла. Солнце сияло. Снег лежал ослепительной пеленою на необозримой степи. Лошади были запряжены. Я расплатился с хозяином, который взял с нас такую умеренную плату, что даже Савельич с ним не заспорил и не стал торговаться по своему обыкновению, и вчерашние подозрения изгладились совершенно из головы его. Я позвал вожатого, благодарил за

---

[19] Ставец (устар.) – высокий шкаф для посуды.
[20] Штоф – бутыль (объемом 1/10 ведра).

оказанную помочь и велел Савельичу дать ему полтину на водку. Савельич нахмурился. «Полтину на водку! – сказал он, – за что это? За то, что ты же изволил подвезти его к постоялому двору? Воля твоя, сударь: нет у нас лишних полтин. Всякому давать на водку, так самому скоро придется голодать». Я не мог спорить с Савельичем. Деньги, по моему обещанию, находились в полном его распоряжении. Мне было досадно, однако ж, что не мог отблагодарить человека, выручившего меня если не из беды, то по крайней мере из очень неприятного положения. «Хорошо, – сказал я хладнокровно, – если не хочешь дать полтину, то вынь ему что-нибудь из моего платья. Он одет слишком легко. Дай ему мой заячий тулуп».

– Помилуй, батюшка Петр Андреич! – сказал Савельич. – Зачем ему твой заячий тулуп? Он его пропьет, собака, в первом кабаке.

– Это, старинушка, уж не твоя печаль, – сказал мой бродяга, – пропью ли я, или нет. Его благородие мне жалует шубу со своего плеча: его на то барская воля, а твое холопье дело не спорить и слушаться.

– Бога ты не боишься, разбойник! – отвечал ему Савельич сердитым голосом. – Ты видишь, что дитя еще не смыслит, а ты и рад его обобрать, простоты его ради. Зачем тебе барский тулупчик? Ты и не напялишь его на свои окаянные плечища.

– Прошу не умничать, – сказал я своему дядьке, – сейчас неси сюда тулуп.

– Господи владыко! – простонал мой Савельич. – Заячий тулуп почти новешенький! и добро бы кому, а то пьянице оголелому!

Однако заячий тулуп явился. Мужичок тут же стал его примеривать. В самом деле, тулуп, из которого успел и я вырасти, был немножко для него узок. Однако он кое-как умудрился и надел его, распоров по швам. Савельич чуть не завыл, услышав, как нитки затрещали. Бродяга был чрезвычайно доволен моим подарком. Он проводил меня до кибитки и сказал с низким поклоном: «Спасибо, ваше благородие! Награди вас господь за вашу добродетель. Век не забуду ваших милостей». – Он пошел в свою сторону, а я отправился далее, не обращая внимания на досаду Савельича, и скоро позабыл о вчерашней вьюге, о своем вожатом и о заячьем тулупе.

Приехав в Оренбург, я прямо явился к генералу. Я увидел мужчину росту высокого, но уже сгорбленного старостию. Длинные волосы его были совсем белы. Старый полинялый мундир напоминал воина времен Анны Иоанновны[21], а в его речи сильно отзывался немецкий выговор. Я подал ему письмо от батюшки. При имени его он взглянул на меня

---

[21] Анна Иоанновна (1693–1740) – русская царица.

быстро: «Поже мой! – сказал он. – Тавно ли, кажется, Андрей Петрович был еще твоих лет, а теперь вот уш какой у него молотец! Ах, фремя, фремя!» Он распечатал письмо и стал читать его вполголоса, делая свои замечания. «Милостивый государь Андрей Карлович, надеюсь, что ваше превосходительство»... Это что за серемонии? Фуй, как ему не софестно! Конечно: дисциплина перво дело, но так ли пишут к старому камрад?.. «ваше превосходительство не забыло»... гм... «и... когда... покойным фельдмаршалом Мин... походе... также и... Каролинку»... Эхе, брудер! так он еще помнит стары наши проказ? «Теперь о деле... К вам моего повесу»... гм... «держать в ежовых рукавицах»... Что такое ешовы рукавиц? Это, должно быть, русска поговорк... Что такое «дершать в ешовых рукавицах?» – повторил он, обращаясь ко мне.

– Это значит, – отвечал я ему с видом как можно более невинным, – обходиться ласково, не слишком строго, давать побольше воли, держать в ежовых рукавицах.

«Гм, понимаю... „и не давать ему воли" – нет, видно, ешовы рукавицы значит не то... „При сем... его паспорт"... Где ж он? А, вот... „отписать в Семеновский"... Хорошо, хорошо: все будет сделано... „Позволишь без чинов обнять себя и... старым товарищем и другом" – а! наконец догадался... и прочая и прочая... Ну, батюшка, – сказал он, прочитав письмо и отложив в сторону мой паспорт, – все будет сделано: ты будешь офицером переведен в полк, и чтоб тебе времени не терять, то завтра же поезжай в Белогорскую крепость, где ты будешь в команде капитана Миронова, доброго и честного человека. Там ты будешь на службе настоящей, научишься дисциплине. В Оренбурге делать тебе нечего; рассеяние вредно молодому человеку. А сегодня милости просим: отобедать у меня».

«Час от часу не легче! – подумал я про себя, – к чему послужило мне то, что еще в утробе матери я был уже гвардии сержантом! Куда это меня завело? В полк и в глухую крепость на границу киргиз-кайсацких степей!..» Я отобедал у Андрея Карловича, втроем с его старым адъютантом. Строгая немецкая экономия царствовала за его столом, и я думаю, что страх видеть иногда лишнего гостя за своею холостою трапезою был отчасти причиною поспешного удаления моего в гарнизон. На другой день я простился с генералом и отправился к месту моего назначения.

ГЛАВА III

КРЕПОСТЬ

Мы в фортеции живем,
Хлеб едим и воду пьем;
А как лютые враги
Придут к нам на пироги,
Зададим гостям пирушку:
Зарядим картечью пушку.

Солдатская песня

Белогорская крепость находилась в сорока верстах от Оренбурга. Дорога шла по крутому берегу Яика. Река еще не замерзала, и ее свинцовые волны грустно чернели в однообразных берегах, покрытых белым снегом. За ними простирались киргизские степи. Я погрузился в размышления, большею частию печальные. Гарнизонная жизнь мало имела для меня привлекательности. Я старался вообразить себе капитана Миронова, моего будущего начальника, и представлял его строгим, сердитым стариком, не знающим ничего, кроме своей службы, и готовым за всякую безделицу сажать меня под арест на хлеб и на воду. Между тем начало смеркаться. Мы ехали довольно скоро. «Далече ли до крепости?» – спросил я у своего ямщика. «Недалече, – отвечал он. – Вон уж видна». – Я глядел во все стороны, ожидая увидеть грозные бастионы, башни и вал; но ничего не видал, кроме деревушки, окруженной бревенчатым забором. С одной стороны стояли три или четыре скирда сена, полузанесенные снегом; с другой – скривившаяся мельница, с лубочными крыльями, лениво опущенными. «Где же крепость?» – спросил я с удивлением. «Да вот она», – отвечал ямщик, указывая на деревушку, и с этим словом мы в нее въехали. У ворот увидел я старую чугунную пушку; улицы были тесны и кривы; избы низки и большею частию покрыты соломою. Я велел ехать к коменданту, и через минуту кибитка остановилась перед деревянным домиком, выстроенным на высоком месте, близ деревянной же церкви.

Никто не встретил меня. Я пошел в сени и отворил дверь в переднюю. Старый инвалид, сидя на столе, нашивал синюю заплату на локоть зеленого мундира. Я велел ему доложить обо мне. «Войди, батюшка, –

отвечал инвалид, – наши дома». Я вошел в чистенькую комнатку, убранную по-старинному. В углу стоял шкаф с посудой; на стене висел диплом офицерский за стеклом и в рамке; около него красовались лубочные картинки, представляющие взятие Кистрина и Очакова[22], также выбор невесты и погребение кота. У окна сидела старушка в телогрейке и с платком на голове. Она разматывала нитки, которые держал, распялив на руках, кривой старичок в офицерском мундире. «Что вам угодно, батюшка?» – спросила она, продолжая свое занятие. Я отвечал, что приехал на службу и явился по долгу своему к господину капитану, и с этим словом обратился было к кривому старичку, принимая его за коменданта; но хозяйка перебила затверженную мною речь. «Ивана Кузмича дома нет, – сказала она, – он пошел в гости к отцу Герасиму; да все равно, батюшка, я его хозяйка. Прошу любить и жаловать. Садись, батюшка». Она кликнула девку и велела ей позвать урядника. Старичок своим одиноким глазом поглядывал на меня с любопытством. «Смею спросить, – сказал он, – вы в каком полку изволили служить?» Я удовлетворил его любопытству. «А смею спросить, – продолжал он, – зачем изволили вы перейти из гвардии в гарнизон?» Я отвечал, что такова была воля начальства. «Чаятельно, за неприличные гвардии офицеру поступки», – продолжал неутомимый вопрошатель. «Полно врать пустяки, – сказала ему капитанша, – ты видишь, молодой человек с дороги устал; ему не до тебя… (держи-ка руки прямее…). А ты, мой батюшка, – продолжала она, обращаясь ко мне, – не печалься, что тебя упекли в наше захолустье. Не ты первый, не ты последний. Стерпится, слюбится. Швабрин Алексей Иваныч вот уж пятый год как к нам переведен за смертоубийство. Бог знает, какой грех его попутал; он, изволишь видеть, поехал за город с одним поручиком, да взяли с собою шпаги, да и ну друг в друга пырять; а Алексей Иваныч и заколол поручика, да еще при двух свидетелях! Что прикажешь делать? На грех мастера нет».

В эту минуту вошел урядник, молодой и статный казак. «Максимыч! – сказала ему капитанша. – Отведи господину офицеру квартиру, да почище». – «Слушаю, Василиса Егоровна, – отвечал урядник. – Не поместить ли его благородие к Ивану Полежаеву?» – «Врешь, Максимыч, – сказала капитанша, – у Полежаева и так тесно; он же мне кум и помнит, что мы его начальники. Отведи господина офицера… как ваше имя и отчество, мой батюшка? Петр Андреич?.. Отведи Петра Андреича к Семену Кузову. Он, мошенник, лошадь свою пустил ко мне в огород. Ну, что, Максимыч, все ли благополучно?»

---

[22] Кистрин (Кюстрин) – русская крепость. Очаков – турецкая крепость. Взяты русскими войсками; первая – в 1758 году, вторая – в 1737 году.

– Все, слава богу, тихо, – отвечал казак, – только капрал Прохоров подрался в бане с Устиньей Негулиной за шайку горячей воды.

– Иван Игнатьич! – сказала капитанша кривому старичку. – Разбери Прохорова с Устиньей, кто прав, кто виноват. Да обоих и накажи. Ну, Максимыч, ступай себе с богом. Петр Андреич, Максимыч отведет вас на вашу квартиру.

Я откланялся. Урядник привел меня в избу, стоявшую на высоком берегу реки, на самом краю крепости. Половина избы занята была семьею Семена Кузова, другую отвели мне. Она состояла из одной горницы довольно опрятной, разделенной надвое перегородкой. Савельич стал в ней распоряжаться; я стал глядеть в узенькое окошко. Передо мною простиралась печальная степь. Наискось стояло несколько избушек; по улице бродило несколько куриц. Старуха, стоя на крыльце с корытом, кликала свиней, которые отвечали ей дружелюбным хрюканьем. И вот в какой стороне осужден я был проводить мою молодость! Тоска взяла меня; я отошел от окошка и лег спать без ужина, несмотря на увещания Савельича, который повторял с сокрушением: «Господи владыко! ничего кушать не изволит! Что скажет барыня, коли дитя занеможет?»

На другой день поутру я только что стал одеваться, как дверь отворилась, и ко мне вошел молодой офицер невысокого роста, с лицом смуглым и отменно некрасивым, но чрезвычайно живым. «Извините меня, – сказал он мне по-французски, – что я без церемонии прихожу с вами познакомиться. Вчера узнал я о вашем приезде; желание увидеть, наконец, человеческое лицо так овладело мною, что я не вытерпел. Вы это поймете, когда проживете здесь еще несколько времени». Я догадался, что это был офицер, выписанный из гвардии за поединок. Мы тотчас познакомились. Швабрин был очень не глуп. Разговор его был остер и занимателен. Он с большой веселостию описал мне семейство коменданта, его общество и край, куда завела меня судьба. Я смеялся от чистого сердца, как вошел ко мне тот самый инвалид, который чинил мундир в передней коменданта, и от имени Василисы Егоровны позвал меня к ним обедать. Швабрин вызвался идти со мною вместе.

Подходя к комендантскому дому, мы увидели на площадке человек двадцать стареньких инвалидов с длинными косами и в треугольных шляпах. Они выстроены были во фрунт. Впереди стоял комендант, старик бодрый и высокого росту, в колпаке и в китайчатом халате. Увидя нас, он к нам подошел, сказал мне несколько ласковых слов и стал опять командовать. Мы остановились было смотреть на учение; но он просил нас идти к Василисе Егоровне, обещаясь быть вслед за нами. «А здесь, – прибавил он, – нечего вам смотреть».

Василиса Егоровна приняла нас запросто и радушно и обошлась со мною как бы век была знакома. Инвалид и Палашка накрывали стол. «Что это мой Иван Кузмич сегодня так заучился! – сказала комендантша. – Палашка, позови барина обедать. Да где же Маша?» – Тут вошла девушка лет осьмнадцати, круглолицая, румяная, с светло-русыми волосами, гладко зачесанными за уши, которые у нее так и горели. С первого взгляда она не очень мне понравилась. Я смотрел на нее с предубеждением: Швабрин описал мне Машу, капитанскую дочь, совершенною дурочкою. Марья Ивановна села в угол и стала шить. Между тем подали щи. Василиса Егоровна, не видя мужа, вторично послала за ним Палашку. «Скажи барину: гости-де ждут, щи простынут; слава богу, ученье не уйдет; успеет накричаться». – Капитан вскоре явился, сопровождаемый кривым старичком. «Что это, мой батюшка? – сказала ему жена. – Кушанье давным-давно подано, а тебя не дозовешься». – «А слышь ты, Василиса Егоровна, – отвечал Иван Кузмич, – я был занят службой: солдатушек учил». – «И, полно! – возразила капитанша. – Только слава, что солдат учишь: ни им служба не дается, ни ты в ней толку не ведаешь. Сидел бы дома да богу молился; так было бы лучше. Дорогие гости, милости просим за стол».

Мы сели обедать. Василиса Егоровна не умолкала ни на минуту и осыпала меня вопросами: кто мои родители, живы ли они, где живут и каково их состояние? Услыша, что у батюшки триста душ крестьян, «легко ли! – сказала она, – ведь есть же на свете богатые люди! А у нас, мой батюшка, всего-то душ одна девка Палашка, да слава богу, живем помаленьку. Одна беда: Маша; девка на выданье, а какое у ней приданое? частый гребень, да веник, да алтын денег (прости бог!), с чем в баню сходить. Хорошо, коли найдется добрый человек; а то сиди себе в девках вековечной невестою». – Я взглянул на Марью Ивановну; она вся покраснела, и даже слезы капнули на ее тарелку. Мне стало жаль ее, и я спешил переменить разговор. «Я слышал, – сказал я довольно некстати, – что на вашу крепость собираются напасть башкирцы». – «От кого, батюшка, ты изволил это слышать?» – спросил Иван Кузмич. «Мне так сказывали в Оренбурге», – отвечал я. «Пустяки! – сказал комендант. – У нас давно ничего не слыхать. Башкирцы – народ напуганный, да и киргизцы проучены. Небось на нас не сунутся; а насунутся, так я такую задам острастку, что лет на десять угомоню». – «И вам не страшно, – продолжал я, обращаясь к капитанше, – оставаться в крепости, подверженной таким опасностям?» – «Привычка, мой батюшка, – отвечала она. – Тому лет двадцать как нас из полка перевели сюда, и не приведи господи, как я боялась проклятых этих нехристей! Как завижу, бывало, рысьи шапки, да как заслышу их визг, веришь ли, отец мой, сердце так и замрет! А теперь так привыкла, что и с места не тронусь, как придут нам сказать, что злодеи около крепости рыщут».

— Василиса Егоровна прехрабрая дама, — заметил важно Швабрин. — Иван Кузмич может это засвидетельствовать.

— Да, слышь ты, — сказал Иван Кузмич, — баба-то не робкого десятка.

— А Марья Ивановна? — спросил я, — так же ли смела, как и вы?

— Смела ли Маша? — отвечала ее мать. — Нет, Маша трусиха. До сих пор не может слышать выстрела из ружья: так и затрепещется. А как тому два года Иван Кузмич выдумал в мои именины палить из нашей пушки, так она, моя голубушка, чуть со страха на тот свет не отправилась. С тех пор уж и не палим из проклятой пушки.

Мы встали из-за стола. Капитан с капитаншею отправились спать; а я пошел к Швабрину, с которым и провел целый вечер.

ГЛАВА IV

ПОЕДИНОК

— Ин изволь, и стань же в позитуру[23].
Посмотришь, проколю как я твою фигуру!

Княжнин

Прошло несколько недель, и жизнь моя в Белогорской крепости сделалась для меня не только сносною, но даже и приятною. В доме коменданта был я принят как родной. Муж и жена были люди самые почтенные. Иван Кузмич, вышедший в офицеры из солдатских детей, был человек необразованный и простой, но самый честный и добрый. Жена его им управляла, что согласовалось с его беспечностию. Василиса Егоровна и на дела службы смотрела, как на свои хозяйские, и управляла крепостию так точно, как и своим домком. Марья Ивановна скоро перестала со мною дичиться. Мы познакомились. Я в ней нашел благоразумную и чувствительную девушку. Незаметным образом я привязался к доброму семейству, даже к Ивану Игнатьичу, кривому гарнизонному поручику, о котором Швабрин выдумал, будто бы он был в

---

[23] Позитура — поза, положение, принимаемое при дуэли на шпагах.

непозволительной связи с Василисой Егоровной, что не имело и тени правдоподобия; но Швабрин о том не беспокоился.

Я был произведен в офицеры. Служба меня не отягощала. В богоспасаемой крепости не было ни смотров, ни учений, ни караулов. Комендант по собственной охоте учил иногда своих солдат; но еще не мог добиться, чтобы все они знали, которая сторона правая, которая левая, хотя многие из них, дабы в том не ошибиться, перед каждым оборотом клали на себя знамение креста. У Швабрина было несколько французских книг. Я стал читать, и во мне пробудилась охота к литературе. По утрам я читал, упражнялся в переводах, а иногда и в сочинении стихов. Обедал почти всегда у коменданта, где обыкновенно проводил остаток дня и куда вечерком иногда являлся отец Герасим с женою Акулиной Памфиловной, первою вестовщицею[24] во всем околодке. С А. И. Швабриным, разумеется, виделся я каждый день; но час от часу беседа его становилась для меня менее приятною. Всегдашние шутки его насчет семьи коменданта мне очень не нравились, особенно колкие замечания о Марье Ивановне. Другого общества в крепости не было, но я другого и не желал.

Несмотря на предсказания, башкирцы не возмущались. Спокойствие царствовало вокруг нашей крепости. Но мир был прерван незапным междуусобием.

Я уже сказывал, что я занимался литературою. Опыты мои, для тогдашнего времени, были изрядны, и Александр Петрович Сумароков, несколько лет после, очень их похвалял. Однажды удалось мне написать песенку, которой был я доволен. Известно, что сочинители иногда, под видом требования советов, ищут благосклонного слушателя. Итак, переписав мою песенку, я понес ее к Швабрину, который один во всей крепости мог оценить произведения стихотворца. После маленького предисловия вынул я из кармана свою тетрадку и прочел ему следующие стишки:

Мысль любовну истребляя,
Тщусь[25] прекрасную забыть,
И ах, Машу избегая,
Мышлю вольность получить!

Но глаза, что мя пленили,
Всеминутно предо мной;

---

[24] Вестовщица (устар.) – любительница рассказывать новости.
[25] Тщусь (устар.) – напрасно стараюсь.

Они дух во мне смутили,
Сокрушили мой покой.

Ты, узнав мои напасти,
Сжалься, Маша, надо мной;
Зря[26] меня в сей лютой части
И что я пленен тобой.

– Как ты это находишь? – спросил я Швабрина, ожидая похвалы, как дани, мне непременно следуемой. Но, к великой моей досаде, Швабрин, обыкновенно снисходительный, решительно объявил, что песня моя нехороша.

– Почему так? – спросил я его, скрывая свою досаду.

– Потому, – отвечал он, – что такие стихи достойны учителя моего, Василия Кирилыча Тредьяковского, и очень напоминают мне его любовные куплетцы.

Тут он взял от меня тетрадку и начал немилосердно разбирать каждый стих и каждое слово, издеваясь надо мной самым колким образом. Я не вытерпел, вырвал из рук его мою тетрадку и сказал, что уж отроду не покажу ему своих сочинений. Швабрин посмеялся и над этой угрозою. «Посмотрим, – сказал он, – сдержишь ли ты свое слово: стихотворцам нужен слушатель, как Ивану Кузмичу графинчик водки перед обедом. А кто эта Маша, перед которой изъясняешься в нежной страсти и в любовной напасти? Уж не Марья ль Ивановна?»

– Не твое дело, – отвечал я нахмурясь, – кто бы ни была эта Маша. Не требую ни твоего мнения, ни твоих догадок.

– Ого! Самолюбивый стихотворец и скромный любовник! – продолжал Швабрин, час от часу более раздражая меня, – но послушай дружеского совета: коли ты хочешь успеть, то советую действовать не песенками.

– Что это, сударь, значит? Изволь объясниться.

– С охотою. Это значит, что ежели хочешь, чтоб Маша Миронова ходила к тебе в сумерки, то вместо нежных стишков подари ей пару серег.

Кровь моя закипела. «А почему ты об ней такого мнения?» – спросил я, с трудом удерживая свое негодование.

– А потому, – отвечал он с адской усмешкою, – что знаю по опыту ее нрав и обычай.

– Ты лжешь, мерзавец! – вскричал я в бешенстве, – ты лжешь самым бесстыдным образом.

Швабрин переменился в лице. «Это тебе так не пройдет, – сказал он, стиснув мне руку. – Вы мне дадите сатисфакцию».

---

[26] Зря (устар.) – видя.

— Изволь; когда хочешь! — отвечал я, обрадовавшись. В эту минуту я готов был растерзать его.

Я тотчас отправился к Ивану Игнатьичу и застал его с иголкою в руках: по препоручению комендантши он нанизывал грибы для сушения на зиму. «А, Петр Андреич! — сказал он, увидя меня, — добро пожаловать! Как это вас бог принес? по какому делу, смею спросить?» Я в коротких словах объяснил ему, что я поссорился с Алексеем Иванычем, а его, Ивана Игнатьича, прошу быть моим секундантом. Иван Игнатьич выслушал меня со вниманием, вытаращи на меня свой единственный глаз. «Вы изволите говорить, — сказал он мне, — что хотите Алексея Иваныча заколоть и желаете, чтоб я при том был свидетелем? Так ли? смею спросить».

— Точно так.

— Помилуйте, Петр Андреич! Что это вы затеяли! Вы с Алексеем Иванычем побранились? Велика беда! Брань на вороту не виснет. Он вас побранил, а вы его выругайте; он вас в рыло, а вы его в ухо, в другое, в третье — и разойдитесь; а мы вас уж помирим. А то: доброе ли дело заколоть своего ближнего, смею спросить? И добро б уж закололи вы его: бог с ним, с Алексеем Иванычем; я и сам до него не охотник. Ну, а если он вас просверлит? На что это будет похоже? Кто будет в дураках, смею спросить?

Рассуждения благоразумного поручика не поколебали меня. Я остался при своем намерении. «Как вам угодно, — сказал Иван Игнатьич, — делайте, как разумеете. Да зачем же мне тут быть свидетелем? К какой стати? Люди дерутся, что за невидальщина, смею спросить? Слава богу, ходил я под шведа и под турку: всего насмотрелся».

Я кое-как стал изъяснять ему должность секунданта, но Иван Игнатьич никак не мог меня понять. «Воля ваша, — сказал он. — Коли уж мне и вмешаться в это дело, так разве пойти к Ивану Кузмичу да донести ему по долгу службы, что в фортеции умышляется злодейство, противное казенному интересу: не благоугодно ли будет господину коменданту принять надлежащие меры…»

Я испугался и стал просить Ивана Игнатьича ничего не сказывать коменданту; насилу его уговорил; он дал мне слово, и я решился от него отступиться.

Вечер провел я, по обыкновению своему, у коменданта. Я старался казаться веселым и равнодушным, дабы не подать никакого подозрения и избегнуть докучных вопросов; но признаюсь, я не имел того хладнокровия, которым хвалятся почти всегда те, которые находились в моем положении. В этот вечер я расположен был к нежности и к умилению. Марья Ивановна нравилась мне более обыкновенного. Мысль, что, может быть, вижу ее в последний раз, придавала ей в моих глазах что-то трогательное. Швабрин явился тут же. Я отвел его в сторону и уведомил его о своем разговоре с Иваном Игнатьичем. «Зачем нам секунданты, – сказал он мне сухо, – без них обойдемся». Мы условились драться за скирдами, что находились подле крепости, и явиться туда на другой день в седьмом часу утра. Мы разговаривали, по-видимому, так дружелюбно, что Иван Игнатьич от радости проболтался. «Давно бы так, – сказал он мне с довольным видом, – худой мир лучше доброй ссоры, а и нечестен, так здоров».

– Что, что, Иван Игнатьич? – сказала комендантша, которая в углу гадала в карты, – я не вслушалась.

Иван Игнатьич, заметив во мне знаки неудовольствия и вспомня свое обещание, смутился и не знал, что отвечать. Швабрин подоспел ему на помощь.

– Иван Игнатьич, – сказал он, – одобряет нашу мировую.
– А с кем это, мой батюшка, ты ссорился?
– Мы было поспорили довольно крупно с Петром Андреичем.
– За что так?
– За сущую безделицу: за песенку, Василиса Егоровна.
– Нашли за что ссориться! за песенку!.. да как же это случилось?
– Да вот как: Петр Андреич сочинил недавно песню и сегодня запел ее при мне, а я затянул мою любимую:

Капитанская дочь,

Не ходи гулять в полночь.

Вышла разладица. Петр Андреич было и рассердился; но потом рассудил, что всяк волен петь, что кому угодно. Тем и дело кончилось.

Бесстыдство Швабрина чуть меня не взбесило; но никто, кроме меня, не понял грубых его обиняков; по крайней мере никто не обратил на них внимания. От песенок разговор обратился к стихотворцам, и комендант заметил, что все они люди беспутные и горькие пьяницы, и дружески советовал мне оставить стихотворство, как дело службе противное и ни к чему доброму не доводящее.

Присутствие Швабрина было мне несносно. Я скоро простился с комендантом и с его семейством; пришед домой, осмотрел свою шпагу, попробовал ее конец и лег спать, приказав Савельичу разбудить меня в седьмом часу.

На другой день в назначенное время я стоял уже за скирдами, ожидая моего противника. Вскоре и он явился. «Нас могут застать, – сказал он мне, – надобно поспешить». Мы сняли мундиры, остались в одних камзолах и обнажили шпаги. В эту минуту из-за скирда вдруг появился Иван Игнатьич и человек пять инвалидов. Он потребовал нас к коменданту. Мы повиновались с досадою; солдаты нас окружили, и мы отправились в крепость вслед за Иваном Игнатьичем, который вел нас в торжестве, шагая с удивительной важностию.

Мы вошли в комендантский дом. Иван Игнатьич отворил двери, провозгласив торжественно: «Привел!» Нас встретила Василиса Егоровна. «Ах, мои батюшки! На что это похоже? как? что? в нашей крепости заводить смертоубийство! Иван Кузмич, сейчас их под арест! Петр Андреич! Алексей Иваныч! подавайте сюда ваши шпаги, подавайте, подавайте. Палашка, отнеси эти шпаги в чулан. Петр Андреич! Этого я от тебя не ожидала. Как тебе не совестно? Добро Алексей Иваныч: он за душегубство и из гвардии выписан, он и в господа бога не верует; а ты-то что? туда же лезешь?»

Иван Кузмич вполне соглашался с своею супругою и приговаривал: «А слышь ты, Василиса Егоровна правду говорит. Поединки формально запрещены в воинском артикуле». Между тем Палашка взяла у нас наши шпаги и отнесла в чулан. Я не мог не засмеяться. Швабрин сохранил свою важность. «При всем моем уважении к вам, – сказал он ей хладнокровно, – не могу не заметить, что напрасно вы изволите беспокоиться, подвергая нас вашему суду. Предоставьте это Ивану Кузмичу: это его дело». – «Ах! мой батюшка! – возразила комендантша, – да разве муж и жена не един дух и едина плоть? Иван Кузмич! Что ты зеваешь? Сейчас рассади их по разным углам на хлеб да на воду, чтоб у них дурь-то прошла; да пусть отец Герасим наложит на них эпитимию[27], чтоб молили у бога прощения да каялись перед людьми».

Иван Кузмич не знал, на что решиться. Марья Ивановна была чрезвычайно бледна. Мало-помалу буря утихла; комендантша успокоилась и заставила нас друг друга поцеловать. Палашка принесла нам наши шпаги. Мы вышли от коменданта по-видимому примиренные. Иван Игнатьич нас сопровождал. «Как вам не стыдно было, – сказал я ему сердито, – доносить на нас коменданту после того, как дали мне слово того не делать!» – «Как бог свят, я Ивану Кузмичу того не говорил, – ответил он, – Василиса Егоровна выведала все от меня. Она всем и распорядилась без ведома коменданта. Впрочем, слава богу, что все так кончилось». С этим словом он повернул домой, а Швабрин и я остались наедине. «Наше дело этим кончиться не может», – сказал я ему. «Конечно, – отвечал Швабрин, – вы своею кровью будете отвечать мне за вашу дерзость; но за нами, вероятно, станут присматривать. Несколько дней нам должно будет притворяться. До свидания!» И мы расстались, как ни в чем не бывали.

---

[27] Эпитимия – церковное наказание.

Возвратясь к коменданту, я, по обыкновению своему, подсел к Марье Ивановне. Ивана Кузмича не было дома; Василиса Егоровна занята была хозяйством. Мы разговаривали вполголоса. Марья Ивановна с нежностью выговаривала мне за беспокойство, причиненное всем моею ссорою со Швабриным. «Я так и обмерла, – сказала она, – когда сказали нам, что вы намерены биться на шпагах. Как мужчины странны! За одно слово, о котором через неделю верно б они позабыли, они готовы резаться и жертвовать не только жизнию, но и совестию, и благополучием тех, которые… Но я уверена, что не вы зачинщик ссоры. Верно, виноват Алексей Иваныч».

– А почему же вы так думаете, Марья Ивановна?

– Да так… он такой насмешник! Я не люблю Алексея Иваныча. Он очень мне противен; а странно: ни за что б я не хотела, чтоб и я ему так же не нравилась. Это меня беспокоило бы страх.

– А как вы думаете, Марья Ивановна? Нравитесь ли вы ему или нет?

Марья Ивановна заикнулась и покраснела.

– Мне кажется, – сказала она, – я думаю, что нравлюсь.

– Почему же вам так кажется?

– Потому что он за меня сватался.

– Сватался! Он за вас сватался? Когда же?

– В прошлом году. Месяца два до вашего приезда.

– И вы не пошли?

– Как изволите видеть. Алексей Иваныч, конечно, человек умный, и хорошей фамилии, и имеет состояние; но как подумаю, что надобно будет под венцом при всех с ним поцеловаться… Ни за что! ни за какие благополучия!

Слова Марьи Ивановны открыли мне глаза и объяснили мне многое. Я понял упорное злоречие, которым Швабрин ее преследовал. Вероятно, замечал он нашу взаимную склонность и старался отвлечь нас друг от друга. Слова, подавшие повод к нашей ссоре, показались мне еще более гнусными, когда, вместо грубой и непристойной насмешки, увидел я в них обдуманную клевету. Желание наказать дерзкого злоязычника сделалось во мне еще сильнее, и я с нетерпением стал ожидать удобного случая.

Я дожидался недолго. На другой день, когда сидел я за элегией и грыз перо в ожидании рифмы, Швабрин постучал под моим окошком. Я оставил перо, взял шпагу и к нему вышел. «Зачем откладывать? – сказал мне Швабрин, – за нами не смотрят. Сойдем к реке. Там никто нам не помешает». Мы отправились молча. Спустясь по крутой тропинке, мы остановились у самой реки и обнажили шпаги. Швабрин был искуснее меня, но я сильнее и смелее, и monsieur Бопре, бывший некогда солдатом, дал мне несколько уроков в фехтовании, которыми я и воспользовался. Швабрин не ожидал найти во мне столь опасного противника. Долго мы не могли сделать друг другу никакого вреда; наконец, приметя, что Швабрин ослабевает, я стал с живостию на него наступать и загнал его почти в самую реку. Вдруг услышал я свое имя, громко произнесенное. Я оглянулся и увидел Савельича, сбегающего ко мне по нагорной тропинке… В это самое время меня сильно кольнуло в грудь пониже правого плеча; я упал и лишился чувств.

ГЛАВА V

ЛЮБОВЬ

Ах ты, девка, девка красная!
Не ходи, девка, молода замуж;
Ты спроси, девка, отца, матери,
Отца, матери, роду-племени;
Накопи, девка, ума-разума,
Ума-разума, приданова.

Песня народная

Буде лучше меня найдешь, позабудешь,
Если хуже меня найдешь, воспомянешь.
То же

Очнувшись, я несколько времени не мог опомниться и не понимал, что со мною сделалось. Я лежал на кровати, в незнакомой горнице, и чувствовал большую слабость. Передо мною стоял Савельич со свечкою в руках. Кто-то бережно развивал перевязи, которыми грудь и плечо были у меня стянуты. Мало-помалу мысли мои прояснились. Я вспомнил свой поединок и догадался, что был ранен. В эту минуту скрыпнула дверь. «Что? Каков?» – произнес пошепту голос, от которого я затрепетал. «Все в одном положении, – отвечал Савельич со вздохом, – все без памяти, вот уже пятые сутки». Я хотел оборотиться, но не мог. «Где я? кто здесь?» – сказал я с усилием. Марья Ивановна подошла к моей кровати и наклонилась ко мне. «Что? как вы себя чувствуете?» – сказала она. «Слава богу, – отвечал я слабым голосом. – Это вы, Марья Ивановна? скажите мне…» – я не в силах был продолжать и замолчал. Савельич ахнул. Радость изобразилась на его лице. «Опомнился! опомнился! – повторял он. – Слава тебе, владыко! Ну, батюшка Петр Андреич! напугал ты меня! легко ли? пятые сутки!..» Марья Ивановна перервала его речь. «Не говори с ним много, Савельич, – сказала она. – Он еще слаб». Она вышла и тихонько притворила дверь. Мысли мои волновались. Итак, я был в доме коменданта, Марья Ивановна входила ко мне. Я хотел сделать Савельичу некоторые вопросы, но старик замотал головою и заткнул себе уши. Я с досадою закрыл глаза и вскоре забылся сном.

Проснувшись, подозвал я Савельича и вместо его увидел перед собою Марью Ивановну; ангельский голос ее меня приветствовал. Не могу выразить сладостного чувства, овладевшего мною в эту минуту. Я схватил ее руку и прильнул к ней, обливая слезами умиления. Маша не отрывала ее… и вдруг ее губки коснулись моей щеки, и я почувствовал их жаркий и свежий поцелуй. Огонь пробежал по мне. «Милая, добрая Марья Ивановна, – сказал я ей, – будь моею женою, согласись на мое счастие». – Она опомнилась. «Ради бога успокойтесь, – сказала она, отняв у меня свою руку. – Вы еще в опасности: рана может открыться. Поберегите себя хоть для меня». С этим словом она ушла, оставя меня в упоении восторга. Счастие воскресило меня. Она будет моя! она меня любит! Эта мысль наполняла все мое существование.

С той поры мне час от часу становилось лучше. Меня лечил полковой цирюльник, ибо в крепости другого лекаря не было, и, слава богу, не умничал. Молодость и природа ускорили мое выздоровление. Все семейство коменданта за мною ухаживало. Марья Ивановна от меня не отходила. Разумеется, при первом удобном случае я принялся за прерванное объяснение, и Марья Ивановна выслушала меня терпеливее. Она безо всякого жеманства призналась мне в сердечной склонности и сказала, что ее родители, конечно, рады будут ее счастию. «Но подумай хорошенько, – прибавила она, – со стороны твоих родных не будет ли препятствия?»

Я задумался. В нежности матушкиной я не сумневался; но, зная нрав и образ мыслей отца, я чувствовал, что любовь моя не слишком его тронет и что он будет на нее смотреть как на блажь молодого человека. Я чистосердечно признался в том Марье Ивановне и решился, однако, писать к батюшке как можно красноречивее, прося родительского благословения. Я показал письмо Марье Ивановне, которая нашла его столь убедительным и трогательным, что не сомневалась в успехе его и предалась чувствам нежного своего сердца со всею доверчивостию молодости и любви.

Со Швабриным я помирился в первые дни моего выздоровления. Иван Кузмич, выговаривая мне за поединок, сказал мне: «Эх, Петр Андреич! надлежало бы мне посадить тебя под арест, да ты уж и без того наказан. А Алексей Иваныч у меня таки сидит в хлебном магазине под караулом, и шпага его под замком у Василисы Егоровны. Пускай он себе надумается да раскается». Я слишком был счастлив, чтоб хранить в сердце чувство неприязненное. Я стал просить за Швабрина, и добрый комендант, с согласия своей супруги, решился его освободить. Швабрин пришел ко мне; он изъявил глубокое сожаление о том, что случилось между нами; признался, что был кругом виноват, и просил меня забыть о прошедшем. Будучи от природы не злопамятен, я искренно простил ему и нашу ссору, и рану, мною от него полученную. В клевете его видел я досаду оскорбленного самолюбия и отвергнутой любви и великодушно извинял своего несчастного соперника.

Вскоре я выздоровел и мог перебраться на мою квартиру. С нетерпением ожидал я ответа на посланное письмо, не смея надеяться и стараясь заглушить печальные предчувствия. С Василисой Егоровной и с ее мужем я еще не объяснялся; но предложение мое не должно было их удивить. Ни я, ни Марья Ивановна не старались скрывать от них свои чувства, и мы заранее были уж уверены в их согласии.

Наконец однажды утром Савельич вошел ко мне, держа в руках письмо. Я схватил его с трепетом. Адрес был написан рукою батюшки. Это приуготовило меня к чему-то важному, ибо обыкновенно письма писала ко мне матушка, а он в конце приписывал несколько строк. Долго не распечатывал я пакета и перечитывал торжественную надпись: «Сыну моему Петру Андреевичу Гриневу, в Оренбургскую губернию, в Белогорскую крепость». Я старался по почерку угадать расположение духа, в котором писано было письмо; наконец решился его распечатать и с первых строк увидел, что все дело пошло к черту. Содержание письма было следующее:

«Сын мой Петр! Письмо твое, в котором просишь ты нас о родительском нашем благословении и согласии на брак с Марьей Ивановой дочерью Мироновой, мы получили 15-го сего месяца, и не только ни моего благословения, ни моего согласия дать я тебе не намерен, но еще и собираюсь до тебя добраться да за проказы твои проучить тебя путем, как мальчишку, несмотря на твой офицерский чин: ибо ты доказал, что шпагу носить еще недостоин, которая пожалована тебе на защиту отечества, а не для дуэлей с такими же сорванцами, каков ты сам. Немедленно буду писать к Андрею Карловичу, прося его перевести тебя из Белогорской крепости куда-нибудь подальше, где бы дурь у тебя прошла. Матушка твоя, узнав о твоем поединке и о том, что ты ранен, с горести занемогла и теперь лежит. Что из тебя будет? Молю бога, чтоб ты исправился, хоть и не смею надеяться на его великую милость.

Отец твой А. Г.»

Чтение сего письма возбудило во мне разные чувствования. Жестокие выражения, на которые батюшка не поскупился, глубоко оскорбили меня. Пренебрежение, с каким он упоминал о Марье Ивановне, казалось мне столь же непристойным, как и несправедливым. Мысль о переведении моем из Белогорской крепости меня ужасала; но всего более огорчило меня известие о болезни матери. Я негодовал на Савельича, не сомневаясь, что поединок мой стал известен родителям через него. Шагая взад и вперед по тесной моей комнате, я остановился перед ним и сказал, взглянув на него грозно: «Видно, тебе не довольно, что я, благодаря тебя, ранен и целый месяц был на краю гроба: ты и мать мою хочешь уморить». Савельич был поражен как громом. «Помилуй, сударь, – сказал он чуть не зарыдав, – что это изволишь говорить? Я причина, что ты был ранен! Бог видит, бежал я заслонить тебя своею грудью от шпаги Алексея Иваныча! Старость проклятая помешала. Да что ж я сделал матушке-то твоей?» – «Что ты сделал? – отвечал я. – Кто просил тебя писать на меня доносы? разве ты приставлен ко мне в шпионы?» – «Я? писал на тебя доносы? – отвечал Савельич со слезами. – Господи царю небесный! Так изволь-ка прочитать, что пишет ко мне барин: увидишь, как я доносил на тебя». Тут он вынул из кармана письмо, и я прочел следующее:

«Стыдно тебе, старый пес, что ты, невзирая на мои строгие приказания, мне не донес о сыне моем Петре Андреевиче и что посторонние принуждены уведомлять меня о его проказах. Так ли исполняешь ты свою должность и господскую волю? Я тебя, старого пса! пошлю свиней пасти за утайку правды и потворство к молодому человеку. С получением сего приказываю тебе немедленно отписать ко мне, каково теперь его здоровье, о котором пишут мне, что поправилось; да в какое именно место он ранен и хорошо ли его залечили».

Очевидно было, что Савельич передо мною был прав и что я напрасно оскорбил его упреком и подозрением. Я просил у него прощения; но старик был неутешен. «Вот до чего я дожил, – повторял он, – вот каких милостей дослужился от своих господ! Я и старый пес, и свинопас, да я ж и причина твоей раны? Нет, батюшка Петр Андреич! не я, проклятый мусье всему виноват: он научил тебя тыкаться железными вертелами да притопывать, как будто тыканием да топанием убережешься от злого человека! Нужно было нанимать мусье да тратить лишние деньги!»

Но кто же брал на себя труд уведомить отца моего о моем поведении? Генерал? Но он, казалось, обо мне не слишком заботился; а Иван Кузмич не почел за нужное рапортовать о моем поединке. Я терялся в догадках. Подозрения мои остановились на Швабрине. Он один имел выгоду в доносе, коего следствием могло быть удаление мое из крепости и разрыв с комендантским семейством. Я пошел объявить обо всем Марье Ивановне. Она встретила меня на крыльце. «Что это с вами сделалось? – сказала она, увидев меня. – Как вы бледны!» – «Все кончено!» – отвечал я и отдал ей батюшкино письмо. Она побледнела в свою очередь. Прочитав, она возвратила мне письмо дрожащею рукою и сказала дрожащим голосом: «Видно, мне не судьба… Родные ваши не хотят меня в свою семью. Буди во всем воля господня! Бог лучше нашего знает, что нам надобно. Делать нечего, Петр Андреич; будьте хоть вы счастливы…» – «Этому не бывать! – вскричал я, схватив ее за руку, – ты меня любишь; я готов на все. Пойдем, кинемся в ноги к твоим родителям; они люди простые, не жестокосердые гордецы… Они нас благословят; мы обвенчаемся… а там, со временем, я уверен, мы умолим отца моего; матушка будет за нас; он меня простит…» – «Нет, Петр Андреич, – отвечала Маша, – я не выйду за тебя без благословения твоих родителей. Без их благословения не будет тебе счастия. Покоримся воле божией. Коли найдешь себе суженую, коли полюбишь другую – бог с тобою, Петр Андреич; а я за вас обоих…» Тут она заплакала и ушла от меня; я хотел было войти за нею в комнату, но чувствовал, что был не в состоянии владеть самим собою, и воротился домой.

Я сидел погруженный в глубокую задумчивость, как вдруг Савельич прервал мои размышления. «Вот, сударь, – сказал он, подавая мне исписанный лист бумаги, – посмотри, доносчик ли я на своего барина и стараюсь ли я помутить сына с отцом». Я взял из рук его бумагу: это был ответ Савельича на полученное им письмо. Вот он от слова до слова:

«Государь Андрей Петрович,
отец наш милостивый!

Милостивое писание ваше я получил, в котором изволишь гневаться на меня, раба вашего, что-де стыдно мне не исполнять господских приказаний, – а я, не старый пес, а верный ваш слуга, господских приказаний слушаюсь и усердно вам всегда служил и дожил до седых волос. Я ж про рану Петра Андреича ничего к вам не писал, чтоб не испужать понапрасну, и, слышно, барыня, мать наша Авдотья Васильевна и так с испугу слегла, и за ее здоровье бога буду молить. А Петр Андреич ранен был под правое плечо, в грудь под самую косточку, в глубину на полтора вершка, и лежал он в доме у коменданта, куда принесли мы его с берега, и лечил его здешний цирюльник Степан Парамонов; и теперь Петр Андреич, слава богу, здоров, и про него кроме хорошего нечего и писать.

Командиры, слышно, им довольны; а у Василисы Егоровны он как родной сын. А что с ним случилась такая оказия, то быть молодцу не укора: конь и о четырех ногах, да спотыкается. А изволите вы писать, что сошлете меня свиней пасти, и на то ваша боярская воля. За сим кланяюсь рабски.

Верный холоп ваш
Архип Савельев».

Я не мог несколько раз не улыбнуться, читая грамоту[28] доброго старика. Отвечать батюшке я был не в состоянии; а чтоб успокоить матушку, письмо Савельича мне показалось достаточным.

С той поры положение мое переменилось. Марья Ивановна почти со мною не говорила и всячески старалась избегать меня. Дом коменданта стал для меня постыл. Мало-помалу приучился я сидеть один у себя дома. Василиса Егоровна сначала за то мне пеняла; но, видя мое упрямство, оставила меня в покое. С Иваном Кузмичем виделся я только, когда того требовала служба. Со Швабриным встречался редко и неохотно, тем более что замечал в нем скрытую к себе неприязнь, что и утверждало меня в моих подозрениях. Жизнь моя сделалась мне несносна. Я впал в мрачную задумчивость, которую питали одиночество и бездействие. Любовь моя разгоралась в уединении и час от часу становилась мне тягостнее. Я потерял охоту к чтению и словесности. Дух мой упал. Я боялся или сойти с ума, или удариться в распутство. Неожиданные происшествия, имевшие важное влияние на всю мою жизнь, дали вдруг моей душе сильное и благое потрясение.

ГЛАВА VI

ПУГАЧЕВЩИНА

Вы, молодые ребята, послушайте,
Что мы, старые старики, будем сказывати.

Песня

---

[28] Грамота – здесь: письмо.

Прежде нежели приступлю к описанию странных происшествий, коим я был свидетель, я должен сказать несколько слов о положении, в котором находилась Оренбургская губерния в конце 1773 года.

Сия обширная и богатая губерния обитаема была множеством полудиких народов, признавших еще недавно владычество российских государей. Их поминутные возмущения, непривычка к законам и гражданской жизни, легкомыслие и жестокость требовали со стороны правительства непрестанного надзора для удержания их в повиновении. Крепости выстроены были в местах, признанных удобными, и заселены по большей части казаками, давнишними обладателями яицких берегов. Но яицкие казаки, долженствовавшие охранять спокойствие и безопасность сего края, с некоторого времени были сами для правительства неспокойными и опасными подданными. В 1772 году произошло возмущение в их главном городке. Причиною тому были строгие меры, предпринятые генерал-майором Траубенбергом, дабы привести войско к должному повиновению. Следствием было варварское убиение Траубенберга, своевольная перемена в управлении и, наконец, усмирение бунта картечью и жестокими наказаниями.

Это случилось несколько времени перед прибытием моим в Белогорскую крепость. Все было уже тихо или казалось таковым; начальство слишком легко поверило мнимому раскаянию лукавых мятежников, которые злобствовали втайне и выжидали удобного случая для возобновления беспорядков.

Обращаюсь к своему рассказу.

Однажды вечером (это было в начале октября 1773 года) сидел я дома один, слушая вой осеннего ветра и смотря в окно на тучи, бегущие мимо луны. Пришли меня звать от имени коменданта. Я тотчас отправился. У коменданта нашел я Швабрина, Ивана Игнатьича и казацкого урядника. В комнате не было ни Василисы Егоровны, ни Марьи Ивановны. Комендант со мною поздоровался с видом озабоченным. Он запер двери, всех усадил, кроме урядника, который стоял у дверей, вынул из кармана бумагу и сказал нам: «Господа офицеры, важная новость! Слушайте, что пишет генерал». Тут он надел очки и прочел следующее:

«Господину коменданту Белогорской крепости
Капитану Миронову.

По секрету.

Сим извещаю вас, что убежавший из-под караула донской казак и раскольник²⁹ Емельян Пугачев, учиня непростительную дерзость принятием на себя имени покойного императора Петра III, собрал злодейскую шайку, произвел возмущение в яицких селениях и уже взял и разорил несколько крепостей, производя везде грабежи и смертные убийства. Того ради, с получением сего, имеете вы, господин капитан, немедленно принять надлежащие меры к отражению помянутого злодея и самозванца, а буде можно и к совершенному уничтожению оного, если он обратится на крепость, вверенную вашему попечению».

— Принять надлежащие меры! — сказал комендант, снимая очки и складывая бумагу. — Слышь ты, легко сказать. Злодей-то, видно, силен; а у нас всего сто тридцать человек, не считая казаков, на которых плоха надежда, не в укор буди тебе сказано, Максимыч. (Урядник усмехнулся.) Однако делать нечего, господа офицеры! Будьте исправны, учредите караулы да ночные дозоры; в случае нападения запирайте ворота да выводите солдат. Ты, Максимыч, смотри крепко за своими казаками. Пушку осмотреть да хорошенько вычистить. А пуще всего содержите все это в тайне, чтоб в крепости никто не мог о том узнать преждевременно.

Раздав сии повеления, Иван Кузмич нас распустил. Я вышел вместе со Швабриным, рассуждая о том, что мы слышали. «Как ты думаешь, чем это кончится?» — спросил я его. «Бог знает, — отвечал он, — посмотрим. Важного покамест еще ничего не вижу. Если же…» Тут он задумался и в рассеянии стал насвистывать французскую арию.

Несмотря на все наши предосторожности, весть о появлении Пугачева разнеслась по крепости. Иван Кузмич, хоть и очень уважал свою супругу, но ни за что на свете не открыл бы ей тайны, вверенной ему по службе. Получив письмо от генерала, он довольно искусным образом выпроводил Василису Егоровну, сказав ей, будто бы отец Герасим получил из Оренбурга какие-то чудные известия, которые содержит в великой тайне. Василиса Егоровна тотчас захотела отправиться в гости к попадье и, по совету Ивана Кузмича, взяла с собою и Машу, чтоб ей не было скучно одной.

Иван Кузмич, оставшись полным хозяином, тотчас послал за нами, а Палашку запер в чулан, чтоб она не могла нас подслушать.

Василиса Егоровна возвратилась домой, не успев ничего выведать от попадьи, и узнала, что во время ее отсутствия было у Ивана Кузмича совещание и что Палашка была под замком. Она догадалась, что была обманута мужем, и приступила к нему с допросом. Но Иван Кузмич

---

²⁹ Раскольник – лицо, не признающее официальной православной церкви. Раскол – религиозно-общественное движение в России, возникшее в середине XVII века. Суть его состояла в отделении от русской православной церкви части верующих, не признавших церковной реформы патриарха Никона.

приготовился к нападению. Он нимало не смутился и бодро отвечал своей любопытной сожительнице: «А слышь ты, матушка, бабы наши вздумали печи топить соломою; а как от того может произойти несчастие, то я и отдал строгий приказ впредь соломою бабам печей не топить, а топить хворостом и валежником». – «А для чего ж было тебе запирать Палашку? – спросила комендантша. – За что бедная девка просидела в чулане, пока мы не воротились?» Иван Кузмич не был приготовлен к таковому вопросу; он запутался и пробормотал что-то очень нескладное. Василиса Егоровна увидела коварство своего мужа; но, зная, что ничего от него не добьется, прекратила свои вопросы и завела речь о соленых огурцах, которые Акулина Памфиловна приготовляла совершенно особенным образом. Во всю ночь Василиса Егоровна не могла заснуть и никак не могла догадаться, что бы такое было в голове ее мужа, о чем бы ей нельзя было знать.

На другой день, возвращаясь от обедни, она увидела Ивана Игнатьича, который вытаскивал из пушки тряпички, камушки, щепки, бабки и сор всякого рода, запиханный в нее ребятишками. «Что бы значили эти военные приготовления? – думала комендантша, – уж не ждут ли нападения от киргизцев? Но неужто Иван Кузмич стал бы от меня таить такие пустяки?» Она кликнула Ивана Игнатьича, с твердым намерением выведать от него тайну, которая мучила ее дамское любопытство.

Василиса Егоровна сделала ему несколько замечаний касательно хозяйства, как судия, начинающий следствие вопросами посторонними, дабы сперва усыпить осторожность ответчика. Потом, помолчав несколько минут, она глубоко вздохнула и сказала, качая головою: «Господи боже мой! Вишь какие новости! Что из этого будет?»

– И, матушка! – отвечал Иван Игнатьич. – Бог милостив: солдат у нас довольно, пороху много, пушку я вычистил. Авось дадим отпор Пугачеву. Господь не выдаст, свинья не съест!

– А что за человек этот Пугачев? – спросила комендантша.

Тут Иван Игнатьич заметил, что проговорился, и закусил язык. Но уже было поздно. Василиса Егоровна принудила его во всем признаться, дав ему слово не рассказывать о том никому.

Василиса Егоровна сдержала свое обещание и никому не сказала ни одного слова, кроме как попадье, и то потому только, что корова ее ходила еще в степи и могла быть захвачена злодеями.

Вскоре все заговорили о Пугачеве. Толки были различны. Комендант послал урядника с поручением разведать хорошенько обо всем по соседним селениям и крепостям. Урядник возвратился через два дня и объявил, что в степи верст за шестьдесят от крепости видел он множество огней и слышал от башкирцев, что идет неведомая сила. Впрочем, не мог он сказать ничего положительного, потому что ехать далее побоялся.

В крепости между казаками заметно стало необыкновенное волнение; во всех улицах они толпились в кучки, тихо разговаривали между собою и расходились, увидя драгуна или гарнизонного солдата. Посланы были к ним лазутчики. Юлай, крещеный калмык, сделал коменданту важное донесение. Показания урядника, по словам Юлая, были ложны: по возвращении своем лукавый казак объявил своим товарищам, что он был у бунтовщиков, представлялся самому их предводителю, который допустил его к своей руке и долго с ним разговаривал. Комендант немедленно посадил урядника под караул, а Юлая назначил на его место. Эта новость принята была казаками с явным неудовольствием. Они громко роптали, и Иван Игнатьич, исполнитель комендантского распоряжения, слышал своими ушами, как они говорили: «Вот ужо тебе будет, гарнизонная крыса!» Комендант думал в тот же день допросить своего арестанта; но урядник бежал из-под караула, вероятно при помощи своих единомышленников.

Новое обстоятельство усилило беспокойство коменданта. Схвачен был башкирец с возмутительными листами[30]. По сему случаю комендант думал опять собрать своих офицеров и для того хотел опять удалить Василису Егоровну под благовидным предлогом. Но как Иван Кузмич был человек самый прямодушный и правдивый, то и не нашел другого способа, кроме как единожды уже им употребленного.

«Слышь ты, Василиса Егоровна, - сказал он ей покашливая. - Отец Герасим получил, говорят, из города…» - «Полно врать, Иван Кузмич, - перервала комендантша, - ты, знать, хочешь собрать совещание да без меня потолковать об Емельяне Пугачеве; да лих[31], не проведешь!» Иван Кузмич вытаращил глаза. «Ну, матушка, - сказал он, - коли ты уже все знаешь, так, пожалуй, оставайся; мы потолкуем и при тебе». - «То-то, батька мой, - отвечала она, - не тебе бы хитрить; посылай-ка за офицерами».

Мы собрались опять. Иван Кузмич в присутствии жены прочел нам воззвание Пугачева, писанное каким-нибудь полуграмотным казаком. Разбойник объявлял о своем намерении идти на нашу крепость; приглашал казаков и солдат в свою шайку, а командиров увещевал не супротивляться, угрожая казнию в противном случае. Воззвание написано было в грубых, но сильных выражениях и должно было произвести опасное впечатление на умы простых людей.

- Каков мошенник! - воскликнула комендантша. - Что смеет еще нам предлагать! Выдти к нему навстречу и положить к ногам его знамена! Ах

---

[30] Возмутительные листы – воззвания, призывающие к бунту, восстанию.
[31] Да лих (устар.) – да нет уж.

он собачий сын! Да разве не знает он, что мы уже сорок лет в службе и всего, слава богу, насмотрелись? Неужто нашлись такие командиры, которые послушались разбойника?

– Кажется, не должно бы, – отвечал Иван Кузмич. – А слышно, злодей завладел уж многими крепостями.

– Видно, он в самом деле силен, – заметил Швабрин.

– А вот сейчас узнаем настоящую его силу, – сказал комендант. – Василиса Егоровна, дай мне ключ от анбара. Иван Игнатьич, приведи-ка башкирца да прикажи Юлаю принести сюда плетей.

– Постой, Иван Кузмич, – сказала комендантша, вставая с места. – Дай уведу Машу куда-нибудь из дому; а то услышит крик, перепугается. Да и я, правду сказать, не охотница до розыска. Счастливо оставаться.

Пытка, в старину, так была укоренена в обычаях судопроизводства, что благодетельный указ[32], уничтоживший оную, долго оставался безо всякого действия. Думали, что собственное признание преступника необходимо было для его полного обличения, – мысль не только неосновательная, но даже и совершенно противная здравому юридическому смыслу: ибо, если отрицание подсудимого не приемлется в доказательство его невинности, то признание его и того менее должно быть доказательством его виновности. Даже и ныне случается мне слышать старых судей, жалеющих об уничтожении варварского обычая. В наше же время никто не сомневался в необходимости пытки, ни судьи, ни подсудимые. Итак, приказание коменданта никого из нас не удивило и не встревожило. Иван Игнатьич отправился за башкирцем, который сидел в анбаре под ключом у комендантши, и через несколько минут невольника привели в переднюю. Комендант велел его к себе представить.

Башкирец с трудом шагнул через порог (он был в колодке) и, сняв высокую свою шапку, остановился у дверей. Я взглянул на него и содрогнулся. Никогда не забуду этого человека. Ему казалось лет за семьдесят. У него не было ни носа, ни ушей. Голова его была выбрита; вместо бороды торчало несколько седых волос; он был малого росту, тощ и сгорблен; но узенькие глаза его сверкали еще огнем. «Эхе! – сказал комендант, узнав, по страшным его приметам, одного из бунтовщиков, наказанных в 1741 году[33]. – Да ты, видно, старый волк, побывал в наших капканах. Ты, знать, не впервой уже бунтуешь, коли у тебя так гладко выстрогана башка. Подойди-ка поближе; говори, кто тебя подослал?»

Старый башкирец молчал и глядел на коменданта с видом

---

[32] Имеется в виду указ Александра I об отмене пыток, на практике не выполнявшийся.

[33] В 1741 году произошло восстание в Башкирии, которое было жестоко подавлено властью. Многим участникам восстания в наказание обрезали носы и уши.

совершенного бессмыслия. «Что же ты молчишь? – продолжал Иван Кузмич, – али бельмес по-русски не разумеешь? Юлай, спроси-ка у него по-вашему, кто его подослал в нашу крепость?»

Юлай повторил на татарском языке вопрос Ивана Кузмича. Но башкирец глядел на него с тем же выражением и не отвечал ни слова.

– Якши[34], – сказал комендант, – ты у меня заговоришь. Ребята! сымите-ка с него дурацкий полосатый халат, да выстрочите ему спину. Смотри ж, Юлай: хорошенько его!

Два инвалида стали башкирца раздевать. Лицо несчастного изобразило беспокойство. Он оглядывался на все стороны, как зверок, пойманный детьми. Когда ж один из инвалидов взял его руки и, положив их себе около шеи, поднял старика на свои плечи, а Юлай взял плеть и замахнулся, тогда башкирец застонал слабым, умоляющим голосом и, кивая головою, открыл рот, в котором вместо языка шевелился короткий обрубок.

Когда вспомню, что это случилось на моем веку и что ныне дожил я до кроткого царствования императора Александра, не могу не дивиться быстрым успехам просвещения и распространению правил человеколюбия. Молодой человек! если записки мои попадутся в твои руки, вспомни, что лучшие и прочнейшие изменения суть те, которые происходят от улучшения нравов, без всяких насильственных потрясений.

Все были поражены. «Ну, – сказал комендант, – видно, нам от него толку не добиться. Юлай, отведи башкирца в анбар. А мы, господа, кой о чем еще потолкуем».

Мы стали рассуждать о нашем положении, как вдруг Василиса Егоровна вошла в комнату, задыхаясь и с видом чрезвычайно встревоженным.

– Что это с тобою сделалось? – спросил изумленный комендант.

– Батюшки, беда! – отвечала Василиса Егоровна. – Нижнеозерная взята сегодня утром. Работник отца Герасима сейчас оттуда воротился. Он видел, как ее брали. Комендант и все офицеры перевешаны. Все солдаты взяты в полон. Того и гляди злодеи будут сюда.

Неожиданная весть сильно меня поразила. Комендант Нижнеозерной крепости, тихий и скромный молодой человек, был мне знаком: месяца за два перед тем проезжал он из Оренбурга с молодой своей женою и останавливался у Ивана Кузмича. Нижнеозерная находилась от нашей крепости верстах в двадцати пяти. С часу на час должно было и нам ожидать нападения Пугачева. Участь Марьи Ивановны живо представилась мне, и сердце у меня так и замерло.

– Послушайте, Иван Кузмич! – сказал я коменданту. – Долг наш

---

[34] Якши (татарск.) – хорошо.

защищать крепость до последнего нашего издыхания; об этом и говорить нечего. Но надобно подумать о безопасности женщин. Отправьте их в Оренбург, если дорога еще свободна, или в отдаленную, более надежную крепость, куда злодеи не успели бы достигнуть.

Иван Кузмич оборотился к жене и сказал ей: «А слышь ты, матушка, и в самом деле, не отправить ли вас подале, пока не управимся мы с бунтовщиками?»

– И, пустое! – сказала комендантша. – Где такая крепость, куда бы пули не залетали? Чем Белогорская ненадежна? Слава богу, двадцать второй год в ней проживаем. Видали и башкирцев и киргизцев: авось и от Пугачева отсидимся!

– Ну, матушка, – возразил Иван Кузмич, – оставайся, пожалуй, коли ты на крепость нашу надеешься. Да с Машей-то что нам делать? Хорошо, коли отсидимся или дождемся сикурса[35]; ну, а коли злодеи возьмут крепость?

– Ну, тогда… – Тут Василиса Егоровна заикнулась и замолчала с видом чрезвычайного волнения.

– Нет, Василиса Егоровна, – продолжал комендант, замечая, что слова его подействовали, может быть, в первый раз в его жизни. – Маше здесь оставаться не гоже. Отправим ее в Оренбург к ее крестной матери: там и войска и пушек довольно, и стена каменная. Да и тебе советовал бы с нею туда же отправиться; даром что ты старуха, а посмотри, что с тобою будет, коли возьмут фортецию приступом.

– Добро, – сказала комендантша, – так и быть, отправим Машу. А меня и во сне не проси: не поеду. Нечего мне под старость лет расставаться с тобою да искать одинокой могилы на чужой сторонке. Вместе жить, вместе и умирать.

– И то дело, – сказал комендант. – Ну, медлить нечего. Ступай готовить Машу в дорогу. Завтра чем свет ее и отправим, да дадим ей и конвой, хоть людей лишних у нас и нет. Да где же Маша?

– У Акулины Памфиловны, – отвечала комендантша. – Ей сделалось дурно, как услышала о взятии Нижнеозерной; боюсь, чтобы не занемогла. Господи владыко, до чего мы дожили!

Василиса Егоровна ушла хлопотать об отъезде дочери. Разговор у коменданта продолжался; но я уже в него не мешался и ничего не слушал. Марья Ивановна явилась к ужину бледная и заплаканная. Мы отужинали молча и встали из-за стола скорее обыкновенного; простясь со всем семейством, мы отправились по домам. Но я нарочно забыл свою шпагу и воротился за нею: я предчувствовал, что застану Марью Ивановну одну. В самом деле, она встретила меня в дверях и вручила мне шпагу. «Прощайте,

---

[35] Сикурс (воен., устар.) – помощь.

Петр Андреич! – сказала она мне со слезами. – Меня посылают в Оренбург. Будьте живы и счастливы; может быть, господь приведет нас друг с другом увидеться; если же нет...» Тут она зарыдала. Я обнял ее. «Прощай, ангел мой, – сказал я, – прощай, моя милая, моя желанная! Что бы со мною ни было, верь, что последняя моя мысль и последняя молитва будет о тебе!» Маша рыдала, прильнув к моей груди. Я с жаром ее поцеловал и поспешно вышел из комнаты.

ГЛАВА VII

ПРИСТУП

Голова моя, головушка,
Голова послуживая!
Послужила моя головушка
Ровно тридцать лет и три года.
Ах, не выслужила головушка
Ни корысти себе, ни радости,
Как ни слова себе доброго
И ни рангу себе высокого;
Только выслужила головушка
Два высокие столбика,
Перекладинку кленовую,
Еще петельку шелковую.

Народная песня

В эту ночь я не спал и не раздевался. Я намерен был отправиться на заре к крепостным воротам, откуда Марья Ивановна должна была выехать, и там проститься с нею в последний раз. Я чувствовал в себе великую перемену: волнение души моей было мне гораздо менее тягостно, нежели то уныние, в котором еще недавно был я погружен. С грустию разлуки сливались во мне и неясные, но сладостные надежды, и нетерпеливое ожидание опасностей, и чувства благородного честолюбия. Ночь прошла незаметно. Я хотел уже выйти из дому, как дверь моя отворилась, и ко мне явился капрал с донесением, что наши казаки ночью выступили из крепости, взяв насильно с собою Юлая, и что около крепости разъезжают неведомые люди. Мысль, что Марья Ивановна не успеет выехать, ужаснула меня; я поспешно дал капралу несколько наставлений и тотчас бросился к коменданту.

Уж рассветало. Я летел по улице, как услышал, что зовут меня. Я остановился. «Куда вы? – сказал Иван Игнатьич, догоняя меня. – Иван Кузмич на валу и послал меня за вами. Пугач пришел». – «Уехала ли Марья Ивановна?» – спросил я с сердечным трепетом. «Не успела, – отвечал Иван Игнатьич, – дорога в Оренбург отрезана; крепость окружена. Плохо, Петр Андреич!»

Мы пошли на вал, возвышение, образованное природой и укрепленное частоколом. Там уже толпились все жители крепости. Гарнизон стоял в ружье. Пушку туда перетащили накануне. Комендант расхаживал перед своим малочисленным строем. Близость опасности одушевляла старого воина бодростию необыкновенной. По степи, не в дальнем расстоянии от крепости, разъезжали человек двадцать верхами. Они, казалося, казаки, но между ими находились и башкирцы, которых легко можно было распознать по их рысьим шапкам и по колчанам. Комендант обошел свое войско, говоря солдатам: «Ну, детушки, постоим сегодня за матушку государыню и докажем всему свету, что мы люди бравые и присяжные!» Солдаты громко изъявили усердие. Швабрин стоял подле меня и пристально глядел на неприятеля. Люди, разъезжающие в степи, заметя движение в крепости, съехались в кучку и стали между собою толковать. Комендант велел Ивану Игнатьичу навести пушку на их толпу и сам приставил фитиль. Ядро зажужжало и пролетело над ними, не сделав никакого вреда. Наездники, рассеясь, тотчас ускакали из виду, и степь опустела.

Тут явилась на валу Василиса Егоровна и с нею Маша, не хотевшая отстать от нее. «Ну, что? – сказала комендантша. – Каково идет баталья? Где же неприятель?» «Неприятель недалече, – отвечал Иван Кузмич. – Бог даст, все будет ладно. Что, Маша, страшно тебе?» – «Нет, папенька, – отвечала Марья Ивановна, – дома одной страшнее». Тут она взглянула на меня и с усилием улыбнулась. Я невольно стиснул рукоять моей шпаги, вспомня, что накануне получил ее из ее рук, как бы на защиту моей любезной. Сердце мое горело. Я воображал себя ее рыцарем. Я жаждал доказать, что был достоин ее доверенности, и с нетерпением стал ожидать решительной минуты.

В это время из-за высоты, находившейся в полверсте от крепости, показались новые конные толпы, и вскоре степь усеялась множеством людей, вооруженных копьями и сайдаками[36]. Между ими на белом коне ехал человек в красном кафтане, с обнаженной саблею в руке: это был сам Пугачев. Он остановился; его окружили, и, как видно, по его повелению, четыре человека отделились и во весь опор подскакали под самую крепость. Мы в них узнали своих изменников. Один из них держал под шапкою лист бумаги; у другого на копье воткнута была голова Юлая, которую, стряхнув, перекинул он к нам чрез частокол. Голова бедного калмыка упала к ногам коменданта. Изменники кричали: «Не стреляйте: выходите вон к государю. Государь здесь!»

«Вот я вас! – закричал Иван Кузмич. – Ребята! стреляй!» Солдаты наши дали залп. Казак, державший письмо, зашатался и свалился с лошади; другие поскакали назад. Я взглянул на Марью Ивановну. Пораженная видом окровавленной головы Юлая, оглушенная залпом, она казалась без памяти. Комендант подозвал капрала и велел ему взять лист из рук убитого казака. Капрал вышел в поле и возвратился, ведя под уздцы лошадь убитого. Он вручил коменданту письмо. Иван Кузмич прочел его про себя и разорвал потом в клочки. Между тем мятежники, видимо, приготовлялись к действию. Вскоре пули начали свистать около наших ушей, и несколько стрел воткнулись около нас в землю и в частокол. «Василиса Егоровна! – сказал комендант. – Здесь не бабье дело; уведи Машу; видишь: девка ни жива ни мертва».

Василиса Егоровна, присмиревшая под пулями, взглянула на степь, на которой заметно было большое движение; потом оборотилась к мужу и сказала ему: «Иван Кузмич, в животе и смерти бог волен: благослови Машу. Маша, подойди к отцу».

Маша, бледная и трепещущая, подошла к Ивану Кузмичу, стала на колени и поклонилась ему в землю. Старый комендант перекрестил ее трижды; потом поднял и, поцеловав, сказал ей изменившимся голосом: «Ну, Маша, будь счастлива. Молись богу: он тебя не оставит. Коли найдется добрый человек, дай бог вам любовь да совет. Живите, как жили мы с Василисой Егоровной. Ну, прощай, Маша. Василиса Егоровна, уведи же ее поскорее». (Маша кинулась ему на шею и зарыдала.) «Поцелуемся ж и мы, – сказала, заплакав, комендантша. – Прощай, мой Иван Кузмич. Отпусти мне, коли в чем я тебе досадила!» «Прощай, прощай, матушка! – сказал комендант, обняв свою старуху. – Ну, довольно! Ступайте, ступайте домой; да, коли успеешь, надень на Машу сарафан». Комендантша с дочерью удалились. Я глядел вослед Марьи Ивановны; она оглянулась и кивнула мне головой. Тут Иван Кузмич оборотился к нам, и все внимание его устремилось на неприятеля. Мятежники съезжались около своего предводителя и вдруг начали слезать с лошадей. «Теперь стойте крепко, –

---

[36] Сайдак – лук с колчаном и стрелами.

сказал комендант, – будет приступ…» В эту минуту раздался страшный визг и крики; мятежники бегом бежали к крепости. Пушка наша заряжена была картечью. Комендант подпустил их на самое близкое расстояние и вдруг выпалил опять. Картечь хватила в самую средину толпы. Мятежники отхлынули в обе стороны и попятились. Предводитель их остался один впереди… Он махал саблею и, казалось, с жаром их уговаривал… Крик и визг, умолкнувшие на минуту, тотчас снова возобновились. «Ну, ребята, – сказал комендант, – теперь отворяй ворота, бей в барабан. Ребята! вперед, на вылазку, за мною!»

Комендант, Иван Игнатьич и я мигом очутились за крепостным валом; но оробелый гарнизон не тронулся. «Что ж вы, детушки, стоите? – закричал Иван Кузмич. – Умирать так умирать: дело служивое!» В эту минуту мятежники набежали на нас и ворвались в крепость. Барабан умолк; гарнизон бросил ружья; меня сшибли было с ног, но я встал и вместе с мятежниками вошел в крепость. Комендант, раненный в голову, стоял в кучке злодеев, которые требовали от него ключей. Я бросился было к нему на помощь; несколько дюжих казаков схватили меня и связали кушаками, приговаривая: «Вот ужо вам будет, государевым ослушникам!» Нас потащили по улицам; жители выходили из домов с хлебом и солью. Раздавался колокольный звон. Вдруг закричали в толпе, что государь на площади ожидает пленных и принимает присягу. Народ повалил на площадь; нас погнали туда же.

Пугачев сидел в креслах на крыльце комендантского дома. На нем был красный казацкий кафтан, обшитый галунами. Высокая соболья шапка с золотыми кистями была надвинута на его сверкающие глаза. Лицо его показалось мне знакомо. Казацкие старшины окружали его. Отец Герасим, бледный и дрожащий, стоял у крыльца, с крестом в руках, и, казалось, молча умолял его за предстоящие жертвы. На площади ставили наскоро виселицу. Когда мы приблизились, башкирцы разогнали народ и нас представили Пугачеву. Колокольный звон утих; настала глубокая тишина. «Который комендант?» – спросил самозванец. Наш урядник выступил из толпы и указал на Ивана Кузмича. Пугачев грозно взглянул на старика и сказал ему: «Как ты смел противиться мне, своему государю?» Комендант, изнемогая от раны, собрал последние силы и отвечал твердым голосом: «Ты мне не государь, ты вор и самозванец, слышь ты!» Пугачев мрачно нахмурился и махнул белым платком. Несколько казаков подхватили старого капитана и потащили к виселице. На ее перекладине очутился верхом изувеченный башкирец, которого допрашивали мы накануне. Он держал в руке веревку, и через минуту увидел я бедного Ивана Кузмича, вздернутого в воздух. Тогда привели к Пугачеву Ивана Игнатьича. «Присягай, – сказал ему Пугачев, – государю Петру Федоровичу!» – «Ты нам не государь, – отвечал Иван Игнатьич, повторяя слова своего капитана. – Ты, дядюшка, вор и самозванец!» Пугачев махнул опять платком, и добрый поручик повис подле своего старого начальника.

Очередь была за мною. Я глядел смело на Пугачева, готовясь повторить ответ великодушных моих товарищей. Тогда, к неописанному моему изумлению, увидел я среди мятежных старшин Швабрина, обстриженного в кружок и в казацком кафтане. Он подошел к Пугачеву и сказал ему на ухо несколько слов. «Вешать его!» – сказал Пугачев, не взглянув уже на меня. Мне накинули на шею петлю. Я стал читать про себя молитву, принося богу искреннее раскаяние во всех моих прегрешениях и моля его о спасении всех близких моему сердцу. Меня притащили под виселицу. «Не бось, не бось», – повторяли мне губители, может быть и вправду желая меня ободрить. Вдруг услышал я крик: «Постойте, окаянные! погодите!..» Палачи остановились. Гляжу: Савельич лежит в ногах у Пугачева. «Отец родной! – говорил бедный дядька. – Что тебе в смерти барского дитяти? Отпусти его; за него тебе выкуп дадут; а для примера и страха ради вели повесить хоть меня старика!» Пугачев дал знак, и меня тотчас развязали и оставили. «Батюшка наш тебя милует», – говорили мне. В эту минуту не могу сказать, чтоб я обрадовался своему избавлению, не скажу, однако ж, чтоб я о нем и сожалел. Чувствования мои были слишком смутны. Меня снова повели к самозванцу и поставили перед ним на колени. Пугачев протянул мне жилистую свою руку. «Целуй руку, целуй руку!» – говорили около меня. Но я предпочел бы самую лютую казнь такому подлому унижению. «Батюшка Петр Андреич! – шептал Савельич, стоя за мною и толкая меня. – Не упрямься! что тебе стоит? плюнь да поцелуй у злод… (тьфу!) поцелуй у него ручку». Я не шевелился. Пугачев опустил руку, сказав с усмешкою: «Его благородие, знать, одурел от радости. Подымите его!» – Меня подняли и оставили на свободе. Я стал смотреть на продолжение ужасной комедии.

Жители начали присягать. Они подходили один за другим, целуя распятие и потом кланяясь самозванцу. Гарнизонные солдаты стояли тут же. Ротный портной, вооруженный тупыми своими ножницами, резал у них косы[37]. Они, отряхиваясь, подходили к руке Пугачева, который объявлял им прощение и принимал в свою шайку. Все это продолжалось около трех часов. Наконец Пугачев встал с кресел и сошел с крыльца в сопровождении своих старшин. Ему подвели белого коня, украшенного богатой сбруей. Два казака взяли его под руки и посадили на седло. Он объявлял отцу Герасиму, что будет обедать у него. В эту минуту раздался женский крик. Несколько разбойников вытащили на крыльцо Василису Егоровну, растрепанную и раздетую донага. Один из них успел уже

---

[37] Солдаты в XVIII веке носили парики с туго заплетенными косами. Пугачевцы резали косы солдатам в знак освобождения от службы в царской армии.

нарядиться в ее душегрейку. Другие таскали перины, сундуки, чайную посуду, белье и всю рухлядь. «Батюшки мои! – кричала бедная старушка. – Отпустите душу на покаяние. Отцы родные, отведите меня к Ивану Кузмичу». Вдруг она взглянула на виселицу и узнала своего мужа. «Злодеи! – закричала она в исступлении. – Что это вы с ним сделали? Свет ты мой, Иван Кузмич, удалая солдатская головушка! не тронули тебя ни штыки прусские, ни пули турецкие; не в честном бою положил ты свой живот, а сгинул от беглого каторжника!» – «Унять старую ведьму!» – сказал Пугачев. Тут молодой казак ударил ее саблею по голове, и она упала мертвая на ступени крыльца. Пугачев уехал; народ бросился за ним.

ГЛАВА VIII

НЕЗВАНЫЙ ГОСТЬ

Незваный гость хуже татарина.

Пословица

Площадь опустела. Я все стоял на одном месте и не мог привести в порядок мысли, смущенные столь ужасными впечатлениями.

Неизвестность о судьбе Марьи Ивановны пуще всего меня мучила. Где она? что с нею? успела ли спрятаться? надежно ли ее убежище?.. Полный тревожными мыслями, я вошел в комендантский дом… Все было пусто; стулья, столы, сундуки были переломаны; посуда перебита; все растаскано. Я взбежал по маленькой лестнице, которая вела в светлицу, и в первый раз отроду вошел в комнату Марьи Ивановны. Я увидел ее постелю, перерытую разбойниками; шкаф был разломан и ограблен; лампадка теплилась еще перед опустелым кивотом[38]. Уцелело и зеркальце, висевшее в простенке… Где ж была хозяйка этой смиренной девической кельи? Страшная мысль мелькнула в уме моем: я вообразил ее в руках у разбойников… Сердце мое сжалось… Я горько, горько заплакал и громко произнес имя моей любезной… В эту минуту послышался легкий шум, и из-за шкафа явилась Палаша, бледная и трепещущая.

---

[38] Кивот (киот) – небольшой шкаф, подставка для ног.

– Ах, Петр Андреич! – сказала она, сплеснув руками. – Какой денек! какие страсти!..

– А Марья Ивановна? – спросил я нетерпеливо, – что Марья Ивановна?

– Барышня жива, – отвечала Палаша. – Она спрятана у Акулины Памфиловны.

– У попадьи! – вскричал я с ужасом. – Боже мой! да там Пугачев!..

Я бросился вон из комнаты, мигом очутился на улице и опрометью побежал в дом священника, ничего не видя и не чувствуя. Там раздавались крики, хохот и песни... Пугачев пировал с своими товарищами. Палаша прибежала туда же за мною. Я подослал ее вызвать тихонько Акулину Памфиловну. Через минуту попадья вышла ко мне в сени с пустым штофом в руках.

– Ради бога! где Марья Ивановна? – спросил я с неизъяснимым волнением.

– Лежит, моя голубушка, у меня на кровати, там за перегородкою, – отвечала попадья. – Ну, Петр Андреич, чуть было не стряслась беда, да, слава богу, все прошло благополучно: злодей только что уселся обедать, как она, моя бедняжка, очнется да застонет!.. Я так и обмерла. Он услышал: «А кто это у тебя охает, старуха?» Я вору в пояс: «Племянница моя, государь; захворала, лежит, вот уж другая неделя». – «А молода твоя племянница?» – «Молода, государь». – «А покажи-ка мне, старуха, свою племянницу». У меня сердце так и екнуло, да нечего было делать. – «Изволь, государь; только девка-то не сможет встать и прийти к твоей милости». – «Ничего, старуха, я и сам пойду погляжу». И ведь пошел окаянный за перегородку; как ты думаешь! ведь отдернул занавес, взглянул ястребиными своими глазами! – и ничего... бог вынес! А веришь ли, я и батька мой так уж и приготовились к мученической смерти. К счастию, она, моя голубушка, не узнала его. Господи владыко, дождались мы праздника! Нечего сказать! бедный Иван Кузмич! кто бы подумал!.. А Василиса-то Егоровна? А Иван-то Игнатьич? Его-то за что?.. Как это вас пощадили? А каков Швабрин, Алексей Иваныч? Ведь остригся в кружок и теперь у нас тут же с ними пирует! Проворен, нечего сказать! А как сказала я про больную племянницу, так он, веришь ли, так взглянул на меня, как бы ножом насквозь; однако не выдал, спасибо ему и за то. – В эту минуту раздались пьяные крики гостей и голос отца Герасима. Гости требовали вина, хозяин кликал сожительницу. Попадья расхлопоталась. – Ступайте себе домой, Петр Андреич, – сказала она, – теперь не до вас; у злодеев попойка идет. Беда, попадетесь под пьяную руку. Прощайте, Петр Андреич. Что будет, то будет; авось бог не оставит.

Попадья ушла. Несколько успокоенный, я отправился к себе на квартиру. Проходя мимо площади, я увидел несколько башкирцев, которые теснились около виселицы и стаскивали сапоги с повешенных; с трудом удержал я порыв негодования, чувствуя бесполезность заступления. По крепости бегали разбойники, грабя офицерские дома. Везде раздавались крики пьянствующих мятежников. Я пришел домой. Савельич встретил меня у порога. «Слава богу! – вскричал он, увидя меня. – Я было думал, что злодеи опять тебя подхватили. Ну, батюшка Петр Андреич! веришь ли? все у нас разграбили, мошенники: платье, белье, вещи, посуду – ничего не оставили. Да что уж! Слава богу, что тебя живого отпустили! А узнал ли ты, сударь, атамана?»

– Нет, не узнал; а кто ж он такой?

– Как, батюшка? Ты и позабыл того пьяницу, который выманил у тебя тулуп на постоялом дворе? Заячий тулупчик совсем новешенький, а он, бестия, его так и распорол, напяливая на себя!

Я изумился. В самом деле сходство Пугачева с моим вожатым было разительно. Я удостоверился, что Пугачев и он были одно и то же лицо, и понял тогда причину пощады, мне оказанной. Я не мог не подивиться странному сцеплению обстоятельств: детский тулуп, подаренный бродяге, избавлял меня от петли, и пьяница, шатавшийся по постоялым дворам, осаждал крепости и потрясал государством!

– Не изволишь ли покушать? – спросил Савельич, неизменный в своих привычках. – Дома ничего нет; пойду пошарю да что-нибудь тебе изготовлю.

Оставшись один, я погрузился в размышления. Что мне было делать? Оставаться в крепости, подвластной злодею, или следовать за его шайкою было неприлично офицеру. Долг требовал, чтобы я явился туда, где служба моя могла еще быть полезна отечеству в настоящих затруднительных обстоятельствах… Но любовь сильно советовала мне оставаться при Марье Ивановне и быть ей защитником и покровителем. Хотя я и предвидел скорую и несомненную перемену в обстоятельствах, но все же не мог не трепетать, воображая опасность ее положения.

Размышления мои были прерваны приходом одного из казаков, который прибежал с объявлением, «что-де великий государь требует тебя к себе». – «Где же он?» – спросил я, готовясь повиноваться.

– В комендантском, – отвечал казак. – После обеда батюшка наш отправился в баню, а теперь отдыхает. Ну, ваше благородие, по всему видно, что персона знатная: за обедом скушать изволил двух жареных поросят, а парится так жарко, что и Тарас Курочкин не вытерпел, отдал веник Фомке Бикбаеву да насилу холодной водой откачался. Нечего сказать: все приемы такие важные… А в бане, слышно, показывал царские свои знаки на грудях: на одной двуглавый орел величиною с пятак, а на другой персона его.

Я не почел нужным оспоривать мнения казака и с ним вместе

отправился в комендантский дом, заранее воображая себе свидание с Пугачевым и стараясь предугадать, чем оно кончится. Читатель легко может себе представить, что я не был совершенно хладнокровен.

Начинало смеркаться, когда пришел я к комендантскому дому. Виселица со своими жертвами страшно чернела. Тело бедной комендантши все еще валялось под крыльцом, у которого два казака стояли на карауле. Казак, приведший меня, отправился про меня доложить и, тотчас же воротившись, ввел меня в ту комнату, где накануне так нежно прощался я с Марьей Ивановною.

Необыкновенная картина мне представилась: за столом, накрытым скатертью и установленным штофами и стаканами, Пугачев и человек десять казацких старшин сидели, в шапках и цветных рубашках, разгоряченные вином, с красными рожами и блистающими глазами. Между ими не было ни Швабрина, ни нашего урядника, новобраных изменников. «А, ваше благородие! – сказал Пугачев, увидя меня. – Добро пожаловать; честь и место, милости просим». Собеседники потеснились. Я молча сел на краю стола. Сосед мой, молодой казак, стройный и красивый, налил мне стакан простого вина, до которого я не коснулся. С любопытством стал я рассматривать сборище. Пугачев на первом месте сидел, облокотясь на стол и подпирая черную бороду своим широким кулаком. Черты лица его, правильные и довольно приятные, не изъявляли ничего свирепого. Он часто обращался к человеку лет пятидесяти, называя его то графом, то Тимофеичем, а иногда величая его дядюшкою. Все обходились между собою как товарищи и не оказывали никакого особенного предпочтения своему предводителю. Разговор шел об утреннем приступе, об успехе возмущения и о будущих действиях. Каждый хвастал, предлагал свои мнения и свободно оспоривал Пугачева. И на сем-то странном военном совете решено было идти к Оренбургу: движение дерзкое, и которое чуть было не увенчалось бедственным успехом! Поход был объявлен к завтрашнему дню. «Ну, братцы, – сказал Пугачев, – затянем-ка на сон грядущий мою любимую песенку. Чумаков! начинай!» – Сосед мой затянул тонким голоском заунывную бурлацкую песню, и все подхватили хором:

Не шуми, мати зеленая дубровушка,
Не мешай мне, доброму молодцу, думу думати.
Что заутра мне, доброму молодцу, в допрос идти
Перед грозного судью, самого царя.
Еще станет государь-царь меня спрашивать:
Ты скажи, скажи, детинушка крестьянский сын,
Уж как с кем ты воровал, с кем разбой держал,

> Еще много ли с тобой было товарищей?
> Я скажу тебе, надежа православный царь,
> Всё правду скажу тебе, всю истину,
> Что товарищей у меня было четверо:
> Еще первый мой товарищ темная ночь,
> А второй мой товарищ булатный нож,
> А как третий-то товарищ, то мой добрый конь,
> А четвертый мой товарищ, то тугой лук,
> Что рассыльщики мои, то калены стрелы.
> Что возговорит надежа православный царь:
> Исполать[39] тебе, детинушка крестьянский сын,
> Что умел ты воровать, умел ответ держать!
> Я за то тебя, детинушка, пожалую
> Среди поля хоромами высокими,
> Что двумя ли столбами с перекладиной.

Невозможно рассказать, какое действие произвела на меня эта простонародная песня про виселицу, распеваемая людьми, обреченными виселице. Их грозные лица, стройные голоса, унылое выражение, которое придавали они словам и без того выразительным, – все потрясло меня каким-то пиитическим[40] ужасом.

Гости выпили еще по стакану, встали из-за стола и простились с Пугачевым. Я хотел за ними последовать, но Пугачев сказал мне: «Сиди; я хочу с тобою переговорить». – Мы остались глаз на глаз.

Несколько минут продолжалось обоюдное наше молчание. Пугачев смотрел на меня пристально, изредка прищуривая левый глаз с удивительным выражением плутовства и насмешливости. Наконец он засмеялся, и с такою непритворной веселостию, что и я, глядя на него, стал смеяться, сам не зная чему.

– Что, ваше благородие? – сказал он мне. – Струсил ты, признайся, когда молодцы мои накинули тебе веревку на шею? Я чаю, небо с овчинку показалось… А покачался бы на перекладине, если б не твой слуга. Я тотчас узнал старого хрыча. Ну, думал ли ты, ваше благородие, что человек, который вывел тебя к умету, был сам великий государь? (Тут он взял на себя вид важный и таинственный.) Ты крепко передо мною виноват, – продолжал он, – но я помиловал тебя за твою добродетель, за то, что ты оказал мне услугу, когда принужден я был скрываться от своих недругов. То ли еще увидишь! Так ли еще тебя пожалую, когда получу свое государство! Обещаешься ли служить мне с усердием?

---

[39] Испол́ать (устар.) – хвала, слава.
[40] Пиитический (устар.) – поэтический.

Вопрос мошенника и его дерзость показались мне так забавны, что я не мог не усмехнуться.

– Чему ты усмехаешься? – спросил он меня нахмурясь. – Или ты не веришь, что я великий государь? Отвечай прямо.

Я смутился: признать бродягу государем был я не в состоянии: это казалось мне малодушием непростительным. Назвать его в глаза обманщиком – было подвергнуть себя погибели; и то, на что я был готов под виселицею в глазах всего народа и в первом пылу негодования, теперь казалось мне бесполезной хвастливостью. Я колебался. Пугачев мрачно ждал моего ответа. Наконец (и еще ныне с самодовольствием поминаю эту минуту) чувство долга восторжествовало во мне над слабостию человеческою. Я отвечал Пугачеву: «Слушай; скажу тебе всю правду. Рассуди, могу ли я признать в тебе государя? Ты человек смышленый: ты сам увидел бы, что я лукавствую».

– Кто же я таков, по твоему разумению?

– Бог тебя знает; но кто бы ты ни был, ты шутишь опасную шутку.

Пугачев взглянул на меня быстро. «Так ты не веришь, – сказал он, – чтоб я был государь Петр Федорович? Ну, добро. А разве нет удачи удалому? Разве в старину Гришка Отрепьев не царствовал? Думай про меня что хочешь, а от меня не отставай. Какое тебе дело до иного-прочего? Кто ни поп, тот батька. Послужи мне верой и правдою, и я тебя пожалую и в фельдмаршалы и в князья. Как ты думаешь?».

– Нет, – отвечал я с твердостию. – Я природный дворянин; я присягал государыне императрице: тебе служить не могу. Коли ты в самом деле желаешь мне добра, так отпусти меня в Оренбург.

Пугачев задумался. «А коли отпущу, – сказал он, – так обещаешься ли по крайней мере против меня не служить?»

– Как я могу тебе в этом обещаться? – отвечал я. – Сам знаешь, не моя воля: велят идти против тебя – пойду, делать нечего. Ты теперь сам начальник; сам требуешь повиновения от своих. На что это будет похоже, если я от службы откажусь, когда служба моя понадобится? Голова моя в твоей власти: отпустишь меня – спасибо; казнишь – бог тебе судья; а я сказал тебе правду.

Моя искренность поразила Пугачева. «Так и быть, – сказал он, ударя меня по плечу. – Казнить так казнить, миловать так миловать. Ступай себе на все четыре стороны и делай что хочешь. Завтра приходи со мною проститься, а теперь ступай себе спать, и меня уж дрема клонит».

Я оставил Пугачева и вышел на улицу. Ночь была тихая и морозная. Месяц и звезды ярко сияли, освещая площадь и виселицу. В крепости все было спокойно и темно. Только в кабаке светился огонь и раздавались крики запоздалых гуляк. Я взглянул на дом священника. Ставни и ворота были заперты. Казалось, все в нем было тихо.

Я пришел к себе на квартиру и нашел Савельича, горюющего по моем отсутствии. Весть о свободе моей обрадовала его несказанно. «Слава тебе, владыко! – сказал он перекрестившись. – Чем свет оставим крепость и пойдем куда глаза глядят. Я тебе кое-что заготовил; покушай-ка, батюшка, да и почивай себе до утра, как у Христа за пазушкой».

Я последовал его совету и, поужинав с большим аппетитом, заснул на голом полу, утомленный душевно и физически.

ГЛАВА IX

РАЗЛУКА

*Сладко было спознаваться
Мне, прекрасная, с тобой;
Грустно, грустно расставаться,
Грустно, будто бы с душой.*

Херасков

Рано утром разбудил меня барабан. Я пошел на сборное место. Там строились уже толпы пугачевские около виселицы, где все еще висели вчерашние жертвы. Казаки стояли верхами, солдаты под ружьем. Знамена развевались. Несколько пушек, между коих узнал я и нашу, поставлены были на походные лафеты. Все жители находились тут же, ожидая самозванца. У крыльца комендантского дома казак держал под уздцы прекрасную белую лошадь киргизской породы. Я искал глазами тела комендантши. Оно было отнесено немного в сторону и прикрыто рогожею. Наконец Пугачев вышел из сеней. Народ снял шапки. Пугачев остановился на крыльце и со всеми поздоровался. Один из старшин подал ему мешок с медными деньгами, и он стал их метать пригоршнями. Народ с криком бросился их подбирать, и дело не обошлось без увечья. Пугачева окружили главные из его сообщников. Между ими стоял и Швабрин. Взоры наши встретились; в моем он мог прочесть презрение, и он отворотился с выражением искренней злобы и притворной насмешливости. Пугачев, увидев меня в толпе, кивнул мне головою и подозвал к себе. «Слушай, – сказал он мне. – Ступай сей же час в Оренбург и объяви от меня губернатору и всем генералам, чтоб ожидали меня к себе через неделю. Присоветуй им встретить меня с детской любовию и послушанием; не то не избежать им лютой казни. Счастливый путь, ваше благородие!» Потом обратился он к народу и сказал, указывая на Швабрина: «Вот вам, детушки, новый командир: слушайтесь его во всем, а он отвечает мне за вас и за крепость». С ужасом услышал я сии слова: Швабрин делался начальником крепости; Марья Ивановна оставалась в его власти! Боже, что с нею будет! Пугачев сошел с крыльца. Ему подвели лошадь. Он проворно вскочил в седло, не дождавшись казаков, которые хотели было подсадить его.

В это время из толпы народа, вижу, выступил мой Савельич, подходит к Пугачеву и подает ему лист бумаги. Я не мог придумать, что из того выйдет. «Это что?» – спросил важно Пугачев. «Прочитай, так изволишь увидеть», – отвечал Савельич. Пугачев принял бумагу и долго рассматривал с видом значительным. «Что ты так мудрено пишешь? – сказал он наконец. – Наши светлые очи не могут тут ничего разобрать. Где мой обер-секретарь?»

Молодой малый в капральском мундире проворно подбежал к Пугачеву. «Читай вслух», – сказал самозванец, отдавая ему бумагу. Я чрезвычайно любопытствовал узнать, о чем дядька мой вздумал писать Пугачеву. Обер-секретарь громогласно стал по складам читать следующее:

«Два халата, миткалевый и шелковый полосатый, на шесть рублей».

– Это что значит? – сказал, нахмурясь, Пугачев.

– Прикажи читать далее, – отвечал спокойно Савельич.

Обер-секретарь продолжал:

«Мундир из тонкого зеленого сукна на семь рублей.

Штаны белые суконные на пять рублей.

Двенадцать рубах полотняных голландских с манжетами на десять рублей.

Погребец с чайною посудою на два рубля с полтиною...»

– Что за вранье? – прервал Пугачев. – Какое мне дело до погребцов и до штанов с манжетами?

Савельич крякнул и стал объясняться. «Это, батюшка, изволишь видеть, реестр барскому добру, раскраденному злодеями...»

– Какими злодеями? – спросил грозно Пугачев.

– Виноват: обмолвился, – отвечал Савельич. – Злодеи не злодеи, а твои ребята таки пошарили да порастаскали. Не гневись: конь и о четырех ногах да спотыкается. Прикажи уж дочитать.

– Дочитывай, – сказал Пугачев. Секретарь продолжал:

«Одеяло ситцевое, другое тафтяное на хлопчатой бумаге – четыре рубля.

Шуба лисья, крытая алым ратином, 40 рублей.

Еще заячий тулупчик, пожалованный твоей милости на постоялом дворе, 15 рублей».

– Это что еще! – вскричал Пугачев, сверкнув огненными глазами.

Признаюсь, я перепугался за бедного моего дядьку. Он хотел было пуститься опять в объяснения, но Пугачев его прервал: «Как ты смел лезть ко мне с такими пустяками? – вскричал он, выхватя бумагу из рук секретаря и бросив ее в лицо Савельичу. – Глупый старик! Их обобрали: экая беда? Да ты должен, старый хрыч, вечно бога молить за меня да за моих ребят за то, что ты и с барином-то своим не висите здесь вместе с моими ослушниками... Заячий тулуп! Я-те дам заячий тулуп! Да знаешь ли ты, что я с тебя живого кожу велю содрать на тулупы?»

– Как изволишь, – отвечал Савельич, – а я человек подневольный и за барское добро должен отвечать.

Пугачев был, видно, в припадке великодушия.

Он отворотился и отъехал, не сказав более ни слова. Швабрин и старшины последовали за ним. Шайка выступила из крепости в порядке. Народ пошел провожать Пугачева. Я остался на площади один с Савельичем. Дядька мой держал в руках свой реестр и рассматривал его с видом глубокого сожаления.

Видя мое доброе согласие с Пугачевым, он думал употребить оное в пользу; но мудрое намерение ему не удалось. Я стал было его бранить за неуместное усердие и не мог удержаться от смеха. «Смейся, сударь, – отвечал Савельич, – смейся; а как придется нам сызнова заводиться всем хозяйством, так посмотрим, смешно ли будет».

Я спешил в дом священника увидеться с Марьей Ивановной. Попадья встретила меня с печальным известием. Ночью у Марьи Ивановны открылась сильная горячка. Она лежала без памяти и в бреду. Попадья ввела меня в ее комнату. Я тихо подошел к ее кровати. Перемена в ее лице поразила меня. Больная меня не узнала. Долго стоял я перед нею, не слушая ни отца Герасима, ни доброй жены его, которые, кажется, меня утешали. Мрачные мысли волновали меня. Состояние бедной беззащитной сироты, оставленной посреди злобных мятежников, собственное мое бессилие устрашали меня. Швабрин, Швабрин пуще всего терзал мое воображение. Облеченный властию от самозванца, предводительствуя в крепости, где оставалась несчастная девушка – невинный предмет его ненависти, он мог решиться на все. Что мне было делать? Как подать ей помощь? Как освободить из рук злодея? Оставалось одно средство: я решился тот же час отправиться в Оренбург, дабы торопить освобождение Белогорской крепости и по возможности тому содействовать. Я простился с священником и с Акулиной Памфиловной, с жаром поручая ей ту, которую почитал уже своею женою. Я взял руку бедной девушки и поцеловал ее, орошая слезами. «Прощайте, – говорила мне попадья, провожая меня, – прощайте, Петр Андреич. Авось увидимся в лучшее время. Не забывайте нас и пишите к нам почаще. Бедная Марья Ивановна, кроме вас, не имеет теперь ни утешения, ни покровителя».

Вышед на площадь, я остановился на минуту, взглянул на виселицу, поклонился ей, вышел из крепости и пошел по Оренбургской дороге, сопровождаемый Савельичем, который от меня не отставал.

Я шел, занятый своими размышлениями, как вдруг услышал за собою конский топот. Оглянулся; вижу: из крепости скачет казак, держа башкирскую лошадь в поводья и делая издали мне знаки. Я остановился и вскоре узнал нашего урядника. Он, подскакав, слез с своей лошади и сказал, отдавая мне поводья другой: «Ваше благородие! Отец наш вам жалует лошадь и шубу с своего плеча (к седлу привязан был овчинный тулуп). Да еще, – примолвил, запинаясь, урядник, – жалует он вам... полтину денег... да я растерял ее дорогою; простите великодушно». Савельич посмотрел на него косо и проворчал: «Растерял дорогою! А что же у тебя побрякивает за пазухой? Бессовестный!» – «Что у меня за пазухой-то побрякивает? – возразил урядник, нимало не смутясь. – Бог с тобой, старинушка! Это бренчит уздечка, а не полтина». – «Добро, – сказал я, прерывая спор. – Благодари от меня того, кто тебя прислал; а растерянную полтину постарайся подобрать на возвратном пути и возьми себе на водку». – «Очень благодарен, ваше благородие, – отвечал он, поворачивая свою лошадь, – вечно за вас буду бога молить». При сих словах он поскакал назад, держась одной рукою за пазуху, и через минуту скрылся из виду.

Я надел тулуп и сел верхом, посадив за собою Савельича. «Вот видишь ли, сударь, – сказал старик, – что я недаром подал мошеннику челобитье: вору-то стало совестно, хоть башкирская долговязая кляча да овчинный тулуп не стоят и половины того, что они, мошенники, у нас украли, и того, что ты ему сам изволил пожаловать; да все же пригодится, а с лихой собаки хоть шерсти клок».

ГЛАВА X

ОСАДА ГОРОДА

Заняв луга и горы,
С вершины, как орел, бросал на град он взоры.
За станом повелел соорудить раскат,
И в нем перуны скрыв, в нощи привесть под град.

Херасков

Приближаясь к Оренбургу, увидели мы толпу колодников[41] с обритыми головами, с лицами, обезображенными щипцами палача. Они работали около укреплений, под надзором гарнизонных инвалидов. Иные вывозили в тележках сор, наполнявший ров; другие лопатками копали землю; на валу каменщики таскали кирпич и чинили городскую стену. У ворот часовые остановили нас и потребовали наших паспортов. Как скоро сержант услышал, что я еду из Белогорской крепости, то и повел меня прямо в дом генерала.

Я застал его в саду. Он осматривал яблони, обнаженные дыханием осени, и с помощью старого садовника бережно их укутывал теплой соломой. Лицо его изображало спокойствие, здоровье и добродушие. Он мне обрадовался и стал расспрашивать об ужасных происшествиях, коим я был свидетель. Я рассказал ему все. Старик слушал меня со вниманием и между тем отрезывал сухие ветви. «Бедный Миронов! – сказал он, когда кончил я свою печальную повесть. – Жаль его: хороший был офицер. И мадам Миронов добрая была дама и какая майстерица грибы солить! А что Маша, капитанская дочка?» Я отвечал, что она осталась в крепости на руках у попадьи. «Ай, ай, ай! – заметил генерал. – Это плохо, очень плохо. На дисциплину разбойников никак нельзя положиться. Что будет с бедной девушкою?» Я отвечал, что до Белогорской крепости недалеко и что вероятно его превосходительство не замедлит выслать войско для освобождения бедных ее жителей. Генерал покачал головою с видом недоверчивости. «Посмотрим, посмотрим, – сказал он. – Об этом мы еще успеем потолковать. Прошу ко мне пожаловать на чашку чаю: сегодня у меня будет военный совет. Ты можешь нам дать верные сведения о бездельнике Пугачеве и об его войске. Теперь покамест поди отдохни».

---

[41] Колодник – арестант, узник в колодках.

Я пошел на квартиру, мне отведенную, где Савельич уже хозяйничал, и с нетерпением стал ожидать назначенного времени. Читатель легко себе представит, что я не преминул явиться на совет, долженствовавший иметь такое влияние на судьбу мою. В назначенный час я уже был у генерала.

Я застал у него одного из городских чиновников, помнится, директора таможни, толстого и румяного старичка в глазетовом[42] кафтане. Он стал расспрашивать меня о судьбе Ивана Кузмича, которого называл кумом, и часто прерывал мою речь дополнительными вопросами и нравоучительными замечаниями, которые, если и не обличали в нем человека сведущего в военном искусстве, то по крайней мере обнаруживали сметливость и природный ум. Между тем собрались и прочие приглашенные. Между ими, кроме самого генерала, не было ни одного военного человека. Когда все уселись и всем разнесли по чашке чаю, генерал изложил весьма ясно и пространно, в чем состояло дело: «Теперь, господа, – продолжал он, – надлежит решить, как нам действовать противу мятежников: наступательно или оборонительно? Каждый из оных способов имеет свою выгоду и невыгоду. Действие наступательное представляет более надежды на скорейшее истребление неприятеля; действие оборонительное более верно и безопасно… Итак, начнем собирать голоса по законному порядку, то есть, начиная с младших по чину. Господин прапорщик! – продолжал он, обращаясь ко мне. – Извольте объяснить нам ваше мнение».

Я встал и, в коротких словах описав сперва Пугачева и шайку его, сказал утвердительно, что самозванцу способа не было устоять противу правильного оружия[43].

Мнение мое было принято чиновниками с явною неблагосклонностью. Они видели в нем опрометчивость и дерзость молодого человека. Поднялся ропот, и я услышал явственно слово «молокосос», произнесенное кем-то вполголоса. Генерал обратился ко мне и сказал с улыбкою: «Господин прапорщик! Первые голоса на военных советах подаются обыкновенно в пользу движений наступательных; это законный порядок. Теперь станем продолжать собирание голосов. Г-н коллежский советник! скажите нам ваше мнение!»

Старичок в глазетовом кафтане поспешно допил третью свою чашку, значительно разбавленную ромом, и отвечал генералу: «Я думаю, ваше превосходительство, что не должно действовать ни наступательно, ни оборонительно».

– Как же так, господин коллежский советник? – возразил изумленный

---

[42] Глазет – узорчатая шелковая ткань.
[43] Правильное оружие – здесь: регулярные войска.

генерал. – Других способов тактика не представляет: движение оборонительное или наступательное...

– Ваше превосходительство, двигайтесь подкупательно.

– Э-хе-хе! мнение ваше весьма благоразумно. Движения подкупательные тактикою допускаются, и мы воспользуемся вашим советом. Можно будет обещать за голову бездельника... рублей семьдесят или даже сто... из секретной суммы...

– И тогда, – прервал таможенный директор, – будь я киргизский баран, а не коллежский советник, если эти воры не выдадут нам своего атамана, скованного по рукам и по ногам.

– Мы еще об этом подумаем и потолкуем, – отвечал генерал. – Однако надлежит во всяком случае предпринять и военные меры. Господа, подайте голоса ваши по законному порядку.

Все мнения оказались противными моему. Все чиновники говорили о ненадежности войск, о неверности удачи, об осторожности и тому подобном. Все полагали, что благоразумнее оставаться под прикрытием пушек, за крепкой каменной стеною, нежели на открытом поле испытывать счастие оружия. Наконец генерал, выслушав все мнения, вытряхнул пепел из трубки и произнес следующую речь:

– Государи мои! должен я вам объявить, что с моей стороны я совершенно с мнением господина прапорщика согласен: ибо мнение сие основано на всех правилах здравой тактики, которая всегда почти наступательные движения оборонительным предпочитает.

Тут он остановился и стал набивать свою трубку. Самолюбие мое торжествовало. Я гордо посмотрел на чиновников, которые между собою перешептывались с видом неудовольствия и беспокойства.

– Но, государи мои, – продолжал он, выпустив, вместе с глубоким вздохом, густую струю табачного дыму, – я не смею взять на себя столь великую ответственность, когда дело идет о безопасности вверенных мне провинций ее императорским величеством, всемилостивейшей моею государыней. Итак, я соглашаюсь с большинством голосов, которое решило, что всего благоразумнее и безопаснее внутри города ожидать осады, а нападения неприятеля силой артиллерии и (буде окажется возможным) вылазками – отражать.

Чиновники в свою очередь насмешливо поглядели на меня. Совет разошелся. Я не мог не сожалеть о слабости почтенного воина, который, наперекор собственному убеждению, решался следовать мнениям людей несведущих и неопытных.

Спустя несколько дней после сего знаменитого совета узнали мы, что Пугачев, верный своему обещанию, приблизился к Оренбургу. Я увидел войско мятежников с высоты городской стены. Мне показалось, что число их вдесятеро увеличилось со времени последнего приступа, кому был я свидетель. При них была и артиллерия, взятая Пугачевым в малых крепостях, им уже покоренных. Вспомня решение совета, я предвидел долговременное заключение в стенах оренбургских и чуть не плакал от досады.

Не стану описывать оренбургскую осаду, которая принадлежит истории, а не семейственным запискам. Скажу вкратце, что сия осада по неосторожности местного начальства была гибельна для жителей, которые претерпели голод и всевозможные бедствия. Легко можно себе вообразить, что жизнь в Оренбурге была самая несносная. Все с унынием ожидали решения своей участи; все охали от дороговизны, которая в самом деле была ужасна. Жители привыкли к ядрам, залетавшим на их дворы; даже приступы Пугачева уж не привлекали общего любопытства. Я умирал со скуки. Время шло. Писем из Белогорской крепости я не получал. Все дороги были отрезаны. Разлука с Марьей Ивановной становилась мне нестерпима. Неизвестность о ее судьбе меня мучила. Единственное развлечение мое состояло в наездничестве. По милости Пугачева, я имел добрую лошадь, с которой делился скудной пищею и на которой ежедневно выезжал я за город перестреливаться с пугачевскими наездниками. В этих перестрелках перевес был обыкновенно на стороне злодеев, сытых, пьяных и доброконных. Тощая городовая конница не могла их одолеть. Иногда выходила в поле и наша голодная пехота; но глубина снега мешала ей действовать удачно противу рассеянных наездников. Артиллерия тщетно гремела с высоты вала, а в поле вязла и не двигалась по причине изнурения лошадей. Таков был образ наших военных действий! И вот что оренбургские чиновники называли осторожностию и благоразумием!

Однажды, когда удалось нам как-то рассеять и прогнать довольно густую толпу, наехал я на казака, отставшего от своих товарищей; я готов был уже ударить его своею турецкою саблею, как вдруг он снял шапку и закричал: «Здравствуйте, Петр Андреич! Как вас бог милует?»

Я взглянул и узнал нашего урядника. Я несказанно ему обрадовался. «Здравствуй, Максимыч, – сказал я ему. – Давно ли из Белогорской?»

– Недавно, батюшка Петр Андреич; только вчера воротился. У меня есть к вам письмецо.

– Где ж оно? – вскричал я, весь так и вспыхнув.

– Со мною, – отвечал Максимыч, положив руку за пазуху. – Я обещался Палаше уж как-нибудь да вам доставить. – Тут он подал мне сложенную бумажку и тотчас ускакал. Я развернул ее и с трепетом прочел следующие строки:

«Богу угодно было лишить меня вдруг отца и матери: не имею на земле ни родни, ни покровителей. Прибегаю к вам, зная, что вы всегда желали мне добра и что вы всякому человеку готовы помочь. Молю бога, чтоб это письмо как-нибудь до вас дошло! Максимыч обещал вам его доставить. Палаша слышала также от Максимыча, что вас он часто издали видит на вылазках и что вы совсем себя не бережете и не думаете о тех, которые за вас со слезами бога молят. Я долго была больна; а когда выздоровела, Алексей Иванович, который командует у нас на месте покойного батюшки, принудил отца Герасима выдать меня ему, застращав Пугачевым. Я живу в нашем доме под караулом. Алексей Иванович принуждает меня выйти за него замуж. Он говорит, что спас мне жизнь, потому что прикрыл обман Акулины Памфиловны, которая сказала злодеям, будто бы я ее племянница. А мне легче было бы умереть, нежели сделаться женою такого человека, каков Алексей Иванович. Он обходится со мною очень жестоко и грозится, коли не одумаюсь и не соглашусь, то привезет меня в лагерь к злодею, и с вами-де то же будет, что с Лизаветой Харловой[44]. Я просила Алексея Ивановича дать мне подумать. Он согласился ждать еще три дня; а коли через три дня за него не выду, так уж никакой пощады не будет. Батюшка Петр Андреич! вы один у меня покровитель; заступитесь за меня бедную. Упросите генерала и всех командиров прислать к нам поскорее сикурсу да приезжайте сами, если можете. Остаюсь вам покорная бедная сирота

Марья Миронова».

Прочитав это письмо, я чуть с ума не сошел. Я пустился в город, без милосердия пришпоривая бедного моего коня. Дорогою придумывал я и то и другое для избавления бедной девушки и ничего не мог выдумать. Прискакав в город, я отправился прямо к генералу и опрометью к нему вбежал.

Генерал ходил взад и вперед по комнате, куря свою пенковую трубку. Увидя меня, он остановился. Вероятно, вид мой поразил его; он заботливо осведомился о причине моего поспешного прихода.

– Ваше превосходительство, – сказал я ему, – прибегаю к вам, как к отцу родному; ради бога, не откажите мне в моей просьбе: дело идет о счастии всей моей жизни.

– Что такое, батюшка? – спросил изумленный старик. – Что я могу для тебя сделать? Говори.

– Ваше превосходительство, прикажите взять мне роту солдат и полсотни казаков и пустите меня очистить Белогорскую крепость.

Генерал глядел на меня пристально, полагая, вероятно, что я с ума сошел (в чем почти и не ошибался).

---

[44] Лизавета Харлова – жена коменданта Нижнеозерной крепости, убитая пугачевцами (историческое лицо).

— Как это? Очистить Белогорскую крепость? – сказал он наконец.

— Ручаюсь вам за успех, – отвечал я с жаром. – Только отпустите меня.

— Нет, молодой человек, – сказал он, качая головою. – На таком великом расстоянии неприятелю легко будет отрезать вас от коммуникации с главным стратегическим пунктом и получить над вами совершенную победу. Пресеченная коммуникация...

Я испугался, увидя его завлеченного в военные рассуждения, и спешил его прервать.

— Дочь капитана Миронова, – сказал я ему, – пишет ко мне письмо: она просит помощи; Швабрин принуждает ее выйти за него замуж.

— Неужто? О, этот Швабрин превеликий Schelm[45], и если попадется ко мне в руки, то я велю его судить в двадцать четыре часа, и мы расстреляем его на парапете крепости! Но покамест надобно взять терпение...

— Взять терпение! – вскричал я вне себя. – А он между тем женится на Марье Ивановне!..

— О! – возразил генерал. – Это еще не беда: лучше ей быть покамест женою Швабрина: он теперь может оказать ей протекцию; а когда его расстреляем, тогда, бог даст, сыщутся ей и женишки. Миленькие вдовушки в девках не сидят; то есть, хотел я сказать, что вдовушка скорее найдет себе мужа, нежели девица.

— Скорее соглашусь умереть, – сказал я в бешенстве, – нежели уступить ее Швабрину!

— Ба, ба, ба, ба! – сказал старик. – Теперь понимаю: ты, видно, в Марью Ивановну влюблен. О, дело другое! Бедный малый! Но все же я никак не могу дать тебе роту солдат и полсотни казаков. Эта экспедиция была бы неблагоразумна; я не могу взять ее на свою ответственность.

Я потупил голову; отчаяние мною овладело. Вдруг мысль мелькнула в голове моей: в чем оная состояла, читатель увидит из следующей главы, как говорят старинные романисты.

---

[45] Шельма, мошенник (нем.).

ГЛАВА XI

МЯТЕЖНАЯ СЛОБОДА

В ту пору лев был сыт, хоть сроду он свиреп.
«Зачем пожаловать изволил в мой вертеп?» —
Спросил он ласково.

А. Сумароков

Я оставил генерала и поспешил на свою квартиру. Савельич встретил меня с обыкновенным своим увещанием. «Охота тебе, сударь, переведываться с пьяными разбойниками! Боярское ли это дело? Не ровен час: ни за что пропадешь. И добро бы уж ходил ты на турку или на шведа, а то грех и сказать на кого».

Я прервал его речь вопросом: сколько у меня всего-на-все денег? «Будет с тебя, – отвечал он с довольным видом. – Мошенники как там ни шарили, а я все-таки успел утаить». И с этим словом он вынул из кармана длинный вязаный кошелек, полный серебра. «Ну, Савельич, – сказал я ему, – отдай же мне теперь половину; а остальное возьми себе. Я еду в Белогорскую крепость».

– Батюшка Петр Андреич! – сказал добрый дядька дрожащим голосом. – Побойся бога; как тебе пускаться в дорогу в нынешнее время, когда никуда проезду нет от разбойников! Пожалей ты хоть своих родителей, коли сам себя не жалеешь. Куда тебе ехать? Зачем? Погоди маленько: войска придут, переловят мошенников; тогда поезжай себе хоть на все четыре стороны.

Но намерение мое было твердо принято.

– Поздно рассуждать, – отвечал я старику. – Я должен ехать, я не могу не ехать. Не тужи, Савельич: бог милостив; авось увидимся! Смотри же, не совестись и не скупись. Покупай, что тебе будет нужно, хоть втридорога. Деньги эти я тебе дарю. Если через три дня я не ворочусь...

– Что ты это, сударь? – прервал меня Савельич. – Чтоб я тебя пустил одного! Да этого и во сне не проси. Коли ты уж решился ехать, то я хоть пешком да пойду за тобой, а тебя не покину. Чтоб я стал без тебя сидеть за каменной стеной! Да разве я с ума сошел? Воля твоя, сударь, а я от тебя не отстану.

Я знал, что с Савельичем спорить было нечего, и позволил ему приготовляться в дорогу. Через полчаса я сел на своего доброго коня, а

Савельич на тощую и хромую клячу, которую даром отдал ему один из городских жителей, не имея более средств кормить ее. Мы приехали к городским воротам; караульные нас пропустили; мы выехали из Оренбурга.

Начинало смеркаться. Путь мой шел мимо Бердской слободы, пристанища пугачевского. Прямая дорога занесена была снегом; но по всей степи видны были конские следы, ежедневно обновляемые. Я ехал крупной рысью. Савельич едва мог следовать за мною издали и кричал мне поминутно: «Потише, сударь, ради бога потише. Проклятая клячонка моя не успевает за твоим долгоногим бесом. Куда спешишь? Добро бы на пир, а то под обух, того и гляди… Петр Андреич… батюшка Петр Андреич!.. Не погуби!.. Господи владыко, пропадет барское дитя!»

Вскоре засверкали бердские огни. Мы подъехали к оврагам, естественным укреплениям слободы. Савельич от меня не отставал, не прерывая жалобных своих молений. Я надеялся объехать слободу благополучно, как вдруг увидел в сумраке прямо перед собой человек пять мужиков, вооруженных дубинами: это был передовой караул пугачевского пристанища. Нас окликали. Не зная пароля, я хотел молча проехать мимо их; но они меня тотчас окружили, и один из них схватил лошадь мою за узду. Я выхватил саблю и ударил мужика по голове; шапка спасла его, однако он зашатался и выпустил из рук узду. Прочие смутились и отбежали; я воспользовался этой минутою, пришпорил лошадь и поскакал.

Темнота приближающейся ночи могла избавить меня от всякой опасности, как вдруг, оглянувшись, увидел я, что Савельича со мною не было. Бедный старик на своей хромой лошади не мог ускакать от разбойников. Что было делать? Подождав его несколько минут и удостоверясь в том, что он задержан, я поворотил лошадь и отправился его выручать.

Подъезжая к оврагу, услышал я издали шум, крики и голос моего Савельича. Я поехал скорее и вскоре очутился между караульными мужиками, остановившими меня несколько минут тому назад. Савельич находился между ими. Они стащили старика с его клячи и готовились вязать. Прибытие мое их обрадовало. Они с криком бросились на меня и мигом стащили с лошади. Один из них, повидимому главный, объявил нам, что он сейчас поведет нас к государю. «А наш батюшка, — прибавил он, — волен приказать: сейчас ли вас повесить, али дождаться свету божия». Я не противился; Савельич последовал моему примеру, и караульные повели нас с торжеством.

Мы перебрались через овраг и вступили в слободу. Во всех избах горели огни. Шум и крики раздавались везде. На улице я встретил множество народу; но никто в темноте нас не заметил и не узнал во мне оренбургского офицера. Нас привели прямо к избе, стоявшей на углу перекрестка. У ворот стояло несколько винных бочек и две пушки. «Вот и дворец, – сказал один из мужиков, – сейчас об вас доложим». Он вошел в избу. Я взглянул на Савельича; старик крестился, читая про себя молитву. Я дожидался долго; наконец мужик воротился и сказал мне: «Ступай: наш батюшка велел впустить офицера».

Я вошел в избу, или во дворец, как называли ее мужики. Она освещена была двумя сальными свечами, а стены оклеены были золотою бумагою; впрочем, лавки, стол, рукомойник на веревочке, полотенце на гвозде, ухват в углу и широкий шесток[46], уставленный горшками, – все было как в обыкновенной избе. Пугачев сидел под образами, в красном кафтане, в высокой шапке и важно подбочась. Около него стояло несколько из главных его товарищей, с видом притворного подобострастия. Видно было, что весть о прибытии офицера из Оренбурга пробудила в бунтовщиках сильное любопытство и что они приготовились встретить меня с торжеством. Пугачев узнал меня с первого взгляду. Поддельная важность его вдруг исчезла. «А, ваше благородие! – сказал он мне с живостью. – Как поживаешь? Зачем тебя бог принес?» Я отвечал, что ехал по своему делу и что люди его меня остановили. «А по какому делу?» – спросил он меня. Я не знал, что отвечать. Пугачев, полагая, что я не хочу объясняться при свидетелях, обратился к своим товарищам и велел им выйти. Все послушались, кроме двух, которые не тронулись с места. «Говори смело при них, – сказал мне Пугачев, – от них я ничего не таю». Я взглянул наискось на наперсников[47] самозванца. Один из них, щедушный и сгорбленный старичок с седою бородкою, не имел в себе ничего замечательного, кроме голубой ленты[48], надетой через плечо по серому армяку. Но ввек не забуду его товарища. Он был невысокого росту, дороден и широкоплеч, и показался мне лет сорока пяти. Густая рыжая борода, серые сверкающие глаза, нос без ноздрей и красноватые пятна на лбу и на щеках придавали его рябому широкому лицу выражение неизъяснимое. Он был в красной рубахе, в киргизском халате и в казацких шароварах. Первый (как узнал я после) был беглый капрал Белобородов; второй – Афанасий Соколов (прозванный Хлопушей), ссыльный преступник, три раза бежавший из сибирских рудников. Несмотря на чувства, исключительно меня волновавшие, общество, в котором я так нечаянно очутился, сильно развлекало мое воображение. Но Пугачев

---

[46] Шесток – площадка в передней части русской печи.
[47] Наперсник (устар.) – любимец, человек, пользующийся особым доверием.
[48] Пугачев выдавал своих приближенных за царских вельмож. Голубую ленту через плечо носили награжденные высшим орденом – Андрея Первозванного.

привел меня в себя своим вопросом: «Говори: по какому же делу выехал ты из Оренбурга?»

Странная мысль пришла мне в голову: мне показалось, что провидение, вторично приведшее меня к Пугачеву, подавало мне случай привести в действо мое намерение. Я решился им воспользоваться и, не успев обдумать то, на что решался, отвечал на вопрос Пугачева:

– Я ехал в Белогорскую крепость избавить сироту, которую там обижают.

Глаза у Пугачева засверкали. «Кто из моих людей смеет обижать сироту? – закричал он. – Будь он семи пядень во лбу, а от суда моего не уйдет. Говори: кто виноватый?»

– Швабрин виноватый, – отвечал я. – Он держит в неволе ту девушку, которую ты видел, больную, у попадьи, и насильно хочет на ней жениться.

– Я проучу Швабрина, – сказал грозно Пугачев. – Он узнает, каково у меня своевольничать и обижать народ. Я его повешу.

– Прикажи слово молвить, – сказал Хлопуша хриплым голосом. – Ты поторопился назначить Швабрина в коменданты крепости, а теперь торопишься его вешать. Ты уж оскорбил казаков, посадив дворянина им в начальники; не пугай же дворян, казня их по первому наговору.

– Нечего их ни жалеть, ни жаловать! – сказал старичок в голубой ленте. – Швабрина сказнить не беда; а не худо и господина офицера допросить порядком: зачем изволил пожаловать. Если он тебя государем не признает, так нечего у тебя и управы искать, а коли признает, что же он до сегодняшнего дня сидел в Оренбурге с твоими супостатами? Не прикажешь ли свести его в приказную да запалить там огоньку: мне сдается, что его милость подослан к нам от оренбургских командиров.

Логика старого злодея мне показалась довольно убедительною. Мороз пробежал по всему моему телу при мысли, в чьих руках я находился. Пугачев заметил мое смущение. «Ась, ваше благородие? – сказал он мне подмигивая. – Фельдмаршал мой, кажется, говорит дело. Как ты думаешь?»

Насмешка Пугачева возвратила мне бодрость. Я спокойно отвечал, что я нахожусь в его власти и что он волен поступать со мною, как ему будет угодно.

– Добро, – сказал Пугачев. – Теперь скажи, в каком состоянии ваш город.

– Слава богу, – отвечал я, – все благополучно.

– Благополучно? – повторил Пугачев. – А народ мрет с голоду!

Самозванец говорил правду; но я по долгу присяги стал уверять, что все это пустые слухи и что в Оренбурге довольно всяких запасов.

— Ты видишь, — подхватил старичок, — что он тебя в глаза обманывает. Все беглецы согласно показывают, что в Оренбурге голод и мор, что там едят мертвечину, и то за честь; а его милость уверяет, что всего вдоволь. Коли ты Швабрина хочешь повесить, то уж на той же виселице повесь и этого молодца, чтоб никому не было завидно.

Слова проклятого старика, казалось, поколебали Пугачева. К счастию, Хлопуша стал противоречить своему товарищу.

— Полно, Наумыч, — сказал он ему. — Тебе бы все душить да резать. Что ты за богатырь? Поглядеть, так в чем душа держится. Сам в могилу смотришь, а других губишь. Разве мало крови на твоей совести?

— Да ты что за угодник? — возразил Белобородов. — У тебя-то откуда жалость взялась?

— Конечно, — отвечал Хлопуша, — и я грешен, и эта рука (тут он сжал свой костливый кулак и, засуча рукава, открыл косматую руку), и эта рука повинна в пролитой христианской крови. Но я губил супротивника, а не гостя; на вольном перепутье да в темном лесу, не дома, сидя за печью; кистенем и обухом, а не бабьим наговором.

Старик отворотился и проворчал слова: «Рваные ноздри!»...

— Что ты там шепчешь, старый хрыч? — закричал Хлопуша. — Я тебе дам рваные ноздри; погоди, придет и твое время; бог даст, и ты щипцов понюхаешь... А покамест смотри, чтоб я тебе бородишки не вырвал!

— Господа енаралы! — провозгласил важно Пугачев. — Полно вам ссориться. Не беда, если б и все оренбургские собаки дрыгали ногами под одной перекладиной; беда, если наши кобели меж собою перегрызутся. Ну, помиритесь.

Хлопуша и Белобородов не сказали ни слова и мрачно смотрели друг на друга. Я увидел необходимость переменить разговор, который мог кончиться для меня очень невыгодным образом, и, обратясь к Пугачеву, сказал ему с веселым видом: «Ах! я было и забыл благодарить тебя за лошадь и за тулуп. Без тебя я не добрался бы до города и замерз бы на дороге».

Уловка моя удалась. Пугачев развеселился. «Долг платежом красен, — сказал он, мигая и прищуриваясь. — Расскажи-ка мне теперь, какое тебе дело до той девушки, которую Швабрин обижает? Уж не зазноба ли сердцу молодецкому? а?»

— Она невеста моя, — отвечал я Пугачеву, видя благоприятную перемену погоды и не находя нужды скрывать истину.

— Твоя невеста! — закричал Пугачев. — Что ж ты прежде не сказал? Да мы тебя женим и на свадьбе твоей попируем! — Потом, обращаясь к Белобородову: — Слушай, фельдмаршал! Мы с его благородием старые приятели; сядем-ка да поужинаем; утро вечера мудренее. Завтра посмотрим, что с ним сделаем.

Я рад был отказаться от предлагаемой чести, но делать было нечего. Две молодые казачки, дочери хозяина избы, накрыли стол белой скатертью, принесли хлеба, ухи и несколько штофов с вином и пивом, и я вторично очутился за одною трапезою с Пугачевым и с его страшными товарищами.

Оргия, коей я был невольным свидетелем, продолжалась до глубокой ночи. Наконец хмель начал одолевать собеседников. Пугачев задремал, сидя на своем месте; товарищи его встали и дали мне знак оставить его. Я вышел вместе с ними. По распоряжению Хлопуши, караульный отвел меня в приказную избу, где я нашел и Савельича и где меня оставили с ним взаперти. Дядька был в таком изумлении при виде всего, что происходило, что не сделал мне никакого вопроса. Он улегся в темноте и долго вздыхал и охал; наконец захрапел, а я предался размышлениям, которые во всю ночь ни на одну минуту не дали мне задремать.

Поутру пришли меня звать от имени Пугачева. Я пошел к нему. У ворот его стояла кибитка, запряженная тройкою татарских лошадей. Народ толпился на улице. В сенях встретил я Пугачева: он был одет по-дорожному, в шубе и в киргизской шапке. Вчерашние собеседники окружали его, приняв на себя вид подобострастия, который сильно противуречил всему, чему я был свидетелем накануне. Пугачев весело со мною поздоровался и велел мне садиться с ним в кибитку.

Мы уселись. «В Белогорскую крепость!» – сказал Пугачев широкоплечему татарину, стоя правящему тройкою. Сердце мое сильно забилось. Лошади тронулись, колокольчик загремел, кибитка полетела…

«Стой! стой!» – раздался голос, слишком мне знакомый, – и я увидел Савельича, бежавшего нам навстречу. Пугачев велел остановиться. «Батюшка, Петр Андреич! – кричал дядька. – Не покинь меня на старости лет посреди этих мошен...» – «А, старый хрыч! – сказал ему Пугачев. – Опять бог дал свидеться. Ну, садись на облучок».

– Спасибо, государь, спасибо, отец родной! – говорил Савельич усаживаясь. – Дай бог тебе сто лет здравствовать за то, что меня старика призрил и успокоил. Век за тебя буду бога молить, а о заячьем тулупе и упоминать уж не стану.

Этот заячий тулуп мог, наконец, не на шутку рассердить Пугачева. К счастию, самозванец или не расслышал, или пренебрег неуместным намеком. Лошади поскакали; народ на улице останавливался и кланялся в пояс. Пугачев кивал головою на обе стороны. Через минуту мы выехали из слободы и помчались по гладкой дороге.

Легко можно себе представить, что чувствовал я в эту минуту. Через несколько часов должен я был увидеться с той, которую почитал уже для меня потерянною. Я воображал себе минуту нашего соединения… Я думал также и о том человеке, в чьих руках находилась моя судьба и который по странному стечению обстоятельств таинственно был со мною связан. Я вспоминал об опрометчивой жестокости, о кровожадных привычках того, кто вызывался быть избавителем моей любезной! Пугачев не знал, что она была дочь капитана Миронова; озлобленный Швабрин мог открыть ему все; Пугачев мог проведать истину и другим образом... Тогда что станется с Марьей Ивановной? Холод пробегал по моему телу, и волоса становились дыбом...

Вдруг Пугачев прервал мои размышления, обратись ко мне с вопросом:

– О чем, ваше благородие, изволил задуматься?

– Как не задуматься, – отвечал я ему. – Я офицер и дворянин; вчера еще дрался против тебя, а сегодня еду с тобой в одной кибитке, и счастие всей моей жизни зависит от тебя.

– Что ж? – спросил Пугачев. – Страшно тебе?

Я отвечал, что, быв однажды уже им помилован, я надеялся не только на его пощаду, но даже и на помощь.

– И ты прав, ей-богу прав! – сказал самозванец. – Ты видел, что мои ребята смотрели на тебя косо; а старик и сегодня настаивал на том, что ты шпион и что надобно тебя пытать и повесить; но я не согласился, – прибавил он, понизив голос, чтоб Савельич и татарин не могли его услышать, – помня твой стакан вина и заячий тулуп. Ты видишь, что я не такой еще кровопийца, как говорит обо мне ваша братья.

Я вспомнил взятие Белогорской крепости; но не почел нужным его оспаривать и не отвечал ни слова.

– Что говорят обо мне в Оренбурге? – спросил Пугачев, помолчав немного.

– Да говорят, что с тобою сладить трудновато; нечего сказать: дал ты себя знать.

Лицо самозванца изобразило довольное самолюбие. «Да! – сказал он с веселым видом. – Я воюю хоть куда. Знают ли у вас в Оренбурге о сражении под Юзеевой? Сорок енаралов убито, четыре армии взято в полон. Как ты думаешь: прусский король мог ли бы со мною потягаться?»

Хвастливость разбойника показалась мне забавна.

– Сам как ты думаешь? – сказал я ему, – управился ли бы ты с Фридериком?

– С Федор Федоровичем? А как же нет? С вашими енаралами ведь я же управляюсь; а они его бивали. Доселе оружие мое было счастливо. Дай срок, то ли еще будет, как пойду на Москву.

– А ты полагаешь идти на Москву?

Самозванец несколько задумался и сказал вполголоса: «Бог весть. Улица моя тесна; воли мне мало. Ребята мои умничают. Они воры. Мне должно держать ухо востро; при первой неудаче они свою шею выкупят моею головою».

– То-то! – сказал я Пугачеву. – Не лучше ли тебе отстать от них самому, заблаговременно, да прибегнуть к милосердию государыни?

Пугачев горько усмехнулся. «Нет, – отвечал он, – поздно мне каяться. Для меня не будет помилования. Буду продолжать, как начал. Как знать? Авось и удастся! Гришка Отрепьев ведь поцарствовал же над Москвою».

– А знаешь ты, чем он кончил? Его выбросили из окна, зарезали, сожгли, зарядили его пеплом пушку и выпалили!

– Слушай, – сказал Пугачев с каким-то диким вдохновением. – Расскажу тебе сказку, которую в ребячестве мне рассказывала старая калмычка. Однажды орел спрашивал у ворона: скажи, ворон-птица, отчего живешь ты на белом свете триста лет, а я всего-на-все только тридцать три года? – Оттого, батюшка, отвечал ему ворон, что ты пьешь живую кровь, а я питаюсь мертвечиной. Орел подумал: давай попробуем и мы питаться тем же. Хорошо. Полетели орел да ворон. Вот завидели палую лошадь, спустились и сели. Ворон стал клевать да похваливать. Орел клюнул раз, клюнул другой, махнул крылом и сказал ворону: нет, брат ворон, чем триста лет питаться падалью, лучше раз напиться живой кровью, а там что бог даст! – Какова калмыцкая сказка?

– Затейлива, – отвечал я ему. – Но жить убийством и разбоем значит, по мне, клевать мертвечину.

Пугачев посмотрел на меня с удивлением и ничего не отвечал. Оба мы замолчали, погрузясь каждый в свои размышления. Татарин затянул унылую песню; Савельич, дремля, качался на облучке. Кибитка летела по гладкому зимнему пути... Вдруг увидел я деревушку на крутом берегу Яика, с частоколом и с колокольней, – и через четверть часа въехали мы в Белогорскую крепость.

ГЛАВА XII

СИРОТА

Как у нашей у яблонки
Ни верхушки нет, ни отросточек;
Как у нашей у княгинюшки

Ни отца нету, ни матери.
Снарядить-то ее некому,
Благословить-то ее некому.

Свадебная песня

Кибитка подъехала к крыльцу комендантского дома. Народ узнал колокольчик Пугачева и толпою бежал за нами. Швабрин встретил самозванца на крыльце. Он был одет казаком и отрастил себе бороду. Изменник помог Пугачеву вылезть из кибитки, в подлых выражениях изъявляя свою радость и усердие. Увидя меня, он смутился, но вскоре оправился, протянул мне руку, говоря: «И ты наш? Давно бы так!» – Я отворотился от него и ничего не отвечал.

Сердце мое заныло, когда очутились мы в давно знакомой комнате, где на стене висел еще диплом покойного коменданта, как печальная эпитафия[49] прошедшему времени. Пугачев сел на том диване, на котором, бывало, дремал Иван Кузмич, усыпленный ворчанием своей супруги. Швабрин сам поднес ему водки. Пугачев выпил рюмку и сказал ему, указав на меня: «Попотчуй и его благородие». Швабрин подошел ко мне с своим подносом; но я вторично от него отворотился. Он казался сам не свой. При обыкновенной своей сметливости он, конечно, догадался, что Пугачев был им недоволен. Он трусил перед ним, а на меня поглядывал с недоверчивостью. Пугачев осведомился о состоянии крепости, о слухах про неприятельские войска и тому подобном, и вдруг спросил его неожиданно: «Скажи, братец, какую девушку держишь ты у себя под караулом? Покажи-ка мне ее».

Швабрин побледнел, как мертвый. «Государь, – сказал он дрожащим голосом... – Государь, она не под караулом... она больна... она в светлице лежит».

«Веди ж меня к ней», – сказал самозванец, вставая с места. Отговориться было невозможно. Швабрин повел Пугачева в светлицу Марьи Ивановны. Я за ними последовал.

Швабрин остановился на лестнице. «Государь! – сказал он. – Вы властны требовать от меня, что вам угодно; но не прикажите постороннему входить в спальню к жене моей».

Я затрепетал. «Так ты женат!» – сказал я Швабрину, готовяся его растерзать.

– Тише! – прервал меня Пугачев. – Это мое дело. А ты, – продолжал он, обращаясь к Швабрину, – не умничай и не ломайся: жена ли она тебе, или не жена, а я веду к ней кого хочу. Ваше благородие, ступай за мною.

---

[49] Эпитафия – надгробная, надмогильная надпись.

У дверей светлицы Швабрин опять остановился и сказал прерывающимся голосом: «Государь, предупреждаю вас, что она в белой горячке и третий день как бредит без умолку».

– Отворяй! – сказал Пугачев.

Швабрин стал искать у себя в карманах и сказал, что не взял с собою ключа. Пугачев толкнул дверь ногою; замок отскочил; дверь отворилась, и мы вошли.

Я взглянул и обмер. На полу, в крестьянском оборванном платье сидела Марья Ивановна, бледная, худая, с растрепанными волосами. Перед нею стоял кувшин воды, накрытый ломтем хлеба. Увидя меня, она вздрогнула и закричала. Что тогда со мною стало – не помню.

Пугачев посмотрел на Швабрина и сказал с горькой усмешкою: «Хорош у тебя лазарет!» Потом, подошед к Марье Ивановне: «Скажи мне, голубушка, за что твой муж тебя наказывает? в чем ты перед ним провинилась?»

– Мой муж! – повторила она. – Он мне не муж. Я никогда не буду его женою! Я лучше решилась умереть, и умру, если меня не избавят.

Пугачев взглянул грозно на Швабрина: «И ты смел меня обманывать! – сказал он ему. – Знаешь ли, бездельник, чего ты достоин?»

Швабрин упал на колени… В эту минуту презрение заглушило во мне все чувства ненависти и гнева. С омерзением глядел я на дворянина, валяющегося в ногах беглого казака. Пугачев смягчился. «Милую тебя на сей раз, – сказал он Швабрину, – но знай, что при первой вине тебе припомнится и эта». Потом обратился к Марье Ивановне и сказал ей ласково: «Выходи, красная девица; дарую тебе волю. Я государь».

Марья Ивановна быстро взглянула на него и догадалась, что перед нею убийца ее родителей. Она закрыла лицо обеими руками и упала без чувств. Я кинулся к ней, но в эту минуту очень смело в комнату втерлась моя старинная знакомая Палаша и стала ухаживать за своею барышнею. Пугачев вышел из светлицы, и мы трое сошли в гостиную.

– Что, ваше благородие? – сказал смеясь Пугачев. – Выручили красную девицу! Как думаешь, не послать ли за попом, да не заставить ли его обвенчать племянницу? Пожалуй, я буду посаженым отцом, Швабрин дружкою[50]; закутим, запьем – и ворота запрем!

Чего я опасался, то и случилось. Швабрин, услыша предложение Пугачева, вышел из себя. «Государь! – закричал он в исступлении. – Я виноват, я вам солгал; но и Гринев вас обманывает. Эта девушка не племянница здешнего попа: она дочь Ивана Миронова, который казнен при взятии здешней крепости».

---

[50] Др'ужка – распорядитель на свадьбе.

Пугачев устремил на меня огненные свои глаза. «Это что еще?» – спросил он меня с недоумением.

– Швабрин сказал тебе правду, – отвечал я с твердостию.

– Ты мне этого не сказал, – заметил Пугачев, у коего лицо омрачилось.

– Сам ты рассуди, – отвечал я ему, – можно ли было при твоих людях объявить, что дочь Миронова жива. Да они бы ее загрызли. Ничто ее бы не спасло!

– И то правда, – сказал, смеясь, Пугачев. – Мои пьяницы не пощадили бы бедную девушку. Хорошо сделала кумушка-попадья, что обманула их.

– Слушай, – продолжал я, видя его доброе расположение. – Как тебя назвать не знаю, да и знать не хочу… Но бог видит, что жизнию моей рад бы я заплатить тебе за то, что ты для меня сделал. Только не требуй того, что противно чести моей и христианской совести. Ты мой благодетель. Доверши как начал: отпусти меня с бедною сиротою, куда нам бог путь укажет. А мы, где бы ты ни был и что бы с тобою ни случилось, каждый день будем бога молить о спасении грешной твоей души…

Казалось, суровая душа Пугачева была тронута. «Ин быть по-твоему! – сказал он. – Казнить так казнить, жаловать так жаловать: таков мой обычай. Возьми себе свою красавицу; вези ее, куда хочешь, и дай вам бог любовь да совет!»

Тут он оборотился к Швабрину и велел выдать мне пропуск во все заставы и крепости, подвластные ему. Швабрин, совсем уничтоженный, стоял как остолбенелый. Пугачев отправился осматривать крепость. Швабрин его сопровождал; а я остался под предлогом приготовлений к отъезду.

Я побежал в светлицу. Двери были заперты. Я постучался. «Кто там?» – спросила Палаша. Я назвался. Милый голосок Марьи Ивановны раздался из-за дверей. «Погодите, Петр Андреич. Я переодеваюсь. Ступайте к Акулине Памфиловне; я сейчас туда же буду».

Я повиновался и пошел в дом отца Герасима. И он и попадья выбежали ко мне навстречу. Савельич их уже предупредил. «Здравствуйте, Петр Андреич, – говорила попадья. – Привел бог опять увидеться. Как поживаете? А мы-то про вас каждый день поминали. А Марья-то Ивановна всего натерпелась без вас, моя голубушка!.. Да скажите, мой отец, как это вы с Пугачевым-то поладили? Как он это вас не укокошил? Добро, спасибо злодею и за то». «Полно, старуха, – прервал отец Герасим. – Не все то ври, что знаешь. Несть спасения во многом глаголании[51]. Батюшка Петр Андреич! войдите, милости просим. Давно, давно не видались».

Попадья стала угощать меня чем бог послал. А между тем говорила без

---

[51] Многословие не дает спасения (старослав.).

умолку. Она рассказала мне, каким образом Швабрин принудил их выдать ему Марью Ивановну; как Марья Ивановна плакала и не хотела с ними расстаться; как Марья Ивановна имела с нею всегдашние сношения через Палашку (девку бойкую, которая и урядника заставляет плясать по своей дудке); как она присоветовала Марье Ивановне написать ко мне письмо и прочее. Я в свою очередь рассказал ей вкратце свою историю. Поп и попадья крестились, услыша, что Пугачеву известен их обман. «С нами сила крестная! – говорила Акулина Памфиловна. – Промчи бог тучу мимо. Ай-да Алексей Иваныч; нечего сказать: хорош гусь!» – В самую эту минуту дверь отворилась, и Марья Ивановна вошла с улыбкою на бледном лице. Она оставила свое крестьянское платье и одета была по-прежнему просто и мило.

Я схватил ее руку и долго не мог вымолвить ни одного слова. Мы оба молчали от полноты сердца. Хозяева наши почувствовали, что нам было не до них, и оставили нас. Мы остались одни. Все было забыто. Мы говорили и не могли наговориться. Марья Ивановна рассказала мне все, что с нею ни случилось с самого взятия крепости; описала мне весь ужас ее положения, все испытания, которым подвергал ее гнусный Швабрин. Мы вспомнили и прежнее счастливое время… Оба мы плакали… Наконец я стал объяснять ей мои предположения. Оставаться ей в крепости, подвластной Пугачеву и управляемой Швабриным, было невозможно. Нельзя было думать и об Оренбурге, претерпевающем все бедствия осады. У ней не было на свете ни одного родного человека. Я предложил ей ехать в деревню к моим родителям. Она сначала колебалась: известное ей неблагорасположение отца моего ее пугало. Я ее успокоил. Я знал, что отец почтет за счастие и вменит себе в обязанность принять дочь заслуженного воина, погибшего за отечество. «Милая Марья Ивановна! – сказал я наконец. – Я почитаю тебя своею женою. Чудные обстоятельства соединили нас неразрывно: ничто на свете не может нас разлучить». Марья Ивановна выслушала меня просто, без притворной застенчивости, без затейливых отговорок. Она чувствовала, что судьба ее соединена была с моею. Но она повторила, что не иначе будет моею женою, как с согласия моих родителей. Я ей и не противуречил. Мы поцеловались горячо, искренно – и таким образом все было между нами решено.

Через час урядник принес мне пропуск, подписанный каракульками Пугачева, и позвал меня к нему от его имени. Я нашел его готового пуститься в дорогу. Не могу изъяснить то, что я чувствовал, расставаясь с этим ужасным человеком, извергом, злодеем для всех, кроме одного меня. Зачем не сказать истины? В эту минуту сильное сочувствие влекло меня к нему. Я пламенно желал вырвать его из среды злодеев, которыми он предводительствовал, и спасти его голову, пока еще было время. Швабрин и народ, толпящийся около нас, помешали мне высказать все, чем исполнено было мое сердце.

Мы расстались дружески. Пугачев, увидя в толпе Акулину Памфиловну, погрозил пальцем и мигнул значительно; потом сел в кибитку, велел ехать в Берду, и когда лошади тронулись, то он еще раз высунулся из кибитки и закричал мне: «Прощай, ваше благородие! Авось увидимся когда-нибудь». – Мы точно с ним увиделись, но в каких обстоятельствах!..

Пугачев уехал. Я долго смотрел на белую степь, по которой неслась его тройка. Народ разошелся. Швабрин скрылся. Я воротился в дом священника. Все было готово к нашему отъезду; я не хотел более медлить. Добро наше все было уложено в старую комендантскую повозку. Ямщики мигом заложили лошадей. Марья Ивановна пошла проститься с могилами своих родителей, похороненных за церковью. Я хотел ее проводить, но она просила меня оставить ее одну. Через несколько минут она воротилась, обливаясь молча тихими слезами. Повозка была подана. Отец Герасим и жена его вышли на крыльцо. Мы сели в кибитку втроем: Марья Ивановна с Палашей и я. Савельич забрался на облучок. «Прощай, Марья Ивановна, моя голубушка! прощайте, Петр Андреич, сокол наш ясный! – говорила добрая попадья. – Счастливый путь, и дай бог вам обоим счастия!» Мы поехали. У окошка комендантского дома я увидел стоящего Швабрина. Лицо его изображало мрачную злобу. Я не хотел торжествовать над уничтоженным врагом и обратил глаза в другую сторону. Наконец мы выехали из крепостных ворот и навек оставили Белогорскую крепость.

ГЛАВА XIII

АРЕСТ

Не гневайтесь, сударь: по долгу моему
Я должен сей же час отправить вас в тюрьму.
– Извольте, я готов; но я в такой надежде,
Что дело объяснить дозволите мне прежде.

Княжнин

Соединенный так нечаянно с милой девушкою, о которой еще утром я так мучительно беспокоился, я не верил самому себе и воображал, что все со мною случившееся было пустое сновидение. Марья Ивановна глядела с задумчивостию то на меня, то на дорогу, и, казалось, не успела еще опомниться и прийти в себя. Мы молчали. Сердца наши слишком были утомлены. Неприметным образом часа через два очутились мы в ближней крепости, также подвластной Пугачеву. Здесь мы переменили лошадей. По скорости, с каковой их запрягали, по торопливой услужливости брадатого казака, поставленного Пугачевым в коменданты, я увидел, что, благодаря болтливости ямщика, нас привезшего, меня принимали как придворного временщика[52].

Мы отправились далее. Стало смеркаться. Мы приблизились к городку, где, по словам бородатого коменданта, находился сильный отряд, идущий на соединение к самозванцу. Мы были остановлены караульными. На вопрос: кто едет? – ямщик отвечал громогласно: «Государев кум со своею хозяюшкою». Вдруг толпа гусаров окружила нас с ужасною бранью. «Выходи, бесов кум! – сказал мне усатый вахмистр[53]. – Вот ужо тебе будет баня, и с твоею хозяюшкою!»

Я вышел из кибитки и требовал, чтоб отвели меня к их начальнику. Увидя офицера, солдаты прекратили брань. Вахмистр повел меня к майору. Савельич от меня не отставал, поговаривая про себя: «Вот тебе и государев кум! Из огня да в полымя… Господи владыко! чем это все кончится?» Кибитка шагом поехала за нами.

Через пять минут мы пришли к домику, ярко освещенному. Вахмистр оставил меня при карауле и пошел обо мне доложить. Он тотчас же воротился, объявив мне, что его высокоблагородию некогда меня принять, а что он велел отвести меня в острог, а хозяюшку к себе привести.

– Что это значит? – закричал я в бешенстве. – Да разве он с ума сошел?

– Не могу знать, ваше благородие, – отвечал вахмистр. – Только его высокоблагородие приказал ваше благородие отвести в острог, а ее благородие приказано привести к его высокоблагородию, ваше благородие!

Я бросился на крыльцо. Караульные не думали меня удерживать, и я прямо вбежал в комнату, где человек шесть гусарских офицеров играли в банк[54]. Майор метал. Каково было мое изумление, когда, взглянув на него, узнал я Ивана Ивановича Зурина, некогда обыгравшего меня в симбирском трактире!

---

[52] Временщик – человек, достигший большой власти вследствие близости к царю или царице.

[53] Вахмистр – унтер-офицер в кавалерии.

[54] Банк – карточная азартная игра.

— Возможно ли? — вскричал я. — Иван Иваныч! ты ли?

— Ба, ба, ба, Петр Андреич! Какими судьбами? Откуда ты? Здорово, брат. Не хочешь ли поставить карточку?

— Благодарен. Прикажи-ка лучше отвести мне квартиру.

— Какую тебе квартиру? Оставайся у меня.

— Не могу: я не один.

— Ну, подавай сюда и товарища.

— Я не с товарищем; я... с дамою.

— С дамою! Где же ты ее подцепил? Эге, брат! (При сих словах Зурин засвистел так выразительно, что все захохотали, а я совершенно смутился.)

— Ну, — продолжал Зурин, — так и быть. Будет тебе квартира. А жаль... Мы бы попировали по-старинному... Гей! малый! Да что ж сюда не ведут кумушку-то Пугачева? или она упрямится? Сказать ей, чтоб она не боялась: барин-де прекрасный; ничем не обидит, да хорошенько ее в шею.

— Что ты это? — сказал я Зурину. — Какая кумушка Пугачева? Это дочь покойного капитана Миронова. Я вывез ее из плена и теперь провожаю до деревни батюшкиной, где и оставлю ее.

— Как! Так это о тебе мне сейчас докладывали? Помилуй! что ж это значит?

— После все расскажу. А теперь, ради бога, успокой бедную девушку, которую гусары твои перепугали.

Зурин тотчас распорядился. Он сам вышел на улицу извиняться перед Марьей Ивановной в невольном недоразумении и приказал вахмистру отвести ей лучшую квартиру в городе. Я остался ночевать у него.

Мы отужинали, и, когда остались вдвоем, я рассказал ему свои похождения. Зурин слушал меня с большим вниманием. Когда я кончил, он покачал головою и сказал: «Все это, брат, хорошо; одно нехорошо; зачем тебя черт несет жениться? Я, честный офицер, не захочу тебя обманывать: поверь же ты мне, что женитьба блажь. Ну, куда тебе возиться с женою да нянчиться с ребятишками? Эй, плюнь. Послушайся меня: развяжись ты с капитанскою дочкой. Дорога в Симбирск мною очищена и безопасна. Отправь ее завтра ж одну к родителям твоим: а сам оставайся у меня в отряде. В Оренбург возвращаться тебе незачем. Попадешься опять в руки бунтовщикам, так вряд ли от них еще раз отделаешься. Таким образом любовная дурь пройдет сама собою, и все будет ладно».

Хотя я не совсем был с ним согласен, однако ж чувствовал, что долг чести требовал моего присутствия в войске императрицы. Я решился последовать совету Зурина: отправить Марью Ивановну в деревню и остаться в его отряде.

Савельич явился меня раздевать; я объявил ему, чтоб на другой же день готов он был ехать в дорогу с Марьей Ивановной. Он было заупрямился. «Что ты, сударь? Как же я тебя-то покину? Кто за тобою будет ходить? Что скажут родители твои?»

Зная упрямство дядьки моего, я вознамерился убедить его лаской и искренностию. «Друг ты мой, Архип Савельич! – сказал я ему. – Не откажи, будь мне благодетелем; в прислуге здесь я нуждаться не стану, а не буду спокоен, если Марья Ивановна поедет в дорогу без тебя. Служа ей, служишь ты и мне, потому что я твердо решился, как скоро обстоятельства дозволят, жениться на ней».

Тут Савельич сплеснул руками с видом изумления неописанного. «Жениться! – повторил он. – Дитя хочет жениться! А что скажет батюшка, а матушка-то что подумает?»

– Согласятся, верно согласятся, – отвечал я, – когда узнают Марью Ивановну. Я надеюсь и на тебя. Батюшка и матушка тебе верят: ты будешь за нас ходатаем, не так ли?

Старик был тронут. «Ох, батюшка ты мой Петр Андреич! – отвечал он. – Хоть раненько задумал ты жениться, да зато Марья Ивановна такая добрая барышня, что грех и пропустить оказию. Ин быть по-твоему! Провожу ее, ангела божия, и рабски буду доносить твоим родителям, что такой невесте не надобно и приданого».

Я благодарил Савельича и лег спать в одной комнате с Зуриным. Разгоряченный и взволнованный, я разболтался. Зурин сначала со мною разговаривал охотно; но мало-помалу слова его стали реже и бессвязнее; наконец, вместо ответа на какой-то запрос, он захрапел и присвистнул. Я замолчал и вскоре последовал его примеру.

На другой день утром пришел я к Марье Ивановне. Я сообщил ей свои предположения. Она признала их благоразумие и тотчас со мною согласилась. Отряд Зурина должен был выступить из города в тот же день. Нечего было медлить. Я тут же расстался с Марьей Ивановной, поручив ее Савельичу и дав ей письмо к моим родителям. Марья Ивановна заплакала. «Прощайте, Петр Андреич! – сказала она тихим голосом. – Придется ли нам увидаться, или нет, бог один это знает; но век не забуду вас; до могилы ты один останешься в моем сердце». Я ничего не мог отвечать. Люди нас окружали. Я не хотел при них предаваться чувствам, которые меня волновали. Наконец она уехала. Я возвратился к Зурину, грустен и молчалив. Он хотел меня развеселить; я думал себя рассеять: мы провели день шумно и буйно и вечером выступили в поход.

Это было в конце февраля. Зима, затруднявшая военные распоряжения, проходила, и наши генералы готовились к дружному содействию. Пугачев все еще стоял под Оренбургом. Между тем около его отряды соединялись и со всех сторон приближались к злодейскому гнезду. Бунтующие деревни при виде наших войск приходили в повиновение; шайки разбойников везде бежали от нас, и все предвещало скорое и благополучное окончание.

Вскоре князь Голицын, под крепостию Татищевой, разбил Пугачева, рассеял его толпы, освободил Оренбург и, казалось, нанес бунту последний и решительный удар. Зурин был в то время отряжен противу шайки мятежных башкирцев, которые рассеялись прежде, нежели мы их увидали. Весна осадила нас в татарской деревушке. Речки разлились, и дороги стали непроходимы. Мы утешались в нашем бездействии мыслию о скором прекращении скучной и мелочной войны с разбойниками и дикарями.

Но Пугачев не был пойман. Он явился на сибирских заводах, собрал там новые шайки и опять начал злодействовать. Слух о его успехах снова распространился. Мы узнали о разорении сибирских крепостей. Вскоре весть о взятии Казани и о походе самозванца на Москву встревожила начальников войск, беспечно дремавших в надежде на бессилие презренного бунтовщика. Зурин получил повеление переправиться через Волгу.

Не стану описывать нашего похода и окончания войны. Скажу коротко, что бедствие доходило до крайности. Мы проходили через селения, разоренные бунтовщиками, и поневоле отбирали у бедных жителей то, что успели они спасти. Правление было повсюду прекращено: помещики укрывались по лесам. Шайки разбойников злодействовали повсюду; начальники отдельных отрядов самовластно наказывали и миловали; состояние всего обширного края, где свирепствовал пожар, было ужасно... Не приведи бог видеть русский бунт, бессмысленный и беспощадный!

Пугачев бежал, преследуемый Иваном Ивановичем Михельсоном[55]. Вскоре узнали мы о совершенном его разбитии. Наконец Зурин получил известие о поимке самозванца, а вместе с тем и повеление остановиться. Война была кончена. Наконец мне можно было ехать к моим родителям! Мысль их обнять, увидеть Марью Ивановну, от которой не имел я никакого известия, одушевляла меня восторгом. Я прыгал как ребенок. Зурин смеялся и говорил, пожимая плечами: «Нет, тебе не сдобровать! Женишься – ни за что пропадешь!»

Но между тем странное чувство отравляло мою радость: мысль о злодее, обрызганном кровию стольких невинных жертв, и о казни, его ожидающей, тревожила меня поневоле: «Емеля, Емеля! – думал я с досадою, – зачем не наткнулся ты на штык или не подвернулся под картечь? Лучше ничего не мог бы ты придумать». Что прикажете делать? Мысль о нем неразлучна была во мне с мыслию о пощаде, данной мне им

---

[55] Михельсон И. И. (1740–1807) – один из усмирителей Пугачевского восстания.

в одну из ужасных минут его жизни, и об избавлении моей невесты из рук гнусного Швабрина.

Зурин дал мне отпуск. Через несколько дней должен я был опять очутиться посреди моего семейства, увидеть опять мою Марью Ивановну… Вдруг неожиданная гроза меня поразила.

В день, назначенный для выезда, в самую ту минуту, когда готовился я пуститься в дорогу, Зурин вошел ко мне в избу, держа в руках бумагу, с видом чрезвычайно озабоченным. Что-то кольнуло меня в сердце. Я испугался, сам не зная чего. Он выслал моего денщика и объявил, что имеет до меня дело. «Что такое?» – спросил я с беспокойством. «Маленькая неприятность, – отвечал он, подавая мне бумагу. – Прочитай, что сейчас я получил». Я стал ее читать: это был секретный приказ ко всем отдельным начальникам арестовать меня, где бы ни попался, и немедленно отправить под караулом в Казань в Следственную комиссию, учрежденную по делу Пугачева. Бумага чуть не выпала из моих рук. «Делать нечего! – сказал Зурин. – Долг мой повиноваться приказу. Вероятно, слух о твоих дружеских путешествиях с Пугачевым как-нибудь да дошел до правительства. Надеюсь, что дело не будет иметь никаких последствий и что ты оправдаешься перед комиссией. Не унывай и отправляйся». Совесть моя была чиста; я суда не боялся; но мысль отсрочить минуту сладкого свидания, может быть, на несколько еще месяцев – устрашала меня. Тележка была готова. Зурин дружески со мною простился. Меня посадили в тележку. Со мною сели два гусара с саблями наголо, и я поехал по большой дороге.

ГЛАВА XIV

СУД

Мирская молва —
Морская волна.

Пословица

Я был уверен, что виною всему было самовольное мое отсутствие из Оренбурга. Я легко мог оправдаться: наездничество не только никогда не было запрещено, но еще всеми силами было ободряемо. Я мог быть обвинен в излишней запальчивости, а не в ослушании. Но приятельские сношения мои с Пугачевым могли быть доказаны множеством свидетелей и должны были казаться по крайней мере весьма подозрительными. Во всю дорогу размышлял я о допросах, меня ожидающих, обдумывал свои ответы и решился перед судом объявить сущую правду, полагая сей способ оправдания самым простым, а вместе и самым надежным.

Я приехал в Казань, опустошенную и погорелую. По улицам, наместо домов, лежали груды углей и торчали закопченные стены без крыш и окон. Таков был след, оставленный Пугачевым! Меня привезли в крепость, уцелевшую посреди сгоревшего города. Гусары сдали меня караульному офицеру. Он велел кликнуть кузнеца. Надели мне на ноги цепь и заковали ее наглухо. Потом отвели меня в тюрьму и оставили одного в тесной и темной конурке, с одними голыми стенами и с окошечком, загороженным железною решеткою.

Таковое начало не предвещало мне ничего доброго. Однако ж я не терял ни бодрости, ни надежды. Я прибегнул к утешению всех скорбящих и, впервые вкусив сладость молитвы, излиянной из чистого, но растерзанного сердца, спокойно заснул, не заботясь о том, что со мною будет.

На другой день тюремный сторож меня разбудил, с объявлением, что меня требуют в комиссию. Два солдата повели меня через двор в комендантский дом, остановились в передней и впустили одного во внутренние комнаты.

Я вошел в залу довольно обширную. За столом, покрытым бумагами, сидели два человека: пожилой генерал, виду строгого и холодного, и молодой гвардейский капитан, лет двадцати осьми, очень приятной наружности, ловкий и свободный в обращении. У окошка за особым столом сидел секретарь с пером за ухом, наклонясь над бумагою, готовый записывать мои показания. Начался допрос. Меня спросили о моем имени и звании. Генерал осведомился, не сын ли я Андрея Петровича Гринева? И на ответ мой возразил сурово: «Жаль, что такой почтенный человек имеет такого недостойного сына!» Я спокойно отвечал, что каковы бы ни были обвинения, тяготеющие на мне, я надеюсь их рассеять чистосердечным объяснением истины. Уверенность моя ему не понравилась. «Ты, брат, востер, – сказал он мне нахмурясь, – но видали мы и не таких!»

Тогда молодой человек спросил меня: по какому случаю и в какое время вошел я в службу к Пугачеву и по каким поручениям был я им употреблен?

Я отвечал с негодованием, что я, как офицер и дворянин, ни в какую службу к Пугачеву вступать и никаких поручений от него принять не мог.

— Каким же образом, — возразил мой допросчик, — дворянин и офицер один пощажен самозванцем, между тем как все его товарищи злодейски умерщвлены? Каким образом этот самый офицер и дворянин дружески пирует с бунтовщиками, принимает от главного злодея подарки, шубу, лошадь и полтину денег? Отчего произошла такая странная дружба и на чем она основана, если не на измене или по крайней мере на гнусном и преступном малодушии?

Я был глубоко оскорблен словами гвардейского офицера и с жаром начал свое оправдание. Я рассказал, как началось мое знакомство с Пугачевым в степи, во время бурана; как при взятии Белогорской крепости он меня узнал и пощадил. Я сказал, что тулуп и лошадь, правда, не посовестился я принять от самозванца; но что Белогорскую крепость защищал я против злодея до последней крайности. Наконец я сослался и на моего генерала, который мог засвидетельствовать мое усердие во время бедственной оренбургской осады.

Строгий старик взял со стола открытое письмо и стал читать его вслух: «На запрос вашего превосходительства касательно прапорщика Гринева, якобы замешанного в нынешнем смятении и вошедшего в сношения с злодеем, службою недозволенные и долгу присяги противные, объяснить имею честь: оный прапорщик Гринев находился на службе в Оренбурге от начала октября прошлого 1773 года до 24 февраля нынешнего года, в которое число он из города отлучился и с той поры уже в команду мою не являлся. А слышно от перебежчиков, что он был у Пугачева в слободе и с ним вместе ездил в Белогорскую крепость, в коей прежде находился он на службе; что касается до его поведения, то я могу…» Тут он прервал свое чтение и сказал мне сурово: «Что ты теперь скажешь себе в оправдание?»

Я хотел было продолжать, как начал, и объяснить мою связь с Марьей Ивановной так же искренно, как и все прочее. Но вдруг почувствовал непреодолимое отвращение. Мне пришло в голову, что если назову ее, то комиссия потребует ее к ответу; и мысль впутать имя ее между гнусными изветами[56] злодеев и ее самую привести на очную с ними ставку — эта ужасная мысль так меня поразила, что я замялся и спутался.

Судьи мои, начинавшие, казалось, выслушивать ответы мои с некоторою благосклонностью, были снова предубеждены против меня при виде моего смущения. Гвардейский офицер потребовал, чтоб меня поставили на очную ставку с главным доносителем. Генерал велел кликнуть вчерашнего злодея. Я с живостию обратился к дверям, ожидая появления своего обвинителя. Через несколько минут загремели цепи, двери отворились, и вошел — Швабрин. Я изумился его перемене. Он был

---

[56] Извет (устар.) — донос, клевета.

ужасно худ и бледен. Волоса его, недавно черные как смоль, совершенно поседели; длинная борода была всклокочена. Он повторил обвинения свои слабым, но смелым голосом. По его словам, я отряжен был от Пугачева в Оренбург шпионом; ежедневно выезжал на перестрелки, дабы передавать письменные известия о всем, что делалось в городе; что, наконец, явно передался самозванцу, разъезжал с ним из крепости в крепость, стараясь всячески губить своих товарищей-изменников, дабы занимать их места и пользоваться наградами, раздаваемыми от самозванца. Я выслушал его молча и был доволен одним: имя Марьи Ивановны не было произнесено гнусным злодеем, оттого ли, что самолюбие его страдало при мысли о той, которая отвергла его с презрением; оттого ли, что в сердце его таилась искра того же чувства, которое и меня заставляло молчать, – как бы то ни было, имя дочери белогорского коменданта не было произнесено в присутствии комиссии. Я утвердился еще более в моем намерении, и когда судьи спросили: чем могу опровергнуть показания Швабрина, я отвечал, что держусь первого своего объяснения и ничего другого в оправдание себе сказать не могу. Генерал велел нас вывести. Мы вышли вместе. Я спокойно взглянул на Швабрина, но не сказал ему ни слова. Он усмехнулся злобной усмешкою и, приподняв свои цепи, опередил меня и ускорил свои шаги. Меня опять отвели в тюрьму и с тех пор уже к допросу не требовали.

Я не был свидетелем всему, о чем остается мне уведомить читателя; но я так часто слыхал о том рассказы, что малейшие подробности врезались в мою память и что мне кажется, будто бы я тут же невидимо присутствовал.

Марья Ивановна принята была моими родителями с тем искренним радушием, которое отличало людей старого века. Они видели благодать божию в том, что имели случай приютить и обласкать бедную сироту. Вскоре они к ней искренно привязались, потому что нельзя было ее узнать и не полюбить. Моя любовь уже не казалась батюшке пустою блажью; а матушка только того и желала, чтоб ее Петруша женился на милой капитанской дочке.

Слух о моем аресте поразил все мое семейство. Марья Ивановна так просто рассказала моим родителям о странном знакомстве моем с Пугачевым, что оно не только не беспокоило их, но еще и заставляло часто смеяться от чистого сердца. Батюшка не хотел верить, чтобы я мог быть замешан в гнусном бунте, коего цель была ниспровержение престола и истребление дворянского рода. Он строго допросил Савельича. Дядька не утаил, что барин бывал в гостях у Емельки Пугачева и что-де злодей его таки жаловал; но клялся, что ни о какой измене он не слыхивал. Старики успокоились и с нетерпением стали ждать благоприятных вестей. Марья Ивановна сильно была встревожена, но молчала, ибо в высшей степени была одарена скромностию и осторожностию.

Прошло несколько недель… Вдруг батюшка получает из Петербурга письмо от нашего родственника князя Б**. Князь писал ему обо мне. После обыкновенного приступа[57], он объявлял ему, что подозрения насчет участия моего в замыслах бунтовщиков, к несчастию, оказались слишком основательными, что примерная казнь должна была бы меня постигнуть, но что государыня, из уважения к заслугам и преклонным летам отца, решилась помиловать преступного сына и, избавляя его от позорной казни, повелела только сослать в отдаленный край Сибири на вечное поселение.

Сей неожиданный удар едва не убил отца моего. Он лишился обыкновенной своей твердости, и горесть его (обыкновенно немая) изливалась в горьких жалобах. «Как! – повторял он, выходя из себя. – Сын мой участвовал в замыслах Пугачева! Боже праведный, до чего я дожил! Государыня избавляет его от казни! От этого разве мне легче? Не казнь страшна: пращур[58] мой умер на лобном месте[59], отстаивая то, что почитал святынею своей совести; отец мой пострадал вместе с Волынским и Хрущевым[60]. Но дворянину изменить своей присяге, соединиться с разбойниками, с убийцами, с беглыми холопьями!.. Стыд и срам нашему роду!..» Испуганная его отчаянием матушка не смела при нем плакать и старалась возвратить ему бодрость, говоря о неверности молвы, о шаткости людского мнения. Отец мой был неутешен.

Марья Ивановна мучилась более всех. Будучи уверена, что я мог оправдаться, когда бы только захотел, она догадывалась об истине и почитала себя виновницею моего несчастия. Она скрывала от всех свои слезы и страдания и между тем непрестанно думала о средствах, как бы меня спасти.

Однажды вечером батюшка сидел на диване, перевертывая листы Придворного календаря; но мысли его были далеко, и чтение не производило над ним обыкновенного своего действия. Он насвистывал старинный марш. Матушка молча вязала шерстяную фуфайку, и слезы изредка капали на ее работу. Вдруг Марья Ивановна, тут же сидевшая за работой, объявила, что необходимость ее заставляет ехать в Петербург и что она просит дать ей способ отправиться. Матушка очень огорчилась.

---

[57] Приступ – здесь: вступление.
[58] Пращур – предок.
[59] Лобное место – возвышение на Красной площади, где иногда казнили государственных преступников.
[60] Волынский А. П., Хрущев А. Ф. – видные государственные деятели XVIII века, сторонники ограничения царской власти; казнены за государственную «измену».

«Зачем тебе в Петербург? – сказала она. – Неужто, Марья Ивановна, хочешь и ты нас покинуть?» Марья Ивановна отвечала, что вся будущая судьба ее зависит от этого путешествия, что она едет искать покровительства и помощи у сильных людей, как дочь человека, пострадавшего за свою верность.

Отец мой потупил голову: всякое слово, напоминающее мнимое преступление сына, было ему тягостно и казалось колким упреком. «Поезжай, матушка! – сказал он ей со вздохом. – Мы твоему счастию помехи сделать не хотим. Дай бог тебе в женихи доброго человека, не ошельмованного изменника». Он встал и вышел из комнаты.

Марья Ивановна, оставшись наедине с матушкою, отчасти объяснила ей свои предположения. Матушка со слезами обняла ее и молила бога о благополучном конце замышленного дела. Марью Ивановну снарядили, и через несколько дней она отправилась в дорогу с верной Палашей и с верным Савельичем, который, насильственно разлученный со мною, утешался по крайней мере мыслию, что служит нареченной моей невесте.

Марья Ивановна благополучно прибыла в Софию и, узнав на почтовом дворе, что Двор находился в то время в Царском Селе, решилась тут остановиться. Ей отвели уголок за перегородкой. Жена смотрителя тотчас с нею разговорилась, объявила, что она племянница придворного истопника, и посвятила ее во все таинства придворной жизни. Она рассказала, в котором часу государыня обыкновенно просыпалась, кушала кофей, прогуливалась; какие вельможи находились в то время при ней; что изволила она вчерашний день говорить у себя за столом, кого принимала вечером, – словом, разговор Анны Власьевны стоил нескольких страниц исторических записок и был бы драгоценен для потомства. Марья Ивановна слушала ее со вниманием. Они пошли в сад. Анна Власьевна рассказала историю каждой аллеи и каждого мостика, и, нагулявшись, они возвратились на станцию очень довольные друг другом.

На другой день рано утром Марья Ивановна проснулась, оделась и тихонько пошла в сад. Утро было прекрасное, солнце освещало вершины лип, пожелтевших уже под свежим дыханием осени. Широкое озеро сияло неподвижно. Проснувшиеся лебеди важно выплывали из-под кустов, осеняющих берег. Марья Ивановна пошла около прекрасного луга, где только что поставлен был памятник в честь недавних побед графа Петра Александровича Румянцева. Вдруг белая собачка английской породы залаяла и побежала ей навстречу. Марья Ивановна испугалась и остановилась. В эту самую минуту раздался приятный женский голос: «Не бойтесь, она не укусит». И Марья Ивановна увидела даму, сидящую на скамейке противу памятника. Марья Ивановна села на другом конце скамейки. Дама пристально на нее смотрела; а Марья Ивановна, с своей стороны бросив несколько косвенных взглядов, успела рассмотреть ее с ног до головы. Она была в белом утреннем платье, в ночном чепце и в душегрейке. Ей казалось лет сорок. Лицо ее, полное и румяное, выражало важность и спокойствие, а голубые глаза и легкая улыбка имели прелесть неизъяснимую. Дама первая перервала молчание.

– Вы, верно, не здешние? – сказала она.

– Точно так-с: я вчера только приехала из провинции.

– Вы приехали с вашими родными?

– Никак нет-с. Я приехала одна.

– Одна! Но вы так еще молоды.

– У меня нет ни отца, ни матери.

– Вы здесь, конечно, по каким-нибудь делам?

– Точно так-с. Я приехала подать просьбу государыне.

– Вы сирота: вероятно, вы жалуетесь на несправедливость и обиду?

– Никак нет-с. Я приехала просить милости, а не правосудия.

– Позвольте спросить, кто вы таковы?

– Я дочь капитана Миронова.

– Капитана Миронова! того самого, что был комендантом в одной из оренбургских крепостей?

– Точно так-с.

Дама, казалось, была тронута. «Извините меня, – сказала она голосом еще более ласковым, – если я вмешиваюсь в ваши дела; но я бываю при дворе; изъясните мне, в чем состоит ваша просьба, и, может быть, мне удастся вам помочь».

Марья Ивановна встала и почтительно ее благодарила. Все в неизвестной даме невольно привлекало сердце и внушало доверенность. Марья Ивановна вынула из кармана сложенную бумагу и подала ее незнакомой своей покровительнице, которая стала читать ее про себя.

Сначала она читала с видом внимательным и благосклонным, но вдруг лицо ее переменилось, – и Марья Ивановна, следовавшая глазами за всеми ее движениями, испугалась строгому выражению этого лица, за минуту столь приятному и спокойному.

– Вы просите за Гринева? – сказала дама с холодным видом. – Императрица не может его простить. Он пристал к самозванцу не из невежества и легковерия, но как безнравственный и вредный негодяй.

– Ах, неправда! – вскрикнула Марья Ивановна.

– Как неправда! – возразила дама, вся вспыхнув.

– Неправда, ей-богу, неправда! Я знаю все, я все вам расскажу. Он для одной меня подвергался всему, что постигло его. И если он не оправдался перед судом, то разве потому только, что не хотел запутать меня. – Тут она с жаром рассказала все, что уже известно моему читателю.

Дама выслушала ее со вниманием. «Где вы остановились?» – спросила она потом; и услыша, что у Анны Власьевны, примолвила с улыбкою: «А! знаю. Прощайте, не говорите никому о нашей встрече. Я надеюсь, что вы недолго будете ждать ответа на ваше письмо».

С этим словом она встала и вошла в крытую аллею, а Марья Ивановна возвратилась к Анне Власьевне, исполненная радостной надежды.

Хозяйка побранила ее за раннюю осеннюю прогулку, вредную, по ее словам, для здоровья молодой девушки. Она принесла самовар и за чашкою чая только было принялась за бесконечные рассказы о дворе, как вдруг придворная карета остановилась у крыльца, и камер-лакей[61] вошел с объявлением, что государыня изволит к себе приглашать девицу Миронову.

Анна Власьевна изумилась и расхлопоталась. «Ахти, господи! – закричала она. – Государыня требует вас ко двору. Как же это она про вас узнала? Да как же вы, матушка, представитесь к императрице? Вы, я чай, и ступить по-придворному не умеете… Не проводить ли мне вас? Все-таки я вас хоть в чем-нибудь да могу предостеречь. И как же вам ехать в дорожном платье? Не послать ли к повивальной бабушке за ее желтым робро́ном?[62]» Камер-лакей объявил, что государыне угодно было, чтоб Марья Ивановна ехала одна и в том, в чем ее застанут. Делать было нечего: Марья Ивановна села в карету и поехала во дворец, сопровождаемая советами и благословениями Анны Власьевны.

Марья Ивановна предчувствовала решение нашей судьбы; сердце ее сильно билось и замирало. Чрез несколько минут карета остановилась у дворца. Марья Ивановна с трепетом пошла по лестнице. Двери перед нею отворились настежь. Она прошла длинный ряд пустых, великолепных комнат; камер-лакей указывал дорогу. Наконец, подошед к запертым дверям, он объявил, что сейчас об ней доложит, и оставил ее одну.

Мысль увидеть императрицу лицом к лицу так устрашала ее, что она с трудом могла держаться на ногах. Через минуту двери отворились, и она вошла в уборную государыни.

Императрица сидела за своим туалетом. Несколько придворных окружали ее и почтительно пропустили Марью Ивановну. Государыня ласково к ней обратилась, и Марья Ивановна узнала в ней ту даму, с которой так откровенно изъяснялась она несколько минут тому назад. Государыня подозвала ее и сказала с улыбкою: «Я рада, что могла сдержать вам свое слово и исполнить вашу просьбу. Дело ваше кончено. Я убеждена в невинности вашего жениха. Вот письмо, которое сами потрудитесь отвезти к будущему свекру».

Марья Ивановна приняла письмо дрожащею рукою и, заплакав, упала к

---

[61] Камер-лакей – придворный слуга.

[62] Роброн (устар.) – широкое женское платье.

ногам императрицы, которая подняла ее и поцеловала. Государыня разговорилась с нею. «Знаю, что вы не богаты, – сказала она, – но я в долгу перед дочерью капитана Миронова. Не беспокойтесь о будущем. Я беру на себя устроить ваше состояние».

Обласкав бедную сироту, государыня ее отпустила. Марья Ивановна уехала в той же придворной карете. Анна Власьевна, нетерпеливо ожидавшая ее возвращения, осыпала ее вопросами, на которые Марья Ивановна отвечала кое-как. Анна Власьевна хотя и была недовольна ее беспамятством, но приписала оное провинциальной застенчивости и извинила великодушно. В тот же день Марья Ивановна, не полюбопытствовав взглянуть на Петербург, обратно поехала в деревню…

Здесь прекращаются записки Петра Андреевича Гринева. Из семейственных преданий известно, что он был освобожден от заключения в конце 1774 года, по именному повелению; что он присутствовал при казни Пугачева, который узнал его в толпе и кивнул ему головою, которая через минуту, мертвая и окровавленная, показана была народу. Вскоре потом Петр Андреевич женился на Марье Ивановне. Потомство их благоденствует в Симбирской губернии. В тридцати верстах от находится село, принадлежащее десятерым помещикам. В одном из барских флигелей показывают собственноручное письмо Екатерины II за стеклом и в рамке. Оно писано к отцу Петра Андреевича и содержит оправдание его сына и похвалы уму и сердцу дочери капитана Миронова. Рукопись Петра Андреевича Гринева доставлена была нам от одного из его внуков, который узнал, что мы заняты были трудом, относящимся ко временам, описанным его дедом. Мы решились, с разрешения родственников, издать ее особо, приискав к каждой главе приличный эпиграф и дозволив себе переменить некоторые собственные имена.

АРАП ПЕТРА ВЕЛИКОГО

ГЛАВА I

Я в Париже:
Я начал жить, а не дышать.

Дмитриев.

Журнал путешественника.

В числе молодых людей, отправленных Петром Великим в чужие края, для приобретения сведений, необходимых государству преобразованному, находился его крестник, арап Ибрагим. Он обучался в парижском военном училище, выпущен был капитаном артиллерии, отличился в Испанской войне и, тяжело раненный, возвратился в Париж. Император посреди обширных своих трудов не преставал осведомляться о своем любимце и всегда получал лестные отзывы насчет его успехов и поведения. Петр был очень им доволен и неоднократно звал его в Россию, но Ибрагим не торопился. Он отговаривался различными предлогами, то раною, то желанием усовершенствовать свои познания, то недостатком в деньгах, и Петр снисходительствовал его просьбам, просил его заботиться о своем здоровии, благодарил за ревность к учению и, крайне бережливый в собственных своих расходах, не жалел для него своей казны, присовокупляя к червонцам отеческие советы и предостерегательные наставления.

По свидетельству всех исторических записок ничто не могло сравниться с вольным легкомыслием, безумством и роскошью французов того времени. Последние годы царствования Людовика XIV, ознаменованные строгой набожностию двора, важностию и приличием, не оставили никаких следов. Герцог Орлеанский, соединяя многие блестящие качества с пороками всякого рода, к несчастию, не имел и тени лицемерия. Оргии Пале-Рояля не были тайною для Парижа; пример был заразителен. На ту пору явился Law; алчность к деньгам соединилась с жаждою наслаждений и рассеянности; имения исчезали; нравственность гибла; французы смеялись и рассчитывали, и государство распадалось под игривые припевы сатирических водевилей.

Между тем общества представляли картину самую занимательную. Образованность и потребность веселиться сблизили все состояния. Богатство, любезность, слава, таланты, самая странность, всё, что подавало пищу любопытству или обещало удовольствие, было принято с одинаковой благосклонностью. Литература, ученость и философия оставляли тихий свой кабинет и являлись в кругу большого света угождать моде, управляя ее мнениями. Женщины царствовали, но уже не требовали обожания. Поверхностная вежливость заменила глубокое почтение. Проказы герцога Ришелье, Алкивиада новейших Афин, принадлежат истории и дают понятие о нравах сего времени.

Temps fortuné, marqué par la licence,
Où la folie, agitant son grelot,
D'un pied léger parcourt toute la France,
Où nul mortel ne daigne être dévot,
Où l'on fait tout excepté pénitence[63].

Появление Ибрагима, его наружность, образованность и природный ум возбудили в Париже общее внимание. Все дамы желали видеть у себя le Nègre du czar[64] и ловили его наперехват; регент приглашал его не раз на свои веселые вечера; он присутствовал на ужинах, одушевленных молодостию Аруэта и старостию Шолье, разговорами Монтескье и Фонтенеля; не пропускал ни одного бала, ни одного праздника, ни одного первого представления, и предавался общему вихрю со всею пылкостию своих лет и своей породы. Но мысль променять это рассеяние, эти блестящие забавы на суровую простоту Петербургского двора не одна ужасала Ибрагима. Другие сильнейшие узы привязывали его к Парижу. Молодой африканец любил.

Графиня D., уже не в первом цвете лет, славилась еще своею красотою. Семнадцати лет, при выходе ее из монастыря, выдали ее за человека, которого она не успела полюбить и который впоследствии никогда о том не заботился. Молва приписывала ей любовников, но по снисходительному уложению света она пользовалась добрым именем, ибо нельзя было упрекнуть ее в каком-нибудь смешном или соблазнительном приключенье. Дом ее был самый модный. У ней соединялось лучшее

---

[63] Счастливое время, отмеченное вольностью нравов,
Когда безумие, звеня своей погремушкой,
Легкими стопами обегает всю Францию,
Когда ни один из смертных не изволит быть богомольным,
Когда готовы на все, кроме покаяния (франц.).
[64] царского негра (франц.).

парижское общество. Ибрагима представил ей молодой Мервиль, почитаемый вообще последним ее любовником, что и старался он дать почувствовать всеми способами.

Графиня приняла Ибрагима учтиво, но безо всякого особенного внимания; это польстило ему. Обыкновенно смотрели на молодого негра как на чудо, окружали его, осыпали приветствиями и вопросами, и это любопытство, хотя и прикрытое видом благосклонности, оскорбляло его самолюбие. Сладостное внимание женщин, почти единственная цель наших усилий, не только не радовало его сердца, но даже исполняло горечью и негодованием. Он чувствовал, что он для них род какого-то редкого зверя, творенья особенного, чужого, случайно перенесенного в мир, не имеющий с ним ничего общего. Он даже завидовал людям, никем не замеченным, и почитал их ничтожество благополучием.

Мысль, что природа не создала его для взаимной страсти, избавила его от самонадеянности и притязаний самолюбия, что придавало редкую прелесть обращению его с женщинами. Разговор его был прост и важен; он понравился графине D., которой надоели вечные шутки и тонкие намеки французского остроумия. Ибрагим часто бывал у ней. Мало-помалу она привыкла к наружности молодого негра и даже стала находить что-то приятное в этой курчавой голове, чернеющей посреди пудреных париков ее гостиной. (Ибрагим был ранен в голову и вместо парика носил повязку.) Ему было двадцать семь лет от роду; он был высок и строен, и не одна красавица заглядывалась на него с чувством более лестным, нежели простое любопытство, но предубежденный Ибрагим или ничего не замечал, или видел одно кокетство. Когда же взоры его встречались со взорами графини, недоверчивость его исчезала. Ее глаза выражали такое милое добродушие, ее обхождение с ним было так просто, так непринужденно, что невозможно было в ней подозревать и тени кокетства или насмешливости.

Любовь не приходила ему на ум, — а уже видеть графиню каждый день было для него необходимо. Он повсюду искал ее встречи, и встреча с нею казалась ему каждый раз неожиданной милостию неба. Графиня, прежде чем он сам, угадала его чувства. Что ни говори, а любовь без надежд и требований трогает сердце женское вернее всех расчетов обольщения. В присутствии Ибрагима графиня следовала за всеми его движениями, вслушивалась во все его речи; без него она задумывалась и впадала в обыкновенную свою рассеянность... Мервиль первый заметил эту взаимную склонность и поздравил Ибрагима. Ничто так не воспламеняет любви, как ободрительное замечание постороннего. Любовь слепа и, не доверяя самой себе, торопливо хватается за всякую опору. Слова Мервиля пробудили Ибрагима. Возможность обладать любимой женщиной доселе не представлялась его воображению; надежда вдруг озарила его душу; он влюбился без памяти. Напрасно графиня, испуганная исступлению его страсти, хотела противуставить ей увещания дружбы и советы благоразумия, она сама ослабевала. Неосторожные вознаграждения быстро следовали одно за другим. И наконец, увлеченная силою страсти, ею же внушенной, изнемогая под ее влиянием, она отдалась восхищенному Ибрагиму...

Ничто не скрывается от взоров наблюдательного света. Новая связь графини стала скоро всем известна. Некоторые дамы изумлялись ее выбору, многим казался он очень естественным. Одни смеялись, другие видели с ее стороны непростительную неосторожность. В первом упоении страсти Ибрагим и графиня ничего не замечали, но вскоре двусмысленные шутки мужчин и колкие замечания женщин стали до них доходить. Важное и холодное обращение Ибрагима доселе ограждало его от подобных нападений; он выносил их нетерпеливо и не знал, чем отразить. Графиня, привыкшая к уважению света, не могла хладнокровно видеть себя предметом сплетней и насмешек. Она то со слезами жаловалась Ибрагиму, то горько упрекала его, то умоляла за нее не вступаться, чтоб напрасным шумом не погубить ее совершенно.

Новое обстоятельство еще более запутало ее положение. Обнаружилось следствие неосторожной любви. Утешения, советы, предложения — все было истощено и все отвергнуто. Графиня видела неминуемую гибель и с отчаянием ожидала ее.

Как скоро положение графини стало известно, толки начались с новою силою. Чувствительные дамы ахали от ужаса; мужчины бились об заклад, кого родит графиня: белого ли, или черного ребенка. Эпиграммы сыпались насчет ее мужа, который один во всем Париже ничего не знал и ничего не подозревал.

Роковая минута приближалась. Состояние графини было ужасно. Ибрагим каждый день был у нее. Он видел, как силы душевные и телесные постепенно в ней исчезали. Ее слезы, ее ужас возобновлялись поминутно. Наконец она почувствовала первые муки. Меры были приняты наскоро. Графа нашли способ удалить. Доктор приехал. Два дня перед сим уговорили одну бедную женщину уступить в чужие руки новорожденного своего младенца; за ним послали поверенного. Ибрагим находился в кабинете близ самой спальни, где лежала несчастная графиня. Не смея дышать, он слышал ее глухие стенанья, шепот служанки и приказанья доктора. Она мучилась долго. Каждый стон ее раздирал его душу; каждый промежуток молчания обливал его ужасом... вдруг он услыхал слабый крик ребенка и, не имея силы удержать своего восторга, бросился в комнату графини — черный младенец лежал на постеле в ее ногах. Ибрагим к нему приблизился. Сердце его билось сильно. Он благословил сына дрожащею рукою. Графиня слабо улыбнулась и протянула ему слабую руку... но доктор, опасаясь для больной слишком сильных потрясений, оттащил Ибрагима от ее постели. Новорожденного положили в крытую корзину и вынесли из дому по потаенной лестнице. Принесли другого ребенка и поставили его колыбель в спальне роженицы. Ибрагим уехал немного успокоенный. Ждали графа. Он возвратился поздно, узнал о счастливом разрешении супруги и был очень доволен. Таким образом публика, ожидавшая соблазнительного шума, обманулась в своей надежде и была принуждена утешаться единым злословием.

Все вошло в обыкновенный порядок. Но Ибрагим чувствовал, что судьба его должна была перемениться и что связь его рано или поздно могла дойти до сведения графа D. В таком случае, что бы ни произошло, погибель графини была неизбежна. Он любил страстно и так же был любим; но графиня была своенравна и легкомысленна. Она любила не в первый раз. Отвращение, ненависть могли заменить в ее сердце чувства самые нежные. Ибрагим предвидел уже минуту ее охлаждения; доселе он не ведал ревности, но с ужасом ее предчувствовал; он воображал, что страдания разлуки должны быть менее мучительны, и уже намеревался разорвать несчастную связь, оставить Париж и отправиться в Россию, куда давно призывали его и Петр и темное чувство собственного долга.

ГЛАВА II

Дни, месяцы проходили, и влюбленный Ибрагим не мог решиться оставить им обольщенную женщину. Графиня час от часу более к нему привязывалась. Сын их воспитывался в отдаленной провинции. Сплетни света стали утихать, и любовники начинали наслаждаться большим спокойствием, молча помня минувшую бурю и стараясь не думать о будущем.

Однажды Ибрагим был у выхода герцога Орлеанского. Герцог, проходя мимо его, остановился и вручил ему письмо, приказав прочесть на досуге. Это было письмо Петра Первого. Государь, угадывая истинную причину его отсутствия, писал герцогу, что он ни в чем неволить Ибрагима не намерен, что предоставляет его доброй воле возвратиться в Россию или нет, но что во всяком случае он никогда не оставит прежнего своего питомца. Это письмо тронуло Ибрагима до глубины сердца. С той минуты участь его была решена. На другой день он объявил регенту свое намерение немедленно отправиться в Россию. «Подумайте о том, что делаете, — сказал ему герцог, — Россия не есть ваше отечество; не думаю, чтоб вам когда-нибудь удалось опять увидеть знойную вашу родину; но ваше долговременное пребывание во Франции сделало вас равно чуждым климату и образу жизни полудикой России. Вы не родились подданным Петра. Поверьте мне: воспользуйтесь его великодушным позволением.

Останьтесь во Франции, за которую вы уже проливали свою кровь, и будьте уверены, что и здесь ваши заслуги и дарования не останутся без достойного вознаграждения». Ибрагим искренно благодарил герцога, но остался твердый в своем намерении. «Жалею, — сказал ему регент, — но, впрочем, вы правы». Он обещал ему отставку и написал обо всем русскому царю.

Ибрагим скоро собрался в дорогу. Накануне своего отъезда провел он, по обыкновению, вечер у графини D. Она ничего не знала; Ибрагим не имел духа ей открыться. Графиня была спокойна и весела. Она несколько раз подзывала его к себе и шутила над его задумчивостью. После ужина все разъехались. Остались в гостиной графиня, ее муж да Ибрагим. Несчастный отдал бы все на свете, чтоб только остаться с нею наедине; но граф D., казалось, расположился у камина так спокойно, что нельзя было надеяться выжить его из комнаты. Все трое молчали. «Bonne nuit» ,— сказала наконец графиня. Сердце Ибрагима стеснилось и вдруг почувствовало все ужасы разлуки. Он стоял неподвижно. «Bonne nuit, messieurs» , — повторила графиня. Он все не двигался... наконец глаза его потемнели, голова закружилась, он едва мог выйти из комнаты. Приехав домой, он почти в беспамятстве написал следующее письмо:

«Я еду, милая Леонора, оставляю тебя навсегда. Пишу тебе, потому что не имею сил иначе с тобою объясниться.

Счастие мое не могло продолжиться. Я наслаждался им вопреки судьбе и природе. Ты должна была меня разлюбить; очарование должно было исчезнуть. Эта мысль меня всегда преследовала, даже в те минуты, когда, казалось, забывал я все, когда у твоих ног упивался я твоим страстным самоотвержением, твоею неограниченною нежностью... Легкомысленный свет беспощадно гонит на самом деле то, что дозволяет в теории: его холодная насмешливость, рано или поздно, победила бы тебя, смирила бы твою пламенную душу и ты наконец устыдилась бы своей страсти... что было б тогда со мною? Нет! лучше умереть, лучше оставить тебя прежде ужасной этой минуты...

Твое спокойствие мне всего дороже: ты не могла им наслаждаться, пока взоры света были на нас устремлены. Вспомни все, что ты вытерпела, все оскорбления самолюбия, все мучения боязни; вспомни ужасное рождение нашего сына. Подумай: должен ли я подвергать тебя долее тем же волнениям и опасностям? Зачем силиться соединить судьбу столь нежного, столь прекрасного создания с бедственной судьбою негра, жалкого творения, едва удостоенного названия человека?

Прости, Леонора, прости, милый, единственный друг. Оставляя тебя, оставляю первые и последние радости моей жизни. Не имею ни отечества, ни ближних. Еду в печальную Россию, где мне отрадою будет мое совершенное уединение. Строгие занятия, которым отныне предаюсь, если не заглушат, то по крайней мере будут развлекать мучительные воспоминания о днях восторгов и блаженства... Прости, Леонора — отрываюсь от этого письма, как будто из твоих объятий; прости, будь счастлива — и думай иногда о бедном негре, о твоем верном Ибрагиме».

В ту же ночь он отправился в Россию.

Путешествие не показалось ему столь ужасно, как он того ожидал. Воображение его восторжествовало над существенностию. Чем более удалялся он от Парижа, тем живее, тем ближе представлял он себе предметы, им покидаемые навек.

Нечувствительным образом очутился он на русской границе. Осень уже наступала. Но ямщики, несмотря на дурную дорогу, везли его с быстротою ветра, и в семнадцатый день своего путешествия прибыл он утром в Красное Село, чрез которое шла тогдашняя большая дорога.

Оставалось двадцать восемь верст до Петербурга. Пока закладывали лошадей, Ибрагим вошел в ямскую избу. В углу человек высокого росту, в зеленом кафтане, с глиняною трубкою во рту, облокотясь на стол, читал гамбургские газеты. Услышав, что кто-то вошел, он поднял голову. «Ба! Ибрагим? — закричал он, вставая с лавки. — Здорово, крестник!» Ибрагим, узнав Петра, в радости к нему было бросился, но почтительно остановился. Государь приблизился, обнял его и поцеловал в голову. «Я был предуведомлен о твоем приезде, — сказал Петр, — и поехал тебе навстречу. Жду тебя здесь со вчерашнего дня». Ибрагим не находил слов для изъявления своей благодарности. «Вели же, — продолжал государь, — твою повозку везти за нами; а сам садись со мною и поедем ко мне». Подали государеву коляску. Он сел с Ибрагимом, и они поскакали. Чрез полтора часа они приехали в Петербург. Ибрагим с любопытством смотрел на новорожденную столицу, которая подымалась из болота по манию самодержавия. Обнаженные плотины, каналы без набережной, деревянные мосты повсюду являли недавнюю победу человеческой воли над супротивлением стихий. Дома казались наскоро построены. Во всем городе не было ничего великолепного, кроме Невы, не украшенной еще гранитною рамою, но уже покрытой военными и торговыми судами. Государева коляска остановилась у дворца так называемого Царицына сада. На крыльце встретила Петра женщина лет тридцати пяти, прекрасная собою, одетая по последней парижской моде. Петр поцеловал ее в губы и, взяв Ибрагима за руку, сказал: «Узнала ли ты, Катенька, моего крестника: прошу любить и жаловать его по-прежнему». Екатерина устремила на него черные, проницательные глаза и благосклонно протянула ему ручку. Две юные красавицы, высокие, стройные, свежие как розы стояли за нею и почтительно приблизились к Петру. «Лиза, — сказал он одной из них, — помнишь ли ты маленького арапа, который для тебя крал у меня яблоки в Ораньенбауме? вот он: представляю тебе его». Великая княжна засмеялась и покраснела. Пошли в столовую. В ожидании государя стол был накрыт. Петр со всем семейством сел обедать, пригласив и Ибрагима. Во время обеда государь с ним разговаривал о разных предметах, расспрашивал его о Испанской воине, о внутренних делах Франции, о регенте, которого он любил, хотя и осуждал в нем многое. Ибрагим отличался умом точным и наблюдательным. Петр был очень доволен его ответами; он вспомнил некоторые черты Ибрагимова младенчества и рассказывал их с таким добродушием и веселостью, что никто в ласковом и гостеприимном хозяине не мог бы подозревать героя полтавского, могучего и грозного преобразователя России.

После обеда государь, по русскому обыкновению, пошел отдохнуть. Ибрагим остался с императрицей и с великими княжнами. Он старался удовлетворить их любопытству, описывал образ парижской жизни, тамошние праздники и своенравные моды. Между тем некоторые из особ, приближенных к государю, собрались во дворец. Ибрагим узнал великолепного князя Меншикова, который, увидя арапа, разговаривающего с Екатериной, гордо на него покосился; князя Якова Долгорукого, крутого советника Петра; ученого Брюса, прослывшего в народе русским Фаустом; молодого Рагузинского, бывшего своего товарища, и других пришедших к государю с докладами и за приказаниями.

Государь вышел часа через два. «Посмотрим, — сказал он Ибрагиму, — не позабыл ли ты своей старой должности. Возьми-ка аспидную доску да ступай за мною». Петр заперся в токарне и занялся государственными делами. Он по очереди работал с Брюсом, с князем Долгоруким, с генерал-полицмейстером Девиером и продиктовал Ибрагиму несколько указов и решений. Ибрагим не мог надивиться быстрому и твердому его разуму, силе и гибкости внимания и разнообразию деятельности. По окончанию трудов Петр вынул карманную книжку, дабы справиться, все ли им предполагаемое на сей день исполнено. Потом, выходя из токарни, сказал Ибрагиму: «Уж поздно; ты, я чай, устал: ночуй здесь, как бывало в старину. Завтра я тебя разбужу».

Ибрагим, оставшись наедине, едва мог опомниться. Он находился в Петербурге, он видел вновь великого человека, близ которого, еще не зная ему цены, провел он свое младенчество. Почти с раскаянием признавался он в душе своей, что графиня D., в первый раз после разлуки, не была во весь день единственной его мыслию. Он увидел, что новый образ жизни, ожидающий его, деятельность и постоянные занятия могут оживить его душу, утомленную страстями, праздностию и тайным унынием. Мысль быть сподвижником великого человека и совокупно с ним действовать на судьбу великого народа возбудила в нем в первый раз благородное чувство честолюбия. В сем расположении духа он лег в приготовленную для него походную кровать, и тогда привычное сновидение перенесло его в дальний Париж в объятия милой графини.

ГЛАВА III

На другой день Петр по своему обещанию разбудил Ибрагима и поздравил его капитан-лейтенантом бомбардирской роты Преображенского полка, в коей он сам был капитаном. Придворные окружили Ибрагима, всякий по-своему старался обласкать нового любимца. Надменный князь Меншиков дружески пожал ему руку. Шереметев осведомился о своих парижских знакомых, а Головин позвал обедать. Сему последнему примеру последовали и прочие, так что Ибрагим получил приглашений по крайней мере на целый месяц.

Ибрагим проводил дни однообразные, но деятельные — следственно, не знал скуки. Он день ото дня более привязывался к государю, лучше постигал его высокую душу. Следовать за мыслями великого человека есть наука самая занимательная. Ибрагим видал Петра в сенате, оспориваемого Бутурлиным и Долгоруким, разбирающего важные запросы законодательства, в адмиралтейской коллегии утверждающего морское величие России, видел его с Феофаном, Гавриилом Бужинским и Копиевичем, в часы отдохновения рассматривающего переводы иностранных публицистов или посещающего фабрику купца, рабочую ремесленника и кабинет ученого. Россия представлялась Ибрагиму огромной мастеровою, где движутся одни машины, где каждый работник, подчиненный заведенному порядку, занят своим делом. Он почитал и себя обязанным трудиться у собственного станка и старался как можно менее сожалеть об увеселениях парижской жизни. Труднее было ему удалить от себя другое, милое воспоминание: часто думал он о графине D., воображал ее справедливое негодование, слезы и уныние... но иногда мысль ужасная стесняла его грудь: рассеяние большого света, новая связь, другой счастливец — он содрогался; ревность начинала бурлить в африканской его крови, и горячие слезы готовы были течь по его черному лицу.

Однажды утром сидел он в своем кабинете, окруженный деловыми бумагами, как вдруг услышал громкое приветствие на французском языке; Ибрагим с живостью оборотился, и молодой Корсаков, которого он оставил в Париже, в вихре большого света, обнял его с радостными восклицаниями. «Я сей час только приехал, — сказал Корсаков, — и прямо прибежал к тебе. Все наши парижские знакомые тебе кланяются, жалеют о твоем отсутствии; графиня D. велела звать тебя непременно, и вот тебе от нее письмо». Ибрагим схватил его с трепетом и смотрел на знакомый почерк надписи, не смея верить своим глазам. «Как я рад, — продолжал Корсаков, — что ты еще не умер со скуки в этом варварском Петербурге! что здесь делают, чем занимаются? кто твой портной? заведена ли у вас хоть опера?» Ибрагим в рассеянии отвечал, что, вероятно, государь работает теперь на корабельной верфи. Корсаков засмеялся. «Вижу, — сказал он, — что тебе теперь не до меня; в другое время наговоримся досыта; еду представляться государю». С этим словом он перевернулся на одной ножке и выбежал из комнаты.

Ибрагим, оставшись наедине, поспешно распечатал письмо. Графиня нежно ему жаловалась, упрекая его в притворстве и недоверчивости. «Ты говоришь, — писала она, — что мое спокойствие дороже тебе всего на свете: Ибрагим! если б это была правда, мог ли бы ты подвергнуть меня состоянию, в которое привела меня нечаянная весть о твоем отъезде? Ты боялся, чтоб я тебя не удержала; будь уверен, что, несмотря на мою любовь, я умела бы ею пожертвовать твоему благополучию и тому, что почитаешь ты своим долгом».

Графиня заключала письмо страстными уверениями в любви и заклинала его хоть изредка ей писать, если уже не было для них надежды снова свидеться когда-нибудь.

Ибрагим двадцать раз перечел это письмо, с восторгом целуя бесценные строки. Он горел нетерпением услышать что-нибудь об графине и собрался ехать в адмиралтейство, надеясь там застать еще Корсакова, но дверь отворилась, и сам Корсаков явился опять; он уже представлялся государю — и по своему обыкновению казался очень собою доволен. «Entre nous, — сказал он Ибрагиму, — государь престранный человек; вообрази, что я застал его в какой-то холстяной фуфайке, на мачте нового корабля, куда принужден я был карабкаться с моими депешами. Я стоял на веревочной лестнице и не имел довольно места, чтоб сделать приличный реверанс, и совершенно замешался, что отроду со мной не случалось. Однако ж государь, прочитав бумаги, посмотрел на меня с головы до ног и, вероятно, был приятно поражен вкусом и щегольством моего наряда; по крайней мере он улыбнулся и позвал меня на сегодняшнюю ассамблею. Но я в Петербурге совершенный чужестранец, во время шестилетнего отсутствия я вовсе позабыл здешние обыкновения, пожалуйста будь моим ментором, заезжай за мной и представь меня». Ибрагим согласился и спешил обратить разговор к предмету, более для него занимательному. «Ну, что графиня D.?» — «Графиня? она, разумеется, сначала очень была огорчена твоим отъездом; потом, разумеется, мало-помалу утешилась и взяла себе нового любовника; знаешь кого? длинного маркиза R.; что же ты вытаращил свои арапские белки? или все это кажется тебе странным; разве ты не знаешь, что долгая печаль не в природе человеческой, особенно женской; подумай об этом хорошенько, а я пойду, отдохну с дороги; не забудь же за мною заехать».

Какие чувства наполнили душу Ибрагима? ревность? бешенство? отчаянье? нет; но глубокое, стесненное уныние. Он повторял себе: «Это я предвидел, это должно было случиться». Потом открыл письмо графини, перечел его снова, повесил голову и горько заплакал. Он плакал долго. Слезы облегчили его сердце. Посмотрев на часы, увидел он, что время ехать. Ибрагим был бы очень рад избавиться, но ассамблея была дело должностное, и государь строго требовал присутствия своих приближенных. Он оделся и поехал за Корсаковым.

Корсаков сидел в шлафорке, читая французскую книгу. «Так рано», — сказал он Ибрагиму, увидя его. «Помилуй, — отвечал тот, — уж половина шестого; мы опоздаем; скорей одевайся и поедем». Корсаков засуетился, стал звонить изо всей мочи; люди сбежались; он стал поспешно одеваться. Француз-камердинер подал ему башмаки с красными каблуками, голубые бархатные штаны, розовый кафтан, шитый блестками; в передней наскоро пудрили парик, его принесли. Корсаков всунул в него стриженую головку, потребовал шпагу и перчатки, раз десять перевернулся перед зеркалом и объявил Ибрагиму, что он готов. Гайдуки подали им медвежие шубы, и они поехали в Зимний дворец.

Корсаков осыпал Ибрагима вопросами, кто в Петербурге первая красавица? кто славится первым танцовщиком? какой танец нынче в моде? Ибрагим весьма неохотно удовлетворял его любопытству. Между тем они подъехали ко дворцу. Множество длинных саней, старых колымаг и раззолоченных карет стояло уже на лугу. У крыльца толпились кучера в ливрее и в усах, скороходы, блистающие мишурою, в перьях и с булавами, гусары, пажи, неуклюжие гайдуки, навьюченные шубами и муфтами своих господ: свита необходимая, по понятиям бояр тогдашнего времени. При виде Ибрагима поднялся между ними общий шепот: «Арап, арап, царский арап!» Он поскорее провел Корсакова сквозь эту пеструю челядь. Придворный лакей отворил им двери настичь, и они вошли в залу. Корсаков остолбенел... В большой комнате, освещенной сальными свечами, которые тускло горели в облаках табачного дыму, вельможи с голубыми лентами через плечо, посланники, иностранные купцы, офицеры гвардии в зеленых мундирах, корабельные мастера в куртках и полосатых панталонах толпою двигались взад и вперед при беспрерывном звуке духовой музыки. Дамы сидели около стен; молодые блистали всею роскошию моды. Золото и серебро блистало на их робах; из пышных фижм возвышалась, как стебель, их узкая талия; алмазы блистали в ушах, в длинных локонах и около шеи. Они весело повертывались направо и налево, ожидая кавалеров и начала танцев. Барыни пожилые старались хитро сочетать новый образ одежды с гонимою стариною: чепцы сбивались на соболью шапочку царицы Натальи Кириловны, а робронды и мантильи как-то напоминали сарафан и душегрейку. Казалось, они более с удивлением, чем с удовольствием, присутствовали на сих нововведенных игрищах и с досадою косились на жен и дочерей голландских шкиперов, которые в канифасных юбках и в красных кофточках вязали свой чулок, между собою смеясь и разговаривая как будто дома. Корсаков не мог опомниться. Заметя новых гостей, слуга подошел к ним с пивом и стаканами на подносе. «Que diable est-ce que tout cela?», — спрашивал Корсаков вполголоса у Ибрагима. Ибрагим не мог не улыбнуться. Императрица и великие княжны, блистая красотою и нарядами, прохаживались между рядами гостей, приветливо с ними разговаривая. Государь был в другой комнате. Корсаков, желая ему показаться, насилу мог туда пробраться сквозь беспрестанно движущуюся толпу. Там сидели большею частию иностранцы, важно покуривая свои глиняные трубки и опорожнивая глиняные кружки. На столах расставлены были бутылки пива и вина, кожаные мешки с табаком, стаканы с пуншем и шахматные доски. За одним из сих столов Петр играл в шашки с одним широкоплечим английским шкипером. Они усердно салютовали друг друга залпами табачного дыма, и государь так был озадачен нечаянным ходом своего противника, что не заметил Корсакова, как он около их ни вертелся. В это время толстый господин, с толстым букетом на груди, суетливо вошел, объявил громогласно, что танцы начались,— и тотчас ушел; за ним последовало множество гостей, в том числе и Корсаков.

Неожиданное зрелище его поразило. Во всю длину танцевальной залы, при звуке самой плачевной музыки, дамы и кавалеры стояли в два ряда друг против друга; кавалеры низко кланялись, дамы еще ниже приседали, сперва прямо против себя, потом поворотясь направо, потом налево, там опять прямо, опять направо и так далее. Корсаков, смотря на сие затейливое препровождение времени, таращил глаза и кусал себе губы. Приседания и поклоны продолжались около получаса; наконец они прекратились, и толстый господин с букетом провозгласил, что церемониальные танцы кончились, и приказал музыкантам играть менуэт. Корсаков обрадовался и приготовился блеснуть. Между молодыми гостьями одна в особенности ему понравилась. Ей было около шестнадцати лет, она была одета богато, но со вкусом, и сидела подле мужчины пожилых лет, виду важного и сурового. Корсаков к ней разлетелся и просил сделать честь пойти с ним танцевать. Молодая красавица смотрела на него с замешательством и, казалось, не знала, что ему сказать. Мужчина, сидевший подле нее, нахмурился еще более. Корсаков ждал ее решения, но господин с букетом подошел к нему, отвел на средину залы и важно сказал: «Государь мой, ты провинился: во-первых, подошед к сей молодой персоне, не отдав ей три должные реверанса; а во-вторых, взяв на себя самому ее выбрать, тогда как в менуэтах право сие подобает даме, а не кавалеру; сего ради имеешь ты быть весьма наказан, именно должен выпить кубок большого орла». Корсаков час от часу более дивился. В одну минуту гости его окружили, шумно требуя немедленного исполнения закона. Петр, услыша хохот и сии крики, вышел из другой комнаты, будучи большой охотник лично присутствовать при таковых наказаниях. Перед ним толпа раздвинулась, и он вступил в круг, где стоял осужденный и перед ним маршал ассамблеи с огромным кубком, наполненным мальвазии. Он тщетно уговаривал преступника добровольно повиноваться закону. «Ага, — сказал Петр, увидя Корсакова, — попался, брат, изволь же, мосье, пить и не морщиться». Делать было нечего. Бедный щеголь, не переводя духу, осушил весь кубок и отдал его маршалу. «Послушай, Корсаков, — сказал ему Петр, — штаны-то на тебе бархатные, каких и я не ношу, а я тебя гораздо богаче. Это мотовство; смотри, чтоб я с тобой не побранился». Выслушав сей выговор, Корсаков хотел выйти из кругу, но зашатался и чуть не упал, к неописанному удовольствию государя и всей веселой компании. Сей эпизод не только не повредил единству и занимательности главного действия, но еще оживил его. Кавалеры стали шаркать и кланяться, а дамы приседать и постукивать каблучками с большим усердием и уж вовсе не наблюдая каданса. Корсаков не мог участвовать в общем веселии. Дама, им выбранная, по повелению отца своего, Гаврилы Афанасьевича, подошла к Ибрагиму и, потупя голубые глаза, робко подала ему руку. Ибрагим протанцевал с нею менуэт и отвел ее на прежнее место; потом, отыскав Корсакова, вывел его из залы, посадил в карету и повез домой. Дорогою Корсаков сначала невнятно лепетал: «Проклятая ассамблея!.. проклятый кубок большого орла!..» — но вскоре заснул крепким сном, не чувствовал, как он приехал домой, как его раздели и уложили; и проснулся на другой день с головною болью, смутно помня шарканья, приседания, табачный дым, господина с букетом и кубок большого орла.

ГЛАВА IV

Не скоро ели предки наши,
Не скоро двигались кругом
Ковши, серебряные чаши
С кипящим пивом и вином.

Руслан и Людмила.

Теперь должен я благосклонного читателя познакомить с Гаврилою Афанасьевичем Ржевским. Он происходил от древнего боярского рода, владел огромным имением, был хлебосол, любил соколиную охоту; дворня его была многочисленна. Словом, он был коренной русский барин, по его выражению, не терпел немецкого духу и старался в домашнем быту сохранить обычаи любезной ему старины.

Дочери его было семнадцать лет от роду. Еще ребенком лишилась она матери. Она была воспитана по-старинному, то есть окружена мамушками, нянюшками, подружками и сенными девушками, шила золотом и не знала грамоты; отец ее, несмотря на отвращение свое от всего заморского, не мог противиться ее желанию учиться пляскам немецким у пленного шведского офицера, живущего в их доме. Сей заслуженный танцмейстер имел лет пятьдесят от роду, правая нога была у него прострелена под Нарвою и потому была не весьма способна к менуэтам и курантам, зато левая с удивительным искусством и легкостию выделывала самые трудные па. Ученица делала честь ее стараниям. Наталья Гавриловна славилась на ассамблеях лучшею танцовщицей, что и было отчасти причиною проступку Корсакова, который на другой день приезжал извиняться перед Гаврилою Афанасьевичем; но ловкость и щегольство молодого франта не понравились гордому боярину, который и прозвал его остроумно французской обезьяною.

День был праздничный. Гаврила Афанасьевич ожидал несколько родных и приятелей. В старинной зале накрывали длинный стол. Гости съезжались с женами и дочерьми, наконец освобожденными от затворничества домашнего указами государя и собственным его примером. Наталья Гавриловна поднесла каждому гостю серебряный поднос, уставленный золотыми чарочками, и каждый выпил свою, жалея, что поцелуй, получаемый в старину при таком случае, вышел уж из обыкновения. Пошли за стол. На первом месте, подле хозяина, сел тесть его, князь Борис Алексеевич Лыков, семидесятилетний боярин; прочие гости, наблюдая старшинство рода и тем поминая счастливые времена местничества, сели — мужчины по одной стороне, женщины по другой; на конце заняли свои привычные места: барская барыня в старинном шушуне и кичке; карлица, тридцатилетняя малютка, чопорная и сморщенная, и пленный швед в синем поношенном мундире. Стол, уставленный множеством блюд, был окружен суетливой и многочисленной челядью, между которою отличался дворецкий строгим взором, толстым брюхом и величавой неподвижностию. Первые минуты обеда посвящены были единственно на внимание к произведениям старинной нашей кухни, звон тарелок и деятельных ложек возмущал один общее безмолвие. Наконец, хозяин, видя, что время занять гостей приятною беседою, оборотился и спросил: «А где же Екимовна? Позвать ее сюда». Несколько слуг бросились было в разные стороны, но в ту же минуту старая женщина, набеленная и нарумяненная, убранная цветами и мишурою, в штофном робронде, с открытой шеей и грудью, вошла припевая и подплясывая. Ее появление произвело общее удовольствие.

— Здравствуй, Екимовна, — сказал князь Лыков, — каково поживаешь?

— Подобру-поздорову, кум: поючи да пляшучи, женишков поджидаючи.

— Где ты была, дура? — спросил хозяин.

— Наряжалась, кум, для дорогих гостей, для божия праздника, по царскому наказу, по боярскому приказу, на смех всему миру, по немецкому маниру.

При сих словах поднялся громкий хохот, и дура стала на свое место, за стулом хозяина.

— А дура-то врет, врет, да и правду соврет, — сказала Татьяна Афанасьевна, старшая сестра хозяина, сердечно им уважаемая. — Подлинно, нынешние наряды на смех всему миру. Коли уж и вы, батюшки, обрили себе бороду и надели кургузый кафтан, так про женское тряпье толковать, конечно, нечего: а, право, жаль сарафана, девичьей ленты и повойника. Ведь посмотреть на нынешних красавиц, и смех и жалость: волоски-то взбиты, что войлок, насалены, засыпаны французской мукою, животик перетянут так, что еле не перервется, исподницы напялены на обручи: в колымагу садятся бочком; в двери входят — нагибаются. Ни стать, ни сесть, ни дух перевести — сущие мученицы, мои голубушки.

— Ох, матушка Татьяна Афанасьевна, — сказал Кирила Петрович Т., бывший в Рязани воевода, где нажил себе три тысячи душ и молодую жену, то и другое с грехом пополам. — По мне жена как хочешь одевайся: хоть кутафьей, хоть болдыханом; только б не каждый месяц заказывала себе новые платья, а прежние бросала новешенькие. Бывало, внучке в приданое доставался бабушкин сарафан, а нынешние робронды — поглядишь — сегодня на барыне, а завтра на холопке. Что делать? разорение русскому дворянству! беда, да и только. — При сих словах он со вздохом посмотрел на свою Марью Ильиничну, которой, казалось, вовсе не нравились ни похвалы старине, ни порицания новейших обычаев. Прочие красавицы разделяли ее неудовольствие, но молчали, ибо скромность почиталась тогда необходимой принадлежностию молодой женщины.

— А кто виноват, — сказал Гаврила Афанасьевич, напеня кружку кислых щей. — Не мы ли сами? Молоденькие бабы дурачатся, а мы им потакаем.

— А что нам делать, коли не наша воля? — возразил Кирила Петрович. — Иной бы рад был запереть жену в тереме, а ее с барабанным боем требуют на ассамблею; муж за плетку, а жена за наряды. Ох, уж эти ассамблеи! наказал нас ими господь за прегрешения наши.

Марья Ильинична сидела как на иголках; язык у нее так и свербел; наконец она не вытерпела и, обратясь к мужу, спросила его с кисленькой улыбкою, что находит он дурного в ассамблеях?

— А то в них дурно, — отвечал разгоряченный супруг, — что с тех пор, как они завелись, мужья не сладят с женами. Жены позабыли слово апостольское: жена да убоится своего мужа; хлопочут не о хозяйстве, а об обновах; не думают, как бы мужу угодить, а как бы приглянуться офицерам-вертопрахам. Да и прилично ли, сударыня, русской боярыне или боярышне находиться вместе с немцами-табачниками да с их работницами? Слыхано ли дело, до ночи плясать и разговаривать с молодыми мужчинами? и добро бы еще с родственниками, а то с чужими, с незнакомыми.

— Сказал бы словечко, да волк недалечко, — сказал, нахмурясь, Гаврила Афанасьевич. — А признаюсь — ассамблеи и мне не по нраву: того и гляди, что на пьяного натолкнешься, аль и самого на смех пьяным напоят. Того и гляди, чтоб какой-нибудь повеса не напроказил чего с дочерью; а нынче молодежь так избаловалась, что ни на что не похоже. Вот, например, сын покойного Евграфа Сергеевича Корсакова на прошедшей ассамблее наделал такого шуму с Наташей, что привел меня в краску. На другой день, гляжу, катят ко мне прямо на двор; я думал, кого-то бог несет — уж не князя ли Александра Даниловича? Не тут-то было: Ивана Евграфовича! небось не мог остановиться у ворот да потрудиться пешком дойти до крыльца — куды! влетел! расшаркался, разболтался!.. Дура Екимовна уморительно его передразнивает; кстати: представь, дура, заморскую обезьяну.

Дура Екимовна схватила крышку с одного блюда, взяла под мышку будто шляпу и начала кривляться, шаркать и кланяться во все стороны, приговаривая: «мусье... мамзель... ассамблея... пардон». Общий и продолжительный хохот снова изъявил удовольствие гостей.

— Ни дать ни взять — Корсаков, — сказал старый князь Лыков, отирая слезы смеха, когда спокойствие мало-помалу восстановилось. — А что греха таить? Не он первый, не он последний воротился из неметчины на святую Русь скоморохом. Чему там научаются наши дети? Шаркать, болтать бог весть на каком наречии, не почитать старших да волочиться за чужими женами. Изо всех молодых людей, воспитанных в чужих краях (прости господи), царский арап всех более на человека походит.

— Конечно, — заметил Гаврила Афанасьевич, — человек он степенный и порядочный, не чета ветрогону... Это кто еще въехал в ворота на двор? Уж не опять ли обезьяна заморская? Вы что зеваете, скоты? — продолжал он, обращаясь к слугам, — бегите, отказать ему; да чтоб и впредь...

— Старая борода, не бредишь ли? — прервала дура Екимовна. — Али ты слеп: сани-то государевы, царь приехал.

Гаврила Афанасьевич встал поспешно из-за стола; все бросились к окнам; и в самом деле увидели государя, который всходил на крыльцо, опираясь на плечо своего денщика. Сделалась суматоха. Хозяин бросился навстречу Петра; слуги разбегались как одурелые, гости перетрусились, иные даже думали, как бы убраться поскорее домой. Вдруг в передней раздался громозвучный голос Петра, все утихло, и царь вошел в сопровождении хозяина, оторопелого от радости. «Здорово, господа», — сказал Петр с веселым лицом. Все низко поклонились. Быстрые взоры царя отыскали в толпе молодую хозяйскую дочь; он подозвал ее. Наталья Гавриловна приблизилась довольно смело, но покрасневе не только по уши, а даже по плеча. «Ты час от часу хорошеешь», — сказал ей государь и по своему обыкновению поцеловал ее в голову; потом, обратясь к гостям: «Что же? Я вам помешал. Вы обедали; прошу садиться опять, а мне, Гаврила Афанасьевич, дай-ка анисовой водки». Хозяин бросился к величавому дворецкому, выхватил из рук у него поднос, сам наполнил золотую чарочку и подал ее с поклоном государю. Петр, выпив, закусил кренделем и вторично пригласил гостей продолжать обед. Все заняли свои прежние места, кроме карлицы и барской барыни, которые не смели оставаться за столом, удостоенным царским присутствием. Петр сел подле хозяина и спросил себе щей. Государев денщик подал ему деревянную ложку, оправленную слоновой костью, ножик и вилку с зелеными костяными черенками, ибо Петр никогда не употреблял другого прибора, кроме своего. Обед, за минуту пред сим шумно оживленный весельем и говорливостью, продолжался в тишине и принужденности. Хозяин, из почтения и радости, ничего не ел, гости также чинились и с благоговением слушали, как государь по-немецки разговаривал с пленным шведом о походе 1701 года. Дура Екимовна, несколько раз вопрошаемая государем, отвечала с какою-то робкой холодностью, что (замечу мимоходом) вовсе не доказывало природной ее глупости. Наконец обед кончился. Государь встал, за ним и все гости. «Гаврила Афанасьевич! — сказал он хозяину: — Мне нужно с тобою поговорить наедине», — и, взяв его под руку, увел в гостиную и запер за собою дверь. Гости остались в столовой, шепотом толкуя об этом неожиданном посещении, и, опасаясь быть нескромными, вскоре разъехались один за другим, не поблагодарив хозяина за его хлеб-соль. Тесть его, дочь и сестра провожали их тихонько до порогу и остались одни в столовой, ожидая выхода государева.

ГЛАВА V

Чрез полчаса дверь отворилась, и Петр вышел. Важным наклонением головы ответствовал он на тройной поклон князя Лыкова, Татьяны Афанасьевны и Наташи и пошел прямо в переднюю. Хозяин подал ему красный его тулуп, проводил его до саней и на крыльце еще благодарил за оказанную честь. Петр уехал.

Возвратясь в столовую, Гаврила Афанасьевич казался очень озабочен. Сердито приказал он слугам скорее сбирать со стола, отослал Наташу в ее светлицу и, объявив сестре и тестю, что ему нужно с ними поговорить, повел их в опочивальню, где обыкновенно отдыхал он после обеда. Старый князь лег на дубовую кровать, Татьяна Афанасьевна села на старинные штофные кресла, придвинув под ноги скамеечку; Гаврила Афанасьевич запер все двери, сел на кровать в ногах князя Лыкова и начал вполголоса следующий разговор:

— Недаром государь ко мне пожаловал; угадайте, о чем он изволил со мною беседовать?

— Как нам знать, батюшка-братец, — сказала Татьяна Афанасьевна.

— Не приказал ли тебе царь ведать какое-либо воеводство? — сказал тесть. — Давно пора. Али предложил быть в посольстве? что же? ведь и знатных людей — не одних дьяков посылают к чужим государям.

— Нет, — отвечал зять, нахмурясь. — Я человек старого покроя, нынче служба наша не нужна, хоть, может быть, православный русский дворянин стоит нынешних новичков, блинников да басурманов, — но это статья особая.

— Так о чем же, братец,— сказала Татьяна Афанасьевна, — изволил он так долго с тобою толковать? Уж не беда ли какая с тобою приключилась? Господь упаси и помилуй!

— Беда не беда, а признаюсь, я было призадумался.

— Что же такое, братец? о чем дело?

— Дело о Наташе: царь приезжал ее сватать.

— Слава богу, — сказала Татьяна Афанасьевна, перекрестясь.— Девушка на выданье, а каков сват, таков и жених, — дай бог любовь да совет, а чести много. За кого же царь ее сватает?

— Гм, — крякнул Гаврила Афанасьевич, — за кого? то-то, за кого.

— А за кого же? — повторил князь Лыков, начинавший уже дремать.

— Отгадайте, — сказал Гаврила Афанасьевич.

— Батюшка-братец, — отвечала старушка, — как нам угадать? мало ли женихов при дворе: всякий рад взять за себя твою Наташу. Долгорукий, что ли?

— Нет, не Долгорукий.

— Да и бог с ним: больно спесив. Шеин, Троекуров?

— Нет, ни тот ни другой.

— Да и мне они не по сердцу: ветрогоны, слишком понабрались немецкого духу. Ну так Милославский?

— Нет, не он.

— И бог с ним: богат да глуп. Что же? Елецкий? Львов? нет? неужто Рагузинский? Воля твоя: ума не приложу. Да за кого ж царь сватает Наташу?

— За арапа Ибрагима.

Старушка ахнула и всплеснула руками. Князь Лыков приподнял голову с подушек и с изумлением повторил: «За арапа Ибрагима!»

— Батюшка-братец, — сказала старушка слезливым голосом, — не погуби ты своего родимого дитяти, не дай ты Наташеньки в когти черному диаволу.

— Но как же,— возразил Гаврила Афанасьевич,— отказать государю, который за то обещает нам свою милость, мне и всему нашему роду?

— Как, — воскликнул старый князь, у которого сон совсем прошел, — Наташу, внучку мою, выдать за купленного арапа!

— Он роду не простого, — сказал Гаврила Афанасьевич, — он сын арапского салтана. Басурмане взяли его в плен и продали в Цареграде, а наш посланник выручил и подарил его царю. Старший брат арапа приезжал в Россию с знатным выкупом и...

— Батюшка, Гаврила Афанасьевич, — перервала старушка, — слыхали мы сказку про Бову-королевича да Еруслана Лазаревича. Расскажи-ко нам лучше, как отвечал ты государю на его сватание.

— Я сказал, что власть его с нами, а наше холопье дело повиноваться ему во всем.

В эту минуту за дверью раздался шум. Гаврила Афанасьевич пошел отворить ее, но, почувствовав сопротивление, он сильно ее толкнул, дверь отворилась — и увидели Наташу, в обмороке простертую на окровавленном полу.

Сердце в ней замерло, когда государь заперся с ее отцом. Какое-то предчувствие шепнуло ей, что дело касается до нее, и когда Гаврила Афанасьевич отослал ее, объявив, что должен говорить ее тетке и деду, она не могла противиться влечению женского любопытства, тихо через внутренние покои подкралась к дверям опочивальни и не пропустила ни одного слова из всего ужасного разговора; когда же услышала последние отцовские слова, бедная девушка лишилась чувств и, падая, расшибла голову о кованый сундук, где хранилось ее приданое.

Люди сбежались; Наташу подняли, понесли в ее светлицу и положили на кровать. Через несколько времени она очнулась, открыла глаза, но не узнала ни отца, ни тетки. Сильный жар обнаружился, она твердила в бреду о царском арапе, о свадьбе — и вдруг закричала жалобным и пронзительным голосом: «Валериан, милый Валериан, жизнь моя! спаси меня: вот они, вот они!..» Татьяна Афанасьевна с беспокойством взглянула на брата, который побледнел, закусил губы и молча вышел из светлицы. Он возвратился к старому князю, который, не могши взойти на лестницу, оставался внизу.

— Что Наташа? — спросил он.

— Худо,— отвечал огорченный отец,— хуже, чем я думал: она в беспамятстве бредит Валерианом.

— Кто этот Валериан? — спросил встревоженный старик. — Неужели тот сирота, стрелецкий сын, что воспитывался у тебя в доме?

— Он сам,— отвечал Гаврила Афанасьевич,— на беду мою, отец его во время бунта спас мне жизнь, и черт меня догадал принять в свой дом проклятого волчонка. Когда, тому два году, по его просьбе, записали его в полк, Наташа, прощаясь с ним, расплакалась, а он стоял как окаменелый. Мне показалось это подозрительным, и я говорил о том сестре. Но с тех пор Наташа о нем не упоминала, а про него не было ни слуху, ни духу. Я думал, она его забыла; ан, видно, нет. Решено: она выйдет за арапа.

Князь Лыков не противуречил: это было бы напрасно. Он поехал домой; Татьяна Афанасьевна осталась у Наташиной постели; Гаврила Афанасьевич, послав за лекарем, заперся в своей комнате, и в его доме все стало тихо и печально.

Неожиданное сватовство удивило Ибрагима по крайней мере столь же, как и Гаврилу Афанасьевича. Вот как это случилось: Петр, занимаясь делами с Ибрагимом, сказал ему:

— Я замечаю, брат, что ты приуныл; говори прямо: чего тебе недостает? — Ибрагим уверил государя, что он доволен своей участию и лучшей не желает.

— Добро, — сказал государь, — если ты скучаешь безо всякой причины, так я знаю, чем тебя развеселить.

По окончанию работы Петр спросил Ибрагима:

— Нравится ли тебе девушка, с которой ты танцевал минавет на прошедшей ассамблее?

— Она, государь, очень мила и, кажется, девушка скромная и добрая.

— Так я ж тебя с нею познакомлю покороче. Хочешь ли ты на ней жениться?

— Я, государь?..

— Послушай, Ибрагим, ты человек одинокий, без роду и племени, чужой для всех, кроме одного меня. Умри я сегодня, завтра что с тобою будет, бедный мой арап? Надобно тебе пристроиться, пока есть еще время; найти опору в новых связях, вступить в союз с русским боярством.

— Государь, я счастлив покровительством и милостями вашего величества. Дай мне бог не пережить своего царя и благодетеля, более ничего не желаю; но если б и имел в виду жениться, то согласятся ли молодая девушка и ее родственники? моя наружность...

— Твоя наружность! какой вздор! чем ты не молодец? Молодая девушка должна повиноваться воле родителей, а посмотрим, что скажет старый Гаврила Ржевский, когда я сам буду твоим сватом? — При сих словах государь велел подавать сани и оставил Ибрагима, погруженного в глубокие размышления.

«Жениться! — думал африканец, — зачем же нет? ужели суждено мне провести жизнь в одиночестве и не знать лучших наслаждений и священнейших обязанностей человека потому только, что я родился под пятнадцатым градусом? Мне нельзя надеяться быть любимым: детское возражение! разве можно верить любви? разве существует она в женском, легкомысленном сердце? Отказавшись навек от милых заблуждений, я выбрал иные обольщения — более существенные. Государь прав: мне должно обеспечить будущую судьбу мою. Свадьба с молодою Ржевскою присоединит меня к гордому русскому дворянству, и я перестану быть пришельцем в новом моем отечестве. От жены я не стану требовать любви, буду довольствоваться ее верностию, а дружбу приобрету постоянной нежностию, доверенностию и снисхождением».

Ибрагим, по своему обыкновению, хотел заняться делом, но воображение его слишком было развлечено. Он оставил бумаги и пошел бродить по невской набережной. Вдруг услышал он голос Петра; оглянулся и увидел государя, который, отпустив сани, шел за ним с веселым видом. «Все, брат, кончено, — сказал Петр, взяв его под руку. —

Я тебя сосватал. Завтра поезжай к своему тестю; но смотри, потешь его боярскую спесь; оставь сани у ворот; пройди через двор пешком; поговори с ним о его заслугах, о знатности — и он будет от тебя без памяти. А теперь, — продолжал он, потряхивая дубинкою, — заведи меня к плуту Данилычу, с которым надо мне переведаться за его новые проказы».

Ибрагим, сердечно отблагодарив Петра за его отеческую заботливость о нем, довел его до великолепных палат князя Меншикова и возвратился домой.

ГЛАВА VI

Тихо теплилась лампада перед стеклянным кивотом, в коем блистали золотые и серебряные оклады наследственных икон. Дрожащий свет ее слабо озарял занавешенную кровать и столик, уставленный склянками с ярлыками. У печки сидела служанка за самопрялкою, и легкий шум ее веретена прерывал один тишину светлицы.

— Кто здесь? — произнес слабый голос. Служанка встала тотчас, подошла к кровати и тихо приподняла полог. — Скоро ли рассветет? — спросила Наталья.

— Теперь уже полдень, — отвечала служанка.

— Ах боже мой, отчего же так темно?

— Окна закрыты, барышня.

— Дай же мне поскорее одеваться.

— Нельзя, барышня, дохтур не приказал.

— Разве я больна? давно ли?

— Вот уж две недели.

— Неужто? а мне казалось, будто я вчера только легла...

Наташа умолкла; она старалась собрать рассеянные мысли. Что-то с нею случилось, но что именно? не могла вспомнить. Служанка все стояла перед нею, ожидая приказанья. В это время раздался снизу глухой шум.

— Что такое? — спросила больная.

— Господа откушали, — отвечала служанка; — встают из-за стола. Сейчас придет сюда Татьяна Афанасьевна.

Наташа, казалось, обрадовалась; она махнула слабою рукою. Служанка задернула занавес и села опять за самопрялку.

Через несколько минут из-за двери показалась голова в белом широком чепце с темными лентами, и спросили вполголоса:

— Что Наташа?

— Здравствуй, тетушка, — сказала тихо больная; и Татьяна Афанасьевна к ней поспешила.

— Барышня в памяти, — сказала служанка, осторожно придвигая кресла.

Старушка со слезами поцеловала бледное, томное лицо племянницы и села подле нее. Вслед за нею немец-лекарь, в черном кафтане и в ученом парике, вошел, пощупал у Наташи пульс и объявил по-латыни, а потом и по-русски, что опасность миновалась. Он потребовал бумаги и чернильницы, написал новый рецепт и уехал, а старушка встала и, снова поцеловав Наталью, с доброю вестию тотчас отправилась вниз к Гавриле Афанасьевичу.

В гостиной, в мундире при шпаге, с шляпою в руках, сидел царский арап, почтительно разговаривая с Гаврилою Афанасьевичем. Корсаков, растянувшись на пуховом диване, слушал их рассеянно и дразнил заслуженную борзую собаку; наскуча сим занятием, он подошел к зеркалу, обыкновенному прибежищу его праздности, и в нем увидел Татьяну Афанасьевну, которая из-за двери делала брату незамечаемые знаки.

— Вас зовут, Гаврила Афанасьевич, — сказал Корсаков, обратясь к нему и перебив речь Ибрагима. Гаврила Афанасьевич тотчас пошел к сестре и притворил за собою дверь.

— Дивлюсь твоему терпению, — сказал Корсаков Ибрагиму. — Битый час слушаешь ты бредни о древности рода Лыковых и Ржевских и еще присовокупляешь к тому свои нравоучительные примечания! На твоем месте j'aurais planté là старого враля и весь его род, включая тут же и Наталию Гавриловну, которая жеманится, притворяется больной, une petite santé... Скажи по совести, ужели ты влюблен в эту маленькую mijaurée? Послушай, Ибрагим, последуй хоть раз моему совету; право, я благоразумнее, чем кажусь. Брось эту блажную мысль. Не женись. Мне сдается, что твоя невеста никакого не имеет особенного к тебе расположения. Мало ли что случается на свете? Например: я, конечно, собою не дурен, но случалось, однако ж, мне обманывать мужей, которые были, ей-богу, ничем не хуже моего. Ты сам... помнишь нашего парижского приятеля, графа D.? Нельзя надеяться на женскую верность; счастлив, кто смотрит на это равнодушно! Но ты!.. С твоим ли пылким, задумчивым и подозрительным характером, с твоим сплющенным носом, вздутыми губами, с этой шершавой шерстью бросаться во все опасности женитьбы?..

— Благодарю за дружеский совет, — перервал холодно Ибрагим, — но знаешь пословицу: не твоя печаль чужих детей качать...

— Смотри, Ибрагим, — отвечал, смеясь, Корсаков, — чтоб тебе после не пришлось эту пословицу доказывать на самом деле, в буквальном смысле.

Но разговор в другой комнате становился горяч.

— Ты уморишь ее, — говорила старушка. — Она не вынесет его виду.

— Но посуди ты сама, — возражал упрямый брат. — Вот уж две недели ездит он женихом, а до сих пор не видал невесты. Он наконец может подумать, что ее болезнь пустая выдумка, что мы ищем только как бы время продлить, чтоб как-нибудь от него отделаться. Да что скажет и царь? Он уж и так три раза присылал спросить о здоровье Натальи. Воля твоя — а я ссориться с ним не намерен.

— Господи боже мой, — сказала Татьяна Афанасьевна, — что с нею, бедною, будет? По крайней мере пусти меня приготовить ее к такому посещению. — Гаврила Афанасьевич согласился и возвратился в гостиную.

— Слава богу, — сказал он Ибрагиму, — опасность миновалась. Наталье гораздо лучше; если б не совестно было оставить здесь одного дорогого гостя, Ивана Евграфовича, то я повел бы тебя вверх взглянуть на свою невесту.

Корсаков поздравил Гаврилу Афанасьевича, просил не беспокоиться, уверил, что ему необходимо ехать, и побежал в переднюю, не допуская хозяина проводить себя.

Между тем Татьяна Афанасьевна спешила приготовить больную к появлению страшного гостя. Вошед в светлицу, она села, задыхаясь, у постели, взяла Наташу за руку, но не успела еще вымолвить слова, как дверь отворилась. Наташа спросила: кто пришел. Старушка обмерла и онемела. Гаврила Афанасьевич отдернул занавес, холодно посмотрел на больную и спросил, какова она? Больная хотела ему улыбнуться, но не могла. Суровый взгляд отца ее поразил, и беспокойство овладело ею. В это время показалось, что кто-то стоял у ее изголовья. Она с усилием приподняла голову и вдруг узнала царского арапа. Тут она вспомнила все, весь ужас будущего представился ей. Но изнуренная природа не получила приметного потрясения. Наташа снова опустила голову на подушку и закрыла глаза... сердце в ней билось болезненно. Татьяна Афанасьевна подала брату знак, что больная хочет уснуть, и все вышли потихоньку из светлицы, кроме служанки, которая снова села за самопрялку.

Несчастная красавица открыла глаза и, не видя уже никого около своей постели, подозвала служанку и послала ее за карлицею. Но в ту же минуту круглая, старая крошка как шарик подкатилась к ее кровати. Ласточка (так называлась карлица) во всю прыть коротеньких ножек, вслед за Гаврилою Афанасьевичем и Ибрагимом, пустилась вверх по лестнице и притаилась за дверью, не изменяя любопытству, сродному прекрасному полу. Наташа, увидя ее, выслала служанку, и карлица села у кровати на скамеечку.

Никогда столь маленькое тело не заключало в себе столь много душевной деятельности. Она вмешивалась во все, знала все, хлопотала обо всем. Хитрым и вкрадчивым умом умела она приобрести любовь своих господ и ненависть всего дома, которым управляла самовластно. Гаврила Афанасьевич слушал ее доносы, жалобы и мелочные просьбы; Татьяна Афанасьевна поминутно справлялась с ее мнениями и руководствовалась ее советами; а Наташа имела к ней неограниченную привязанность и доверяла ей все свои мысли, все движения шестнадцатилетнего своего сердца.

— Знаешь, Ласточка? — сказала она, — батюшка выдает меня за арапа.

Карлица вздохнула глубоко, и сморщенное лицо ее сморщилось еще более.

— Разве нет надежды, — продолжала Наташа, — разве батюшка не сжалится надо мною?

Карлица тряхнула чепчиком.

— Не заступятся ли за меня дедушка али тетушка?

— Нет, барышня. Арап во время твоей болезни всех успел заворожить. Барин от него без ума, князь только им и бредит, а Татьяна Афанасьевна говорит: жаль, что арап, а лучшего жениха грех нам и желать.

— Боже мой, боже мой! — простонала бедная Наташа.

— Не печалься, красавица наша, — сказала карлица, целуя ее слабую руку. — Если уж и быть тебе за арапом, то все же будешь на своей воле. Нынче не то, что в старину; мужья жен не запирают: арап, слышно, богат; дом у вас будет как полная чаша, заживешь припеваючи...

— Бедный Валериан! — сказала Наташа, но так тихо, что карлица могла только угадать, а не слышать эти слова.

— То-то барышня, — сказала она, таинственно понизив голос, — кабы ты меньше думала о стрелецком сироте, так бы в жару о нем не бредила, а батюшка не гневался б.

— Что? — сказала испуганная Наташа, — я бредила Валерианом, батюшка слышал, батюшка гневается!

— То-то и беда, — отвечала карлица. — Теперь, если ты будешь просить его не выдавать тебя за арапа, так он подумает, что Валериан тому причиною. Делать нечего: уж покорись воле родительской, а что будет то будет.

Наташа не возразила ни слова. Мысль, что тайна ее сердца известна отцу ее, сильно подействовала на ее воображение. Одна надежда ей оставалась: умереть прежде совершения ненавистного брака. Эта мысль ее утешила. Слабой и печальной душой покорилась она своему жребию.

ГЛАВА VII

В доме Гаврилы Афанасьевича из сеней направо находилась тесная каморка с одним окошечком. В ней стояла простая кровать, покрытая байковым одеялом, а пред кроватью еловый столик, на котором горела сальная свеча и лежали открытые ноты. На стене висел старый синий мундир и его ровесница, треугольная шляпа; над нею тремя гвоздиками прибита была лубочная картина, изображающая Карла XII верхом. Звуки флейты раздавались в этой смиренной обители. Пленный танцмейстер, уединенный ее житель, в колпаке и в китайчатом шлафорке, услаждал скуку зимнего вечера, наигрывая старинные шведские марши, напоминающие ему веселое время его юности. Посвятив целые два часа на сие упражнение, швед разобрал свою флейту, вложил ее в ящик и стал раздеваться.

В это время защелка двери его приподнялась, и красивый молодой человек высокого росту, в мундире, вошел в комнату.

Удивленный швед встал испуганно.

— Ты не узнал меня, Густав Адамыч, —сказал молодой посетитель тронутым голосом, — ты не помнишь мальчика, которого учил ты шведскому артикулу, с которым ты чуть не наделал пожара в этой самой комнатке, стреляя из детской пушечки.

Густав Адамыч пристально всматривался...

— Э-э-э,— вскричал он наконец, обнимая его,— сдарофо, тофно ли твой сдесь. Садись, твой тобрий повес, погофорим.

ДУБРОВСКИЙ

ТОМ ПЕРВЫЙ

ГЛАВА I.

Несколько лет тому назад в одном из своих поместий жил старинный русской барин, Кирила Петрович Троекуров. Его богатство, знатный род и связи давали ему большой вес в губерниях, где находилось его имение. Соседи рады были угождать малейшим его прихотям; губернские чиновники трепетали при его имени; Кирила Петрович принимал знаки подобострастия как надлежащую дань; дом его всегда был полон гостями, готовыми тешить его барскую праздность, разделяя шумные, а иногда и буйные его увеселения. Никто не дерзал отказываться от его приглашения, или в известные дни не являться с должным почтением в село Покровское. В домашнем быту Кирила Петрович выказывал все пороки человека необразованного. Избалованный всем, что только окружало его, он привык давать полную волю всем порывам пылкого своего нрава и всем затеям довольно ограниченного ума. Не смотря на необыкновенную силу физических способностей, он раза два в неделю страдал от обжорства и каждый вечер бывал навеселе. В одном из флигелей его дома жили 16 горничных, занимаясь рукоделиями, свойственными их полу. Окны во флигеле были загорожены деревянною решеткою; двери запирались замками, от коих ключи хранились у Кирила Петровича. Молодые затворницы, в положеные часы, сходили в сад и прогуливались под надзором двух старух. От времени до времени Кирила Петрович выдавал некоторых из них за муж и новые поступали на их место. С крестьянами и дворовыми обходился он строго и своенравно; не смотря на то, они были ему преданы: они тщеславились богатством и славою своего господина и в свою очередь позволяли себе многое в отношении к их соседам, надеясь на его сильное покровительство.

Всегдашние занятия Троекурова состояли в разъездах около пространных его владений, в продолжительных пирах, и в проказах, ежедневно при том изобретаемых и жертвою коих бывал обыкновенно какой-нибудь новый знакомец; хотя и старинные приятели не всегда их избегали за исключением одного Андрея Гавриловича Дубровского. Сей Дубровский, отставной поручик гвардии, был ему ближайшим соседом и владел семидесятью душами. Троекуров, надменный в сношениях с людьми самого высшего звания, уважал Дубровского, не смотря на его смиренное состояние. Некогда были они товарищами по службе и Троекуров знал по опыту нетерпеливость и решительность его характера. Обстоятельства разлучил и их надолго. Дубровский с расстроенным состоянием принужден был выдти в отставку и поселиться в остальной своей деревне. Кирила Петрович, узнав о том, предлагал ему свое покровительство, но Дубровский благодарил его и остался беден и независим. Спустя несколько лет Троекуров, отставной генерал-аншеф, приехал в свое поместие, они свиделись и обрадовались друг другу. С тех пор они каждый день бывали вместе, и Кирила Петрович, отроду не удостоивавший никого своим посещением, заезжал запросто в домишка своего старого товарища. Будучи ровесниками, рожденные в одном сословии, воспитанные одинаково, они сходствовали отчасти и в характерах и в наклонностях. В некоторых отношениях и судьба их была одинакова: оба женились по любви, оба скоро овдовели, у обоих оставалось по ребенку. – Сын Дубровского воспитывался в Петербурге, дочь Кирила Петровича росла в глазах родителя, и Троекуров часто говаривал Дубровскому: «Слушай, брат, Андрей Гаврилович: коли в твоем Володьке будет путь, так отдам за него Машу; даром что он гол как сокол». Андрей Гаврилович качал головой и отвечал обыкновенно: «Нет, Кирила Петрович: мой Володька не жених Марии Кириловне. Бедному дворянину, каков он, лучше жениться на бедной дворяночке, да быть главою в доме, чем сделаться приказчиком избалованной бабенки».

Все завидовали согласию, царствующему между надменным Троекуровым и бедным его соседом и удивлялись смелости сего последнего, когда он за столом у Кирила Петровича прямо высказывал свое мнение, не заботясь о том, противуречило ли оно мнениям хозяина. Некоторые пытались было ему подражать и выдти из пределов должного повиновения, но Кирила Петрович так их пугнул, что навсегда отбил у них охоту к таковым покушениям, и Дубровский один остался вне общего закона. Нечаянный случай все расстроил и переменил.

Раз в начале осени, Кирила Петрович собирался в отъезжее поле. Накануне был отдан приказ псарям и стремянным быть готовыми к пяти часам утра. Палатка и кухня отправлены были вперед на место, где Кирила Петрович должен был обедать. Хозяин и гости пошли на псарный двор, где более пяти сот гончих и борзых жили в довольстве и тепле, прославляя щедрость Кирила Петровича на своем собачьем языке. Тут же находился и лазарет для больных собак, под присмотром штаб-лекаря Тимошки, и отделение, где благородные суки ощенялись и кормили своих щенят. Кирила Петрович гордился сим прекрасным заведением, и никогда не упускал случая похвастаться оным перед своими гостями, из коих каждый осматривал его по крайней мере уже в двадцатый раз. Он расхаживал по псарне, окруженный своими гостями и сопровождаемый Тимошкой и главными псарями; останавливался пред некоторыми канурами, то расспрашивая о здоровии больных, то делая замечания более или менее строгие и справедливые – то подзывая к себе знакомых собак и ласково с ними разговаривая. Гости почитали обязанностию восхищаться псарнею Кирила Петровича. Один Дубровский молчал и хмурился. Он был горячий охотник. Его состояние позволяло ему держать только двух гончих и одну свору борз ых; он не мог удержаться от некоторой зависти при виде сего великолепного заведения. «Что же ты хмуришься, брат», спросил его Кирила Петрович, «или псарня моя тебе не нравится?» «Нет», отвечал он сурово, «псарня чудная, вряд людям вашим житье такое ж, как вашим собакам». Один из псарей обиделся. «Мы на свое житье», сказал он, «благодаря бога и барина, не жалуемся – а что правда – то правда, иному и дворянину не худо бы променять усадьбу на любую здешнюю канурку. – Ему было б и сытнее и теплее». Кирила Петрович громко засмеялся при дерзком замечании своего холопа, а гости во след за ним захохотали, хотя и чувствовали, что шутка псаря могла отнестися и к ним. Дубровский побледнел, и не сказал ни слова. В сие время поднесли в лукошке Кирилу Петровичу новорожденных щенят – он занялся ими, выбрал себе двух, прочих велел утопить. Между тем Андрей Гаврилович скрылся, и никто того не заметил.

Возвратясь с гостями со псарного двора, Кирила Петрович сел ужинать и тогда только не видя Дубровского хватился о нем. Люди отвечали, что Андрей Гаврилович уехал домой. Троекуров велел тотчас его догнать и воротить непременно. От роду не выезжал он на охоту без Дубровского, опытного и тонкого ценителя псовых достоинств и безошибочного решителя всевозможных охотничьих споров. Слуга, поскакавший за ним, воротился, как еще сидели за столом, и доложил своему господину, что дескать Андрей Гаврилович не послушался и не хотел воротиться. Кирила Петрович, по обыкновению своему разгоряченный наливками, осердился и вторично послал того же слугу сказать Андрею Гавриловичу, что если он тотчас же не приедет ночевать в Покровское, то он, Троекуров, с ним навеки рассорится. Слуга снова поскакал, Кирила Петрович, встал изо стола, отпустил гостей и отправился спать.

На другой день первый вопрос его был: здесь ли Андрей Гаврилович? Вместо ответа ему подали письмо, сложенное треугольником; Кирила Петрович приказал своему писарю читать его вслух – и услышал следующее:

«Государь мой примилостивый,

Я до тех пор не намерен ехать в Покровское, пока не вышлете Вы мне псаря Парамошку с повинною; а будет моя воля наказать его или помиловать, а я терпеть шутки от Ваших холопьев не намерен, да и от Вас их не стерплю – потому что я не шут, а старинный дворянин. – За сим остаюсь покорным ко услугам

Андрей Дубровский».

По нынешним понятиям об этикете письмо сие было бы весьма неприличным, но оно рассердило Кирила Петровича не странным слогом и расположением, но только своею сущностью: «Как», загремел Троекуров, вскочив с постели босой, «высылать к нему моих людей с повинной, он волен их миловать, наказывать! – да что он в самом деле задумал; да знает ли он с кем связывается? Вот я ж его… Наплачется он у меня, узнает, каково идти на Троекурова!»

Кирила Петрович оделся, и выехал на охоту, с обыкновенной своею пышностию, – но охота не удалась. Во весь день видели одного только зайца, и того протравили. Обед в поле под палаткою также не удался, или по крайней мере был не по вкусу Кирила Петровича, который прибил повара, разбранил гостей и на возвратном пути со всею своей охотою нарочно поехал полями Дубровского.

Прошло несколько дней, и вражда между двумя соседами не унималась. Андрей Гаврилович не возвращался в Покровское – Кирила Петрович без него скучал, и досада его громко изливалась в самых оскорбительных выражениях, которые благодаря усердию тамошних дворян, доходили до Дубровского исправленные и дополненные. Новое обстоятельство уничтожило и последнюю надежду на примирение.

Дубровский объезжал однажды малое свое владение; приближаясь к березовой роще, услышал он удары топора, и через минуту треск повалившегося дерева. Он поспешил в рощу и наехал на Покровских мужиков, спокойно ворующих у него лес. Увидя его, они бросились было бежать. Дубровский со своим кучером поймал из них двоих и привел их связанных к себе на двор. Три неприятельские лошади достались тут же в добычу победителю. Дубровский был отменно сердит, прежде сего никогда люди Троекурова, известные разбойники, не осмеливались шалить в пределах его владений, зная приятельскую связь его с их господином. Дубровский видел, что теперь пользовались они происшедшим разрывом – и решился, вопреки всем понятиям о праве войны, проучить своих пленников прутьями, коими запаслись они в его же роще, а лошадей отдать в работу, приписав к барскому скоту.

Слух о сем происшествии в тот же день дошел до Кирила Петровича. Он вышел из себя и в первую минуту гнева хотел было со всеми своими дворовыми учинить нападение на Кистеневку (так называлась деревня его соседа), разорить ее до-тла, и осадить самого помещика в его усадьбе. Таковые подвиги были ему не в диковину. Но мысли его вскоре приняли другое направление.

Расхаживая тяжелыми шагами взад и вперед по зале, он взглянул нечаянно в окно и увидел у ворот остановившуюся тройку – маленький человек в кожаном картузе и фризовой шинели вышел из телеги и пошел во флигель к приказчику; Троекуров узнал заседателя Шабашкина, и велел его позвать. Через минуту Шабашкин уже стоял перед Кирилом Петровичем, отвешивая поклон за поклоном, и с благоговением ожидая его приказаний.

– Здорово, как бишь тебя зовут, – сказал ему Троекуров, – зачем пожаловал?

– Я ехал в город, ваше превосходительство, – отвечал Шабашкин – и зашел к Ивану Демьянову узнать, не будет ли какого приказания от вашего превосходительства.

– Очень кстати заехал, как бишь тебя зовут; мне до тебя нужда. Выпей водки, да выслушай.

Таковой ласковый прием приятно изумил заседателя. Он отказался от водки и стал слушать Кирила Петровича со всевозможным вниманием.

– У меня сосед есть, – сказал Троекуров, – мелкопоместный грубиян; я хочу взять у него имение – как ты про то думаешь?

– Ваше превосходительство, коли есть какие-нибудь документы, или…

– Врешь братец, какие тебе документы. На то указы. В том-то и сила, чтобы безо всякого права отнять имение. Постой однако ж. Это имение принадлежало некогда нам, было куплено у какого-то Спицына, и продано потом отцу Дубровского. Нельзя ли к этому придраться.

– Мудрено, ваше высокопревосходительство, вероятно сия продажа совершена законным порядком.

– Подумай, братец, поищи хорошенько.

– Если бы, например, ваше превосходительство могли каким ни есть образом достать от вашего соседа запись или купчую, в силу которой владеет он своим имением, то конечно…

– Понимаю, да вот беда – у него все бумаги сгорели во время пожара.

– Как, ваше превосходительство, бумаги его сгорели! чего ж вам лучше? – в таком случае извольте действовать по законам, и без всякого сомнения получите ваше совершенное удовольствие.

– Ты думаешь? Ну, смотри же. Я полагаюсь на твое усердие, а в благодарности моей можешь быть уверен.

Шабашкин поклонился почти до земли, вышел вон, с того же дни стал хлопотать по замышленному делу, и благодаря его проворству, ровно через две недели, Дубровский получил из города приглашение доставить немедленно надлежащие объяснения насчет его владения сельцом Кистеневкою.

Андрей Гаврилович, изумленный неожиданным запросом, в тот же день написал в ответ довольно грубое отношение, в коем объявлял он, что сельцо Кистеневка досталось ему по смерти покойного его родителя, что он владеет им по праву наследства, что Троекурову до него дела никакого нет, и что всякое постороннее притязание на сию его собственность есть ябеда и мошенничество.

Письмо сие произвело весьма приятное впечатление в душе заседателя Шабашкина. Он увидел, во-первых, что Дубровский мало знает толку в делах, во-вторых, что человека столь горячего и неосмотрительного не трудно будет поставить в самое невыгодное положение.

Андрей Гаврилович, рассмотрев хладнокровно запросы заседателя, увидел необходимость отвечать обстоятельнее. Он написал довольно дельную бумагу, но впоследствии времени оказавшуюся недостаточной.

Дело стало тянуться. Уверенный в своей правоте Андрей Гаврилович мало о нем беспокоился, не имел ни охоты, ни возможности сыпать около себя деньги, и хоть он, бывало, всегда первый трунил над продажной совестью чернильного племени, но мысль соделаться жертвой ябеды не приходила ему в голову. С своей стороны Троекуров столь же мало заботился о выигрыше им затеянного дела – Шабашкин за него хлопотал, действуя от его имени, страща и подкупая судей и толкуя вкрив и впрям всевозможные указы. Как бы то ни было, 18... года, февраля 9 дня, Дубровский получил через городовую полицию приглашение явиться к ** земскому судье для выслушания решения оного по делу спорного имения между им, поручиком Дубровским, и генерал-аншефом Троекуровым, и для подписки своего удовольствия или неудовольствия. В тот же день Дубровский отправился в город; на дороге обогнал его Троекуров. Они гордо взглянули друг на друга, и Дубровский заметил злобную улыбку на лице своего противника.

ГЛАВА II

Приехав в город Андрей Гаврилович остановился у знакомого купца, ночевал у него и на другой день утром явился в присутствие уездного суда. Никто не обратил на него внимания. Вслед за ним приехал и Кирила Петрович. Писаря встали и заложили перья за ухо. Члены встретили его с изъявлениями глубокого подобострастия, придвинули ему кресла из уважения к его чину, летам и дородности; он сел при открытых дверях, – Андрей Гаврилович стоя прислонился к стенке – настала глубокая тишина, и секретарь звонким голосом стал читать определение суда.

Мы помещаем его вполне, полагая, что всякому приятно будет увидать один из способов, коими на Руси можем мы лишиться имения, на владение коим имеем неоспоримое право.

18... года октября 27 дня ** уездный суд рассматривал дело о неправильном владении гвардии поручиком Андреем Гавриловым сыном Дубровским имением, принадлежащим генерал-аншефу Кирилу Петрову сыну Троекурову, состоящим ** губернии в сельце Кистеневке, мужеска пола** душами, да земли с лугами и угодьями ** десятин. Из коего дела видно: означенный генерал-аншеф Троекуров прошлого 18… года июня 9 дня взошел в сей суд с прошением в .том, что покойный его отец коллежский асессор и кавалер Петр Ефимов сын Троекуров в 17…м году августа 14 дня, служивший в то время в ** наместническом правлении провинциальным секретарем, купил из дворян у канцеляриста Фадея Егорова сына Спицына имение, состоящее ** округи в помянутом сельце Кистеневке (которое селение тогда по ** ревизии называлось Кистеневскими выселками), всего значущихся по 4-й ревизии мужеска пола ** душ со всем их крестьянским имуществом, усадьбою, с пашенною и непашенною землею, лесами, сенными покосы, рыбными ловли по речке, называемой Кистеневке, и со всеми принадлежащими к оному имению угодьями и господским деревянным домом, и словом все без остатка, что ему после отца его, из дворян урядника Егора Терентьева сына Спицына по наследству досталось и во владении его было, не оставляя из людей ни единыя души, а из земли ни единого четверика, ценою за 2 500 р., на что и купчая в тот же день в ** палате суда и расправы совершена, и отец его тогда же августа в 26-й день ** земским судом введен был во владение и учинен за него отказ. – А наконец 17… года сентября 6-го дня отец его волей божиею помер, а между тем он проситель генерал-аншеф Троекуров с 17… года почти с малолетства находился в военной службе и по большой части был в походах за границами, почему он и не мог иметь сведения, как о смерти отца его, равно и об оставшемся после его имении. Ныне же по выходе совсем из той службы в отставку и по возвращении в имения отца его, состоящие ** и ** губерниях **, ** и ** уездах, в разных селениях, всего до 3 000 душ, находит, что из числа таковых имений вышеписанными ** душами (коих по нынешней ** ревизии значится в том сельце всего ** душ) с землею и со всеми угодьями владеет без всяких укреплений вышеписанный гвардии поручик Андрей Дубровский, почему, представляя при оном прошении ту подлинную купчую, данную отцу его продавцом Спицыным, просит, отобрав помянутое имение из неправильного владения Дубровского, отдать по принадлежности в полное его, Троекурова, распоряжение. А за несправедливое оного присвоение, с коего он пользовался получаемыми доходами, по учинении об оных надлежащего дознания, положить с него, Дубровского, следующее по законам взыскание и оным его, Троекурова, удовлетворить.

По учинении ж ** земским судом по сему прошению исследований открылось: что помянутый нынешний владелец спорного имения гвардии поручик Дубровский дал на месте дворянскому заседателю объяснение, что владеемое им ныне имение, состоящее в означенном сельце Кистеневке, ** душ с землею и угодьями, досталось ему по наследству после смерти отца его, артиллерии подпоручика Гаврила Евграфова сына

Дубровского, а ему дошедшее по покупке от отца сего просителя, прежде бывшего провинциального секретаря, а потом коллежского асессора Троекурова, по доверенности, данной от него в 17… году августа 30 дня, засвидетельствованной в ** уездном суде, титулярному советнику Григорью Васильеву сына Соболеву, по которой должна быть от енего на имение сие отцу его купчая, потому что во оной именно сказано, что он, Троекуров, все доставшееся ему по купчей от канцеляриста Спицына имение, ** душ с землею, продал отцу его Дубровского, и следующие по договору деньги, 3200 рублей, все сполна с отца его без возврата получил и просил оного доверенного Соболева выдать отцу его указную крепость. А между тем отцу его в той же доверенности по случаю заплаты всей суммы владеть тем покупным у него имением и распоряжаться впредь до совершения оной крепости, как настоящему владельцу, и ему, продавцу Троекурову, впредь и никому в то имение уже не вступаться. Но когда именно и в каком присутственном месте таковая купчая от поверенного Соболева дана его отцу, – ему, Андрею Дубровскому, неизвестно, ибо он в то время был в совершенном малолетстве, и после смерти его отца таковой крепости отыскать не мог, а полагает, что не сгорела ли с прочими бумагами и имением во время бывшего в 17… году в доме их пожара, о чем известно было и жителям того селения. А что оным имением со дня продажи Троекуровым или выдачи Соболеву доверенности, то есть с 17… года, а по смерти отца его с 17… года и поныне, они, Дубровские, бесспорно владели, в том свидетельствуется на окольных жителей – которые, всего 52 человека, на опрос под присягою показали, что действительно, как они могут запомнить, означенным спорным имением начали владеть помянутые г.г. Дубровские назад сему лет с 70 без всякого от кого-либо спора, но по какому именно акту или крепости, им неизвестно. – Упомянутый же по сему делу прежний покупчик сего имения, бывший провинциальный секретарь Петр Троекуров, владел ли сим имением, они не запомнят. Дом же г.г. Дубровских назад сему лет 30-ть от случившегося в их селении в ночное время пожара сгорел, причем сторонние люди допускали, что доходу означенное спорное имение может приносить, полагая с того времени в сложности, ежегодно не менее как до 2000 р.

Напротив же сего генерал-аншеф Кирила Петров сын Троекуров 3-го генваря сего года взошел в сей суд с прошением, что хотя помянутый гвардии поручик Андрей Дубровский и представил при учиненном следствии к делу сему выданную покойным его отцом Гаврилом Дубровским титулярному советнику Соболеву доверенность на запроданное ему имение, но по оной не только подлинной купчей, но даже и на совершение когда-либо оной никаких ясных доказательств по силе генерального регламента 19 главы и указа 1752 года ноября 29 дня не представил. Следовательно, самая доверенность ныне, за смертию самого дателя оной, отца его, по указу 1818 года мая… дня, совершенно уничтожается. – А сверх сего – велено спорные имения отдавать во владения – крепостные по крепостям, а не крепостные по розыску.

На каковое имение, принадлежащее отцу его, представлен уже от него в доказательство крепостной акт, по которому и следует, на основании означенных узаконений, из неправильного владения помянутого Дубровского отобрав, отдать ему по праву наследства. А как означенные помещики, имея во владении не принадлежащего им имения и без всякого укрепления, и пользовались с оного неправильно и им не принадлежащими доходами, то по исчислении, сколько таковых будет причитаться по силе ….. взыскать с помещика Дубровского и его, Троекурова, оными удовлетворить. – По рассмотрении какового дела и учиненной из оного и из законов выписки в ** уездном суде определено:

Как из дела сего видно, что генерал-аншеф Кирила Петров сын Троекуров на означенное спорное имение, находящееся ныне во владении у гвардии поручика Андрея Гаврилова сына Дубровского, состоящее в сельце Кистеневке, по нынешней … ревизии всего мужеска пола ** душ, с землею и угодьями, представил подлинную купчию на продажу оного покойному отцу его, провинциальному секретарю, который потом был коллежским асессором, в 17… году из дворян канцеляристом Фадеем Спицыным, и что сверх сего сей покупщик, Троекуров, как из учиненной на той купчей надписи видно, был в том же году ** земским судом введен во владение, которое имение уже и за него отказано, и хотя напротив сего со стороны гвардии поручика Андрея Дубровского и представлена доверенность, данная тем умершим покупщиком Троекуровым титулярному советнику Соболеву для совершения купчей на имя отца его, Дубровского, но по таковым сделкам не только утверждать крепостные недвижимые имения, но даже и временно владеть по указу ….. воспрещено, к тому ж и самая доверенность смертию дателя оной совершенно уничтожается. – Но чтоб сверх сего действительно была по оной доверенности совершена где и когда на означенное спорное имение купчая, со стороны Дубровского никаких ясных доказательств к делу с начала производства, то есть с 18… года, и по сие время не представлено. А потому сей суд и полагает: означенное имение, ** душ, с землею и угодьями, в каком ныне положении тое окажется, утвердить по представленной на оное купчей за генерал-аншефа Троекурова о удалении от распоряжения оным гвардии поручика Дубровского и о надлежащем вводе во владение за него, г. Троекурова, и об отказе за него, как дошедшего ему по наследству, предписать ** земскому суду. – А хотя сверх сего генерал-аншеф Троекуров и просит о взыскании с гвардии поручика Дубровского за неправое владение наследственным его имением воспользовавшихся с оного доходов. – Но как оное имение, по показанию старожилых людей, было у г.г. Дубровских несколько лет в бесспорном владении, и из дела сего не видно, чтоб со стороны г. Троекурова были какие-либо до сего времени прошении о таковом неправильном владении Дубровскими оного имения, к тому по уложению велено, ежели кто чужую землю засеет или усадьбу загородит, и на того о неправильном завладении станут бити челом, и про то сыщется допрямо, тогда правому отдавать тую землю и с посеянным хлебом, и городьбою, и строением, а посему генерал-аншефу Троекурову в изъявленном на гвардии поручика Дубровского иске отказать, ибо принадлежащее ему имение возвращается в его владение, не изъемля из оного ничего. А что при вводе за него оказаться может все без остатка, предоставя между тем генерал-аншефу Троекурову, буде он имеет о таковой своей претензии какие-либо ясные и законные доказательствы, может просить где следует особо. – Каковое решение напред объявить как истцу, равно и ответчику, на законном основании, апелляционным порядком, коих и вызвать в сей суд для выслушания сего решения и подписки удовольствия или неудовольствия чрез полицию.

Каковое решение подписали все присутствующие того суда.

Секретарь умолкнул, заседатель встал и с низким поклоном обратился к Троекурову, приглашая его подписать предлагаемую бумагу, и торжествующий Троекуров, взяв от него перо, подписал под решением суда совершенное свое удовольствие.

Очередь была за Дубровским. Секретарь поднес ему бумагу. Но Дубровский стал неподвижен, потупя голову.

Секретарь повторил ему свое приглашение подписать свое полное и совершенное удовольствие или явное неудовольствие, если паче чаяния чувствует по совести, что дело его есть правое, и намерен в положеное законами время просить по апелляции куда следует. Дубровский молчал... Вдруг он поднял голову, глаза его засверкали, он топнул ногою, оттолкнул секретаря с такою силой, что тот упал, и схватив чернильницу, пустил ею в заседателя. Все пришли в ужас. «Как! не почитать церковь божию! прочь, хамово племя!» Потом, обратясь к Кирилу Петровичу: «Слыхано дело, ваше превосходительство, – продолжал он, – псари вводят собак в божию церковь! собаки бегают по церкви. Я вас уж проучу...» Сторожа сбежались на шум, и насилу им овладели. Его вывели и усадили в сани. Троекуров вышел вслед за ним, сопровождаемый всем судом. Внезапное сумасшествие Дубровского сильно подействовало на его воображение и отравило его торжество.

Судии, надеявшиеся на его благодарность, не удостоились получить от него ни единого приветливого слова. Он в тот же день отправился в

Покровское. Дубровский между тем лежал в постеле; уездный лекарь, по счастию не совершенный невежда, успел пустить ему кровь, приставить пиявки и шпанские мухи. К вечеру ему стало легче, больной пришел в память. На другой день повезли его в Кистеневку, почти уже ему не принадлежащую.

ГЛАВА III

Прошло несколько времени, а здоровье бедного Дубровского все еще было плохо; правда припадки сумасшествия уже не возобновлялись, но силы его приметно ослабевали. Он забывал свои прежние занятия, редко выходил из своей комнаты, и задумывался по целым суткам. Егоровна, добрая старуха, некогда ходившая за его сыном, теперь сделалась и его нянькою. Она смотрела за ним как за ребенком, напоминала ему о времени пищи и сна, кормила его, укладывала спать. Андрей Гаврилович тихо повиновался ей, и кроме ее не имел ни с кем сношения. Он был не в состоянии думать о своих делах, хозяйственных распоряжениях, и Егоровна увидела необходимость уведомить обо всем молодого Дубровского, служившего в одном из гвардейских пехотных полков и находящегося в то время в Петербурге. Итак, отодрав лист от расходной книги, она продиктовала повару Харитону, единственному кистеневскому грамотею, письмо, которое в тот же день и отослала в город на почту.

Но пора читателя познакомить с настоящим героем нашей повести.

Владимир Дубровский воспитывался в Кадетском корпусе и выпущен был корнетом в гвардию; отец не щадил ничего для приличного его содержания и молодой человек получал из дому более нежели должен был ожидать. Будучи расточителен и честолюбив, он позволял себе роскошные прихоти; играл в карты и входил в долги, не заботясь о будущем, и предвидя себе рано или поздно богатую невесту, мечту бедной молодости.

Однажды вечером, когда несколько офицеров сидели у него, развалившись по диванам и куря из его янтарей, Гриша, его камердинер, подал ему письмо, коего надпись и печать тотчас поразили молодого человека. Он поспешно его распечатал и прочел следующее:

«Государь ты наш, Владимир Андреевич, – я, твоя старая нянька, решилась тебе доложить о здоровьи папенькином! Он очень плох, иногда заговаривается, и весь день сидит как дитя глупое – а в животе и смерти бог волен. Приезжай ты к нам, соколик мой ясный мы тебе и лошадей вышлем на Песочное. Слышно, земский суд к нам едет отдать нас под начал Кирилу Петровичу Троекурову – потому что мы-дскать ихние, а мы искони Ваши, – и отроду того не слыхивали.

Ты бы мог живя в Петербурге доложить о том царю-батюшке, а он бы не дал нас в обиду. – Остаюсь твоя верная раба, нянька

Орина Егоровна Бузырева.

Посылаю мое материнское благословение Грише, хорошо ли он тебе служит?

У нас дожди идут вот ужо друга неделя и пастух Родя помер около Миколина дня».

Владимир Дубровский несколько раз сряду перечитал сии довольно бестолковые строки с необыкновенным волнением. Он лишился матери с малолетства и, почти не зная отца своего, был привезен в Петербург на 8-м году своего возраста – со всем тем он романически был к нему привязан, и тем .более любил семейственную жизнь, чем менее успел насладиться ее тихими радостями.

Мысль потерять отца своего тягостно терзала его сердце, а положение бедного больного, которое угадывал он из письма своей няни, ужасало его. Он воображал отца, оставленного в глухой деревне, на руках глупой старухи и дворни, угрожаемого каким-то бедствием и угасающего без помощи в мучениях телесных и душевных. Владимир упрекал себя в преступном небрежении. Долго не получал он от отца писем ? и не подумал о нем осведомиться, полагая его в разъездах или хозяйственных заботах.

Он решился к нему ехать и даже выдти в отставку, если болезненное состояние отца потребует его присутствия. Товарищи, заметя его беспокойство, ушли. Владимир, оставшись один, написал просьбу об отпуске – закурил трубку и погрузился в глубокие размышления.

Тот же день стал он хлопотать об отпуске и через 3 дня был уж на большой дороге.

Владимир Андреевич приближался к той станции, с которой должен он был своротить на Кистеневку. Сердце его исполнено было печальных предчувствий, он боялся уже не застать отца в живых, он воображал грустный образ жизни, ожидающий его в деревне, глушь, безлюдие, бедность и хлопоты по делам, в коих он не знал никакого толку. Приехав на станцию, он вошел к смотрителю и спросил вольных лошадей. Смотритель осведомился куда надобно было ему ехать, и объявил, что лошади, присланные из Кистеневки, ожидали его уже четвертые сутки. Вскоре явился к Владимиру Андреевичу старый кучер Антон, некогда водивший его по конюшне, и смотревший за его маленькой лошадкою.

Антон прослезился, увидя его, поклонился ему до земли, сказал ему, что старый его барин еще жив, и побежал запрягать лошадей. Владимир Андреевич отказался от предлагаемого завтрака и спешил отправиться. Антон повез его проселочными дорогами – и между ими завязался разговор.

– Скажи, пожалуйста, Антон, какое дело у отца моего с Троекуровым?

– А бог их ведает, батюшка Владимир Андреевич… Барин, слышь, не поладил с Кирилом Петровичем, а тот и подал в суд – хотя по часту он сам себе судия. Не наше холопье дело разбирать барские воли, а ей-богу, напрасно батюшка ваш пошел на Кирила Петровича, плетью обуха не перешибешь.

– Так видно этот Кирила Петрович у вас делает что хочет?

– И вестимо, барин – заседателя, слышь, он и в грош не ставит, исправник у него на посылках. Господа съезжаются к нему на поклон, и то сказать, было бы корыто, а свиньи-то будут.

– Правда ли, что отымает он у нас имение?

– Ох, барин, слышали так и мы. На днях покровский пономарь сказал на крестинах у нашего старосты: полно вам гулять; вот ужо приберет вас к рукам Кирила Петрович. Микита кузнец и сказал ему: и полно, Савельич, не печаль кума, не мути гостей – Кирила Петрович сам по себе, а Андрей Гаврилович сам по себе – а все мы божии да государевы; да ведь на чужой рот пуговицы не нашьешь.

– Стало быть, вы не желаете перейти во владение Троекурову?

– Во владение Кирилу Петровичу! Господь упаси и избави – у него часом и своим плохо приходится, а достанутся чужие, так он с них не только шкурку, да и мясо-то отдерет. – Нет, дай бог долго здравствовать Андрею Гавриловичу, а коли уж бог его приберет, так не надо нам никого, кроме тебя, наш кормилец. Не выдавай ты нас, а мы уж за тебя станем. – При сих словах Антон размахнул кнутом, тряхнул вожжами, и лошади его побежали крупной рысью.

Тронутый преданностью старого кучера, Дубровский замолчал – и предался снова размышлениям. Прошло более часа – вдруг Гриша пробудил его восклицанием: Вот Покровское! Дубровский поднял голову. Он ехал берегом широкого озера, из которого вытекала речка и вдали извивалась между холмами; на одном из них над густою зеленью рощи возвышалась зеленая кровля и бельведер огромного каменного дома, на другом пятиглавая церковь и старинная колокольня; около разбросаны были деревенские избы с их огородами и колодезями. Дубровский узнал сии места – он вспомнил, что на сем самом холму играл он с маленькой Машей Троекуровой, которая была двумя годами его моложе и тогда уже обещала быть красавицей. Он хотел об ней осведомиться у Антона, но какая-то застенчивость удержала его.

Подъехав к господскому дому, он увидел белое платье, мелькающее между деревьями сада. В это время Антон ударил по лошадям и, повинуясь честолюбию, общему и деревенским кучерам как и извозчикам, пустился во весь дух через мост и мимо села. Выехав из деревни, поднялись они на гору, и Владимир увидел березовую рощу, и влево на открытом месте серенький домик с красной кровлею; сердце в нем забилось; перед собою видел он Кистеневку и бедный дом своего отца.

Через 10 минут въехал он на барский двор. Он смотрел вокруг себя с волнением неописанным. 12 лет не видал он своей родины. Березки, которые при нем только что были посажены около забора, выросли и стали теперь высокими ветвистыми деревьями. Двор, некогда украшенный тремя правильными цветниками, меж коими шла широкая дорога, тщательно выметаемая, обращен был в некошаный луг, на котором паслась опутанная лошадь. Собаки было залаяли, но, узнав Антона, умолкли и замахали косматыми хвостами. Дворня высыпала из людских изоб и окружила молодого барина с шумными изъявлениями радости. Насилу мог он продраться сквозь их усердную толпу, и взбежал на ветхое крыльцо; в сенях встретила его Егоровна и с плачем обняла своего воспитанника. – Здорово, здорово, няня, – повторял он, прижимая к сердцу добрую старуху, – что батюшка, где он? каков он?

В эту минуту в залу вошел, насилу передвигая ноги, старик высокого роста, бледный и худой, в халате и колпаке.

– Здравствуй, Володька! – сказал он слабым голосом, и Владимир с жаром обнял отца своего. Радость произвела в больном слишком сильное потрясение, он ослабел, ноги под ним подкосились, и он бы упал, если бы сын не поддержал его.

– Зачем ты встал с постели, – говорила ему Егоровна, – на ногах не стоишь, а туда же норовишь, куда и люди.

Старика отнесли в спальню. Он силился с ним разговаривать, но мысли мешались в его голове, и слова не имели никакой связи. Он замолчал и впал в усыпление. Владимир поражен был его состоянием. Он расположился в его спальне – и просил оставить его наедине с отцом. Домашние повиновались, и тогда все обратились к Грише, и повели в людскую, где и угостили его по-деревенскому, со всевозможным радушием, измучив его вопросами и приветствиями.

ГЛАВА IV

Где стол был яств, там гроб стоит.

Несколько дней спустя после своего приезда молодой Дубровский хотел заняться делами, но отец его был не в состоянии дать ему нужные объяснения – у Андрея Гавриловича не было поверенного. Разбирая его бумаги, нашел он только первое письмо заседателя и черновой ответ на оное – из того не мог он получить ясное понятие о тяжбе, и решился ожидать последствий, надеясь на правоту самого дела.

Между тем здоровье Андрея Гавриловича час от часу становилось хуже. Владимир предвидел его скорое разрушение и не отходил от старика, впадшего в совершенное детство.

Между тем положеный срок прошел, и апелляция не была подана. Кистеневка принадлежала Троекурову. Шабашкин явился к нему с поклонами и поздравлениями и просьбою назначить, когда угодно будет его высокопревосходительству вступить во владение новоприобретенным имением – самому или кому изволит он дать на то доверенность. Кирила Петрович смутился. От природы не был он корыстолюбив, желание мести завлекло его слишком далеко, совесть его роптала. Он знал, в каком состоянии находился его противник, старый товарищ его молодости – и победа не радовала его сердце. Он грозно взглянул на Шабашкина, ища к чему привязаться, чтоб его выбранить, но не нашед достаточного к тому предлога, сказал ему сердито: – Пошел вон, не до тебя.

Шабашкин, видя, что он не в духе, поклонился и спешил удалиться. А Кирила Петрович, оставшись наедине, стал расхаживать взад и вперед, насвистывая: Гром победы раздавайся, что всегда означало в нем необыкновенное волнение мыслей.

Наконец он велел запрячь себе беговые дрожки, оделся потеплее (это было уже в конце сентября) и, сам правя, выехал со двора.

Вскоре завидел он домик Андрея Гавриловича, и противуположные чувства наполнили душу его. Удовлетворенное мщение и властолюбие заглушали до некоторой степени чувства более благородные, но последние наконец восторжествовали. Он решился помириться с старым своим соседом, уничтожить и следы ссоры, возвратив ему его достояние. Облегчив душу сим благим намерением, Кирила Петрович пустился рысью к усадьбе своего соседа – и въехал прямо на двор.

В это время больной сидел в спальней у окна. Он узнал Кирила Петровича, и ужасное смятение изобразилось на лице его – багровый румянец заступил место обыкновенной бледности, глаза засверкали, он произносил невнятные звуки. Сын его, сидевший тут же за хозяйственными книгами, поднял голову и поражен был его состоянием. Больной указывал пальцем на двор с видом ужаса и гнева. Он торопливо подбирал полы своего халата, собираясь встать с кресел, приподнялся и вдруг упал. Сын бросился к нему, старик лежал без чувств и без дыхания – паралич его ударил.

– Скорей, скорей в город за лекарем! – кричал Владимир.

– Кирила Петрович спрашивает вас, – сказал вошедший слуга. Владимир бросил на него ужасный взгляд.

– Скажи Кирилу Петровичу, чтоб он скорее убирался, пока я не велел его выгнать со двора – пошел.

Слуга радостно побежал исполнить приказание своего барина; Егоровна всплеснула руками. – Батюшка ты наш, – сказала она пискливым голосом, – погубишь ты свою головушку! Кирила Петрович съест нас.

– Молчи, няня, – сказал с сердцем Владимир, – сейчас пошли Антона в город за лекарем.

Егоровна вышла.

В передней никого не было – все люди сбежались на двор смотреть на Кирила Петровича. Она вышла на крыльцо – и услышала ответ слуги, доносящего от имени молодого барина. Кирила Петрович выслушал его сидя на дрожках. Лицо его стало мрачнее ночи, он с презрением улыбнулся, грозно взглянул на дворню и поехал шагом около двора. Он взглянул и в окошко, где за минуту перед сим сидел Андрей Гаврилович, но где уж его не было. Няня стояла крыльце, забыв о приказании барина. Дворня с шумом толковала о сем происшествии. Вдруг Владимир явился между людьми и отрывисто сказал: – Не надобно лекаря, батюшка скончался.

Сделалось смятение. Люди бросились в комнату старого барина. Он лежал в креслах, на которые перенес его Владимир; правая рука его висела до полу, голова опущена была на грудь – не было уж и признака жизни в сем теле еще не охладелом, но уже обезображенном кончиною. Егоровна взвыла – слуги окружили труп, оставленный на их попечение, – вымыли его, одели в мундир, сшитый еще в 1797 году, и положили на тот самый стол, за которым только лет они служили своему господину.

ГЛАВА V

Похороны совершились на третий день. Тело бедного старика лежало на столе, покрытое саваном и окруженное свечами. Столовая полна была дворовых. Готовились к выносу. Владимир и трое слуг подняли гроб. Священник пошел вперед, дьячок сопровождал его, воспевая погребальные молитвы. Хозяин Кистеневки в последний раз перешел за порог своего дома. Гроб понесли рощею. Церковь находилась за нею. День был ясный и холодный. Осенние листья падали с дерев.

При выходе из рощи, увидели кистеневскую деревянную церковь и кладбище, осененное старыми липами. Там покоилось тело Владимировой матери; там подле могилы ее накануне вырыта была свежая яма.

Церковь полна была кистеневскими крестьянами, пришедшими отдать последнее поклонение господину своему. Молодой Дубровский стал у клироса; он не плакал и не молился – но лицо его было страшно. Печальный обряд кончился. Владимир первый пошел прощаться с телом – за ним и все дворовые – принесли крышку и заколотили гроб. Бабы громко выли; мужики изредка утирали слезы кулаком. Владимир и тех же 3 слуг понесли его на кладбище – в сопровождении всей деревни. Гроб опустили в могилу – все присутствующие бросили в нее по горсти песку – яму засыпали, поклонились ей, и разошлись. Владимир поспешно удалился, всех опередил, и скрылся в Кистеневскую рощу.

Егоровна от имени его пригласила попа и весь причет церковный на похоронный обед – объявив, что молодой барин не намерен на оном присутствовать – и таким образом отец Антон ?, попадья Федотовна и дьячок пешком отправились на барский двор, рассуждая с Егоровной о добродетелях покойника и о том, что, повидимому, ожидало его наследника. (Приезд Троекурова и прием ему оказанный были уже известны всему околодку, и тамошние политики предвещали важные оному последствия.)

– Что будет – то будет, – сказала попадья, – а жаль, если не Владимир Андреевич будет нашим господином. Молодец, нечего сказать.

– А кому же как не ему и быть у нас господином, – прервала Егоровна.– Напрасно Кирила Петрович и горячится. Не на робкого напал – мой соколик и сам за себя постоит – да и, бог даст, благодетели его не оставят. Больно спесив Кирила Петрович! а небось поджал хвост, когда Гришка мой закричал ему: Вон, старый пес! – долой со двора!

– Ахти, Егоровна, – сказал дьячок, – да как у Григорья-то язык повернулся, я скорее соглашусь, кажется, лаять на владыку, чем косо взглянуть на Кирила Петровича. Как увидишь его, страх и трепет и краплет пот ?, а спина-то сама так и гнется, так и гнется…

– Суета сует, – сказал священник, – и Кирилу Петровичу отпоют вечную память, все как ныне и Андрею Гавриловичу, разве похороны будут побогаче, да гостей созовут побольше – а богу не все ли равно!

– Ах, батька! и мы хотели зазвать весь околоток, да Владимир Андреевич не захотел. Небось у нас всего довольно, – есть чем угостить, да что прикажешь делать По крайней мере, коли нет людей, так уж хоть вас уподчую, дорогие гости наши.

Сие ласковое обещание и надежда найти лакомый пирог ускорили шаги собеседников и они благополучно прибыли в барской дом, где стол был уже накрыт и водка подана.

Между тем Владимир углублялся в чащу дерев, движением и усталостию стараясь заглушать душевную скорбь. Он шел не разбирая дороги; сучья поминутно задевали и царапали его, нога его поминутно вязла в болоте, – он ничего не замечал. Наконец достигнул он маленькой лощины, со всех сторон окруженной лесом; ручеек извивался молча около деревьев, полобнаженных осенью. Владимир остановился, сел на холодный дерн, и мысли одна другой мрачнее стеснились в душе его... Сильно чувствовал он свое одиночество. Будущее для него являлось покрытым грозными тучами. Вражда с Троекуровым предвещала ему новые несчастия. Бедное его достояние могло отойти от него в чужие руки – в таком случае нищета ожидала его. Долго сидел он неподвижно на том же месте, взирая на тихое течение ручья, уносящего несколько поблеклых листьев – и живо представляющего ему верное подобие жизни – подобие столь обыкновенное. Наконец заметил он, что начало смеркаться – он встал и пошел искать дороги домой, но еще долго блуждал по незнакомому лесу, пока не попал на тропинку, которая и привела его прямо к воротам его дома.

Навстречу Дубровскому попался поп со всем причетом. Мысль о несчастлив ом предзнаменовании пришла ему в голову. Он невольно пошел стороною и скрылся за деревом. Они его не заметили и с жаром говорили между собою, проходя мимо его.

– Удались от зла и сотвори благо, – говорил поп попадье, – нечего нам здесь оставаться. Не твоя беда, чем бы дело ни кончилось. – Попадья что-то отвечала, но Владимир не мог ее расслышать.

Приближаясь увидел он множество народа – крестьяне и дворовые люди толпились на барском дворе. Издали услышал Владимир необыкновенный шум и говор. У сарая стояли две тройки. На крыльце несколько незнакомых людей в мундирных сертуках, казалось, о чем-то толковали.

– Что это значит, – спросил он сердито у Антона, который бежал ему навстречу. – Это кто такие, и что им надобно?

– Ах, батюшка Владимир Андреевич, – отвечал старик, задыхаясь. – Суд приехал. Отдают нас Троекурову, отымают нас от твоей милости!..

Владимир потупил голову, люди его окружили несчастного своего господина. – Отец ты наш, – кричали они, цалуя ему руки, – не хотим другого барина, кроме тебя, прикажи, осударь, с судом мы управимся. Умрем, а не выдадим.

Владимир смотрел на них, и странные чувства волновали его. – Стойте смирно, – сказал он им, – а я с приказными переговорю.

– Переговори, батюшка, – закричали ему из толпы, – да усовести окаянных.

Владимир подошел к чиновникам. Шабашкин, с картузом на голове, стоял подбочась и гордо взирал около себя.

Исправник, высокой и толстый мужчина лет пятидесяти с красным лицом и в усах, увидя приближающегося Дубровского, крякнул, и произнес охриплым голосом: – Итак, я вам повторяю то, что уже сказал: по решению уездного суда отныне принадлежите вы Кирилу Петровичу Троекурову, коего лицо представляет здесь г. Шабашкин. – Слушайтесь его во всем, что ни прикажет, а вы, бабы, любите и почитайте его, а он до вас большой охотник. – При сей острой шутке исправник захохотал, а Шабашкин и прочие члены ему последовали.

Владимир кипел от негодования. – Позвольте узнать, что это значит, – спросил он с притворным хладнокровием у веселого исправника.

– А это то значит, – отвечал замысловатый чиновник, – что мы приехали вводить во владение сего Кирила Петровича Троекурова и просить иных прочих убираться по-добру по-здорову.

– Но вы могли бы, кажется, отнестися ко мне, прежде чем к моим крестьянам – и объявить помещику отрешение от власти…

– А ты кто такой, – сказал Шабашкин с дерзким взором. – Бывший помещик Андрей Гаврилов сын Дубровский волею божиею помре, – мы вас не знаем, да и знать не хотим.

– Владимир Андреевич наш молодой барин, – сказал голос из толпы.

– Кто там смел рот разинуть, – сказал грозно исправник, – какой барин, какой Владимир Андреевич, – барин ваш Кирила Петрович Троекуров – слышите ли, олухи.

– Как не так, – сказал тот же голос.

– Да это бунт! – кричал исправник. – Гей, староста сюда!

Староста выступил вперед.

– Отыщи сей же час, кто смел со мною разговаривать, я его!

Староста обратился к толпе, спрашивая, кто говорил? но все молчали; вскоре в задних рядах поднялся ропот, стал усиливаться и в одну минуту превратился в ужаснейшие вопли. Исправник понизил голос и хотел было их уговаривать.

– Да что на него смотреть, – закричали дворовые, – ребята! долой их! – и вся толпа двинулась.

Шабашкин и другие члены поспешно бросились в сени – и заперли за собою дверь.

– Ребята, вязать?, – закричал тот же голос, – и толпа стала напирать…

– Стойте, – крикнул Дубровский. – Дураки! что вы это? вы губите и себя и меня. – Ступайте по дворам и оставьте меня в покое. Не бойтесь, государь милостив, я буду просить его. Он нас не обидит. Мы все его дети. А как ему за вас будет заступиться, если вы станете бунтовать и разбойничать.

Речь молодого Дубровского, его звучный голос и величественный вид произвели желаемое действие. Народ утих, разошелся – двор опустел. Члены сидели в сенях. Наконец Шабашкин тихонько отпер двери, вышел на крыльцо и с униженными поклонами стал благодарить Дубровского за его милостивое заступление. Владимир слушал его с презрением и ничего не отвечал.

– Мы решили, – продолжал заседатель, – с вашего дозволения остаться здесь ночевать; а то уж темно, и ваши мужики могут напасть на нас на дороге. Сделайте такую милость: прикажите постлать нам хоть сена в гостиной; чем свет, мы отправимся во-свояси.

– Делайте, что хотите, – отвечал им сухо Дубровский, – я здесь уже не хозяин. – С этим словом он удалился в комнату отца своего, и запер за собою дверь.

ГЛАВА VI

«Итак, все кончено, – сказал он сам себе; – еще утром имел я угол и кусок хлеба. Завтра должен я буду оставить дом, где я родился и где умер мой отец, виновнику его смерти и моей нищеты». И глаза его неподвижно остановились на портрете его матери. Живописец представил ее облокоченною на перилы, в белом утреннем платьи с алой розою в волосах. «И портрет этот достанется врагу моего семейства, – подумал Владимир, – он заброшен будет в кладовую вместе с изломанными стульями, или повешен в передней, предметом насмешек и замечаний его псарей – а в ее спальней, в комнате… где умер отец, поселится его приказчик, или поместится его гарем. Нет! нет! пускай же и ему не достанется печальный дом, из которого он выгоняет меня». Владимир стиснул зубы – страшные мысли рождались в уме его. Голоса подьячих доходили до него – они хозяйничали, требовали то того, то другого, и неприятно развлекали его среди печальных его размышлений. Наконец все утихло.

Владимир отпер комоды и ящики, занялся разбором бумаг покойного. Они большею частию состояли из хозяйственных счетов и переписки по разным делам. Владимир разорвал их, не читая. Между ими попался ему пакет с надписью: письма моей жены. С сильным движением чувства, Владимир принялся за них: они писаны были во время Турецкого похода и были адресованы в армию из Кистеневки. Она описывала ему свою пустынную жизнь, хозяйственные занятия, с нежностию сетовала на разлуку и призывала его домой, в объятия доброй подруги, в одном из них она изъявляла ему свое беспокойство на счет здоровья маленького Владимира; в другом она радовалась его ранним способностям и предвидела для него счастливую и блестящую будущность. Владимир зачитался, и позабыл все на свете, погрузись душою в мир семейственного счастия, и не заметил, как прошло время, стенные часы пробили 11. Владимир положил письма в карман, взял свечу и вышел из кабинета. В зале приказные спали на полу. На столе стояли стаканы, ими опорожненые, и сильный дух рома слышался по всей комнате. Владимир с отвращением прошел мимо их в переднюю – двери были заперты – не нашел ключа, Владимир возвратился в залу, – ключ лежал на столе, Владимир отворил дверь и наткнулся на человека, прижавшегося в угол – топор блестел у него, и обратясь к нему со свечою, Владимир узнал Архипа-кузнеца. – Зачем ты здесь? – спросил он.

– Ах, Владимир Андреевич, это вы, – отвечал Архип пошепту, – господь помилуй и спаси! хорошо, что вы шли со свечою! – Владимир глядел на него с изумлением.

– Что ты здесь притаился? – спросил он кузнеца.

– Я хотел… я пришел… было проведать, все ли дома, – тихо отвечал Архип запинаясь.

– А зачем с тобою топор?

– Топор-то зачем? – Да как же без топора нонече и ходить. Эти приказные такие, вишь, озорники – того и гляди…

– Ты пьян, брось топор, поди выспись.

– Я пьян? Батюшка Владимир Андреевич, бог свидетель, ни единой капли во рту не было… да и пойдет ли вино на ум, слыхано ли дело – подьячие задумали нами владеть, подьячие гонят наших господ с барского двора… Эк они храпят, окаянные – всех бы разом; так и концы в воду.

Дубровский нахмурился. – Послушай, Архип, – сказал он, немного помолчав, – не дело ты затеял. Не приказные виноваты. Засвети-ко фонарь ты, ступай за мною.

Архип взял свечку из рук барина, отыскал за печкою фонарь, засветил его, и оба тихо сошли с крыльца и пошли около двора. Сторож начал бить в чугунную доску, собаки залаяли.

– Кто, сторожа? – спросил Дубровский.

– Мы, батюшка, – отвечал тонкий голос, – Василиса да Лукерья.

– Подите по дворам, – сказал им Дубровский, – вас не нужно.

– Шабаш, – промолвил Архип.

– Спасибо, кормилец, – отвечали бабы – и тотчас отправились домой.

Дубровский пошел далее. Два человека приблизились к нему; они его окликали. Дубровский узнал голос Антона и Гриши. – Зачем вы не спите? – спросил он их.

– До сна ли нам, – отвечал Антон. – До чего мы дожили, кто бы подумал…

– Тише! – перервал Дубровский, – где Егоровна?

– В барском доме в своей светелке, – отвечал Гриша.

– Поди, приведи ее сюда, да выведи из дому всех наших людей, чтоб ни одной души в нем не оставалось – кроме приказных – а ты, Антон, запряги телегу.

Гриша ушел и через минуту явился с своею матерью. Старуха не раздевалась в эту ночь; кроме приказных никто в доме не смыкал глаза.

– Все ли здесь? – спросил Дубровский, – не осталось ли никого в доме?

– Никого, кроме подьячих, – отвечал Гриша.

– Давайте сюда сена или соломы, – сказал Дубровский.

Люди побежали в конюшню и возвратились, неся в охапках сено.

– Подложите под крыльцо. – Вот так. Ну ребята, огню!

Архип открыл фонарь, Дубровский зажег лучину.

– Постой, – сказал он Архипу, – кажется, в торопях я запер двери в переднюю, поди скорей отопри их.

Архип побежал в сени – двери были отперты. Архип запер их на ключ, примолвя вполголоса: как не так, отопри! и возвратился к Дубровскому.

Дубровский приблизил лучину, сено вспыхнуло, пламя взвилось – и осветило весь двор.

– Ах, ты, – жалобно закричала Егоровна, – Владимир Андреевич, что ты делаешь!

– Молчи, – сказал Дубровский. – Ну дети, прощайте, иду, куда бог поведет; будьте счастливы с новым вашим господином.

– Отец наш, кормилец, – отвечали люди, – умрем, не оставим тебя, идем с тобою.

Лошади были поданы; Дубровский сел с Гришею в телегу и назначил им местом свидания Кистеневскую рощу. Антон ударил по лошадям, и они выехали со двора.

Поднялся ветер. В одну минуту пламя обхватило весь дом. Красный дым вился над кровлею. Стеклы трещали, сыпались, пылающие бревны стали падать, раздался жалобный вопль и крики: «горим, помогите, помогите».

– Как не так, – сказал Архип, с злобной улыбкой взирающий на пожар.

– Архипушка, – говорила ему Егоровна, – спаси их, окаянных, бог тебя наградит.

– Как не так, – отвечал кузнец.

В сию минуту приказные показались в окно, стараясь выломать двойные рамы. Но тут кровля с треском рухнула, и вопли утихли.

Вскоре вся дворня высыпала на двор. Бабы с криком спешили спасти свою рухлядь, ребятишки прыгали, любуясь на пожар. Искры полетели огненной мятелью, избы загорелись.

— Теперь все ладно, — сказал Архип, — каково горит, а? чай, из Покровского славно смотреть. — В сию минуту новое явление привлекло его внимание; кошка бегала по кровле пылающего сарая, недоумевая, куда спрыгнуть — со всех сторон окружало ее пламя. Бедное животное жалким мяуканием призывало на помощь. Мальчишки помирали со смеху, смотря на ее отчаяние.

— Чему смеетеся, бесенята, — сказал им сердито кузнец. — Бога вы не боитесь — божия тварь погибает, а вы с дуру радуетесь — и поставя лестницу на загоревшуюся кровлю, он полез за кошкою. Она поняла его намерение и с видом торопливой благодарности уцепилась за его рукав. Полуобгорелый кузнец с своей добычей полез вниз.

— Ну, ребята, прощайте, — сказал он смущенной дворне, — мне здесь делать нечего. Счастливо, не поминайте меня лихом.

Кузнец ушел, пожар свирепствовал еще несколько времени. Наконец унялся, и груды углей без пламени ярко горели в темноте ночи и около них бродили погорелые жители Кистеневки.

ГЛАВА VII

На другой день весть о пожаре разнеслась по всему околодку. Все толковали о нем с различными догадками и предположениями. Иные уверяли, что люди Дубровского, напившись пьяны на похоронах, зажгли дом из неосторожности, другие обвиняли приказных, подгулявших на новоселии, многие уверяли, что он сам сгорел с земским судом и со всеми дворовыми. Некоторые догадывались об истине, и утверждали, что виновником сего ужасного бедствия был сам Дубровский, движимый злобой и отчаянием. Троекуров приезжал на другой же день на место пожара и сам производил следствие. Оказалось, что исправник, заседатель земского суда, стряпчий и писарь, так же как Владимир Дубровский, няня Егоровна, дворовый человек Григорий, кучер Антон и кузнец Архип пропали неизвестно куда. Все дворовые показали, что приказные сгорели в то время, как повалилась кровля; обгорелые кости их были отрыты. Бабы Василиса и Лукерья сказали, что Дубровского и Архипа-кузнеца видели они за несколько минут перед пожаром. Кузнец Архип, по всеобщему показанию, был жив и вероятно главный, если не единственный виновник пожара. На Дубровском лежали сильные подозрения. Кирила Петрович послал губернатору подробное описание всему происшествию, и новое дело завязалось.

Вскоре другие вести дали другую пищу любопытству и толкам. В ** появились разбойники и распространили ужас по всем окрестностям. Меры, принятые противу них правительством, оказались недостаточными. Грабительства, одно другого замечательнее, следовали одно за другим. Не было безопасности ни по дорогам, ни по деревням. Несколько троек, наполненных разбойниками, разъезжали днем по всей губернии – останавливали путешественников и почту, приезжали в селы, грабили помещичьи дома и предавали их огню. Начальник шайки славился умом, отважностью и каким-то великодушием. Рассказывали о нем чудеса; имя Дубровского было во всех устах, все были уверены, что он, а не кто другой, предводительствовал отважными злодеями. Удивлялись одному – поместия Троекурова были пощажены; разбойники не ограбили у него ни единого сарая; не остановили ни одного воза. С обыкновенной своей надменностью Троекуров приписывал сие исключение страху, который умел он внушить всей губернии, также и отменно хорошей полиции, им заведенной в его деревнях. Сначала соседи смеялись между собою над высокомерием Троекурова и каждый день ожидали, чтоб незваные гости посетили Покровское, где было им чем поживиться, но наконец принуждены были с ним согласиться и сознаться, что и разбойники оказывали ему непонятное уважение... Троекуров торжествовал и при каждой вести о новом грабительстве Дубровского рассыпался в насмешках насчет губернатора, исправников и ротных командиров, от коих Дубровский уходил всегда невредимо.

Между тем наступило 1-е октября – день храмового праздника в селе Троекурова. Но прежде чем приступим к описанию сего торжества и дальнейших происшествий, мы должны познакомить читателя с лицами для него новыми, или о коих мы слегка только упомянули в начале нашей повести.

ГЛАВА VIII

Читатель, вероятно, уже догадался, что дочь Кирила Петровича, о которой сказали мы еще только несколько слов, есть героиня нашей повести. В эпоху, нами описываемую, ей было 17 лет, и красота ее была в полном цвете. Отец любил ее до безумия, но обходился с нею со свойственным ему своенравием, то стараясь угождать малейшим ее прихотям, то пугая ее суровым, а иногда и жестоким обращением. Уверенный в ее привязанности, никогда не мог он добиться ее доверенности. Она привыкла скрывать от него свои чувств и мысли, ибо никогда не могла знать наверно, каким образом будут они приняты. Она не имела подруг и выросла в уединении. Жены и дочери соседей редко езжали к Кирилу Петровичу, коего обыкновенные разговоры и увеселения требовали товарищества мужчин, а не присутствия дам. Редко наша красавица являлась посреди гостей, пирующих у Кирила Петровича. Огромная библиотека, составленная большею частию из сочинений французских писателей 18 века, была отдана в ее распоряжение. Отец ее, никогда не читавший ничего, кроме Совершенной Поварихи, не мог руководствовать ее в выборе книг, и Маша, естественным образом, перерыв сочинения всякого рода, остановилась на романах. Таким образом совершила она свое воспитание, начатое некогда под руководством мамзель Мими, которой Кирила Петрович оказывал большую доверенность и благосклонность, и которую принужден он был наконец выслать тихонько в другое поместие, когда следствия его дружества оказались слишком явными. Мамзель Мими оставила по себе память довольно приятную. Она была добрая девушка, и никогда во зло не употребляла влияния, которое видимо имела над Кирилом Петровичем – в чем отличалась она от других наперсниц, поминутно им сменяемых. Сам Кирила Петрович, казалось, любил ее более прочих, и черноглазый мальчик, шалун лет 9-ти, напоминающий полуденные черты m-lle Мими, воспитывался при нем и признан был его сыном, не смотря на то, что множество босых ребятишек, как две капли воды похожих на Кирила Петровича, бегали перед его окнами и считались дворовыми. Кирила Петрович выписал из Москвы для своего маленького Саши француза-учителя, который и прибыл в Покровское во время происшествий, нами теперь описываемых.

Сей учитель понравился Кирилу Петровичу своей приятной наружностию и простым обращением. Он представил Кирилу Петровичу свои аттестаты и письмо от одного из родственников Троекурова, у которого 4 года жил он гувернером. Кирила Петрович все это пересмотрел и был недоволен одною молодостью своего француза – не потому, что полагал бы сей любезный недостаток несовместным с терпением и опытностию, столь нужными в несчастном звании учителя, но у него были свои сомнения, которые тотчас и решился ему объяснить. Для сего велел он позвать к себе Машу (Кирила Петрович по-французски не говорил и она служила ему переводчиком).

— Подойди сюда, Маша: скажи ты этому мусье, что так и быть — принимаю его; только с тем, чтоб он у меня за моими девушками не осмелился волочиться, не то я его, собачьего сына... переведи это ему, Маша.

Маша покраснела и, обратясь к учителю, сказала ему по-французски, что отец ее надеется на его скромность и порядочное поведение.

Француз ей поклонился, и отвечал, что он надеется заслужить уважение, даже если откажут ему в благосклонности.

Маша слово в слово перевела его ответ.

— Хорошо, хорошо, — сказал Кирила Петрович, — не нужно для него ни благосклонности, ни уважения. Дело его ходить за Сашей и учить грамматике да географии, переведи это ему.

Марья Кириловна смягчила в своем переводе грубые выражения отца, и Кирила Петрович отпустил своего француза во флигель, где назначена была ему комната.

Маша не обратила никакого внимания на молодого француза, воспитанная в аристократических предрассудках, учитель был для нее род слуги или мастерового, а слуга иль мастеровой не казался ей мужчиною. Она не заметила и впечатления, ею произведенного на M-r Дефоржа, ни его смущения, ни его трепета, ни изменившегося голоса. Несколько дней сряду потом она встречала его довольно часто, не удостоивая большей внимательности. Неожиданным образом получила она о нем совершенно новое понятие. На дворе у Кирила Петровича воспитывались обыкновенно несколько медвежат и составляли одну из главных забав покровского помещика. В первой своей молодости медвежата приводимы были ежедневно в гостиную, где Кирила Петрович по целым часам возился с ними, стравливая их с кошками и щенятами. Возмужав они бывали посажены на цепь, в ожидании настоящей травли. Изредка выводили пред окна барского дома и подкатывали им порожнюю винную бочку, утыканную гвоздями; медведь обнюхивал ее, потом тихонько до нее дотрогивался, колол себе лапы, осердясь толкал ее сильнее, и сильнее становилась боль. Он входил в совершенное бешенство, с ревом бросался на бочку, покаместь не отымали у бедного зверя предмета тщетной его ярости. Случалось, что в телегу впрягали пару медведей, волею и неволею сажали в нее гостей, и пускали их скакать на волю божию. Но лучшею шуткою почиталась у Кирила Петровича следующая.

Прогладавшегося медведя запрут бывало в пустой комнате, привязав его веревкою за кольцо, ввинченное в стену. Веревка была длиною почти во всю комнату, так что один только противуположный угол мог быть безопасным от нападения страшного зверя. Приводили обыкновенно новичка к дверям этой комнаты, нечаянно вталкивали его к медведю, двери запирались, и несчастную жертву оставляли наедине с косматым пустынником. Бедный гость, с оборванной полою и до крови оцарапанный, скоро отыскивал безопасный угол, но принужден был иногда целых три часа стоять прижавшись к стене, и видеть, как разъяренный зверь в двух шагах от него ревел, прыгал, становился на дыбы, рвался и силился до него дотянуться. Таковы были благородные увеселения русского барина!

Несколько дней спустя после приезда учителя, Троекуров вспомнил о нем и вознамерился угостить его в медвежьей комнате: для сего, призвав его однажды утром, повел он его с собою темными корридорами – вдруг боковая дверь отворилась – двое слуг вталкивают в нее француза и запирают ее на ключ. Опомнившись, учитель увидел привязанного медведя, зверь начал фыркать, издали обнюхивая своего гостя, и вдруг, поднявшись на задние лапы, пошел на него… Француз не смутился, не побежал, и ждал нападения. Медведь приблизился, Дефорж вынул из кармана маленькой пистолет, вложил его в ухо голодному зверю и выстрелил. Медведь повалился. все сбежалось, двери отворились, Кирила Петрович вошел, изумленный развязкою своей шутки.

Кирила Петрович хотел непременно объяснения всему делу – кто предварил Дефоржа о шутке, для него предуготовленной, или зачем у него в кармане был заряженный пистолет. Он послал за Машей, Маша прибежала и перевела французу вопросы отца.

– Я не слыхивал о медведе, – отвечал Дефорж, – но я всегда ношу при себе пистолеты, потому что не намерен терпеть обиду, за которую, по моему званью, не могу требовать удовлетворения.

Маша смотрела на него с изумлением, и перевела слова его Кирилу Петровичу. Кирила Петрович ничего не отвечал, велел вытащить медведя и снять с него шкуру; потом обратясь к своим людям сказал: – Каков молодец! не струсил, ей-богу, не струсил. С той минуты он Дефоржа полюбил, и не думал уже его пробовать.

Но случай сей произвел еще большее впечатление на Марью Кириловну. Воображение ее было поражено: она видела мертвого медведя и Дефоржа, спокойно стоящего над ним и спокойно с нею разговаривающего. Она увидела, что храбрость и гордое самолюбие не исключительно принадлежат одному сословию – и с тех пор стала оказывать молодому учителю уважение, которое час от часу становилось внимательнее. Между ими основались некоторые сношения. Маша имела прекрасный голос и большие музыкальные способности, Дефорж вызвался давать ей уроки. После того читателю уже не трудно догадаться, что Маша в него влюбилась, сама еще в том себе не признаваясь.

ТОМ ВТОРОЙ

ГЛАВА IX

Накануне праздника гости начали съезжаться, иные останавливались в господском доме и во флигелях, другие у приказчика, третьи у священника, четвертые у зажиточных крестьян. Конюшни полны были дорожных лошадей, дворы и сараи загромождены разными экипажами. В 9 часов утра заблаговестили к обедне, и все потянулось к новой каменной церкве, построенной Кирилом Петровичем и ежегодно украшаемой его приношениями. Собралось такое множество почетных богомольцев, что простые крестьяне не могли поместиться в церкве, и стояли на паперти и в ограде. Обедня не начиналась – ждали Кирила Петровича. Он приехал в коляске шестернею – и торжественно пошел на свое место, сопровождаемый Мариею Кириловной. Взоры мужчин и женщин обратились на нее; первые удивлялись ее красоте, вторые со вниманием осмотрели ее наряд. Началась обедня, домашние певчие пели на крылосе, Кирила Петрович сам подтягивал, молился, не смотря ни на право, ни на лево, и с гордым смирением поклонился в землю, когда дьякон громогласно упомянул и о зиждителе храма сего.

Обедня кончилась. Кирила Петрович первый подошел ко кресту. Все двинулись за ним, потом соседи подошли к нему с почтением. Дамы окружили Машу. Кирила Петрович, выходя из церкви, пригласил всех к себе обедать, сел в коляску и отправился домой. Все поехали вслед за ним. Комнаты наполнились гостями. Поминутно входили новые лица, и насилу могли пробраться до хозяина. Барыни сели чинным полукругом, одетые по запоздалой моде, в поношенных и дорогих нарядах, все в жемчугах и брилиантах, мужчины толпились около икры и водки, с шумным разногласием разговаривая между собою. В зале накрывали стол на 80 приборов. Слуги суетились, расставляя бутылки и графины, и прилаживая скатерти. Наконец дворецкий провозгласил: кушание поставлено, – и Кирила Петрович первый пошел садиться за стол, за ним двинулись дамы и важно заняли свои места, наблюдая некоторое старшинство, барышни стеснились между собою как робкое стадо козочек и выбрали себе места одна подле другой. Против них поместились мужчины. На конце стола сел учитель подле маленького Саши.

Слуги стали разносить тарелки по чинам, в случае недоумения руководствуясь Лафатерскими догадками, и почти всегда безошибочно. Звон тарелок и ложек слился с шумным говором гостей, Кирила Петрович весело обозревал свою трапезу, и вполне наслаждался счастием хлебосола. В это время въехала на двор коляска, запряженная шестью лошадьми.

– Это кто? – спросил хозяин.

– Антон Пафнутьич, – отвечали несколько голосов. Двери отворились, и Антон Пафнутьич Спицын, толстый мужчина лет 50, с круглым и рябым лицом украшенным тройным подбородком, ввалился в столовую кланяясь, улыбаясь, и уже собираясь извиниться…

– Прибор сюда, – закричал Кирила Петрович, – милости просим, Антон Пафнутьич, садись, да скажи нам что это значит: не был у моей обедни и к обеду опоздал. Это на тебя не похоже, ты и богомолен, и покушать любишь.

– Виноват, – отвечал Антон Пафнутьич, привязывая салфетку в петлицу горохового кафтана, – виноват, батюшка Кирила Петрович, я было рано пустился в дорогу, да не успел отъехать и десяти верст, вдруг шина у переднего колеса пополам – что прикажешь? К счастию не далеко было от деревни – пока до нее дотащились, да отыскали кузнеца, да все кое-как уладили, прошли ровно 3 часа – делать было нечего. Ехать ближним путем через Кистеневской лес я не осмелился, а пустился в объезд…

– Эге! – прервал Кирила Петрович, – да ты, знать, не из храброго десятка; чего ты боишься.

– Как чего боюсь, батюшка Кирила Петрович, а Дубровского-то; того и гляди попадешься ему в лапы. Он малый не промах, никому не спустит, а с меня пожалуй и две шкуры сдерет.

– За что же, братец, такое отличие?

– Как за что, батюшка Кирила Петрович? а за тяжбу-то покойника Андрея Гавриловича. Не я ли в удовольствие ваше, т. е. по совести и по справедливости, показал, что Дубровские владеют Кистеневкой безо всякого на то права, а единственно по снисхождению вашему. И покойник (царство ему небесное) обещал со мною по-свойски переведаться, а сынок, пожалуй, сдержит слово батюшкино. Доселе Бог миловал. – Всего-навсего разграбили у меня один анбар, да того и гляди до усадьбы доберутся.

– А в усадьбе-то будет им раздолье, – заметил Кирила Петрович, – я чай красная шкатулочка полным полна…

– Куда, батюшка Кирила Петрович. Была полна, а нынче совсем опустела!

– Полно врать, Антон Пафнутьич. Знаем мы вас; куда тебе деньги тратить, дома живешь свинья свиньей, никого не принимаешь, своих мужиков обдираешь, знай копишь да и только.

– Вы все изволите шутить, батюшка Кирила Петрович, – пробормотал с улыбкою Антон Пафнутьич, – а мы ей-богу, разорились – и Антон Пафнутьич стал заедать барскую шутку хозяина жирным куском кулебяки. Кирила Петрович оставил его и обратился к новому исправнику, в первый раз к нему в гости приехавшему, и сидящему на другом конце стола подле учителя.

– А что, поймаете хоть вы Дубровского, господин исправник?

Исправник струсил, поклонился, улыбнулся, заикнулся и произнес наконец:

– Постараемся, ваше превосходительство.

– Гм, постараемся. Давно, давно стараются, а проку все-таки нет. Да правда, зачем и ловить его. Разбои Дубровского благодать для исправников – разъезды, следствия, подводы, а деньги в карман. Как такого благодетеля извести? Не правда ли, господин исправник?

– Сущая правда, ваше превосходительство, – отвечал совершенно смутившийся исправник.

Гости захохотали.

– Люблю молодца за искренность, – сказал Кирила Петрович, а жаль покойного нашего исправника Тараса Алексеевича – кабы не сожгли его, так в околодке было бы тише. А что слышно про Дубровского? где его видели последний раз?

– У меня, Кирила Петрович, – пропищал толстый дамской голос, – в прошлый вторник обедал он у меня…

Все взоры обратились на Анну Савишну Глобову, довольно простую вдову, всеми любимую за добрый и веселый нрав. Все с любопытством приготовились услышать ее рассказ.

– Надобно знать, что тому три недели послала я приказчика на почту с деньгами для моего Ванюши. Сына я не балую, да и не в состоянии баловать хоть бы и хотела; однако, сами изволите знать: офицеру гвардии нужно содержать себя приличным образом, и я с Ванюшей делюсь как могу своими доходишками. Вот и послала ему 2000 рублей, хоть Дубровский не раз приходил мне в голову, да думаю: город близко, всего 7 верст, авось бог пронесет. Смотрю: вечером мой приказчик возвращается, бледен, оборван и пеш – я так и ахнула. – Что такое? что с тобою сделалось? Он мне: матушка Анна Савишна – Разбойники ограбили; самого чуть не убили – сам Дубровский был тут, хотел повесить меня, да сжалился, и отпустил – за то всего обобрал – отнял и лошадь и телегу. Я обмерла; царь мой небесный, что будет с моим Ванюшею? Делать нечего: написала я сыну письмо, рассказала все и послала ему свое благословение без гроша денег.

Прошла неделя, другая – вдруг въезжает ко мне на двор коляска. Какой-то генерал просит со мною увидеться: милости просим; входит ко мне человек лет 35, смуглый, черноволосый, в усах, в бороде, сущий портрет Кульнева, рекомендуется мне как друг и сослуживец покойного мужа Ивана Андреевича: он-де ехал мимо и не мог не заехать к его вдове, зная, что я тут живу. Я угостила его чем бог послал, разговорились о том о сем, наконец и о Дубровском. Я рассказала ему свое горе. Генерал мой нахмурился. – Это странно, – сказал он, – я слыхал, что Дубровский нападает не на всякого, а на известных богачей, но и тут делится с ними, а не грабит дочиста, а в убийствах никто его не обвиняет, нет ли тут плутни, прикажите-ка позвать вашего приказчика. – Пошли за приказчиком, он явился; только увидел генерала, он так и остолбенел. «Расскажи-ка мне, братец, каким образом Дубровский тебя ограбил, и как он хотел тебя повесить». Приказчик мой задрожал и повалился генералу в ноги. – Батюшка, виноват – грех попутал – солгал. – «Коли так, – отвечал генерал, – так изволь же рассказать барыне, как все дело случилось, а я послушаю». Приказчик не мог опомниться. «Ну что же, – продолжал генерал, – рассказывай: где ты встретился с Дубровским?» – У двух сосен, батюшка, у двух сосен. – «Что же сказал он тебе?» – Он спросил у меня, чей ты, куда едешь и зачем? «Ну, а после?» – А после потребовал он письмо и деньги. – «Ну». – Я отдал ему письмо и деньги. – «А он? – – Ну а он?» – Батюшка, виноват. «Ну, что ж он сделал?» – Он возвратил мне деньги и письмо, да сказал: ступай себе с богом – отдай это на почту. – «Ну, а ты?»

– Батюшка, виноват. «Я с тобою, голубчик, управлюсь, – сказал грозно генерал, – а вы, сударыня, прикажите обыскать сундук этого мошенника, и отдайте мне его на руки, а я его проучу. Знайте, что Дубровский сам был гвардейским офицером, он не захочет обидеть товарища». Я догадывалась, кто был его превосходительство, нечего мне было с ним толковать. Кучера привязали приказчика к козлам коляски. Деньги нашли; генерал у меня отобедал, потом тотчас уехал, и увез с собою приказчика. Приказчика моего нашли на другой день в лесу, привязанного к дубу и ободранного как липку.

Все слушали молча рассказ Анны Савишны, особенно барышни. Многие из них втайне ему доброжелательствовали, видя в нем героя романического – особенно Марья Кириловна, пылкая мечтательница, напитанная таинственными ужасами Радклиф.

– И ты, Анна Савишна, полагаешь, что у тебя был сам Дубровский, – спросил Кирила Петрович. – Очень же ты ошиблась. Не знаю, кто был у тебя в гостях, а только не Дубровский.

– Как, батюшка, не Дубровский, да кто же, как не он, выедет на дорогу и станет останавливать прохожих, да их осматривать.

– Не знаю, а уж верно не Дубровский. Я помню его ребенком, не знаю почернели ль у него волоса, а тогда был он кудрявый белокуренькой мальчик – но знаю наверное, что Дубровский пятью годами старше моей Маши, и что следственно ему не 35 лет, а около 23.

– Точно так, ваше превосходительство, – провозгласил исправник, у меня в кармане и приметы Владимира Дубровского. В них точно сказано, что ему от роду 23-й год.

— А! — сказал Кирила Петрович, — кстати: прочти-ка, а мы послушаем, не худо нам знать его приметы, авось в глаза попадется, так не вывернется.

Исправник вынул из кармана довольно замаранный лист бумаги, развернул его с важностию и стал читать нараспев.

«Приметы Владимира Дубровского, составленные по сказкам бывших его дворовых людей.

«От роду 23 года, роста середнего, лицом чист, бороду бреет, глаза имеет карие, волосы русые, нос прямой. Приметы особые: таковых не оказалось».

— И только, — сказал Кирила Петрович.

— Только, — отвечал исправник, складывая бумагу.

— Поздравляю, г-н исправник. Ай да бумага! по этим приметам немудрено будет вам отыскать Дубровского. Да кто же не среднего роста, у кого не русые волосы, не прямой нос, да не карие глаза! Бьюсь об заклад, 3 часа сряду будешь говорить с самим Дубровским, а не догадаешься, с кем бог тебя свел. Нечего сказать, умные головушки приказные.

Исправник смиренно положил в карман свою бумагу и молча принялся за гуся с капустой. Между тем слуги успели уж несколько раз обойти гостей, наливая каждому его рюмку. Несколько бутылок горского и цымлянского громко были уже откупорены и приняты благосклонно под именем шампанского, лица начинали рдеть, разговоры становились звонче, несвязнее и веселее.

— Нет, — продолжал Кирила Петрович, — уж не видать нам такого исправника, каков был покойник Тарас Алексеевич! Этот был не промах, не разиня. Жаль что сожгли молодца, а то бы от него не ушел ни один человек изо всей шайки. Он бы всех до единого переловил — да и сам Дубровский не вывернулся б и не откупился. Тарас Алексеевич деньги с него взять-то бы взял, да и самого не выпустил — таков был обычай у покойника. Делать нечего, видно, мне вступиться в это дело, да пойти на разбойников с моими домашними. На первый случай отряжу человек двадцать, так они и очистят воровскую рощу; народ не трусливый, каждый в одиночку на медведя ходит — от разбойников не попятятся.

— Здоров ли ваш медведь, батюшка Кирила Петрович, — сказал Антон Пафнутьич, вспомня при сих словах о своем косматом знакомце и о некоторых шутках, коих и он был когда-то жертвою.

— Миша приказал долго жить, — отвечал Кирила Петрович. — Умер славною смертью, от руки неприятеля. Вон его победитель, — Кирила Петрович указывал на Дефоржа; — выменяй образ моего француза. Он отомстил за твою… с позволения сказать… Помнишь?

— Как не помнить, — сказал Антон Пафнутьич почесываясь, — очень помню. Так Миша умер. Жаль Миши, ей-богу жаль! какой был забавник!

какой умница! эдакого медведя другого не сыщешь. Да зачем мусье убил его?

Кирила Петрович с великим удовольствием стал рассказывать подвиг своего француза, ибо имел счастливую способность тщеславиться всем, что только ни окружало его. Гости со вниманием слушали повесть о Мишиной смерти, и с изумлением посматривали на Дефоржа, который, не подозревая, что разговор шел о его храбрости, спокойно сидел на своем месте и делал нравственные замечания резвому своему воспитаннику.

Обед, продолжавшийся около 3 часов, кончился; хозяин положил салфетку на стол – все встали и пошли в гостиную, где ожидал их кофе, карты и продолжение попойки, столь славно начатой в столовой.

ГЛАВА X

Около семи часов вечера некоторые гости хотели ехать, но хозяин, развеселенный пуншем, приказал запереть ворота и объявил, что до следующего утра никого со двора не выпустит. Скоро загремела музыка, двери в залу отворились и бал завязался. Хозяин и его приближенные сидели в углу, выпивая стакан за стаканом и любуясь веселостию молодежи. Старушки играли в карты. Кавалеров, как и везде, где не квартирует какой-нибудь уланской бригады, было менее, нежели дам, все мужчины годные на то были завербованы. Учитель между всеми отличался, он танцовал более всех, все барышни выбирали его и находили, что с ним очень ловко вальсировать. Несколько раз кружился он с Марьей Кириловною – и барышни насмешливо за ними примечали. Наконец около полуночи усталый хозяин прекратил танцы, приказал давать ужинать – а сам отправился спать.

Отсутствие Кирила Петровича придало обществу более свободы и живости. Кавалеры осмелились занять место подле дам. Девицы смеялись и перешоптывались со своими соседами; дамы громко разговаривали через стол. Мужчины пили, спорили и хохотали – словом, ужин был чрезвычайно весел – и оставил по себе много приятных воспоминаний.

Один только человек не участвовал в общей радости – Антон Пафнутьич сидел пасмурен и молчалив на своем месте, ел рассеянно и казался чрезвычайно беспокоен. Разговоры о разбойниках взволновали его воображение. Мы скоро увидим, что он имел достаточную причину их опасаться.

Антон Пафнутьич, призывая господа в свидетели в том, что красная шкатулка его была пуста, не лгал и не согрешал – красная шкатулка точно была пуста, деньги, некогда в ней хранимые, перешли в кожаную суму, которую носил он на груди под рубашкой. Сею только предосторожностию успокоивал он свою недоверчивость ко всем и вечную боязнь. Будучи принужден остаться ночевать в чужом доме, он боялся, чтоб не отвели ему ночлега где-нибудь в уединенной комнате, куда легко могли забраться воры, он искал глазами надежного товарища и выбрал наконец Дефоржа. Его наружность, обличающая силу, а пуще храбрость, им оказанная при встрече с медведем, о коем бедный Антон Пафнутьич не мог вспомнить без содрагания, решили его выбор. Когда встали изо стола, Антон Пафнутьич стал вертеться около молодого француза, покрякивая и откашливаясь, и наконец обратился к нему с изъяснением.

– Гм, гм, нельзя ли, мусье, переночевать мне в вашей конурке, потому что извольте видеть...

– Que dйsire monsieur? – спросил Дефорж, учтиво ему поклонившись.

– Эк беда, ты, мусье, по-русски еще не выучился. Же ве, муа, ше ву куше , понимаешь ли?

– Monsieur, trиs volontiers, – отвечал Дефорж, – veuillez donner des ordres en consйquence .

Антон Пафнутьич, очень довольный своими сведениями во французском языке, пошел тотчас распоряжаться.

Гости стали прощаться между собою и каждый отправился в комнату, ему назначенную. А Антон Пафнутьич пошел с учителем во флигель. Ночь была темная. Дефорж освещал дорогу фонарем, Антон Пафнутьич шел за ним довольно бодро, прижимая изредка к груди потаенную суму – дабы удостовериться, что деньги его еще при нем.

Пришед во флигель, учитель засветил свечу и оба стали раздеваться; между тем Антон Пафнутьич похаживал по комнате, осматривая замки и окна – и качая головою при сем неутешительном смотре. Двери запирались одною задвижкою, окна не имели еще двойных рам. Он попытался было жаловаться на то Дефоржу, но знания его во французском языке были слишком ограничены для столь сложного объяснения – француз его не понял, и Антон Пафнутьич принужден был оставить свои жалобы. Постели их стояли одна против другой, оба легли, и учитель потушил свечу.

– Пуркуа ву туше, пуркуа ву туше , – закричал Антон Пафнутьич, спрягая с грехом пополам русский глагол тушу на французский лад. – Я не могу, дормир , в потемках. – Дефорж не понял его восклицаний и пожелал ему доброй ночи.

– Проклятый басурман, – проворчал Спицын, закутываясь в одеяло. – Нужно ему было свечку тушить. Ему же хуже. Я спать не могу без огня. – Мусье, мусье, – продолжал он, – Же ве авек ву парле . – Но француз не отвечал и вскоре захрапел.

– Храпит бестия француз, – подумал Антон Пафнутьич, – а мне так сон в ум нейдет. Того и гляди воры войдут в открытые двери или влезут в окно – а его, бестию, и пушками не добудишься. – Мусье! а, Мусье! – дьявол тебя побери.

Антон Пафнутьич замолчал – усталость и винные пары мало по малу превозмогли его боязливость – он стал дремать, и вскоре глубокой сон овладел им совершенно.

Странное готовилось ему пробуждение. Он чувствовал, сквозь сон, что кто-то тихонько дергал его за ворот рубашки. Антон Пафнутьич открыл глаза, и при лунном свете осеннего утра увидел перед собою Дефоржа: француз в одной руке держал карманный пистолет, другою отстегивал заветную суму. Антон Пафнутьич обмер.

– Кесь ке се, мусье, кесь ке се , – произнес он трепещущим голосом.

– Тише, молчать, – отвечал учитель чистым русским языком, – молчать или вы пропали. Я Дубровский.

ГЛАВА XI

Теперь попросим у читателя позволения объяснить последние происшествия повести нашей предыдущими обстоятельствами, кои не успели мы еще рассказать.

На станции** в доме смотрителя, о коем мы уже упомянули, сидел в углу проезжий с видом смиренным и терпеливым – обличающим разночинца или иностранца, т. е. человека, не имеющего голоса на почтовом тракте. Бричка его стояла на дворе, ожидая подмазки. В ней лежал маленький чемодан, тощее доказательство не весьма достаточного состояния. Проезжий не спрашивал себе ни чаю, ни кофию, поглядывал в окно и посвистывал к великому неудовольствию смотрительши, сидевшей за перегородкою.

– Вот бог послал свистуна, – говорила она в пол-голоса, – эк посвистывает – чтоб он лопнул, окаянный басурман.

– А что? – сказал смотритель, – что за беда, пускай себе свищет.

– Что за беда? – возразила сердитая супруга. – А разве не знаешь приметы?

– Какой приметы? что свист деньгу выживает. И! Пахомовна, у нас что свисти, что нет: а денег все нет как нет.

– Да отпусти ты его, Сидорыч. Охота тебе его держать. Дай ему лошадей, да провались он к чорту.

– Подождет, Пахомовна; на конюшне всего три тройки, четвертая отдыхает. Того и гляди, подоспеют хорошие проезжие; не хочу своею шеей отвечать за француза. Чу, так и есть! вон скачут. Э ге ге, да как шибко; уж не генерал ли?

Коляска остановилась у крыльца. Слуга соскочил с козел – отпер дверцы, и через минуту молодой человек в военной шинели и в белой фуражке вошел к смотрителю – вслед за ним слуга внес шкатулку и поставил ее на окошко.

– Лошадей, – сказал офицер повелительным голосом.

– Сейчас, – отвечал смотритель. – Пожалуйте подорожную.

– Нет у меня подорожной. Я еду в сторону – – Разве ты меня не узнаешь?

Смотритель засуетился и кинулся торопить ямщиков. Молодой человек стал расхаживать взад и вперед по комнате, зашел за перегородку, и спросил тихо у смотрительши: кто такой проезжий.

– Бог его ведает, – отвечала смотрительша, – какой-то француз. Вот уж 5 часов как дожидается лошадей да свищет. Надоел проклятый.

Молодой человек заговорил с проезжим по-французски.

– Куда изволите вы ехать? – спросил он его.

– В ближний город, – отвечал француз, – оттуда отправляюсь к одному помещику, который нанял меня за глаза в учители. Я думал сегодня быть уже на месте, но г. смотритель, кажется, судил иначе. В этой земле трудно достать лошадей, г-н офицер.

– А к кому из здешних помещиков определились вы, – спросил офицер.

– К г-ну Троекурову, – отвечал француз.

– К Троекурову? кто такой этот Троекуров?

– Ma foi, mon officier ... я слыхал о нем мало доброго. Сказывают, что он барин гордый и своенравный, жестокой в обращении со своими домашними – что никто не может с ним ужиться, что все трепещут при его имени, что с учителями (avec les outchitels) он не церемонится, и уже двух засек до смерти.

– Помилуйте! и вы решились определиться к такому чудовищу.

– Что ж делать, г-н офицер. Он предлогает мне хорошее жалование, 3000 р. в год и все готовое. Быть может, я буду счастливее других. У меня старушка мать, половину жалования буду отсылать ей на пропитание, из остальных денег в 5 лет могу скопить маленький капитал достаточный для будущей моей независимости – и тогда bonsoir , еду в Париж и пускаюсь в комерческие обороты.

– Знает ли вас кто-нибудь в доме Троекурова? – спросил он.

– Никто, – отвечал учитель, – меня он выписал из Москвы чрез одного из своих приятелей, коего повар, мой соотечественник, меня рекомендовал. Надобно вам знать, что я готовился было не в учителя, а в кандиторы – но мне сказали, что в вашей земле звание учительское не в пример выгоднее – – Офицер задумался. – Послушайте, – прервал офицер, – что если бы вместо этой будущности предложили вам 10000 чистыми деньгами, с тем, чтоб сей же час отправились обратно в Париж.

Француз посмотрел на офицера с изумлением, улыбнулся и покачал головою.

– Лошади готовы, – сказал вошедший смотритель. – Слуга подтвердил то же самое.

– Сейчас, – отвечал офицер, – выдьте вон на минуту. – Смотритель и слуга вышли. – Я не шучу, – продолжал он по-французски, –10000 могу я вам дать, мне нужно только ваше отсутствие и ваши бумаги. – При сих словах он отпер шкатулку и вынул несколько кип ассигнаций.

Француз вытаращил глаза. Он не знал, что и думать. – Мое отсутствие – – мои бумаги, – повторял он с изумлением. – Вот мои бумаги – Но вы шутите; зачем вам мои бумаги?

– Вам дела нет до того. Спрашиваю, согласны вы или нет?

Француз, все еще не веря своим ушам, протянул бумаги свои молодому офицеру, который быстро их пересмотрел. – Ваш пашпорт – – хорошо. Письмо рекомендательное, посмотрим. Свидетельство о рождении, прекрасно. Ну вот же вам ваши деньги, отправляйтесь назад. Прощайте – –

Француз стоял как вкопаный.

Офицер воротился. – Я было забыл самое важное. Дайте мне честное слово, что все это останется между нами – честное ваше слово.

– Честное мое слово, – отвечал француз. – Но мои бумаги, что мне делать без них.

– В первом городе объявите, что вы были ограблены Дубровским. Вам поверят, и дадут нужные свидетельства. Прощайте, дай бог вам скорее доехать до Парижа и найти матушку в добром здоровьи.

Дубровский вышел из комнаты, сел в коляску и поскакал.

Смотритель смотрел в окошко, и когда коляска уехала, обратился к жене с восклицанием: – Пахомовна, знаешь ли ты что? ведь это был Дубровский.

Смотрительша опрометью кинулась к окошку, но было уже поздно – Дубровский был уже далеко. Она принялась бранить мужа: – Бога ты не боишься, Сидорыч, зачем ты не сказал мне того прежде, я бы хоть взглянула на Дубровского, а теперь жди, чтоб он опять завернул. Бессовестный ты право, бессовестный!

Француз стоял как вкопаный. Договор с офицером, деньги, все казалось ему сновидением. Но кипы ассигнаций были тут у него в кармане и красноречиво твердили ему о существенности удивительного происшедствия.

Он решился нанять лошадей до города. Ямщик повез его шагом, и ночью дотащился он до города.

Не доезжая до заставы, у которой, вместо часового, стояла развалившаяся бутка, француз велел остановиться, – вылез из брички, и пошел пешком, объяснив знаками ямщику, что бричку и чамодан дарит ему на водку. Ямщик был в таком же изумлении от его щедрости, как и сам француз от предложения Дубровского. Но, заключив из того, что немец сошел с ума, ямщик поблагодарил его усердным поклоном, и не рассудив за благо въехать в город, отправился в известное ему увеселительное заведение, коего хозяин был весьма ему знаком. Там провел он целую ночь, а на другой день утром на порожней тройке отправился во-свояси – без брички и без чамодана, с пухлым лицом и красными глазами.

Дубровский, овладев бумагами француза, смело явился, как мы уже видели, к Троекурову и поселился в его доме. Каковы ни были его тайные намерения (мы их узнаем после), но в его поведении не оказалось ничего предосудительного. Правда, он мало занимался воспитанием маленького Саши, давал ему полную свободу повесничать, и не строго взыскивал за уроки, задаваемые только для формы – зато с большим прилежанием следил за музыкальными успехами своей ученицы, и часто по целым часам сиживал с нею за фортепьяно. Все любили молодого учителя – Кирила Петрович за его смелое проворство на охоте, Марья Кириловна за неограниченное усердие и робкую внимательность, Саша – за снисходительность к его шалостям, домашние за доброту и за щедрость повидимому несовместную с его состоянием. Сам он, казалось, привязан был ко всему семейству и почитал уже себя членом оного.

Прошло около месяца от его вступления в звание учительское до достопамятного празднества, и никто не подозревал, что в скромном молодом французе таился грозный разбойник – коего имя наводило ужас на всех окрестных владельцев. Во все это время Дубровский не отлучался из Покровского, но слух о разбоях его не утихал благодаря изобретательному воображению сельских жителей, но могло статься и то, что шайка его продолжала свои действия и в отсутствии начальника.

Ночуя в одной комнате с человеком, коего мог он почесть личным своим врагом и одним из главных виновников его бедствия, – Дубровский не мог удержаться от искушения. Он знал о существовании сумки, и решился ею завладеть. Мы видели, как изумил он бедного Антона Пафнутьича неожиданным своим превращением из учителей в разбойники.

В 9 часов утра гости, ночевавшие в Покровском, собрались один за другим в гостиной, где кипел уже самовар, перед которым в утреннем платье сидела Марья Кириловна, – а Кирила Петрович в байковом сертуке и в туфлях выпивал свою широкую чашку, похожую на полоскательную. Последним появился Антон Пафнутьич; он был так бледен и казался так расстроен, что вид его всех поразил, и что Кирила Петрович осведомился о его здоровии. Спицын отвечал безо всякого смысла и с ужасом поглядывал на учителя, который тут же сидел, как ни в чем не бывало. Через несколько минут слуга вошел и объявил Спицыну, что коляска его готова – Антон Пафнутьич спешил откланяться и не смотря на увещания хозяина вышел поспешно из комнаты и тотчас уехал. Не понимали, что с ним сделалось, и Кирила Петрович решил, что он объелся. После чаю и прощального завтрака прочие гости начали разъезжаться, вскоре Покровское опустело, и все вошло в обыкновенный порядок.

ГЛАВА XII

Прошло несколько дней, и не случилось ничего достопримечательного. Жизнь обитателей Покровского была однообразна. Кирила Петрович ежедневно выезжал на охоту; чтение, прогулки и музыкальные уроки занимали Марью Кириловну – особенно музыкальные уроки. Она начинала понимать собственное сердце и признавалась, с невольной досадою, что оно не было равнодушно к достоинствам молодого француза. Он с своей стороны не выходил из пределов почтения и строгой пристойности, и тем успокаивал ее гордость и боязливые сомнения. Она с большей и большей доверчивостью предавалась увлекательной привычке. Она скучала без Дефоржа, в его присутствии поминутно занималась им, обо всем хотела знать его мнение и всегда с ним соглашалась. Может быть, она не была еще влюблена, но при первом случайном препятствии или незапном гонении судьбы пламя страсти должно было вспыхнуть в ее сердце.

Однажды, пришед в залу, где ожидал ее учитель, Марья Кириловна с изумлением заметила смущение на бледном его лице. Она открыла форте-пьяно, пропела несколько нот, но Дубровский под предлогом головной боли извинился, перервал урок и, закрывая ноты, подал ей украдкою записку. Марья Кириловна, не успев одуматься, приняла ее и раскаялась в ту же минуту, но Дубровского не было уже в зале. Марья Кириловна пошла в свою комнату, развернула записку и прочла следующее:

«Будьте сегодня в 7 часов в беседке у ручья – Мне необходимо с вами говорить».

Любопытство ее было сильно возбуждено. Она давно ожидала признания, желая и опасаясь его. Ей приятно было бы услышать подтверждение того, о чем она догадывалась, но она чувствовала, что ей было бы неприлично слышать такое объяснение от человека, который по состоянию своему не мог надеяться когда-нибудь получить ее руку. Она решилась идти на свидание, но колебалась в одном: каким образом примет она признание учителя, с аристократическим ли негодованием, с увещаниями ли дружбы, с веселыми шутками, или с безмолвным участием. Между тем она поминутно поглядывала на часы. Смеркалось, подали свечи, Кирила Петрович сел играть в бостон с приезжими соседями. Столовые часы пробили третью четверть седьмого – и Марья Кириловна тихонько вышла на крыльцо – огляделась во все стороны и побежала в сад.

Ночь была темна, небо покрыто тучами – в двух шагах от себя нельзя было ничего видеть, но Марья Кириловна шла в темноте по знакомым дорожкам, и через минуту очутилась у беседки; тут остановилась она, дабы перевести дух и явиться перед Дефоржем с видом равнодушным и неторопливым. Но Дефорж стоял уже перед нею.

– Благодарю вас, – сказал он ей тихим и печальным голосом, – что вы не отказали мне в моей просьбе. Я был бы в отчаянии, если бы на то не согласились.

Марья Кириловна отвечала заготовленною фразой: – Надеюсь, что вы не заставите меня раскаяться в моей снисходительности.

Он молчал и, казалося, собирался с духом. – Обстоятельства требуют… я должен вас оставить, – сказал он наконец, – вы скоро, может быть, услышите… Но перед разлукой я должен с вами сам объясниться…

Мария Кириловна не отвечала ничего. В этих словах видела она предисловие к ожидаемому признанию.

– Я не то, что вы предполагаете, – продолжал он, потупя голову, – я не француз Дефорж, я Дубровский.

Марья Кириловна вскрикнула.

– Не бойтесь, ради бога, вы не должны бояться моего имени. Да я тот несчастный, которого ваш отец лишил куска хлеба, выгнал из отеческого дома и послал грабить на больших дорогах. Но вам не надобно меня бояться – ни за себя, ни за него. все кончено. – Я ему простил. Послушайте, вы спасли его. Первый мой кровавый подвиг должен был свершиться над ним. Я ходил около его дома, назначая, где вспыхнуть пожару, откуда войти в его спальню, как пересечь ему все пути к бегству –

в ту минуту вы прошли мимо меня, как небесное видение, и сердце мое смирилось. Я понял, что дом, где обитаете вы, священ, что ни единое существо, связанное с вами узами крови, не подлежит моему проклятию. Я отказался от мщения, как от безумства. Целые дни я бродил около садов Покровского в надежде увидеть издали ваше белое платье. В ваших неосторожных прогулках я следовал за вами, прокрадываясь от куста к кусту, счастливый мыслию, что вас охраняю, что для вас нет опасности там, где я присутствую тайно. Наконец случай представился. Я поселился в вашем доме. Эти три недели были для меня днями счастия. Их воспоминание будет отрадою печальной моей жизни…. Сегодня я получил известие, после которого мне невозможно долее здесь оставаться. Я расстаюсь с вами сегодня… сей же час.. Но прежде я должен был вам открыться, чтоб вы не проклинали меня, не презирали. Думайте иногда о Дубровском. Знайте, что он рожден был для иного назначения, что душа его умела вас любить, что никогда…

Тут раздался легкой свист – и Дубровский умолк. Он схватил ее руку и прижал к пылающим устам. Свист повторился. – Простите, – сказал Дубровский, – меня зовут, минута может погубить меня. – Он отошел, Марья Кириловна стояла неподвижно – Дубровский воротился и снова взял ее руку. – Если когда-нибудь, – сказал он ей нежным и трогательным голосом,– если когда-нибудь несчастие вас постигнет и вы ни от кого не будете ждать ни помощи, ни покровительства, в таком случае обещаетесь ли вы прибегнуть ко мне, требовать от меня всего – для вашего спасения? Обещаетесь ли вы не отвергнуть моей преданности?

Мария Кириловна плакала молча. Свист раздался в третий раз.

– Вы меня губите! – закричал Дубровский. – Я не оставлю вас, пока не дадите мне ответа – обещаетесь ли вы или нет?

– Обещаюсь, – прошептала бедная красавица.

Взволнованная свиданием с Дубровским Марья Кириловна возвращалась из саду. Ей показалось, что все люди разбегались – дом был в движении, на дворе было много народа, у крыльца стояла тройка – издали услышала она голос Кирила Петровича – и спешила войти в комнаты, опасаясь, чтоб отсутствие ее не было замечено. В зале встретил ее Кирила Петрович, гости окружали исправника, нашего знакомца, и осыпали его вопросами. Исправник в дорожном платье, вооруженный с ног до головы, отвечал им с видом таинственным и суетливым. – Где ты была, Маша, – спросил Кирила Петрович, – не встретила ли ты m-r Дефоржа?– Маша насилу могла отвечать отрицательно.

– Вообрази, – продолжал Кирила Петрович, – исправник приехал его схватить и уверяет меня, что это сам Дубровский.

– Все приметы, ваше превосходительство, – сказал почтительно исправник.

– Эх, братец, – прервал Кирила Петрович, – убирайся, знаешь куда, со своими приметами. Я тебе моего француза не выдам, покаместь сам не разберу дела. – Как можно верить на слово Антону Пафнутьичу, трусу и лгуну: ему пригрезилось, что учитель хотел ограбить его. Зачем он в то же утро не сказал мне о том ни слова.

– Француз застращал его, ваше превосходительство, – отвечал исправник, – и взял с него клятву молчать…

– Вранье, – решил Кирила Петрович, – сейчас я все выведу на чистую воду. – Где же учитель? – спросил он у вошедшего слуги.

– Нигде не найдут-с, – отвечал слуга.

– Так сыскать его, – закричал Троекуров, начинающий сумневаться. – Покажи мне твои хваленые приметы, – сказал он исправнику, который тотчас и подал ему бумагу.

– Гм, гм, 23 года ... Оно так, да это еще ничего не доказывает. Что же учитель?

– Не найдут-с, – был опять ответ. Кирила Петрович начинал беспокоиться, Марья Кириловна была ни жива, ни мертва. – Ты бледна, Маша, – заметил ей отец, – тебя перепугали.

– Нет, папенька, – отвечала Маша, – у меня голова болит.

– Поди, Маша, в свою комнату и не беспокойся. – Маша поцаловала у него руку и ушла скорее в свою комнату, там она бросилась на постелю и зарыдала в истерическом припадке. Служанки сбежались, раздели ее, насилу-насилу успели ее успокоить холодной водой и всевозможными спиртами – ее уложили, и она впала в усыпление.

Между тем француза не находили. Кирила Петрович ходил взад и вперед по зале, грозно насвистывая Гром победы раздавайся. Гости шептались между собою, исправник казался в дураках – француза не нашли. Вероятно, он успел скрыться, быв предупрежден. Но кем и как? это оставалось тайною.

Било 11, и никто не думал о сне. Наконец Кирила Петрович сказал сердито исправнику:

– Ну что? ведь не до свету же тебе здесь оставаться, дом мой не харчевня, не с твоим проворством, братец, поймать Дубровского, если уж это Дубровский. Отправляйся-ка во-свояси, да вперед будь расторопнее. Да и вам пора домой, – продолжал он, обратясь к гостям. – Велите закладывать – а я хочу спать.

Так немилостиво расстался Троекуров со своими гостями!

ГЛАВА XIII

Прошло несколько времени без всякого замечательного случая. Но в начале следующего лета произошло много перемен в семейном быту Кирила Петровича.

В 30-ти верстах от него находилось богатое поместие князя Верейского. Князь долгое время находился в чужих краях – всем имением его управлял отставной маиор, и никакого сношения не существовало между Покровским и Арбатовом. Но в конце мая месяца князь возвратился из-за границы и приехал в свою деревню, которой от роду еще не видал. Привыкнув к рассеянности, он не мог вынести уединения, и на третий день по своем приезде отправился обедать к Троекурову, с которым был некогда знаком.

Князю было около 50 лет, но он казался гораздо старее. Излишества всякого рода изнурили его здоровье и положили на нем свою неизгладимую печать. Не смотря на то наружность его была приятна, замечательна, а .привычка быть всегда в обществе придавала ему некоторую любезность особенно с женщинами. Он имел непрестанную нужду в рассеянии и непрестанно скучал. Кирила Петрович был чрезвычайно доволен его посещением, приняв оное знаком уважения от человека, знающего свет; он по обыкновению своему стал угощать его смотром своих заведений и повел на псарный двор. Но князь чуть не задохся в собачьей атмосфере, и спешил выдти вон, зажимая нос платком, опрыскaнным духами. Старинный сад с его стриженными липами, четвероугольным прудом и правильными аллеями ему не понравился; он любил английские сады и так называемую природу, но хвалил и восхищался; слуга пришел доложить, что кушание поставлено. Они пошли обедать. Князь прихрамывал, устав от своей прогулки, и уже раскаиваясь в своем посещении.

Но в зале встретила их Марья Кириловна, и старый волокита был поражен ее красотой. Троекуров посадил гостя подле ее. Князь был оживлен ее присутствием, был весел и успел несколько раз привлечь ее внимание любопытными своими рассказами. После обеда Кирила Петрович предложил ехать верхом, но князь извинился, указывая на свои бархатные сапоги – и шутя над своею подагрой – он предпочел прогулку в линейке, с тем чтоб не разлучаться с милою своей соседкою. Линейку заложили. Старики и красавица сели втроем и поехали. Разговор не прерывался. Марья Кириловна с удовольствием слушала льстивые и веселые приветствия светского человека, как вдруг Верейский, обратясь к Кирилу Петровичу, спросил у него, что значит это погорелое строение, и ему ли оно принадлежит? – – Кирила Петрович нахмурился; воспоминания, возбуждаемые в нем погорелой усадьбою, были ему неприятны. Он отвечал, что земля теперь его и что прежде принадлежала она Дубровскому. – Дубровскому, – повторил Верейский, – как, этому славному разбойнику? – Отцу его, – отвечал Троекуров, – да и отец-то был порядочный разбойник.

– Куда же девался наш Ринальдо? жив ли он, схвачен ли он?

– И жив и на воле – и покаместь у нас будут исправники за одно с ворами, до тех пор не будет он пойман; кстати, князь, Дубровский побывал ведь у тебя в Арбатове?

– Да, прошлого году он, кажется, что-то сжег или разграбил... Не правда ли, Марья Кириловна, что было бы любопытно познакомиться покороче с этим романтическим героем?

– Чего любопытно! – сказал Троекуров, – она знакома с ним – он целые три недели учил ее музыки, да слава богу не взял ничего за уроки. –Тут Кирила Петрович начал рассказывать повесть о своем французе-учителе. Марья Кириловна сидела как на иголках, Верейский выслушал с глубоким вниманием, нашел все это очень странным, и переменил разговор. Возвратясь он велел подавать свою карету, и не смотря на усильные просьбы Кирила Петровича остаться ночевать, уехал тотчас после чаю. Но прежде просил Кирила Петровича приехать к нему в гости с Марьей Кириловной – и гордый Троекуров обещался, ибо, взяв в уважение княжеское достоинство, две звезды и 3000 душ родового имения, он до некоторой степени почитал князя Верейского себе равным.

Два дня спустя после сего посещения Кирила Петрович отправился с дочерью в гости к князю Верейскому. Подъезжая к Арбатову он не мог не любоваться чистыми и веселыми избами крестьян и каменным господским домом – выстроенным во вкусе английских замков. Перед домом расстилался густозеленый луг, на коем паслись швейцарские коровы, звеня своими колокольчиками. Пространный парк окружал дом со всех сторон. Хозяин встретил гостей у крыльца, и подал руку молодой красавице. Они вошли в великолепную залу, где стол был накрыт на три прибора. Князь подвел гостей к окну, и им открылся прелестный вид. Волга протекала перед окнами, по ней шли нагруженные барки под натянутыми парусами и мелькали рыбачьи лодки, столь выразительно прозванные душегубками. За рекою – тянулись холмы и поля, несколько деревень оживляли окрестность. Потом они занялись рассмотрением галлерей картин, купленных князем в чужих краях. Князь объяснял Марьи Кириловне их различное содержание, историю живописцев, указывал на достоинство и недостатки. Он говорил о картинах не на условленном языке педантического знатока, но с чувством и воображением. Марья Кириловна слушала его с удовольствием. Пошли за стол. Троекуров отдал полную справедливость винам своего Амфитриона и искусству его повара, а Марья Кириловна не чувствовала ни малейшего замешательства или принуждения в беседе с человеком, которого видела она только во второй раз отроду. После обеда хозяин предложил гостям пойти в сад. Они пили кофей в беседке на берегу широкого озера, усеянного островами. Вдруг раздалась духовая музыка, и шестивесельная лодка причалила к самой беседке. Они поехали по озеру, около островов – посещали некоторые из них – на одном находили мраморную статую, на другом уединенную пещеру, на третьем памятник с таинственной надписью, возбуждавшей в Марьи Кириловне девическое любопытство, не вполне удовлетворенное учтивыми недомолвками князя – время прошло незаметно – начало смеркаться. Князь под предлогом свежести и росы спешил возвратиться домой – самовар их ожидал. Князь просил Марью Кириловну хозяйничать в доме старого холостяка. Она разливала чай – слушая неистощимые рассказы любезного говоруна – вдруг раздался выстрел – и ракетка осветила небо. Князь подал Марье Кириловне шаль и позвал ее и Троекурова на балкон. Перед домом в темноте разноцветные огни вспыхнули, завертелись, поднялись вверх колосьями, пальмами, фонтанами, посыпались дождем, звездами, угасали, и снова вспыхивали. Марья Кириловна веселилась как дитя. Князь Верейской радовался ее восхищению – а Троекуров был чрезвычайно им доволен, ибо принимал tous les frais князя, как знаки уважения и желания ему угодить.

Ужин в своем достоинстве ничем не уступал обеду. Гости отправились в комнаты, для них отведенные, и на другой день поутру расстались с любезным хозяином, дав друг другу обещание вскоре снова увидеться.

ГЛАВА XIV

Марья Кириловна сидела в своей комнате, вышивая в пяльцах, перед открытым окошком. Она не путалась шелками, подобно любовнице Конрада, которая в любовной рассеянности вышила розу зеленым шелком. Под ее иглой канва повторяла безошибочно узоры подлинника, не смотря на то ее мысли не следовали за работой, они были далеко.

Вдруг в окошко тихонько протянулась рука – кто-то положил на пяльцы письмо и скрылся, прежде чем Марья Кириловна успела образумиться. В это самое время слуга к ней вошел и позвал ее к Кирилу Петровичу. Она с трепетом спрятала письмо за косынку, и поспешила к отцу – в кабинет.

Кирила Петрович был не один. Князь Верейский сидел у него. При появлении Марьи Кириловны князь встал и молча поклонился ей с замешательством для него необыкновенным. – Подойди сюда, Маша, – сказал Кирила Петрович, – скажу тебе новость, которая, надеюсь, тебя обрадует. Вот тебе жених, князь тебя сватает.

Маша остолбенела, смертная бледность покрыла ее лицо. Она молчала. Князь к ней подошел, взял ее руку и с видом тронутым спросил: согласна ли она сделать его счастие. Маша молчала.

– Согласна, конечно, согласна, – сказал Кирила Петрович, – но знаешь, князь: девушке трудно выговорить это слово. Ну, дети, поцалуйтесь и будьте счастливы.

Маша стояла неподвижно, старый князь поцаловал ее руку, вдруг слезы побежали по ее бледному лицу. Князь слегка нахмурился.

– Пошла, пошла, пошла, – сказал Кирила Петрович, – осуши свои слезы, и воротись к нам веселешенька. Они все плачут при помолвке, – продолжал он, обратясь к Верейскому, – это у них уж так заведено… Теперь, князь, поговорим о деле – т. е. о приданом.

Марья Кириловна жадно воспользовалась позволением удалиться. Она побежала в свою комнату, заперлась и дала волю своим слезам, воображая себя женою старого князя; он вдруг показался ей отвратительным и ненавистным – – брак пугал ее как плаха, как могила… «Нет, нет, – повторяла она в отчаянии, – лучше умереть, лучше в монастырь, лучше пойду за Дубровского». Тут она вспомнила о письме, и жадно бросилась его читать, предчувствуя, что оно было от него. В самом деле оно было писано им – и заключало только следующие слова: «Вечером в 10 час. на прежнем месте».

ГЛАВА XV

Луна сияла – июльская ночь была тиха – изредка подымался ветерок, и легкий шорох пробегал по всему саду.

Как легкая тень молодая красавица приблизилась к месту назначенного свидания. Еще никого не было видно, вдруг из-за беседки очутился Дубровский перед нею.

– Я все знаю, – сказал он ей тихим и печальным голосом. – Вспомните ваше обещание.

– Вы предлагаете мне свое покровительство, – отвечала Маша, – но не сердитесь – оно пугает меня. Каким образом окажете вы мне помочь?

– Я бы мог избавить вас от ненавистного человека.

– Ради бога, не трогайте его, не смейте его тронуть, если вы меня любите – я не хочу быть виною какого-нибудь ужаса...

– Я не трону его, воля ваша для меня священна. Вам обязан он жизнию. Никогда злодейство не будет совершено во имя ваше. Вы должны быть чисты даже и в моих преступлениях. Но как же спасу вас от жестокого отца?

– Еще есть надежда. Я надеюсь тронуть его моими слезами и отчаянием. Он упрям, но он так меня любит.

– Не надейтесь по пустому: в этих слезах увидит он только обыкновенную боязливость и отвращение, общее всем молодым девушкам, когда идут они замуж не по страсти, а из благоразумного расчета; что если возьмет он себе в голову сделать счастие ваше вопреки вас самих; если насильно повезут вас под венец, чтоб навеки предать судьбу вашу во власть старого мужа...

– Тогда, тогда делать нечего, явитесь за мною – я буду вашей женою.

Дубровский затрепетал – бледное лицо покрылось багровым румянцем, и в ту же минуту стало бледнее прежнего. Он долго молчал – потупя голову.

– Соберитесь с всеми силами души, умоляйте отца, бросьтесь к его ногам: представьте ему весь ужас будущего, вашу молодость, увядающую близ хилого и развратного старика – решитесь на жестокое объяснение; скажите, что если он останется неумолим, то... то вы найдете ужасную защиту... скажите, что богатство не доставит вам ни одной минуты счастия; роскошь утешает одну бедность, и то с непривычки на одно мгновение; не отставайте от него, не пугайтесь ни его гнева, ни угроз – пока останется хоть тень надежды, ради бога, не отставайте. Если ж не будет уже другого средства...

Тут Дубровский закрыл лицо руками, он, казалось, задыхался – Маша плакала...

– Бедная, бедная моя участь, – сказал он, горько вздохнув. – За вас отдал бы я жизнь, видеть вас издали, коснуться руки вашей было для меня упоением. И когда открывается для меня возможность прижать вас к волнуемому сердцу и сказать: Ангел умрем! бедный, я должен остерегаться от блаженства – я должен отдалять его всеми силами... Я не смею пасть к вашим ногам, благодарить небо за непонятную незаслуженную награду. О как должен я ненавидеть того – но чувствую – теперь в сердце моем нет места ненависти.

Он тихо обнял стройный ее стан и тихо привлек ее к своему сердцу. Доверчиво склонила она голову на плечо молодого разбойника. Оба молчали.

Время летело. – Пора, – сказала наконец Маша. Дубровский как будто очнулся от усыпления. Он взял ее руку и надел ей на палец кольцо.

– Если решитесь прибегнуть ко мне, – сказал он, – то принесите кольцо сюда, опустите его в дупло этого дуба – я буду знать, что делать.

Дубровский поцаловал ее руку и скрылся между деревьями.

ГЛАВА XVI

Сватовство князя Верейского не было уже тайною для соседства – Кирила Петрович принимал поздравления, свадьба готовилась. Маша день ото дня отлагала решительное объявление. Между тем обращение ее со старым женихом было холодно и принужденно. Князь о том не заботился. Он о любви не хлопотал, довольный ее безмолвным согласием.

Но время шло. Маша наконец решилась действовать – и написала письмо князю Верейскому; она старалась возбудить в его сердце чувство великодушия, откровенно признавалась, что не имела к нему ни малейшей привязанности, умоляла его отказаться от ее руки и самому защитить ее от власти родителя. Она тихонько вручила письмо князю Верейскому, тот прочел его наедине и нимало не был тронут откровенностию своей невесты. Напротив, он увидел необходимость ускорить свадьбу и для того почел нужным показать письмо будущему тестю.

Кирила Петрович взбесился; насилу князь мог уговорить его не показывать Маше и виду, что он уведомлен о ее письме. Кирила Петрович согласился ей о том не говорить, но решился не тратить времени и назначил быть свадьбе на другой же день. Князь нашел сие весьма благоразумным, пошел к своей невесте, сказал ей, что письмо очень его опечалило, но что он надеется современем заслужить ее привязанность, что мысль ее лишиться слишком для него тяжела, и что он не в силах согласиться на свой смертный приговор. За сим он почтительно поцеловал ее руку и уехал, не сказав ей ни слова о решении Кирила Петровича.

Но едва успел он выехать со двора, как отец ее вошел, и напрямик велел ей быть готовой на завтрашний день. Марья Кириловна, уже взволнованная объяснением князя Верейского, залилась слезами и бросилась к ногам отца. – Папинька, – закричала она жалобным голосом, – папенька, не губите меня, я не люблю князя, я не хочу быть его женою…

– Это что значит, – сказал грозно Кирила Петрович, – до сих пор ты молчала и была согласна, а теперь, когда все решено, ты вздумала капризничать и отрекаться Не изволь дурачиться; этим со мною ты ничего не выиграешь.

– Не губите меня, – повторяла бедная Маша, – за что гоните меня от себя прочь, и отдаете человеку нелюбимому, разве я вам надоела, я хочу остаться с вами по прежнему. Папенька, вам без меня будет грустно, еще грустнее, когда подумаете, что я несчастлива, папенька: не принуждайте меня, я не хочу идти замуж…

Кирила Петрович был тронут, но скрыл свое смущение и оттолкнув ее сказал сурово:

– Все это вздор, слышишь ли. Я знаю лучше твоего, что нужно для твоего счастия. Слезы тебе не помогут, послезавтра будет твоя свадьба.

– Послезавтра, – вскрикнула Маша, – боже мой! Нет, нет, невозможно, этому не быть. Папенька, послушайте, если уже вы решились погубить меня, то я найду защитника, о котором вы и не думаете, вы увидите, вы ужаснетесь, до чего вы меня довели.

– Что? что? – сказал Троекуров, – угрозы! мне угрозы, – дерзкая девчонка! – Да знаешь ли ты, что я с тобою сделаю то, чего ты и не воображаешь. Ты смеешь меня стращать защитником. Посмотрим, кто будет этот защитник.

– Владимир Дубровский, – отвечала Маша в отчаянии.

Кирила Петрович подумал, что она сошла с ума, и глядел на нее с изумлением. – Добро, – сказал он ей, после некоторого молчания, – жди себе кого хочешь в избавители, а покамест сиди в этой комнате, ты из нее не выдешь до самой свадьбы. – С этим словом Кирила Петрович вышел и запер за собою двери.

Долго плакала бедная девушка, воображая все, что ожидало ее, но бурное объяснение облегчило ее душу, и она спокойнее могла рассуждать о своей участи и о том, что надлежало ей делать. Главное было для нее: избавиться от ненавистного брака; участь супруги разбойника казалась для нее раем в сравнении со жребием, ей уготованным. Она взглянула на кольцо, оставленное ей Дубровским. Пламенно желала она с ним увидеться наедине и еще раз перед решительной минутой долго посоветоваться. Предчувствие сказывало ей, что вечером найдет она Дубровского в саду, близ беседки; она решилась пойти ожидать его там – как только станет смеркаться. Смерклось – Маша приготовилась, но дверь ее заперта на ключ. Горничная отвечала ей из-за двери, что Кирила Петрович не приказал ее выпускать. Она была под арестом. Глубоко оскорбленная, она села под окошко, и до глубокой ночи сидела не раздеваясь, неподвижно глядя на темное небо. На рассвете она задремала, но тонкий сон ее был встревожен печальными видениями и лучи восходящего солнца уже разбудили ее.

ГЛАВА XVII

Она проснулась, и с первой мыслью представился ей весь ужас ее положения. Она позвонила, девка вошла и на вопросы ее отвечала, что Кирила Петрович вечером ездил в Арбатово и возвратился поздно, что он дал строгое приказание не выпускать ее из ее комнаты и смотреть за тем, чтоб никто с нею не говорил – что впрочем не видно никаких особенных приготовлений к свадьбе, кроме того, что велено было попу не отлучаться из деревни ни под каким предлогом. После сих известий девка оставила Марью Кириловну и снова заперла двери.

Ее слова ожесточили молодую затворницу – голова ее кипела – кровь волновалась – она решилась дать знать обо всем Дубровскому и стала искать способа отправить кольцо в дупло заветного дуба; в это время камушек ударился в окно ее, стекло зазвенело – и Марья Кириловна взглянула на двор и увидела маленького Сашу, делающего ей тайные знаки. Она знала его привязанность и обрадовалась ему. Она отворила окно.

– Здравствуй, Саша, – сказала она, – зачем ты меня зовешь? – Я пришел, сестрица, узнать от вас, не надобно ли вам чего-нибудь. Папенька сердит и запретил всему дому вас слушаться, но велите мне сделать, что вам угодно, и я для вас все сделаю.

– Спасибо, милый мой Сашинька, слушай: ты знаешь старый дуб с дуплом, что у беседки?

– Знаю, сестрица.

– Так если ты меня любишь, сбегай туда поскорей, и положи в дупло вот это кольцо, да смотри же, чтоб никто тебя не видал.

С этим словом она бросила ему кольцо и заперла окошко.

Мальчик поднял кольцо, во весь дух пустился бежать – и в три минуты очутился у заветного дерева. Тут он остановился, задыхаясь, оглянулся во все стороны и положил колечко в дупло. Окончив дело благополучно, хотел он тот же час донести о том Марьи Кириловне, как вдруг рыжий и косой оборванный мальчишка мелькнул из-за беседки, кинулся к дубу и запустил руку в дупло. Саша быстрее белки бросился к нему и зацепился за, его обеими руками.

– Что ты здесь делаешь? – сказал он грозно.

– Тебе како дело? – отвечал мальчишка, стараясь от него освободиться.

– Оставь это кольцо, рыжий заяц, – кричал Саша, – или я проучу тебя по-свойски.

Вместо ответа тот ударил его кулаком по лицу, но Саша его не выпустил – и закричал во все горло: – Воры, воры – сюда, сюда...

Мальчишка силился от него отделаться. Он был повидимому двумя годами старее Саши, и гораздо его сильнее, но Саша был увертливее. Они боролись несколько минут, наконец рыжий мальчик одолел. Он повалил Сашу на земь и схватил его за горло.

Но в это время сильная рука вцепилась в его рыжие и щетинистые волосы и садовник Степан приподнял его на пол-аршина от земли...

– Ах, ты, рыжая бестия, – говорил садовник, – да как ты смеешь бить маленького барина...

Саша успел вскочить и оправиться. – Ты меня схватил под силки, – сказал он, – а то бы никогда меня не повалил. Отдай сейчас кольцо, и убирайся.

– Как не так, – отвечал рыжий, и вдруг перевернувшись на одном месте, освободил свои щетины от руки Степановой. Тут он пустился было бежать, но Саша догнал его, толкнул в спину, и мальчишка упал со всех ног – садовник снова его схватил и связал кушаком.

– Отдай кольцо!

– Погоди, барин, – сказал Степан, – мы сведем его на расправу к приказчику.

Садовник повел пленника на барской двор, а Саша его сопровождал, с беспокойством поглядывая на свои шаровары, разорванные и замаранные зеленью. Вдруг все трое очутились перед Кирилом Петровичем, идущим осматривать свою конюшню.

– Это что? – спросил он Степана.

Степан в коротких словах описал все происшествие. Кирила Петрович выслушал его со вниманием.

– Ты, повеса, – сказал он, обратясь к Саше, – за что ты с ним связался?

– Он украл из дупла кольцо, папенька, прикажите отдать кольцо.

– Какое кольцо, из какого дупла?

– Да мне Марья Кириловна... да то кольцо...

Саша смутился, спутался. Кирила Петрович нахмурился – и сказал, качая головою:

– Тут замешалась Марья Кириловна. Признавайся во всем, или так отдеру тебя розгою, что ты и своих не узнаешь.

– Ей-богу, папенька, я, папенька – – Мне Марья Кириловна ничего не приказывала, папенька.

– Степан, ступай-ка да срежь мне хорошенькую, свежую березовую розгу

– Постойте, папенька, я все вам расскажу. Я сегодня бегал по двору, а сестрица Марья Кириловна открыла окошко – и я подбежал – и сестрица не нарочно уронила кольцо, и я спрятал его в дупло, и... и... этот рыжий мальчик хотел кольцо украсть.

– Не нарочно уронила, а ты хотел спрятать – – Степан, ступай за розгами.

– Папенька, погодите, я все расскажу. Сестрица Марья Кириловна велела мне сбегать к дубу и положить кольцо в дупло, я и сбегали положил кольцо – а этот скверный мальчик...

Кирила Петрович обратился к скверному мальчику – и спросил его грозно:

– Чей ты?

– Я дворовый человек господ Дубровских, – отвечал рыжий мальчик.

Лицо Кирила Петровича омрачилось.

– Ты, кажется, меня господином не признаешь, добро, – отвечал он. – А что ты делал в моем саду?

– Малину крал, – отвечал мальчик с большим равнодушием.

– Ага, слуга в барина: каков поп, таков и приход, а малина разве растет у меня на дубах?

Мальчик ничего не отвечал.

– Папенька, прикажите ему отдать кольцо, – сказал Саша.

– Молчи, Александр, – отвечал Кирила Петрович, – не забудь, что я собираюсь с тобою разделаться. Ступай в свою комнату. Ты – косой – ты мне кажешься малый не промах. – Отдай кольцо и ступай домой.

Мальчик разжал кулак и показал, что в его руке не было ничего.

– Если ты мне во всем признаешься, так я тебя не высеку, дам еще пятак на орехи. Не то, я с тобою сделаю то, чего ты не ожидаешь. Ну!

Мальчик не отвечал ни слова и стоял, потупя голову и приняв на себя вид настоящего дурачка.

– Добро, – сказал Кирила Петрович, – запереть его куда-нибудь, да смотреть, чтоб он не убежал – или со всего дома шкуру спущу.

Степан отвел мальчишку на голубятню, запер его там, и приставил смотреть за ним старую птичницу Агафию.

– Сейчас ехать в город за исправником, – сказал Кирила Петрович, проводив мальчика глазами, – да как можно скорее.

– Тут нет никакого сомнения. Она сохранила сношения с проклятым Дубровским. Но ужели и в самом деле она звала его на помощь? – думал Кирила Петрович, расхаживая по комнате и сердито насвистывая: Гром победы. – Может. быть, я наконец нашел на его горячие следы, и он от нас не увернется. Мы воспользуемся этим случаем. Чу! колокольчик, слава богу, это исправник.

– Гей, привести сюда мальчишку пойманного.

Между тем тележка въехала на двор, и знакомый уже нам исправник вошел в комнату весь запыленный.

— Славная весть, — сказал ему Кирила Петрович, — я поймал Дубровского.

— Слава богу, ваше превосходительство, — сказал исправник с видом обрадованным, — где же он?

— То есть не Дубровского, а одного из его шайки. Сейчас его приведут. Он пособит нам поймать самого атамана. Вот его и привели.

Исправник, ожидавший грозного разбойника, был изумлен, увидев 13-летнего мальчика, довольно слабой наружности. Он с недоумением обратился к Кирилу Петровичу и ждал объяснения. Кирила Петрович стал тут же рассказывать утреннее происшедствие, не упоминая однако ж о Марьи Кириловне.

Исправник выслушал его со вниманием, поминутно взглядывая на маленького негодяя, который, прикинувшись дурачком, казалось не обращал никакого внимания на все, что делалось около него.

— Позвольте, ваше превосходительство, переговорить с вами наедине, — сказал наконец исправник.

Кирила Петрович повел его в другую комнату и запер за собою дверь.

Через полчаса они вышли опять в залу, где невольник ожидал решения своей участи.

— Барин хотел, — сказал ему исправник, — посадить тебя в городской острог, выстегать плетьми и сослать потом на поселение — но я вступился за тебя и выпросил тебе прощение. — Развязать его.

Мальчика развязали.

— Благодари же барина, — сказал исправник. Мальчик подошел к Кирилу Петровичу и поцаловал у него руку.

— Ступай себе домой, — сказал ему Кирила Петрович, — да вперед не крадь малины по дуплам.

Мальчик вышел, весело спрыгнул с крыльца и пустился бегом не оглядываясь через поле в Кистеневку. Добежав до деревни, он остановился у полуразвалившейся избушки, первой с края, и постучал в окошко — окошко поднялось, и старуха показалась. — Бабушка, хлеба, — сказал мальчик, — я с утра ничего не ел, умираю с голоду.

— Ах, это ты, Митя, да где ж ты пропадал, бесенок, — отвечала старуха.

— После расскажу, бабушка, ради бога хлеба. — Да войди ж в избу. — Некогда, бабушка, — мне надо сбегать еще в одно место. Хлеба, ради Христа, хлеба. — Экой непосед, — проворчала старуха, — на, вот тебе ломотик, — и сунула в окошко ломоть черного хлеба. Мальчик жадно его прикусил и жуя мигом отправился далее.

Начинало смеркаться. Митя пробирался овинами и огородами в Кистеневскую рощу. Дошедши до двух сосен, стоящих передовыми стражами рощи, он остановился, оглянулся во все стороны, свистнул свистом пронзительным и отрывисто и стал слушать; легкий и продолжительный свист послышался ему в ответ, кто-то вышел из рощи и приблизился к нему.

ГЛАВА XVIII

Кирила Петрович ходил взад и вперед по зале, громче обыкновенного насвистывая свою песню; весь дом был в движении – слуги бегали, девки суетились – в сарае кучера закладывали карету – на дворе толпился народ. В уборной барышни, перед зеркалом, дама, окруженная служанками, убирала бледную, неподвижную Марью Кириловну, голова ее томно клонилась под тяжестью брилиантов, она слегка вздрагивала, когда неосторожная рука укалывала ее, но молчала, бессмысленно глядясь в зеркало.

– Скоро ли? – раздался у дверей голос Кирила Петровича. – Сию минуту, – отвечала дама, – Марья Кириловна, встаньте, посмотритесь; хорошо ли? – Марья Кириловна встала и не отвечала ничего. Двери отворились. – Невеста готова, – сказала дама Кирилу Петровичу, – прикажите садиться в карету. – С богом, – отвечал Кирила Петрович, и взяв со стола образ, – подойди ко мне, Маша, – сказал он ей тронутым голосом, – благословляю тебя… Бедная девушка упала ему в ноги и зарыдала. – Папинька… папинька… – говорила она в слезах, и голос ее замирал. Кирила Петрович спешил ее благословить – ее подняли и почти понесли в карету. С нею села посаженая мать – и одна из служанок. Они поехали в церковь. Там жених уж их ожидал. Он вышел навстречу невесты, и был поражен ее бледностию и странным видом. Они вместе вошли в холодную, пустую церковь – за ними заперли двери. Священник вышел из алтаря и тотчас же начал. Марья Кириловна ничего не видала, ничего не слыхала, думала об одном, с самого утра она ждала Дубровского, надежда ни на минуту ее не покидала, но когда священник обратился к ней с обычными вопросами, она содрогнулась и обмерла – но еще медлила, еще ожидала; священник, не дождавшись ее ответа, произнес невозвратимые слова.

Обряд был кончен. Она чувствовала холодный поцалуй немилого супруга, она слышала веселые поздравления присутствующих и все еще не могла поверить, что жизнь ее была навеки окована, что Дубровский не прилетел освободить ее. Князь обратился к ней с ласковыми словами, она их не поняла, они вышли из церкви, на паперти толпились крестьяне из Покровского. Взор ее быстро их обежал – и снова оказал прежнюю бесчувственность. Молодые сели вместе в карету и поехали в Арбатово, туда уже отправился Кирила Петрович, дабы встретить там молодых. Наедине с молодою женой князь нимало не был смущен ее холодным видом. Он не стал докучать ее приторными изъяснениями и смешными восторгами, Слова его были просты, и не требовали ответов. Таким образом проехали они около 10 верст, лошади неслись быстро по кочкам проселочной дороги, и карета почти не качалась на своих английских рессорах. Вдруг раздались крики погони, карета остановилась, толпа вооруженных людей окружила ее, и человек в полу-маске, отворив дверцы со стороны, где сидела молодая княгиня, сказал ей: – Вы свободны, выходите. – Что это значит, – закричал князь, – кто ты такой?.. – Это Дубровский, – сказала княгиня. Князь, не теряя присутствия духа, вынул из бокового кармана дорожный пистолет и выстрелил в маскированного разбойника. Княгиня вскрикнула, и с ужасом закрыла лицо обеими руками. Дубровский был ранен в плечо, кровь показалась. Князь, не теряя ни минуты, вынул другой пистолет, но ему не дали времени выстрелить, дверцы растворились, и несколько сильных рук вытащили его из кареты и вырвали у него пистолет. Над ним засверкали ножи. – Не трогать его! – закричал Дубровский, – и мрачные его сообщники отступили. – Вы свободны, – продолжал Дубровский, обращаясь к бледной княгине. – Нет, – отвечала она. – Поздно – я обвенчана, я жена князя Верейского. – Что вы говорите, – закричал с отчаяния Дубровский, – нет, вы не жена его, вы были приневолены, вы никогда не могли согласиться... – Я согласилась, я дала клятву, – возразила она с твердостию, – князь мой муж, прикажите освободить его, и оставьте меня с ним. Я не обманывала. Я ждала вас до последней минуты... Но теперь, говорю вам, теперь поздно. Пустите нас.

Но Дубровский уже ее не слышал, боль раны и сильные волнения души – лишили его силы. Он упал у колеса, разбойники окружили его. Он успел сказать им несколько слов, они посадили его верхом, двое из них его поддерживали, третий взял лошадь под уздцы, и все поехали в сторону, оставя карету посреди дороги, людей связанных, лошадей отпряженных, но не разграбя ничего и не пролив ни единой капли крови, в отмщение за кровь своего атамана.

ГЛАВА XIX

Посреди дремучего леса на узкой лужайке возвышалось маленькое земляное укрепление, состоящее из вала и рва, за коими находилось несколько шалашей и землянок.

На дворе множество людей, коих по разнообразию одежды и по общему вооружению можно было тотчас признать за разбойников, обедало, сидя без шапок, около братского котла. На валу подле маленькой пушки сидел караульный, поджав под себя ноги; он вставлял заплатку в некоторую часть своей одежды, владея иголкою и искусством, обличающим опытного портного – и поминутно посматривал во все стороны.

Хотя некоторый ковшик несколько раз переходил из рук в руки, странное молчание царствовало в сей толпе – разбойники отобедали, один после другого вставал и молился богу, некоторые разошлись по шалашам, – а другие разбрелись по лесу – или прилегли соснуть, по русскому обыкновению.

Караульщик кончил свою работу, встряхнул свою рухлядь, полюбовался заплатою, приколол к рукаву иголку – сел на пушку верхом и запел во все горло меланхолическую старую песню:

Не шуми, мати зеленая дубровушка,
Не мешай мне молодцу думу думати.

В это время дверь одного из шалашей отворилась, и старушка в белом чепце, опрятно и чопорно одетая, показалась у порога.

– Полно тебе, Степка, – сказала она сердито, – барин почивает, а ты знай горланишь – нет у вас ни совести, ни жалости.

– Виноват, Егоровна, – отвечал Степка, – ладно, больше не буду, пусть он себе, наш батюшка, почивает да выздоравливает.

Старушка ушла, а Степка стал расхаживать по валу.

В шалаше, из которого вышла старуха, за перегородкою, раненый Дубровский лежал на походной кровате. Перед ним на столике лежали его пистолеты, а сабля висела в головах. Землянка устлана и обвешана была богатыми коврами, в углу находился женской серебряный туалет и трюмо. Дубровский держал в руке открытую книгу, но глаза его были закрыты. И старушка, поглядывающая на него из-за перегородки, не могла знать, заснул ли он или только задумался.

Вдруг Дубровский вздрогнул – в укреплении сделалась тревога – и Степка просунул к нему голову в окошко. – Батюшка, Владимир Андреевич, – закричал он, – наши знак подают, нас ищут. Дубровский вскочил с кровати, схватил оружие, и вышел из шалаша. Разбойники с шумом толпились на дворе, при его появлении настало глубокое молчание.

– Все ли здесь? – спросил Дубровский.
– Все, кроме дозорных, – отвечали ему.
– По местам! – закричал Дубровский.

И разбойники заняли каждый определенное место. В сие время трое дозорных прибежали к воротам – Дубровский пошел к ним навстречу.

– Что такое? – спросил он их.

– Солдаты в лесу, – отвечали они, – нас окружают.

Дубровский велел запереть вороты – и сам пошел освидетельствовать пушечку. По лесу раздалось несколько голосов – и стали приближаться – разбойники ожидали в безмолвии. Вдруг три или четыре солдата показались из лесу – и тотчас подались назад, выстрелами дав знать товарищам. – Готовиться к бою, – сказал Дубровский, и между разбойниками сделался шорох – снова все утихло. Тогда услышали шум приближающейся команды, оружия блеснули между деревьями, человек полтораста солдат высыпало из лесу и с криком устремились на вал. Дубровский приставил фитиль, выстрел был удачен: одному оторвало голову, двое были ранены. Между солдатами произошло смятение, но офицер бросился вперед, солдаты за ним последовали и сбежали в ров; разбойники выстрелили в них из ружей и пистолетов, и стали с топорами в руках защищать вал, на который лезли остервенелые солдаты, оставя во рву человек двадцать раненых товарищей. Рукопашный бой завязался – солдаты уже были на валу – разбойники начали уступать, но Дубровский, подошед к офицеру, приставил ему пистолет ко груди и выстрелил, офицер грянулся навзничь, несколько солдат подхватили его на руки и спешили унести в лес, прочие, лишась начальника, остановились. Ободренные разбойники воспользовались сей минутою недоумения, смяли их, стеснили в ров, осаждающие побежали – разбойники с криком устремились за ними. Победа была решена. Дубровский, полагаясь на совершенное расстройство неприятеля, остановил своих, и заперся в крепости, приказав подобрать раненых, удвоив караулы и никому не велев отлучаться.

Последние происшествия обратили уже не на шутку внимание правительства на дерзновенные разбои Дубровского. Собраны были сведения о его местопребывании. Отправлена была рота солдат дабы взять его мертвого или живого. Поймали несколько человек из его шайки и узнали от них, что уж Дубровского между ими не было. Несколько дней после ….. он собрал всех своих сообщников, объявил им, что намерен навсегда их оставить, советовал и им переменить образ жизни. – Вы разбогатели под моим начальством, каждый из вас имеет вид, с которым безопасно может пробраться в какую-нибудь отдаленную губернию и там провести остальную жизнь в честных трудах и в изобилии. Но вы все мошенники и, вероятно, не захотите оставить ваше ремесло. – После сей речи он оставил их, взяв с собою одного **. Никто не знал, куда он девался. Сначала сумневались в истине сих показаний – приверженность разбойников к атаману была известна. Полагали, что они старались о его спасении. Но последствия их оправдали – грозные посещения, пожары и грабежи прекратились. Дороги стали свободны. По другим известиям узнали, что Дубровский скрылся за границу.

ЕГИПЕТСКИЕ НОЧИ

ГЛАВА I

— Quel est cet homme?
— Ha c'est un bien grand talent, il fait de sa voix tout ce qu'il veut.
— Il devrait bien, madame, s'en faire une culotte[65].

Чарский был один из коренных жителей Петербурга. Ему не было еще тридцати лет; он не был женат; служба не обременяла его. Покойный дядя его, бывший виц-губернатором в хорошее время, оставил ему порядочное имение. Жизнь его могла быть очень приятна; но он имел несчастие писать и печатать стихи. В журналах звали его поэтом, а в лакейских сочинителем.

Несмотря на великие преимущества, коими пользуются стихотворцы (признаться: кроме права ставить винительный падеж вместо родительного и еще кой-каких, так называемых поэтических вольностей, мы никаких особенных преимуществ за русскими стихотворцами не ведаем) — как бы то ни было, несмотря на всевозможные их преимущества, эти люди подвержены большим невыгодам и неприятностям. Зло самое горькое, самое нестерпимое для стихотворца есть его звание и прозвище, которым он заклеймен и которое никогда от

---

[65] — Что это за человек? — О, это большой талант; из своего голоса он делает все, что захочет. — Ему бы следовало, сударыня, сделать из него себе штаны (франц.).

него не отпадает. Публика смотрит на него как на свою собственность; по ее мнению, он рожден для ее пользы и удовольствия. Возвратится ли он из деревни, первый встречный спрашивает его: не привезли ли вы нам чего-нибудь новенького? Задумается ли он о расстроенных своих делах, о болезни милого ему человека: тотчас пошлая улыбка сопровождает пошлое восклицание: верно, что-нибудь сочиняете! Влюбится ли он? — красавица его покупает себе альбом в Английском магазине и ждет уж элегии. Придет ли он к человеку, почти с ним незнакомому, поговорить о важном деле, тот уж кличет своего сынка и заставляет читать стихи такого-то; и мальчишка угощает стихотворца его же изуродованными стихами. А это еще цветы ремесла! Каковы же должны быть невзгоды? Чарский признавался, что приветствия, запросы, альбомы и мальчишки так ему надоели, что поминутно принужден он был удерживаться от какой-нибудь грубости.

Чарский употреблял всевозможные старания, чтобы сгладить с себя несносное прозвище. Он избегал общества своей братьи литераторов и предпочитал им светских людей, даже самых пустых. Разговор его был самый пошлый и никогда не касался литературы. В своей одежде он всегда наблюдал самую последнюю моду с робостию и суеверием молодого москвича, в первый раз отроду приехавшего в Петербург. В кабинете его, убранном как дамская спальня, ничто не напоминало писателя; книги не валялись по столам и под столами; диван не был обрызган чернилами; не было такого беспорядка, который обличает присутствие музы и отсутствие метлы и щетки. Чарский был в отчаянии, если кто-нибудь из светских его друзей заставал его с пером в руках. Трудно поверить, до каких мелочей мог доходить человек, одаренный, впрочем, талантом и душою. Он прикидывался то страстным охотником до лошадей, то отчаянным игроком, то самым тонким гастрономом; хотя никак не мог различить горской породы от арабской, никогда не помнил козырей и втайне предпочитал печеный картофель всевозможным изобретениям французской кухни. Он вел жизнь самую рассеянную; торчал на всех балах, объедался на всех дипломатических обедах, и на всяком званом вечере был так же неизбежим, как резановское мороженое.

Однако ж он был поэт, и страсть его была неодолима: когда находила на него такая дрянь (так называл он вдохновение), Чарский запирался в своем кабинете и писал с утра до поздней ночи. Он признавался искренним своим друзьям, что только тогда и знал истинное счастие. Остальное время он гулял, чинясь и притворяясь и слыша поминутно славный вопрос: не написали ли вы чего-нибудь новенького?

Однажды утром Чарский чувствовал то благодатное расположение духа, когда мечтания явственно рисуются перед вами и вы обретаете живые, неожиданные слова для воплощения видений ваших, когда стихи легко ложатся под перо ваше и звучные рифмы бегут навстречу стройной мысли. Чарский погружен был душою в сладостное забвение... и свет, и мнение света, и его собственные причуды для него не существовали. Он писал стихи.

Вдруг дверь его кабинета скрыпнула, и незнакомая голова показалась. Чарский вздрогнул и нахмурился.

— Кто там? — спросил он с досадою, проклиная в душе своих слуг, никогда не сидевших в передней.

Незнакомец вошел.

Он был высокого росту — худощав и казался лет тридцати. Черты смуглого его лица были выразительны: бледный высокий лоб, осененный черными клоками волос, черные сверкающие глаза, орлиный нос и густая борода, окружающая впалые желто-смуглые щеки, обличали в нем иностранца. На нем был черный фрак, побелевший уже по швам; панталоны летние (хотя на дворе стояла уже глубокая осень); под истертым черным галстуком на желтоватой манишке блестел фальшивый алмаз; шершавая шляпа, казалось, видала и вёдро и ненастье. Встретясь с этим человеком в лесу, вы приняли бы его за разбойника; в обществе — за политического заговорщика; в передней — за шарлатана, торгующего эликсирами и мышьяком.

— Что вам надобно? — спросил его Чарский на французском языке.

— Signor, — отвечал иностранец с низкими поклонами, — Lei voglia perdonarmi se...[66] Чарский не предложил ему стула и встал сам, разговор продолжался на итальянском языке.

— Я неаполитанский художник, — говорил незнакомый, — обстоятельства принудили меня оставить отечество; я приехал в Россию в надежде на свой талант.

Чарский подумал, что неаполитанец собирается дать несколько концертов на виолончели и развозит по домам свои билеты. Он уже хотел вручить ему свои двадцать пять рублей и скорее от него избавиться, но незнакомец прибавил:

— Надеюсь, Signor, что вы сделаете дружеское вспоможение своему собрату и введете меня в дома, в которые сами имеете доступ.

Невозможно было нанести тщеславию Чарского оскорбления более чувствительного. Он спесиво взглянул на того, кто назывался его собратом.

— Позвольте спросить, кто вы такой и за кого вы меня принимаете? — спросил он, с трудом удерживая свое негодование.

Неаполитанец заметил его досаду.

---

[66] Синьор... простите меня, пожалуйста, если... (итал.).

— Signor, — отвечал он запинаясь... — ho creduto... ho sentito... la vostra Eccellenza mi perdonerà...[67]

— Что вам угодно? — повторил сухо Чарский.

— Я много слыхал о вашем удивительном таланте; я уверен, что здешние господа ставят за честь оказывать всевозможное покровительство такому превосходному поэту, — отвечал итальянец, — и потому осмелился к вам явиться...

— Вы ошибаетесь, Signor, — прервал его Чарский. — Звание поэтов у нас не существует. Наши поэты не пользуются покровительством господ; наши поэты сами господа, и если наши меценаты (черт их побери!) этого не знают, то тем хуже для них. У нас нет оборванных аббатов, которых музыкант брал бы с улицы для сочинения libretto[68]. У нас поэты не ходят пешком из дому в дом, выпрашивая себе вспоможения. Впрочем, вероятно вам сказали в шутку, будто я великий стихотворец. Правда, я когда-то написал несколько плохих эпиграмм, но, слава богу, с господами стихотворцами ничего общего не имею и иметь не хочу.

Бедный итальянец смутился. Он поглядел вокруг себя. Картины, мраморные статуи, бронзы, дорогие игрушки, расставленные на готических этажерках, — поразили его. Он понял, что между надменным dandy[69], стоящим перед ним в хохлатой парчовой скуфейке, в золотистом китайском халате, опоясанном турецкой шалью, и им, бедным кочующим артистом, в истертом галстуке и поношенном фраке, ничего не было общего. Он проговорил несколько несвязных извинений, поклонился и хотел выйти. Жалкий вид его тронул Чарского, который, вопреки мелочам своего характера, имел сердце доброе и благородное. Он устыдился раздражительности своего самолюбия.

— Куда ж вы? — сказал он итальянцу. — Постойте... Я должен был отклонить от себя незаслуженное титло и признаться вам, что я не поэт. Теперь поговорим о ваших делах. Я готов вам услужить, в чем только будет возможно. Вы музыкант?

— Нет, Eccelenza![70] — отвечал итальянец, — я бедный импровизатор.

— Импровизатор! — вскрикнул Чарский, почувствовав всю жестокость своего обхождения. — Зачем же вы прежде не сказали, что вы импровизатор? — и Чарский сжал ему руку с чувством искреннего раскаяния.

---

[67] Синьор... я думал... я считал... ваше сиятельство, простите меня... (итал.)
[68] либретто (итал.).
[69] дэнди, щеголь (англ.).
[70] ваше сиятельство (итал.).

Дружеский вид его ободрил итальянца. Он простодушно разговорился о своих предположениях. Наружность его не была обманчива; ему деньги были нужны; он надеялся в России кое-как поправить свои домашние обстоятельства. Чарский выслушал его со вниманием.

— Я надеюсь, — сказал он бедному художнику, — что вы будете иметь успех: здешнее общество никогда еще не слыхало импровизатора. Любопытство будет возбуждено; правда, итальянский язык у нас не в употреблении, вас не поймут; но это не беда; главное — чтоб вы были в моде.

— Но если у вас никто не понимает итальянского языка, — сказал, призадумавшись, импровизатор, — кто ж поедет меня слушать?

— Поедут — не опасайтесь: иные из любопытства, другие, чтоб провести вечер как-нибудь, третьи, чтоб показать, что понимают итальянский язык; повторяю, надобно только, чтоб вы были в моде; а вы уж будете в моде, вот вам моя рука.

Чарский ласково расстался с импровизатором, взяв себе его адрес, и в тот же вечер он поехал за него хлопотать.

ГЛАВА II

Я царь, я раб, я червь, я бог.

Державин.

На другой день Чарский в темном и нечистом коридоре трактира отыскивал 35-ый номер. Он остановился у двери и постучался. Вчерашний итальянец отворил ее.

— Победа! — сказал ему Чарский, — ваше дело в шляпе. Княгиня ** дает вам свою залу; вчера на рауте я успел завербовать половину Петербурга; печатайте билеты и объявления. Ручаюсь вам если не за триумф, то по крайней мере за барыш...

— А это главное! — вскричал итальянец, изъявляя свою радость живыми движениями, свойственными южной его породе. — Я знал, что вы мне поможете. Corpo di Bacco![71] Вы поэт, так же, как и я; а что ни

---

[71] Черт возьми! (итал.).

говори, поэты славные ребята! Как изъявлю вам мою благодарность? постойте... хотите ли выслушать импровизацию?

— Импровизацию!.. разве вы можете обойтись и без публики, и без музыки, и без грома рукоплесканий?

— Пустое, пустое! где найти мне лучшую публику? Вы поэт, вы поймете меня лучше их, и ваше тихое ободрение дороже мне целой бури рукоплесканий... Садитесь где-нибудь и задайте мне тему.

Чарский сел на чемодане (из двух стульев, находившихся в тесной конурке, один был сломан, другой завален бумагами и бельем). Импровизатор взял со стола гитару — и стал перед Чарским, перебирая струны костливыми пальцами и ожидая его заказа.

— Вот вам тема, — сказал ему Чарский: — поэт сам избирает предметы для своих песен; толпа не имеет права управлять его вдохновением.

Глаза итальянца засверкали, он взял несколько аккордов, гордо поднял голову, и пылкие строфы, выражение мгновенного чувства, стройно излетели из уст его... Вот они, вольно переданные одним из наших приятелей со слов, сохранившихся в памяти Чарского.

Поэт идет: открыты вежды,
Но он не видит никого;
А между тем за край одежды
Прохожий дергает его...
«Скажи: зачем без цели бродишь?
Едва достиг ты высоты,
И вот уж долу взор низводишь
И низойти стремишься ты.
На стройный мир ты смотришь смутно;
Бесплодный жар тебя томит;
Предмет ничтожный поминутно
Тебя тревожит и манит.
Стремиться к небу должен гений,
Обязан истинный поэт
Для вдохновенных песнопений
Избрать возвышенный предмет».
— Зачем крутится ветр в овраге,
Подъемлет лист и пыль несет,
Когда корабль в недвижной влаге
Его дыханья жадно ждет?
Зачем от гор и мимо башен
Летит орел, тяжел и страшен,

На чахлый пень? Спроси его.
Зачем арапа своего
Младая любит Дездемона,
Как месяц любит ночи мглу?
Затем, что ветру и орлу
И сердцу девы нет закона.
Таков поэт: как Аквилон
Что хочет, то и носит он —
Орлу подобно, он летает
И, не спросясь ни у кого,
Как Дездемона избирает
Кумир для сердца своего.

Итальянец умолк... Чарский молчал, изумленный и растроганный.
— Ну что? — спросил импровизатор. Чарский схватил его руку и сжал ее крепко.
— Что? — спросил импровизатор, — каково?
— Удивительно, — отвечал поэт. — Как! Чужая мысль чуть коснулась вашего слуха и уже стала вашею собственностью, как будто вы с нею носились, лелеяли, развивали ее беспрестанно. Итак, для вас не существует ни труда, ни охлаждения, ни этого беспокойства, которое предшествует вдохновению?.. Удивительно, удивительно!..
Импровизатор отвечал:
— Всякой талант неизъясним. Каким образом ваятель в куске каррарского мрамора видит сокрытого Юпитера и выводит его на свет, резцом и молотом раздробляя его оболочку? Почему мысль из головы поэта выходит уже вооруженная четырьмя рифмами, размеренная стройными однообразными стопами? — Так никто, кроме самого импровизатора, не может понять эту быстроту впечатлений, эту тесную связь между собственным вдохновением и чуждой внешнею волею — тщетно я сам захотел бы это изъяснить. Однако... надобно подумать о моем первом вечере. Как вы полагаете? Какую цену можно будет назначить за билет, чтобы публике не слишком было тяжело и чтобы я между тем не остался в накладе? Говорят, la signora Catalani[72] брала по 25 рублей? Цена хорошая...
Неприятно было Чарскому с высоты поэзии вдруг упасть под лавку конторщика; но он очень хорошо понимал житейскую необходимость и пустился с итальянцем в меркантильные расчеты. Итальянец при сем

---

[72] госпожа Каталани (итал.).

случае обнаружил такую дикую жадность, такую простодушную любовь к прибыли, что он опротивел Чарскому, который поспешил его оставить, чтобы не совсем утратить чувство восхищения, произведенное в нем блестящим импровизатором. Озабоченный итальянец не заметил этой перемены и проводил его по коридору и по лестнице с глубокими поклонами и уверениями в вечной благодарности.

ГЛАВА III

Цена за билет 10 рублей; начало в 7 часов.

Афишка.

Зала княгини ** отдана была в распоряжение импровизатору. Подмостки были сооружены; стулья расставлены в двенадцать рядов; в назначенный день, с семи часов вечера, зала была освещена, у дверей перед столиком для продажи и приема билетов сидела старая долгоносая женщина в серой шляпе с надломленными перьями и с перстнями на всех пальцах. У подъезда стояли жандармы. Публика начала собираться. Чарский приехал из первых. Он принимал большое участие в успехе представления и хотел видеть импровизатора, чтоб узнать, всем ли он доволен. Он нашел итальянца в боковой комнатке, с нетерпением посматривающего на часы. Итальянец одет был театрально; он был в черном с ног до головы; кружевной воротник его рубашки был откинут, голая шея своею странной белизною ярко отделялась от густой и черной бороды, волоса опущенными клоками осеняли ему лоб и брови. Все это очень не понравилось Чарскому, которому неприятно было видеть поэта в одежде заезжего фигляра. Он после короткого разговора возвратился в залу, которая более и более наполнялась.

Вскоре все ряды кресел были заняты блестящими дамами; мужчины стесненной рамою стали у подмостков, вдоль стен и за последними стульями. Музыканты с своими пультрами занимали обе стороны подмостков. Посредине стояла на столе фарфоровая ваза. Публика была многочисленна. Все с нетерпением ожидали начала; наконец в половине осьмого музыканты засуетилися, приготовили смычки и заиграли увертюру из «Танкреда». Все уселось и примолкло, последние звуки увертюры прогремели... И импровизатор, встреченный оглушительным плеском, поднявшимся со всех сторон, с низкими поклонами приблизился к самому краю подмостков.

Чарский с беспокойством ожидал, какое впечатление произведет первая минута, но он заметил, что наряд, который показался ему так неприличен, не произвел того же действия на публику. Сам Чарский не нашел ничего в нем смешного, когда увидел его на подмостках, с бледным лицом, ярко освещенным множеством ламп и свечей. Плеск утих; говор умолк... Итальянец, изъясняясь на плохом французском языке, просил господ посетителей назначить несколько тем, написав их на особых бумажках. При этом неожиданном приглашении все молча поглядели друг на друга и никто ничего не отвечал. Итальянец, подождав немного, повторил свою просьбу робким и смиренным голосом. Чарский стоял под самыми подмостками; им овладело беспокойство; он предчувствовал, что дело без него не обойдется и что принужден он будет написать свою тему. В самом деле, несколько дамских головок обратились к нему и стали вызывать его сперва вполголоса, потом громче и громче. Услыша имя его, импровизатор отыскал его глазами у своих ног и подал ему карандаш и клочок бумаги с дружескою улыбкою. Играть роль в этой комедии казалось Чарскому очень неприятно, но делать было нечего; он взял карандаш и бумагу из рук итальянца, написал несколько слов; итальянец, взяв со стола вазу, сошел с подмостков, поднес ее Чарскому, который бросил в нее свою тему. Его пример подействовал; два журналиста, в качестве литераторов, почли обязанностию написать каждый по теме; секретарь неаполитанского посольства и молодой человек, недавно возвратившийся из путешествия, бредя о Флоренции, положили в урну свои свернутые бумажки; наконец, одна некрасивая девица, по приказанию своей матери, со слезами на глазах написала несколько строк по-итальянски и, покраснев по уши, отдала их импровизатору, между тем как дамы смотрели на нее молча, с едва заметной усмешкою. Возвратясь на свои подмостки, импровизатор поставил урну на стол и стал вынимать бумажки одну за другой, читая каждую вслух:

Семейство Ченчи.
(La famiglia dei Cenci.)
L'ultimo giorno di Pompeïa.
Cleopatra e i suoi amanti.
La primavera veduta da una prigione.

Il trionfo di Tasso[73].

— Что прикажет почтенная публика? — спросил смиренный итальянец, — назначит ли мне сама один из предложенных предметов или предоставит решить это жребию?..

— Жребий!.. — сказал один голос из толпы.

— Жребий, жребий! — повторила публика.

Импровизатор сошел опять с подмостков, держа в руках урну, и спросил: — Кому угодно будет вынуть тему? — Импровизатор обвел умоляющим взором первые ряды стульев. Ни одна из блестящих дам, тут сидевших, не тронулась. Импровизатор, не привыкший к северному равнодушию, казалось, страдал... вдруг заметил он в стороне поднявшуюся ручку в белой маленькой перчатке; он с живостию оборотился и подошел к молодой величавой красавице, сидевшей на краю второго ряда. Она встала безо всякого смущения и со всевозможною простотою опустила в урну аристократическую ручку и вынула сверток.

— Извольте развернуть и прочитать, — сказал ей импровизатор. Красавица развернула бумажку и прочла вслух:

— Cleopatra e i suoi amanti.

Эти слова произнесены были тихим голосом, но в зале царствовала такая тишина, что все их услышали. Импровизатор низко поклонился прекрасной даме с видом глубокой благодарности и возвратился на свои подмостки.

— Господа, — сказал он, обратясь к публике, — жребий назначил мне предметом импровизации Клеопатру и ее любовников. Покорно прошу особу, избравшую эту тему, пояснить мне свою мысль: о каких любовниках здесь идет речь, perché la grande regina aveva molto...[74]

При сих словах многие мужчины громко засмеялись. Импровизатор немного смутился.

— Я желал бы знать, — продолжал он, — на какую историческую черту намекала особа, избравшая эту тему... Я буду весьма благодарен, если угодно ей будет изъясниться.

Никто не торопился отвечать. Несколько дам оборотили взоры на некрасивую девушку, написавшую тему по приказанию своей матери. Бедная девушка заметила это неблагосклонное внимание и так смутилась, что слезы повисли на ее ресницах... Чарский не мог этого вынести и, обратясь к импровизатору, сказал ему на итальянском языке:

— Тема предложена мною. Я имел в виду показание Аврелия Виктора, который пишет, будто бы Клеопатра назначила смерть ценою своей любви

---

[73] Семейство Ченчи. — Последний день Помпеи. — Клеопатра и ее любовники. — Весна, видимая из темницы. — Триумф Тассо (итал.).

[74] потому что у великой царицы было много... (итал.).

и что нашлись обожатели, которых таковое условие не испугало и не отвратило... Мне кажется, однако, что предмет немного затруднителен... не выберете ли вы другого?..

Но уже импровизатор чувствовал приближение бога... Он дал знак музыкантам играть... Лицо его страшно побледнело, он затрепетал как в лихорадке; глаза его засверкали чудным огнем; он приподнял рукою черные свои волосы, отер платком высокое чело, покрытое каплями пота... и вдруг шагнул вперед, сложил крестом руки на грудь... музыка умолкла... Импровизация началась.

Чертог сиял. Гремели хором
Певцы при звуке флейт и лир.
Царица голосом и взором
Свой пышный оживляла пир;
Сердца неслись к ее престолу,
Но вдруг над чашей золотой
Она задумалась и долу
Поникла дивною главой...

И пышный пир как будто дремлет,
Безмолвны гости. Хор молчит.
Но вновь она чело подъемлет
И с видом ясным говорит:
В моей любви для вас блаженство?
Блаженство можно вам купить...
Внемлите ж мне: могу равенство
Меж нами я восстановить.
Кто к торгу страстному приступит?
Свою любовь я продаю;
Скажите: кто меж вами купит
Ценою жизни ночь мою? —
Рекла — и ужас всех объемлет,
И страстью дрогнули сердца...
Она смущенный ропот внемлет
С холодной дерзостью лица,
И взор презрительный обводит
Кругом поклонников своих...
Вдруг из толпы один выходит,
Вослед за ним и два других.
Смела их поступь; ясны очи;

Навстречу им она встает;
Свершилось: куплены три ночи,
И ложе смерти их зовет.

Благословенные жрецами,
Теперь из урны роковой
Пред неподвижными гостями
Выходят жребии чредой.
И первый — Флавий, воин смелый,
В дружинах римских поседелый;
Снести не мог он от жены
Высокомерного презренья;
Он принял вызов наслажденья,
Как принимал во дни войны
Он вызов ярого сраженья.
За ним Критон, младой мудрец,
Рожденный в рощах Эпикура,
Критон, поклонник и певец
Харит, Киприды и Амура...
Любезный сердцу и очам,
Как вешний цвет едва развитый,
Последний имени векам
Не передал. Его ланиты
Пух первый нежно отенял;
Восторг в очах его сиял;
Страстей неопытная сила
Кипела в сердце молодом...
И грустный взор остановила
Царица гордая на нем.

— Клянусь... — о матерь наслаждений,
Тебе неслыханно служу,
На ложе страстных искушений
Простой наемницей всхожу.
Внемли же, мощная Киприда,
И вы, подземные цари,
О боги грозного Аида,
Клянусь — до утренней зари
Моих властителей желанья
Я сладострастно утомлю

И всеми тайнами лобзанья
И дивной негой утолю.
Но только утренней порфирой
Аврора вечная блеснет,
Клянусь — под смертною секирой
Глава счастливцев отпадет.

ПИКОВАЯ ДАМА

Пиковая дама означает тайную недоброжелательность.
Новейшая гадательная книга.

I

А в ненастные дни
Собирались они
Часто;
Гнули – Бог их прости! —
От пятидесяти
На сто,
И выигрывали,
И отписывали
Мелом.
Так, в ненастные дни,
Занимались они
Делом.

Однажды играли в карты у конногвардейца Нарумова. Долгая зимняя ночь прошла незаметно; сели ужинать в пятом часу утра. Те, которые остались в выигрыше, ели с большим аппетитом; прочие, в рассеянности, сидели перед своими приборами. Но шампанское явилось, разговор оживился, и все приняли в нем участие.

— Что ты сделал, Сурин? — спросил хозяин.

— Проиграл, по обыкновению. — Надобно признаться, что я несчастлив: играю мирандолем, никогда не горячусь, ничем меня с толку не собьёшь, а всё проигрываюсь!

— И ты не разу не соблазнился? ни разу не поставил на руте?.. Твердость твоя для меня удивительна.

— А каков Германн! — сказал один из гостей, указывая на молодого инженера, — отроду не брал он карты в руки, отроду не загнул ни одного пароли, а до пяти часов сидит с нами и смотрит на нашу игру!

— Игра занимает меня сильно, — сказал Германн, — но я не в состоянии жертвовать необходимым в надежде приобрести излишнее.

— Германн немец: он расчетлив, вот и всё! — заметил Томский. — А если кто для меня непонятен, так это моя бабушка графиня Анна Федотовна.

— Как? что? — закричали гости.

— Не могу постигнуть, — продолжал Томский, — каким образом бабушка моя не понтирует!

— Да что ж тут удивительного, — сказал Нарумов, — что осьмидесятилетняя старуха не понтирует?

— Так вы ничего про неё не знаете?

— Нет! право, ничего!

— О, так послушайте:

Надобно знать, что бабушка моя, лет шестьдесят тому назад, ездила в Париж и была там в большой моде. Народ бегал за нею, чтобы увидеть la Venus moscovite; Ришелье за нею волочился, и бабушка уверяет, что он чуть было не застрелился от её жестокости.

В то время дамы играли в фараон. Однажды при дворе она проиграла на слово герцогу Орлеанскому что-то очень много. Приехав домой, бабушка, отлепливая мушки с лица и отвязывая фижмы, объявила дедушке о своем проигрыше и приказала заплатить.

Покойный дедушка, сколько я помню, был род бабушкиного дворецкого. Он её боялся, как огня; однако, услышав о таком ужасном проигрыше, он вышел из себя, принес счёты, доказал ей, что в полгода они издержали полмиллиона, что под Парижем нет у них ни подмосковной, ни саратовской деревни, и начисто отказался от платежа. Бабушка дала ему пощечину и легла спать одна, в знак своей немилости.

На другой день она велела позвать мужа, надеясь, что домашнее наказание над ним подействовало, но нашла его непоколебимым. В первый раз в жизни дошла она с ним до рассуждений и объяснений;

думала усовестить его, снисходительно доказывая, что долг долгу розь и что есть разница между принцем и каретником. – Куда! дедушка бунтовал. Нет, да и только! Бабушка не знала, что делать.

С нею был коротко знаком человек очень замечательный. Вы слышали о графе Сен-Жермене, о котором рассказывают так много чудесного. Вы знаете, что он выдавал себя за Вечного Жида, за изобретателя жизненного эликсира и философского камня, и прочая. Над ним смеялись, как над шарлатаном, а Казанова в своих Записках говорит, что он был шпион; впрочем, Сен-Жермен, несмотря на свою таинственность, имел очень почтенную наружность и был в обществе человек очень любезный. Бабушка до сих пор любит его без памяти и сердится, если говорят об нём с неуважением. Бабушка знала, что Сен-Жермен мог располагать большими деньгами. Она решилась к нему прибегнуть. Написала ему записку и просила немедленно к ней приехать.

Старый чудак явился тотчас и застал в ужасном горе. Она описала ему самыми черными красками варварство мужа и сказала наконец, что всю свою надежду полагает на его дружбу и любезность.

Сен-Жермен задумался.

«Я могу услужить вам этой суммою, – сказал он, – но знаю, что вы не будете спокойны, пока со мной не расплатитесь, а я бы не желал вводить вас в новые хлопоты. Есть другое средство: вы можете отыграться». «Но, любезный граф, – отвечала бабушка, – я говорю вам, что у нас денег вовсе нет». – «Деньги тут не нужны, – возразил Сен-Жермен: – извольте меня выслушать». Тут он открыл ей тайну, за которую всякий из нас дорого бы дал...

Молодые игроки удвоили внимание. Томский закурил трубку, затянулся и продолжал.

В тот же самый вечер бабушка явилась в Версаль, au jeu de la Reine. Герцог Орлеанский метал; бабушка слегка извинилась, что не привезла своего долга, в оправдание сплела маленькую историю и стала против него понтировать. Она выбрала три карты, поставила их одна за другою: все три выиграли ей соника, и бабушка отыгралась совершенно.

– Случай! – сказал один из гостей.

– Сказка! – заметил Германн.

– Может статься, порошковые карты? – подхватил третий.

– Не думаю, – отвечал важно Томский.

– Как! – сказал Нарумов, – у тебя есть бабушка, которая угадывает три карты сряду, а ты до сих пор не перенял у ней её кабалистики?

– Да, чорта с два! – отвечал Томский, – у ней было четверо сыновей, в том числе и мой отец: все четыре отчаянные игроки, и ни одному не открыла она своей тайны; хоть это было бы не худо для них и даже для меня. Но вот что мне рассказывал дядя, граф Иван Ильич, и в чём он меня уверял честью. Покойный Чаплицкий, тот самый, который умер в нищете, промотав миллионы, однажды в молодости своей проиграл – помнится Зоричу – около трехсот тысяч. Он был в отчаянии. Бабушка, которая всегда была строга к шалостям молодых людей, как-то сжалилась над Чаплицким. Она дала ему три карты, с тем, чтоб он поставил их одну за другою, и взяла с него честное слово впредь уже никогда не играть. Чаплицкий явился к своему победителю: они сели играть. Чаплицкий поставил на первую карту пятьдесят тысяч и выиграл соника; загнул пароли, пароли-пе, – отыгрался и остался ещё в выигрыше...

– Однако пора спать: уже без четверти шесть.

В самом деле, уже рассвело: молодые люди допили свои рюмки и разъехались.

II

– Il parait que monsieur est decidement pourles suivantes.
– Que voulez-vus, madame? Elles sont plus fraiches.

Светский разговор.

Старая графиня сидела в своей уборной перед зеркалом. Три девушки окружали её. Одна держала банку румян, другая коробку со шпильками, третья высокий чепец с лентами огненного цвета. Графиня не имела ни малейшего притязания на красоту, давно увядшую, но сохраняла все привычки своей молодости, строго следовала модам семидесятых годов и одевалась так же долго, так же старательно, как и шестьдесят лет тому назад. У окошка сидела за пяльцами барышня, её воспитанница.

– Здравствуйте, grand'maman, – сказал, вошедши молодой офицер. – Bon jour, mademoiselle Lise. Grand'maman, я к вам с просьбою.

– Что такое, Paul?

– Позвольте представить одного из моих приятелей и привезти его к вам в пятницу на бал.

– Привези мне его прямо на бал, и тут мне его и представишь. Был ты вчерась у ?

– Как же! очень было весело; танцевали до пяти часов. Как хороша была Елецкая!

– И, мой милый! Что в ней хорошего? Такова ли была её бабушка, княгиня Дарья Петровна?.. Кстати: я чай, она уж очень постарела, княгиня

Дарья Петровна?

— Как, постарела? — отвечал рассеянно Томский, — она семь лет как умерла. Барышня подняла голову и сделала знак молодому человеку. Он вспомнил, что от старой

графини таили смерть её ровесниц, и закусил себе губу. Но графиня услышала весть, для неё новую, с большим равнодушием.

— Умерла! — сказала она, — а я и не знала! Мы вместе были пожалованы во фрейлины, и когда мы представились, то государыня...

И графиня в сотый раз рассказала внуку свой анекдот.

— Ну, Paul, — сказала она потом, — теперь помоги мне встать. Лизанька, где моя табакерка?

И графиня со своими девушками пошла за ширмами оканчивать свой туалет. Томский остался с барышнею.

— Кого это вы хотите представить? — тихо спросила Лизавета Ивановна.

— Нарумова. Вы его знаете?

— Нет! Он военный или статский?

— Военный.

— Инженер?

— Нет! кавалерист. А почему вы думали, что он инженер? Барышня замеялась и не отвечала ни слова.

— Paul! — закричала графиня из-за ширмов, — пришли мне, какой-нибудь новый роман, только, пожалуйста, не из нынешних.

— Как это, grand'maman?

— То есть такой роман, где бы герой не давил ни отца, ни матери и где бы не было утопленных тел. Я ужасно боюсь утопленников!

— Таких романов нынче нет. Не хотите ли разве русских?

— А разве есть русские романы?.. Пришли, батюшка, пожалуйста, пришли!

— Простите, grand'maman: я спешу... Простите, Лизавета Ивановна! Почему же вы думаете, что Нарумов инженер?

— И Томский вышел из уборной.

Лизавета Ивановна осталась одна: она оставила работу и стала глядеть в окно. Вскоре на одной стороне улицы из-за угольного дома показался молодой офицер. Румянец покрыл её щеки: она принялась опять за работу и наклонила голову над самой канвою. В это время вошла графиня, совсем одетая.

— Прикажи, Лизанька, — сказала она, — карету закладывать, и поедем прогуляться. Лизанька встала из-за пяльцев и стала убирать свою работу.

– Что ты, мать моя! глуха, что ли! – закричала графиня. – Вели скорей закладывать карету.

– Сейчас! – отвечала тихо барышня и побежала в переднюю. Слуга вошел и подал графине книги от князя Павла Александровича.

– Хорошо! Благодарить, – сказала графиня. – Лизанька, Лизанька! да куда ж ты бежишь?

– Одеваться.

– Успеешь, матушка. Сиди здесь. Раскрой-ка первый том; читай вслух... Барышня взяла книгу и прочла несколько строк.

– Громче! – сказала графиня. – Что с тобою, мать моя? с голосу спала, что ли?.. Погоди: подвинь мне скамеечку ближе... ну!

Лизавета Ивановна прочла ещё две страницы. Графиня зевнула.

– Брось эту книгу, – сказала она. – что за вздор! Отошли это князю Павлу и вели благодарить... Да что же карета?

– Карета готова, – сказала Лизавета Ивановна, взглянув на улицу.

– Что же ты не одета? – сказала графиня, – всегда надобно тебя ждать! Это, матушка, несносно.

Лиза побежала в свою комнату. Не прошло двух минут, графиня начала звонить изо всей мочи. Три девушки вбежали в одну дверь, а камердинер в другую.

– Что это вас не докличешься? – сказала им графиня. – Сказать Лизавете Ивановне, что я её жду.

Лизавета Ивановна вошла в капоте и в шляпке.

– Наконец, мать моя! – сказала графиня. – Что за наряды! Зачем это?.. Кого прельщать?.. А какова погода? – кажется, ветер.

– Никак нет-с, ваше сиятельство! очень тихо-с! – отвечал камердинер.

– Вы всегда говорите наобум! Отворите форточку. Так и есть: ветер! и прехолодный! Отложить карету! Лизанька, мы не поедем: нечего было наряжаться.

«И вот моя жизнь!» – подумала Лизавета Ивановна.

В самом деле, Лизавета Ивановна была пренесчастное создание. Горек чужой хлеб, говорит Данте, и тяжелы ступени чужого крыльца, а кому и знать горечь зависимости, как не бедной воспитаннице знатной старухи? Графиня, конечно, не имела злой души; но была своенравна, как женщина, избалованная светом, скупа и погружена в холодный эгоизм, как и все старые люди, отлюбившие в свой век и чуждые настоящему. Она участвовала во всех суетностях большого света, таскалась на балы, где сидела в углу, разрумяненная и одетая по старинной моде, как уродливое и необходимое украшение бальной залы; к ней с низкими поклонами подходили приезжающие гости, как по установленному обряду, и потом уже никто ею не занимался. У себя принимала она весь город, наблюдая строгий этикет и не узнавая никого в лицо. Многочисленная челядь её, разжирев и поседев в её передней и девичьей, делала, что хотела, наперерыв обкрадывая умирающую старуху. Лизавета Ивановна была домашней мученицею. Она разливала чай и получала выговоры за лишний расход сахара; она вслух читала романы и виновата была во всех ошибках автора; она сопровождала графиню в её прогулках и отвечала за погоду и за мостовую. Ей было назначено жалованье, которое никогда не доплачивали; а между тем требовали от неё, чтоб она одета была, как и все, то есть как очень немногие. В свете играла она самую жалкую роль. Все её знали и никто не замечал; на балах она танцевала только тогда, когда не хватало vis-a-vis, и дамы брали её под руку всякий раз, как им нужно было идти в уборную поправить что-нибудь в своём наряде. Она была самолюбива, живо чувствовала своё положение и глядела кругом себя, – с нетерпением ожидая избавителя; но молодые люди, расчетливые в ветреном своём тщеславии, не удостаивали её внимания, хотя Лизавета Ивановна была в сто раз милее наглых и холодных невест, около которых они увивались. Сколько раз, оставя тихонько скучную и пышную гостиную, она уходила плакать в бедной своей комнате, где стояли ширмы, оклеенные обоями, комод, зеркальце и крашеная кровать и где сальная свеча темно горела в медном шандале!

Однажды, – это случилось два дня после вечера, описанного в начале этой повести, и за неделю перед той сценой, на которой мы остановились, – однажды Лизавета Ивановна, сидя под окошком за пяльцами, нечаянно взглянула на улицу и увидела молодого инженера, стоящего неподвижно и устремившего глаза к её окошку. Она опустила голову и снова занялась работой; через пять минут взглянула опять, – молодой офицер стоял на том же месте. Не имея привычки кокетничать с прохожими офицерами, она перестала глядеть на улицу и шила около двух часов не поднимая головы. Подали обедать. Она встала, начала убирать свои пяльцы и, взглянув нечаянно на улицу, опять увидела офицера. Это показалось ей довольно странным. После обеда она подошла к окошку с чувством некоторого беспокойства, но уже офицера не было, – и она про него забыла...

Дня через два, выходя с графиней садиться в карету, она опять его увидела. Он стоял у самого подъезда, закрыв лицо бобровым воротником: черные глаза его сверкали из-под шляпы. Лизавета Ивановна испугалась, сама не зная чего, и села в карету с трепетом неизъяснимым.

Возвратясь домой, она подбежала к окошку, – офицер стоял на прежнем месте, устремив на неё глаза: она отошла, мучась любопытством и волнуемая чувством, для неё совершенно новым.

С того времени не проходило дня, чтоб молодой человек, в известный час, не являлся под окнами их дома. Между им и ею учредились неусловленные сношения. Сидя на своём месте за работой, она чувствовала его приближение, – подымала голову, смотрела на него с каждым днём долее и долее. Молодой человек, казалось, был за то ей благодарен: она видела острым взором молодости, как быстрый румянец покрывал его бледные щёки всякий раз, когда взоры их встречались. Через неделю она ему улыбнулась...

Когда Томский спросил позволения представить графине своего приятеля, сердце бедной девушки забилось. Но узнав, что Наумов не инженер, а конногвардеец, она сожалела, что нескромным вопросом высказала свою тайну ветреному Томскому.

Германн был сын обрусевшего немца, оставившего ему маленький капитал. Будучи твердо убеждён в необходимости упрочить свою независимость, Германн не касался и процентов, жил одним жалованьем, не позволял себе малейшей прихоти. Впрочем, он был скрытен и честолюбив, и товарищи его редко имели случай посмеяться над его излишней бережливостью. Он имел сильные страсти и огненное воображение, но твердость спасала его от обыкновенных заблуждений молодости. Так, например, будучи в душе игрок, никогда не брал он карты в руки, ибо рассчитал, что его состояние не позволяло ему (как сказывал он) жертвовать необходимым в надежде приобрести излишнее, – а между тем целые ночи просиживал за карточными столами и следовал с лихорадочным трепетом за различными оборотами игры.

Анекдот о трёх картах сильно подействовал на его воображение и целую ночь не выходил из его головы. «Что, если, – думал он на другой день вечером, бродя по Петербургу, – что, если старая графиня откроет мне свою тайну! – или назначит мне эти три верные карты! Почему ж не попробовать счастия?.. Представиться ей, подбиться в её милость, – пожалуй, сделаться её любовником, но на это требуется время – а ей восемьдесят семь лет, – она может умереть через неделю, —да через два дня!.. Да и самый анекдот?.. Можно ли ему верить?.. Нет! расчёт, умеренность и трудолюбие: вот мои три верные карты, вот что утроит, усемерит мой капитал и доставит мне покой и независимость!»

Рассуждая таким образом, очутился он в одной из главных улиц Петербурга, переддомом старинной архитектуры. Улица была заставлена экипажами, кареты одна за другою катились к освещенному подъезду. Из карет поминутно вытягивались то стройная нога молодой красавицы, то гремучая ботфорта, то полосатый чулок и дипломатический башмак. Шубы и плащи мелькали мимо величественного швейцара. Германн остановился.

– Чей это дом? – спросил он у углового будочника.
– Графини , – отвечал будочник.

Германн затрепетал. Удивительный анекдот снова представился его воображению. Он стал ходить около дома, думая об его хозяйке и о чудной её способности. Поздно воротился он в смиренный свой уголок; долго не мог заснуть, и, когда сон им овладел, ему пригрезились карты, зелёный стол, кипы ассигнаций и груды червонцев. Он ставил карту за картой, гнул углы решительно, выигрывал беспрестанно, и загребал к себе золото, и клал ассигнации в карман. Проснувшись уже поздно, он вздохнул о потере своего фантастического богатства, пошёл опять бродить по городу и опять очутился переддомом графини . Неведомая сила, казалось, привлекала его к нему. Он остановился и стал смотреть на окна. В одном увидел он черноволосую головку, наклоненную, вероятно, над книгой или над работой. Головка проподнялась. Германн увидел личико и чёрные глаза. Эта минута решила его участь.

III

Vous m'ecrivez, mon ange, des lettres de quatre pages plus vite que je ne puis les lire.

Переписка.

Только Лизавета Ивановна успела снять капот и шляпу, как уже графиня послала за нею и велела опять подавать карету. Они пошли садиться. В то самое время, как два лакея приподняли старуху и просунули в дверцы, Лизавета Ивановна у самого колеса увидела своего инженера; он схватил ее руку; она не могла опомниться от испугу, молодой человек исчез: письмо осталось в её руке. Она спрятала его за перчатку и во всю дорогу ничего не слыхала и не видала. Графиня имела обыкновение поминутно делать в карете вопросы: кто это с нами встретился? – как зовут этот мост? – что там написано на вывеске? Лизавета Ивановна на сей раз отвечала наобум и невпопад и рассердила графиню.

– Что с тобою сделалось, мать моя! Столбняк на тебя нашёл, что ли? Ты меня или не слышишь или не понимаешь?.. Слава Богу, я не картавлю и из ума ещё не выжила!

Лизавета Ивановна её не слушала. Возвратясь домой, она побежала в свою комнату, вынула из-за перчатки письмо: оно было не запечатано. Лизавета Ивановна его прочитала. Письмо содержало в себе признание в любви: оно было нежно, почтительно и слово в слово взято из немецкого романа. Но Лизавета Ивановна по-немецки не умела и была очень им довольна.

Однако принятое ею письмо беспокоило её чрезвычайно. Впервые входила она в тайные, тесные сношения с молодым мужчиною. Его дерзость ужасала её. Она упрекала себя в неосторожном поведении и не знала, что делать: перестать ли сидеть у окошка и невниманием охладить в молодом офицере охоту к дальнейшим преследованиям? – отослать ли ему письмо?

– отвечать ли холодно и решительно? Ей не с кем было посоветоваться, у ней не было ни подруги, ни наставницы. Лизавета Ивановна решилась отвечать.

Она села за письменный столик, взяла перо, бумагу – и задумалась. Несколько раз начинала она своё письмо, – и рвала его: то выражения казались ей слишком снисходительными, то слишком жестокими. Наконец ей удалось написать несколько строк, которыми она осталась довольна. «Я уверена, – писала она, – что вы имеете честные намерения и что вы не хотели оскорбить меня необдуманным поступком; но знакомство наше не должно было начаться таким образом. Возвращаю вам письмо ваше и надеюсь, что не буду впредь иметь причины жаловаться на незаслуженное неуважение».

На другой день, увидя идущего Германна, Лизавета Ивановна встала из-за пяльцев, вышла в залу, отворила форточку и бросила письмо на улицу, надеясь на проворство молодого офицера. Германн подбежал, поднял его и вошёл в кондитерскую лавку. Сорвав печать, он нашёл своё письмо и ответ Лизаветы Ивановны. Он того и ожидал и возвратился домой, очень занятый своей интригою.

Три дня после того Лизавете Ивановне молоденькая, быстроглазая мамзель принесла записку из модной лавки. Лизавета Ивановна открыла её с беспокойством, предвидя денежные требования, и вдруг узнала руку Германна.

– Вы, душенька, ошиблись, – сказала она, – эта записка не ко мне.

– Нет, точно к вам! – отвечала смелая девушка, не скрывая лукавой улыбки. – Извольте прочитать!

Лизавета Ивановна пробежала записку. Германн требовал свидания.

– Не может быть! – сказала Лизавета Ивановна, испугавшись и поспешности требований и способу, им употреблённому. – Это писано верно не ко мне! – И разорвала письмо в мелкие кусочки.

– Коли письмо не к вам, зачем же вы его разорвали? – сказала мамзель, – я бы возвратила его тому, кто его послал.

– Пожалуйста, душенька! – сказала Лизавета Ивановна, вспыхнув от её замечания, – вперёд ко мне записок не носите. А тому, кто вас послал, скажите, что ему должно быть стыдно...

Но Германн не унялся. Лизавета Ивановна каждый день получала от него письма, то тем, то другим образом. Они уже не были переведены с немецкого. Германн писал их, вдохновенный страстию, и говорил языком, ему свойственным: в нём выражались и непреклонность его желаний и беспорядок необузданного воображения. Лизавета Ивановна уже не думала их отсылать: она упивалась ими; стала на них отвечать, – и её записки час от часу становились длиннее и нежнее. Наконец, она бросила ему в окошко следующее письмо:

«Сегодня бал у ского посланника. Графиня там будет. Мы останемся часов до двух. Вот вам случай увидеть меня наедине. Как скоро графиня уедет, её люди, вероятно, разойдутся, в сенях останется швейцар, но и он обыкновенно уходит в свою каморку. Приходите в половине двенадцатого. Ступайте прямо на лестницу. Коли вы найдёте кого в передней, то вы спросите, дома ли графиня. Вам скажут нет, – и делать нечего. Вы должны будете воротиться. Но, вероятно, вы не встретите никого. Девушки сидят у себя, все в одной комнате. Из передней ступайте налево, идите всё прямо до графининой спальни. В спальне за ширмами увидите две маленькие двери: справа в кабинет, куда графиня никогда не входит; слева в коридор, и тут же узенькая витая лестница: она ведёт в мою комнату».

Германн трепетал, как тигр, ожидая назначенного времени. В десять часов вечера он уж стоял перед домом графини. Погода была ужасная: ветер выл, мокрый снег падал хлопьями; фонари светили тускло; улицы были пусты. Изредка тянулся Ванька на тощей кляче своей, высматривая запоздалого седока. – Германн стоял в одном сюртуке, не чувствуя ни ветра, ни снега. Наконец графинину карету подали. Германн видел, как лакеи вынесли под руки сгорбленную старуху, укутанную в соболью шубу, и как вослед за нею, в холодном плаще, с головой, убранною свежими цветами, мелькнула её воспитанница. Дверцы захлопнулись. Карета тяжело покатилась по рыхлому снегу. Швейцар запер двери. Окна померкли. Германн стал ходить около опустевшего дома: он подошёл к фонарю, взглянул на часы, – было двадцать минут двенадцатого. Германн ступил на графинино крыльцо и взошёл в ярко освещённые сени. Швейцара не было. Германн взбежал по лестнице, отворил двери в переднюю и увидел слугу, спящего под лампою, в старинных, запачканных креслах. Лёгким и твёрдым шагом Германн прошёл мимо его. Зала и гостиная были темны. Лампа слабо освещала их из передней. Германн вошёл в спальню. Перед кивотом, наполненным старинными образами, теплилась золотая лампада. Полинялые штофные кресла и диваны с пуховыми подушками, с сошедшей позолотою, стояли в печальной симметрии около стен, обитых китайскими обоями. На стене висели два портрета, писанные в Париже m-me Lebrun. Один из них изображал мужчину лет сорока, румяного и полного, в светло-зелёном мундире и со звездою; другой – молодую красавицу с орлиным носом, с зачёсанными висками и с розою в пудренных волосах. По всем углам торчали фарфоровые пастушки, столовые часы работы славного Гегоу, коробочки, рулетки, веера и разные дамские игрушки, изобретённые в конце минувшего столетия вместе с Монгольфьеровым шаром и Месмеровым магнетизмом. Германн пошёл за ширмы. За ними стояла маленькая железная кровать; справа находилась дверь, ведущая в кабинет; слева, другая – в коридор. Германн её отворил, увидел узкую, витую лестницу, которая вела в комнату бедной воспитанницы... Но он воротился и вошёл в тёмный кабинет.

Время шло медленно. Всё было тихо. В гостиной пробило двенадцать; по всем комнатам часы одни за другими прозвонили двенадцать, – и всё умолкло опять. Германн стоял, прислонясь к холодной печке. Он был спокоен; сердце его билось ровно, как у человека, решившегося на что-то опасное, но необходимое. Часы пробили первый и второй час утра, – и он услышал дальний стук кареты. Невольное волнение овладело им. Карета подъехала и остановилась. Он услышал стук опускаемой подножки. В доме засуетились. Люди побежали, раздались голоса и дом осветился. В спальню вбежали три старые горничные, и графиня, чуть живая, вошла и опустилась в вольтеровы кресла. Германн глядел в щёлку: Лизавета Ивановна прошла мимо его. Германн услышал её торопливые шаги по ступеням лестницы. В сердце его отозвалось нечто похожее на угрызение совести и снова умолкло. Он окаменел.

Графиня стала раздеваться перед зеркалом. Откололи с неё чепец, украшенный розами; сняли напудренный парик с её седой и плотно остриженной головы. Булавки дождём сыпались около неё. Желтое платье, шитое серебром, упало к её распухшим ногам. Германн был свидетелем отвратительных таинств её туалета; наконец, графиня осталась в спальной кофте и ночном чепце: в этом наряде, более свойственном её старости, она казалась менее ужасна и безобразна.

Как и все старые люди вообще, графиня страдала бессонницею. Раздевшись, она села у окна в вольтеровы кресла и отослала горничных. Свечи вынесли, комната опять осветилась одною лампадою. Графиня сидела вся жёлтая, шевеля отвислыми губами, качаясь направо и налево. В мутных глазах её изображалось совершенное отсутствие мысли; смотря на неё, можно было бы подумать, что качание страшной старухи происходило не от её воли, но по действию скрытого гальванизма.

Вдруг это мёртвое лицо изменилось неизъяснимо. Губы перестали шевелиться, глаза оживились: перед графинею стоял незнакомый мужчина.

– Не пугайтесь, ради Бога, не пугайтесь! – сказал он внятным и тихим голосом. – Я не имею намерения вредить вам; я пришёл умолять вас об одной милости.

Старуха молча смотрела на него и, казалось, его не слыхала. Германн вообразил, что она глуха, и, наклонясь над самым её ухом, повторил ей то же самое. Старуха молчала по прежнему.

– Вы можете, – продолжал Германн, – составить счастие моей жизни, и оно ничего не будет вам стоить: я знаю, что вы можете угадать три карты сряду...

Германн остановился. Графиня, казалось, поняла, чего от неё требовали; казалось, она искала слов для своего ответа.

– Это была шутка, – сказала она наконец, – клянусь вам! это была шутка!

– Этим нечего шутить, – возразил сердито Германн. – Вспомните Чаплицкого, которому помогли вы отыграться.

Графиня видимо смутилась. Черты её изобразили сильное движение души, но она скоро впала в прежнюю бесчувственность.

– Можете ли вы, – продолжал Германн, – назначить мне эти три верные карты? Графиня молчала; Германн продолжал:

– Для кого вам беречь вашу тайну? Для внуков? Они богаты и без того: они же не знают и цены деньгам. Моту не помогут ваши три карты. Кто не умеет беречь отцовское наследство, тот всё-таки умрёт в нищете, несмотря ни на какие демонские усилия. Я не мот; я знаю цену деньгам. Ваши три карты для меня не пропадут. Ну!..

Он остановился и с трепетом ожидал её ответа. Графиня молчала; Германн стал на колени.

– Если когда-нибудь, – сказал он, – сердце ваше знало чувство любви, если вы помните её восторги, если вы хоть раз улыбнулись при плаче новорожденного сына, если что-нибудь человеческое билось когда-нибудь в груди вашей, то умоляю вас чувствами супруги, любовницы, матери, – всем, что ни есть святого в жизни, – не откажите мне в моей просьбе! – откройте мне вашу тайну! – что вам в ней?.. Может быть, она сопряжена с ужасным грехом, с пагубою вечного блаженства, с дьявольским договором... Подумайте: вы стары; жить вам уж недолго, – я готов взять грех ваш на свою душу. Откройте мне только вашу тайну. Подумайте, что счастие человека находится в ваших руках; что не только я, но и дети мои, внуки и правнуки благославят вашу память и будут её чтить, как святыню...

Старуха не отвечала ни слова. Германн встал.

– Старая ведьма! – сказал он, стиснув зубы, – так я ж заставлю тебя отвечать... С этим словом он вынул из кармана пистолет.

При виде пистолета графиня во второй раз оказала сильное чувство. Она закивала головою и подняла руку, как бы заслоняясь от выстрела... Потом покатилась навзничь... и осталась недвижима.

– Перестаньте ребячиться, – сказал Германн, взяв её руку. – Спрашиваю в последний раз: хотите ли назначить мне ваши три карты? – да или нет?

Графиня не отвечала. Германн увидел, что она умерла.

IV

7 Mai 18**. Homme sams mceurs et sans religion!

Переписка.

Лизавета Ивановна сидела в своей комнате, ещё в бальном своём наряде, погружённая в глубокие размышления. Приехав домой, она спешила отослать заспанную девку, нехотя предлагавшую ей свою услугу, – сказала, что разденется сама, и с трепетом вошла к себе, надеясь найти там Германна и желая не найти его. С первого взгляда она удостоверилась в его отсутствии и благодарила судьбу за препятствие, помешавшее их свиданию. Она села, не раздеваясь, и стала припоминать все обстоятельства, в такое короткое время и так далеко её завлёкшие. Не прошло и трёх недель с той поры, как она в первый раз увидела в окошко молодого человека, – и уже она была с ним в переписке, – и он успел вытребовать от неё ночное свидание! Она знала имя его потому только, что некоторые из его писем были им подписаны; никогда с ним не говорила, не слыхала его голоса, никогда о нём не слыхала... до самого сего вечера. Странное дело! В самый тот вечер, на бале, Томский, дуясь на молодую княжну Полину , которая, против обыкновения, кокетничала не с ним, желал отомстить, оказывая равнодушие: он позвал Лизавету Ивановну и танцевал с нею бесконечную мазурку. Во всё время шутил он над её пристрастием к инженерным офицерам, уверял, что он знает гораздо более, нежели можно было ей предполагать, и некоторые из его шуток были так удачно направлены, что Лизавета Ивановна думала несколько раз, что её тайна была ему известна.

– От кого вы всё это знаете? – спросила она, смеясь.

– От приятеля известной вам особы, – отвечал Томский, – человека очень замечательного!

– Кто же этот замечательный человек?

– Его зовут Германном.

Лизавета Ивановна не отвечала ничего, но её руки и ноги поледенели...

– Этот Германн, – продолжал Томский, – лицо истинно романтическое: у него профиль Наполеона, а душа Мефистофеля. Я думаю, что на его совести по крайней мере три злодейства. Как вы побледнели!..

– У меня голова болит... Что же говорил вам Германн, – или как бишь его?..

– Германн очень недоволен своим приятелем: он говорит, что на его месте он поступил бы совсем иначе... Я даже полагаю, что Германн сам имеет на вас виды, по крайней мере он очень неравнодушно слушает влюблённые восклицания своего приятеля.

– Да где ж он меня видел?

– В церкви, может быть – на гулянье!.. Бог его знает! может быть, в вашей комнате, во время вашего сна: от него станет...

Подошедшие к ним три дамы с вопросами – oubli ou regret? – прервали разговор, который становился мучительно любопытен для Лизаветы Ивановны.

Дама, выбранная Томским, была сама княжна . Она успела с ним изъясниться, обежав лишний круг и лишний раз повертевшись перед своим стулом. – Томский, возвратясь на своё место, уже не думал ни о Германне, ни о Лизавете Ивановне. Она непременно хотела возобновить прерванный разговор; но мазурка кончилась, и вскоре после старая графиня уехала.

Слова Томского были ни что иное, как мазурочная болтовня, но они глубоко заронились в душу молодой мечтательницы. Портрет, набросанный Томским, сходствовал с изображением, составленным ею самою, и, благодаря новейшим романам, это уже пошлое лицо пугало и пленяло её воображение. Она сидела, сложа крестом голые руки, наклонив на открытую грудь голову, ещё убранную цветами... Вдруг дверь отворилась, и Германн вошёл. Она затрепетала...

– Где же вы были? – спросила она испуганным шёпотом.

— В спальне у старой графини, – отвечал Германн, – я сейчас от неё. Графиня умерла.

— Боже мой!., что вы говорите?..

— И кажется, – продолжал Германн, – я причиною её смерти.

Лизавета Ивановна взглянула на него и слова Томского раздались у неё в душе: у этого человека по крайней мере три злодейства на душе! Германн сел на окошко подле неё и всё рассказал.

Лизавета Ивановна выслушала его с ужасом. Итак, эти страстные письма, эти пламенные требования, это дерзкое, упорное преследование, всё это было не любовь! Деньги, – вот чего алкала его душа! Не она могла утолить его желания и осчастливить его! Бедная воспитанница была не что иное, как слепая помощница разбойника, убийцы старой её благодетельницы!.. Горько заплакала она в позднем, мучительном своём раскаянии. Германн смотрел на неё молча: сердце его также терзалось, но ни слёзы бедной девушки, ни удивительная прелесть её горести не тревожили суровой души его. Он не чувствовал угрызения совести при мысли о мёртвой старухе. Одно его ужасало: невозвратная потеря тайны, от которой ожидал обогащения.

— Вы чудовище! – сказала наконец Лизавета Ивановна.

— Я не хотел её смерти, – отвечал Германн, – пистолет мой не заряжен.

Они замолчали.

Утро наступало. Лизавета Ивановна погасила догорающую свечу: бледный свет озарил её комнату. Она отёрла заплаканные глаза и подняла их на Германна: он сидел на окошке, сложа руки и грозно нахмурясь. В этом положении удивительно напоминал он портрет Наполеона. Это сходство поразило даже Лизавету Ивановну.

Как вам выйти из дому? – сказала наконец Лизавета Ивановна. – Я думала провести вас по потаённой лестнице, но надобно идти мимо спальни, а я боюсь.

— Расскажите мне, как найти эту потаённую лестницу; я выйду.

Лизавета Ивановна встала, вынула из комода ключ, вручила его Германну и дала ему подробное наставление. Германн пожал её холодную безответную руку, поцеловал её наклоненную голову и вышел.

Он спустился вниз по витой лестнице и вошёл опять в спальню графини. Мёртвая старуха сидела окаменев; лицо её выражало глубокое спокойствие. Германн остановился перед нею, долго смотрел не неё, как бы желая удостовериться в ужасной истине; наконец вошёл в кабинет, ощупал за обоями дверь и стал сходить по тёмной лестнице, волнуемый странными чувствованиями. По этой самой лестнице, думал он, может быть, лет шестьдесят назад, в эту самую спальню, в такой же час, в шитом кафтане, причёсанный a l'oiseau royal, прижимая к сердцу треугольную шляпу, прокрадывался молодой счастливец, давно уже истлевший в могиле, а сердце престарелой его любовницы сегодня перестало биться...

Под лестницею Германн нашёл дверь, которую отпер тем же ключом, и очутился в сквозном коридоре, выведшем его на улицу.

V

В эту ночь явилась ко мне покойница баронесса фон В. Она была вся в белом и сказала мне: «Здравствуйте, господин советник!»

Шведенборг.

Три дня после роковой ночи, в девять часов утра, Германн отправился в монастырь, где должны были отпевать тело усопшей графини. Не чувствуя раскаяния, он не мог однако совершенно заглушить голос совести, твердивший ему: ты убийца старухи! Имея мало истинной веры, он имел множество предрассудков. Он верил, что мёртвая графиня могла иметь вредное влияние на его жизнь, – и решился явиться на её похороны, чтобы испросить у ней прощения.

Церковь была полна. Германн насилу мог пробраться сквозь толпу народа. Гроб стоял на богатом катафалке под бархатным балдахином. Усопшая лежала в нём с руками, сложенными на груди, в кружевном чепце и в белом атласном платье. Кругом стояли её домашние: слуги в чёрных кафтанах с гербовыми лентами на плече и со свечами в руках; родственники в глубоком трауре, – дети, внуки и правнуки. Никто не плакал; слёзы были бы – une affectation. Графиня была так стара, что смерть её никого не могла поразить и что её родственники давно смотрели на неё, как на отжившую. Молодой архиерей произнёс надгробное слово. В простых и трогательных выражениях представил он мирное успение праведницы, которой долгие годы были тихим, умилительным проготовлением к христианской кончине. «Ангел смерти обрёл её, – сказал оратор, – бодрствующую в помышлениях благих и в ожидании жениха полунощного». Служба совершилась с печальным приличием. Родственники первые пошли прощаться с телом. Потом двинулись и многочисленные гости, приехавшие поклониться той, которая так давно была участницею в их суетных увеселениях. После них и все домашние. Наконец приблизилась старая барская барыня, ровесница покойницы. Две молодые девушки вели её под руки. Она не в силах была поклониться до земли, – и одна пролила несколько слёз, поцеловав холодную руку госпожи своей. После неё Германн решился подойти ко гробу. Он поклонился в землю и несколько минут лежал на холодном полу, усыпанном ельником. Наконец приподнялся, бледен как сама покойница, взошёл на ступени катафалка и наклонился...

В эту минуту показалось ему, что мёртвая насмешливо взглянула на него, прищуривая одним глазом. Германн поспешно подавшись назад, оступился и навзничь грянулся об земь. Его подняли. В то же самое время Лизавету Ивановну вынесли в обмороке на паперть. Этот эпизод возмутил на несколько минут торжественность мрачного обряда. Между посетителями поднялся глухой ропот, а худощавый камергер, близкий родственник покойницы, шепнул на ухо стоящему подле него англичанину, что молодой офицер её побочный сын, на что англичанин отвечал холодно: Oh?

Целый день Германн был чрезвычайно расстроен. Обедая в уединённом трактире, он, против обыкновения своего, пил очень много, в надежде заглушить внутреннее волнение. Но вино ещё более горячило его воображение. Возвратясь домой, он бросился, не раздеваясь, на кровать и крепко уснул.

Он проснулся уже ночью: луна озаряла его комнату. Он взглянул на часы: было без четверти три. Сон у него прошёл; он сел на кровать и думал о похоронах старой графини.

В это время кто-то с улицы заглянул к нему в окошко, – и тотчас отошёл. Германн не обратил на то никакого внимания. Чрез минуту услышал он, что отпирали дверь в передней комнате. Германн думал, что денщик его, пьяный по своему обыкновению, возвращался с ночной прогулки. Но он услышал незнакомую походку: кто-то ходил, тихо шаркая туфлями. Дверь отворилась, вошла женщина в белом платье. Германн принял её за свою старую кормилицу и удивился, что могло привести её в такую пору. Но белая женщина, скользнув, очутилась вдруг перед ним, – и Германн узнал графиню!

– Я пришла к тебе против своей воли, – сказала она твёрдым голосом, – но мне велено исполнить твою просьбу. Тройка, семёрка и туз выиграют тебе сряду, – но с тем, чтобы ты в сутки более одной карты не ставил и чтоб во всю жизнь уже после не играл. Прощаю тебе мою смерть, с тем, чтоб ты женился на моей воспитаннице Лизавете Ивановне...

С этим словом она тихо повернулась, пошла к дверям и скрылась, шаркая туфлями. Германн слышал, как хлопнула дверь в сенях, и увидел, что кто-то опять поглядел к нему в окошко.

Германн долго не мог опомниться. Он вышел в другую комнату. Денщик его спал на полу; Германн насилу его добудился. Денщик был пьян по обыкновению: от него нельзя было добиться никакого толка. Дверь в сени была заперта. Германн возвратился в свою комнату, засветил там свечку и записал своё видение.

VI

Атанде!
Как вы смели мне сказать атанде?
Ваше превосходительство, я сказал атанде-с!

Две неподвижные идеи не могут вместе существовать в нравственной природе, так же, как два тела не могут в физическом мире занимать одно и то же место. Тройка, семёрка, туз — скоро заслонили в воображении Германна образ мёртвой старухи. Тройка, семёрка, туз — не выходили из его головы и шевелились на его губах. Увидев молодую девушку, он говорил: «Как она стройна!.. Настоящая тройка червонная». У него спрашивали: «который час», он отвечал: «без пяти минут семёрка». Всякий пузатый мужчина напоминал ему туза. Тройка, семёрка, туз — преследовали его во сне, принимая все возможные виды: тройка цвела перед ним в образе пышного грандифлора, семёрка представлялась готическими воротами, туз огромным пауком. Все мысли его слились в одну, — воспользоваться тайной, которая дорого ему стоила. Он стал думать об отставке и о путешествии. Он хотел в открытых игрецких домах Парижа вынудить клад у очарованной фортуны. Случай избавил его от хлопот.

В Москве составилось общество богатых игроков, под председательством славного Чекалинского, проведшего весь век за картами и нажившего некогда миллионы, выигрывая векселя и проигрывая чистые деньги. Долговременная опытность заслужила ему доверенность товарищей, а открытый дом, славный повар, ласковость и весёлость приобрели уважение публики. Он приехал в Петербург. Молодёжь к нему нахлынула, забывая балы для карт и предпочитая соблазны фараона обольщениям волокитства. Нарумов привёз к нему Германна.

Они прошли ряд великолепных комнат, наполненных учтивыми официантами. Несколько генералов и тайных советников играли в вист; молодые люди сидели, развалясь на штофных диванах, ели мороженое и курили трубки. В гостиной за длинным столом, около которого теснилось человек двадцать игроков, сидел хозяин и метал банк. Он был человек лет шестидесяти, самой почтенной наружности; голова покрыта была серебряной сединою; полное и свежее лицо изображало добродушие; глаза блистали, оживлённые всегдашнею улыбкою. Нарумов представил ему Германна. Чекалинский дружески пожал ему руку, просил не церемониться и продолжал метать.

Талья длилась долго. На столе стояло более тридцати карт. Чекалинский останавливался после каждой прокладки, чтобы дать играющим время распорядиться, записывал проигрыш, учтиво вслушивался в их требования, ещё учтивее отгибал лишний угол, загибаемый рассеянною рукою. Наконец талья кончилась. Чекалинский стасовал карты и приготовился метать другую.

— Позвольте поставить карту, — сказал Германн, протягивая руку из-за толстого господина, тут же понтировавшего. Чекалинский улыбнулся и поклонился, молча, в знак покорного согласия. Нарумов, смеясь поздравил Германна с разрешением долговременного поста и пожелал ему счастливого начала.

— Идёт! — сказал Германн, надписав мелом куш над своей картою.

— Сколько-с? — спросил, прищуриваясь, банкомёт, — извините-с, я не разгляжу.

— Сорок семь тысяч, — отвечал Германн.

При этих словах все головы обратились мгновенно, и все глаза устремились на Германна. — Он с ума сошёл! — подумал Нарумов.

— Позвольте заметить вам, — сказал Чекалинский с неизменной своею улыбкою, — что игра ваша сильна: никто более двухсот семидесяти пяти семпелем здесь ещё не ставил.

— Что ж? — возразил Германн, — бьёте вы мою карту или нет? Чекалинский поклонился с видом того же смиренного согласия.

— Я хотел только вам доложить, — сказал он, — что, будучи удостоен доверенности товарищей, я не могу метать иначе, как на чистые деньги. С моей стороны я конечно уверен, что довольно вашего слова, но для порядка игры и счетов прошу вас поставить деньги на карту.

Германн вынул из карман банковый билет и подал его Чекалинскому, который, бегло посмотрев его, положил на Германнову карту.

Он стал метать. Направо легла девятка, налево тройка.

— Выиграла! — сказал Германн, показывая свою карту.

Между игроками поднялся шёпот. Чекалинский нахмурился, но улыбка тотчас возвратилась на его лицо.

– Изволите получить? – спросил он Германна.

– Сделайте одолжение.

Чекалинский вынул из кармана несколько банковых билетов и тотчас расчёлся. Германн принял свои деньги и отошёл от стола. Нарумов не мог опомниться. Германн выпил стакан лимонаду и отправился домой.

На другой день вечером он опять явился у Чекалинского. Хозяин метал. Германн подошёл к столу; понтеры тотчас дали ему место. Чекалинский ласково ему поклонился.

Германн дождался новой тальи, оставил карту, положив на неё свои сорок семь тысяч и вчерашний выигрыш.

Чекалинский стал метать. Валет выпал направо, семёрка налево.

Германн открыл семёрку.

Все ахнули. Чекалинский видимо смутился. Он отсчитал девяносто четыре тысячи и передал Германну. Германн принял их с хладнокровием и в ту же минуту удалился.

В следующий вечер Германн явился опять у стола. Все его ожидали. Генералы и тайные советники оставили свой вист, чтоб видеть игру, столь необыкновенную. Молодые офицеры соскочили с диванов; все официанты собрались в гостиной. Все обступили Германна. Прочие игроки не поставили своих карт, с нетерпением ожидая, чем он кончит. Германн стоял у стола, готовясь один понтировать противу бледного, но всё улыбающегося Чекалинского. Каждый распечатал колоду карт. Чекалинский стасовал. Германн снял и поставил свою карту, покрыв её кипой банковых билетов. Это похоже было на поединок. Глубокое молчание царствовало кругом.

Чекалинский стал метать, руки его тряслись. Направо легла дама, налево туз.

– Туз выиграл! – сказал Германн и открыл свою карту.

– Дама ваша убита, – сказал ласково Чекалинский.

Германн вздрогнул: в самом деле, вместо туза у него стояла пиковая дама. Он не верил своим глазам, не понимая, как мог он обдёрнуться.

В эту минуту ему показалось, что пиковая дама прищурилась и усмехнулась. Необыкновенное сходство поразило его...

– Старуха! – закричал он в ужасе.

Чекалинский потянул к себе проигранные билеты. Германн стоял неподвижно. Когда отошёл он от стола, поднялся шумный говор. – Славно спонтировал! – говорили игроки. – Чекалинский снова стасовал карты: игра пошла своим чередом.

ЗАКЛЮЧЕНИЕ

Германн сошёл с ума. Он сидит в Обуховской больнице в 17-м нумере, не отвечает ни на какие вопросы и бормочет необыкновенно скоро: «Тройка, семёрка, туз! Тройка, семёрка, дама!..»

Лизавета Ивановна вышла замуж за очень любезного молодого человека; он где-то служит и имеет порядочное состояние: он сын бывшего управителя у старой графини. У Лизаветы Ивановны воспитывается бедная родственница.

Томский произведён в ротмистры и женится на княжне Полине.

КИРДЖАЛИ

Кирджали был родом булгар. Кирджали на турецком языке значит витязь, удалец. Настоящего его имени я не знаю.

Кирджали своими разбоями наводил ужас на всю Молдавию. Чтоб дать об нем некоторое понятие, расскажу один из его подвигов. Однажды ночью он и арнаут Михайлаки напали вдвоем на булгарское селение. Они зажгли его с двух концов и стали переходить из хижины в хижину. Кирджали резал, а Михайлаки нес добычу. Оба кричали: «Кирджали! Кирджали!» Все селение разбежалось.

Когда Александр Ипсиланти обнародовал возмущение и начал набирать себе войско, Кирджали привел к нему несколько старых своих товарищей. Настоящая цель этерии была им худо известна, но война представляла случай обогатиться на счет турков, а может быть и молдаван, — и это казалось им очевидно.

Александр Ипсиланти был лично храбр, но не имел свойств, нужных для роли, за которую взялся так горячо и так неосторожно. Он не умел сладить с людьми, которыми принужден был предводительствовать. Они не имели к нему ни уважения, ни доверенности. После несчастного сражения, где погиб цвет греческого юношества, Иордаки Олимбиоти присоветовал ему удалиться и сам заступил его место. Ипсиланти ускакал к границам Австрии и оттуда послал свое проклятие людям, которых называл ослушниками, трусами и негодяями. Эти трусы и негодяи большею частию погибли в стенах монастыря Секу или на берегах Прута, отчаянно защищаясь противу неприятеля вдесятеро сильнейшего.

Кирджали находился в отряде Георгия Кантакузина, о котором можно повторить то же самое, что сказано о Ипсиланти. Накануне сражения под Скулянами Кантакузин просил у русского начальства позволение вступить в наш карантин. Отряд остался без предводителя; но Кирджали, Сафьянос, Кантагони и другие не находили никакой нужды в предводителе.

Сражение под Скулянами, кажется, никем не описано во всей его трогательной истине. Вообразите себе семьсот человек арнаутов, албанцев, греков, булгар и всякого сброду, не имеющих понятия о военном искусстве и отступающих в виду пятнадцати тысяч турецкой конницы. Этот отряд прижался к берегу Прута и выставил перед собою две маленькие пушечки, найденные в Яссах на дворе господаря и из которых, бывало, палили во время именинных обедов. Турки рады были бы действовать картечью, но не смели без позволения русского начальства: картечь непременно перелетела бы на наш берег. Начальник карантина (ныне уже покойник), сорок лет служивший в военной службе, отроду не слыхивал свиста пуль, но тут бог привел услышать. Несколько их прожужжали мимо его ушей. Старичок ужасно рассердился и разбранил за то майора Охотского пехотного полка, находившегося при карантине. Майор, не зная, что делать, побежал к реке, за которой гарцевали делибаши, и погрозил им пальцем. Делибаши, увидя это, повернулись и ускакали, а за ними и весь турецкий отряд. Майор, погрозивший пальцем, назывался Хорчевский. Не знаю, что с ним сделалось.

На другой день, однако ж, турки атаковали этеристов. Не смея употреблять ни картечи, ни ядер, они решились, вопреки своему обыкновению, действовать холодным оружием. Сражение было жестоко. Резались атаганами. Со стороны турков замечены были копья, дотоле у них не бывалые; эти копья были русские: некрасовцы сражались в их рядах. Этеристы, с разрешения нашего государя, могли перейти Прут и скрыться в нашем карантине. Они начали переправляться. Кангагони и Сафьянос остались последние на турецком берегу. Кирджали, раненный накануне, лежал уже в карантине. Сафьянос был убит. Кантагони, человек очень толстый, ранен был копьем в брюхо. Он одной рукою поднял саблю, другою схватился за вражеское копье, всадил его в себя глубже и таким образом мог достать саблею своего убийцу, с которым вместе и повалился.

Все было кончено. Турки остались победителями. Молдавия была очищена. Около шестисот арнаутов рассыпались по Бессарабии; не ведая, чем себя прокормить, они все ж были благодарны России за ее покровительство. Они вели жизнь праздную, но не беспутную. Их можно всегда было видеть в кофейнях полутурецкой Бессарабии, с длинными чубуками во рту, прихлебывающих кофейную гущу из маленьких чашечек. Их узорные куртки и красные востроносые туфли начинали уж изнашиваться, но хохлатая скуфейка все же еще надета была набекрень, а атаганы и пистолеты все еще торчали из-за широких поясов. Никто на них не жаловался. Нельзя было и подумать, чтоб эти мирные бедняки были известнейшие клефты Молдавии, товарищи грозного Кирджали, и чтоб он сам находился между ими.

Паша, начальствовавший в Яссах, о том узнал и на основании мирных договоров потребовал от русского начальства выдачи разбойника.

Полиция стала доискиваться. Узнали, что Кирджали в самом деле находится в Кишиневе. Его поймали в доме беглого монаха, вечером, когда он ужинал, сидя в потемках с семью товарищами.

Кирджали засадили под караул. Он не стал скрывать истины и признался, что он Кирджали. «Но, — прибавил он, — с тех пор, как я перешел за Прут, я не тронул ни волоса чужого добра, не обидел и последнего цыгана. Для турков, для молдаван, для валахов я, конечно, разбойник, но для русских я гость. Когда Сафьянос, расстреляв всю свою картечь, пришел к нам в карантин, отбирая у раненых для последних зарядов пуговицы, гвозди, цепочки и набалдашники с атаганов, я отдал ему двадцать бешлыков и остался без денег. Бог видит, что я, Кирджали, жил подаянием! За что же теперь русские выдают меня моим врагам?» После того Кирджали замолчал и спокойно стал ожидать разрешения своей участи.

Он дожидался недолго. Начальство, не обязанное смотреть на разбойников с их романтической стороны и убежденное в справедливости требования, повелело отправить Кирджали в Яссы.

Человек с умом и сердцем, в то время неизвестный молодой чиновник, ныне занимающий важное место, живо описывал мне его отъезд.

У ворот острога стояла почтовая каруца... (Может быть, вы не знаете, что такое каруца. Это низенькая, плетеная тележка, в которую еще недавно впрягались обыкновенно шесть или восемь клячонок. Молдаван в усах и в бараньей шапке, сидя верхом на одной из них, поминутно кричал и хлопал бичом, и клячонки его бежали рысью довольно крупной. Если одна из них начинала приставать, то он отпрягал ее с ужасными проклятиями и бросал на дороге, не заботясь об ее участи. На обратном пути он уверен был найти ее на том же месте, спокойно пасущуюся на зеленой степи. Нередко случалось, что путешественник, выехавший из одной станции на осьми лошадях, приезжал на другую на паре. Так было лет пятнадцать тому назад. Ныне в обрусевшей Бессарабии переняли русскую упряжь и русскую телегу.)

Таковая каруца стояла у ворот острога в 1821 году, в одно из последних чисел сентября месяца. Жидовки, спустя рукава и шлепая туфлями, арнауты в своем оборванном и живописном наряде, стройные молдаванки с черноглазыми ребятами на руках окружали каруцу. Мужчины хранили молчание, женщины с жаром чего-то ожидали.

Ворота отворились, и несколько полицейских офицеров вышли на улицу; за ними двое солдат вывели скованного Кирджали.

Он казался лет тридцати. Черты смуглого лица его были правильны и суровы. Он был высокого росту, широкоплеч, и вообще в нем изображалась необыкновенная физическая сила. Пестрая чалма наискось покрывала его голову, широкий пояс обхватывал тонкую поясницу; долиман из толстого синего сукна, широкие складки рубахи, падающие выше колен, и красивые туфли составляли остальной его наряд. Вид его был горд и спокоен.

Один из чиновников, краснорожий старичок в полинялом мундире, на котором болтались три пуговицы, прищемил оловянными очками багровую шишку, заменявшую у него нос, развернул бумагу и, гнуся, начал читать на молдавском языке. Время от времени он надменно взглядывал на скованного Кирджали, к которому, по-видимому, относилась бумага. Кирджали слушал его со вниманием. Чиновник кончил свое чтение, сложил бумагу, грозно прикрикнул на народ, приказав ему раздаться, — и велел подвезти каруцу. Тогда Кирджали обратился к нему и сказал ему несколько слов на молдавском языке; голос его дрожал, лицо изменилось; он заплакал и повалился в ноги полицейского чиновника, загремев своими цепями. Полицейский чиновник, испугавшись, отскочил; солдаты хотели было приподнять Кирджали, но он встал сам, подобрал свои кандалы, шагнул в каруцу и закричал: «Гайда!» Жандарм сел подле него, молдаван хлопнул бичом, и каруца покатилась.

— Что это говорил вам Кирджади? — спросил молодой чиновник у полицейского.

— Он (видите-с) просил меня, — отвечал, смеясь, полицейский, — чтоб я позаботился о его жене и ребенке, которые живут недалече от

Килии в болгарской деревне, — он боится, чтоб и они из-за него не пострадали. Народ глупый-с.

Рассказ молодого чиновника сильно меня тронул. Мне было жаль бедного Кирджали. Долго не знал я ничего об его участи. Несколько лет уже спустя встретился я с молодым чиновником. Мы разговорились о прошедшем.

— А что ваш приятель Кирджали? — спросил я, — не знаете ли, что с ним сделалось?

— Как не знать, — отвечал он и рассказал мне следующее:

Кирджали, привезенный в Яссы, представлен был паше, который присудил его быть посажену на кол.

Казнь отсрочили до какого-то праздника. Покамест заключили его в тюрьму.

Невольника стерегли семеро турок (люди простые и в душе такие же разбойники, как и Кирджали); они уважали его и с жадностию, общею всему Востоку, слушали его чудные рассказы.

Между стражами и невольником завелась тесная связь. Однажды Кирджали сказал им: «Братья! час мой близок. Никто своей судьбы не избежит. Скоро я с вами расстанусь. Мне хотелось бы вам оставить что-нибудь на память».

Турки развесили уши.

— Братья, — продолжал Кирджали, — три года тому назад, как я разбойничал с покойным Михайлаки, мы зарыли в степи недалеко от Ясс котел с гальбинами. Видно, ни мне, ни ему не владеть этим котлом. Так и быть: возьмите его себе и разделите полюбовно.

Турки чуть с ума не сошли. Пошли толки, как им будет найти заветное место? Думали, думали и положили, чтобы Кирджали сам их повел.

Настала ночь. Турки сняли оковы с ног невольника, связали ему руки веревкою и с ним отправились из города в степь.

Кирджали их повел, держась одного направления, от одного кургана к другому. Они шли долго. Наконец Кирджали остановился близ широкого камня, отмерил двадцать шагов на полдень, топнул и сказал: «Здесь».

Турки распорядились. Четверо вынули свои атаганы и начали копать землю. Трое остались на страже. Кирджали сел на камень и стал смотреть на их работу.

— Ну что? скоро ли? — спрашивал он, — дорылись ли?

— Нет, еще, — отвечали турки и работали так, что пот лил с них градом.

Кирджали стал оказывать нетерпение.

— Экой народ, — говорил он. — И землю-то копать порядочно не умеют. Да у меня дело было бы кончено в две минуты. Дети! развяжите мне руки, дайте атаган.

Турки призадумались и стали советоваться.

— Что же? (решили они) развяжем ему руки, дадим атаган. Что за беда? Он один, нас семеро. — И турки развязали ему руки и дали ему атаган.

Наконец Кирджали был свободен и вооружен. Что-то должен он был почувствовать!.. Он стал проворно копать, сторожа ему помогали... Вдруг он в одного из них вонзил свой атаган и, оставя булат в его груди, выхватил из-за его пояса два пистолета.

Остальные шесть, увидя Кирджали вооруженного двумя пистолетами, разбежались.

Кирджали ныне разбойничает около Ясс. Недавно писал он господарю, требуя от него пяти тысяч левов и грозясь, в случае неисправности в платеже, зажечь Яссы и добраться до самого господаря. Пять тысяч левов были ему доставлены.

Каков Кирджали?

РОСЛАВЛЕВ

Читая «Рославлева», с изумлением увидела я, что завязка его основана на истинном происшествии, слишком для меня известном. Некогда я была другом несчастной женщины, выбранной г. Загоскиным в героини его повести. Он вновь обратил внимание публики на происшествие забытое, разбудил чувства негодования, усыпленные временем, и возмутил спокойствие могилы. Я буду защитницею тени, — и читатель извинит слабость пера моего, уважив сердечные мои побуждения. Буду принуждена много говорить о самой себе, потому что судьба моя долго была связана с участью бедной моей подруги.

Меня вывезли в свет зимою 1811 года. Не стану описывать первых моих впечатлений. Легко можно себе вообразить, что должна была чувствовать шестнадцатилетняя девушка, променяв антресоли и учителей на беспрерывные балы. Я предавалась вихрю веселия со всею живостию моих лет и еще не размышляла... Жаль: тогдашнее время стоило наблюдения.

Между девицами, выехавшими вместе со мною, отличалась княжна ** (г. Загоскин назвал ее Полиною, оставлю ей это имя). Мы скоро подружились вот по какому случаю.

Брат мой, двадцатидвухлетний малый, принадлежал сословию тогдашних франтов, он считался в Иностранной коллегии и жил в Москве, танцуя и повесничая. Он влюбился в Полину и упросил меня сблизить наши домы. Брат был идолом всего нашего семейства, а из меня делал, что хотел.

Сблизясь с Полиною из угождения к нему, вскоре я искренно к ней привязалась. В ней было много странного и еще более привлекательного. Я еще не понимала ее, а уже любила. Нечувствительно я стала смотреть ее глазами и думать ее мыслями.

Отец Полины был заслуженный человек, то есть ездил цугом и носил ключ и звезду, впрочем был ветрен и прост. Мать ее была, напротив, женщина степенная и отличалась важностию и здравым смыслом.

Полина являлась везде; она окружена была поклонниками; с нею любезничали — но она скучала, и скука придавала ей вид гордости и холодности. Это чрезвычайно шло к ее греческому лицу и к черным бровям. Я торжествовала, когда мои сатирические замечания наводили улыбку на это правильное и скучающее лицо.

Полина чрезвычайно много читала и без всякого разбора. Ключ от библиотеки отца ее был у ней. Библиотека большею частию состояла из сочинений писателей XVIII века. Французская словесность, от Монтескьё до романов Кребильона, была ей знакома. Руссо знала она наизусть. В библиотеке не было ни одной русской книги, кроме сочинений Сумарокова, которых Полина никогда не раскрывала. Она сказывала мне, что с трудом разбирала русскую печать, и, вероятно, ничего по-русски не читала, не исключая и стишков, поднесенных ей московскими стихотворцами.

Здесь позволю себе маленькое отступление. Вот уже, слава богу, лет тридцать, как бранят нас бедных за то, что мы по-русски не читаем и не умеем (будто бы) изъясняться на отечественном языке (NB: Автору «Юрия Милославского» грех повторять пошлые обвинения. Мы все прочли его, и, кажется, одной из нас обязан он и переводом своего романа на французский язык.) Дело в том, что мы и рады бы читать по-русски; но словесность наша, кажется, не старее Ломоносова и чрезвычайно еще ограниченна. Она, конечно, представляет нам несколько отличных поэтов, но нельзя же ото всех читателей требовать исключительной охоты к стихам. В прозе имеем мы только «Историю Карамзина»; первые два или три романа появились два или три года назад, между тем как во Франции, Англии и Германии книги одна другой замечательнее следуют одна за другой. Мы не видим даже и переводов; а если и видим, то, воля ваша, я все-таки предпочитаю оригиналы. Журналы наши занимательны для наших литераторов. Мы принуждены всё, известия и понятия, черпать из книг иностранных; таким образом и мыслим мы на языке иностранном (по крайней мере все те, которые мыслят и следуют за мыслями человеческого рода). В этом признавались мне самые известные наши литераторы. Вечные жалобы наших писателей на пренебрежение, в коем оставляем мы русские книги, похожи на жалобы русских торговок, негодующих на то, что мы шляпки наши покупаем у Сихлера и не довольствуемся произведениями костромских модисток. Обращаюсь к моему предмету.

Воспоминания светской жизни обыкновенно слабы и ничтожны даже в эпоху историческую. Однако ж появление в Москве одной путешественницы оставило во мне глубокое впечатление. Эта путешественница — m-me de Staël[75]. Она приехала летом, когда большая часть московских жителей разъехалась по деревням. Русское гостеприимство засуетилось; не знали, как угостить славную иностранку. Разумеется, давали ей обеды. Мужчины и дамы съезжались поглазеть на нее и были по большей части недовольны ею. Они видели в ней пятидесятилетнюю толстую бабу, одетую не по летам. Тон ее не понравился, речи показались слишком длинны, а рукава слишком коротки. Отец Полины, знавший m-me de Staël еще в Париже, дал ей обед, на который скликал всех наших московских умников. Тут увидела я сочинительницу «Корины». Она сидела на первом месте, облокотясь на стол, свертывая и развертывая прекрасными пальцами трубочку из бумаги. Она казалась не в духе, несколько раз принималась говорить и не могла разговориться. Наши умники ели и пили в свою меру и, казалось, были гораздо более довольны ухою князя, нежели беседою m-me de Staël. Дамы чинились. Те и другие только изредка прерывали молчание, убежденные в ничтожестве своих мыслей и оробевшие при европейской знаменитости. Во все время обеда Полина сидела как на иголках. Внимание гостей разделено было между осетром и m-me de Staël. Ждали от нее поминутно bon-mot[76]; наконец вырвалось у ней двусмыслие, и даже довольно смелое. Все подхватили его, захохотали, поднялся шепот удивления; князь был вне себя от радости. Я взглянула на Полину. Лицо

---

[75] мадам де Сталь (франц.).
[76] остроты (франц.).

ее пылало, и слезы показались на ее глазах. Гости встали из-за стола, совершенно примиренные с m-me de Staël: она сказала каламбур, который они поскакали развозить по городу.

«Что с тобою сделалось, ma chère?[77] — спросила я Полину, — неужели шутка, немножко вольная, могла до такой степени тебя смутить?» — «Ах, милая, — отвечала Полина, — я в отчаянии! Как ничтожно должно было показаться наше большое общество этой необыкновенной женщине! Она привыкла быть окружена людьми, которые ее понимают, для которых блестящее замечание, сильное движение сердца, вдохновенное слово никогда не потеряны; она привыкла к увлекательному разговору, высшей образованности. А здесь... Боже мой! Ни одной мысли, ни одного замечательного слова в течение трех часов! Тупые лица, тупая важность — и только! Как ей было скучно! Как она казалась утомленной! Она видела, чего им было надобно, что могли понять эти обезьяны просвещения, и кинула им каламбур. А они так и бросились! Я сгорела со стыда и готова была заплакать... Но пускай, — с жаром продолжала Полина, — пускай она вывезет об нашей светской черни мнение, которого они достойны. По крайней мере она видела наш добрый простой народ и понимает его. Ты слышала, что сказала она этому старому, несносному шуту, который из угождения к иностранке вздумал было смеяться над русскими бородами: «Народ, который, тому сто лет, отстоял свою бороду, отстоит в наше время и свою голову». Как она мила! Как я люблю ее! Как ненавижу ее гонителя!»

Не я одна заметила смущение Полины. Другие проницательные глаза остановились на ней в ту же самую минуту: черные глаза самой m-me de Staël. Не знаю, что подумала она, но только она подошла после обеда к моей подруге и с нею разговорилась. Чрез несколько дней m-me de Staël написала ей следующую записку:

Ma chère enfant, je suis toute malade. Il serait bien aimable à vous de venir me ranimer. Tâchez de l'obtenir de m-me votre mère et veuillez lui présenter les respects de votre amie de S[78].

Эта записка хранится у меня. Никогда Полина не объясняла мне своих сношений с m-me de Staël, несмотря на все мое любопытство. Она была без памяти от славной женщины, столь же добродушной, как и гениальной.

---

[77] моя дорогая (франц.).

[78] Дорогое дитя мое, я совсем больна. С вашей стороны было бы очень любезно, если бы вы зашли ко мне оживить меня. Постарайтесь получить на то позволение вашей матери и будьте добры передать ей почтительный привет от любящей вас де С. (франц.).

До чего доводит охота к злословию! Недавно рассказывала я все это в одном очень порядочном обществе. «Может быть, — заметили мне, — m-me de Staël была не что иное, как шпион Наполеонов, а княжна ** доставляла ей нужные сведения». — «Помилуйте, — сказала я, — m-me de Staël, десять лет гонимая Наполеоном, благородная добрая m-me de Staël, насилу убежавшая под покровительство русского императора, m-me de Staël, друг Шатобриана и Байрона, m-me de Staël будет шпионом у Наполеона!..» — «Очень, очень может статься, — возразила востроносая графиня Б. — Наполеон был такая бестия, а m-me de Staël претонкая штука!»

Все говорили о близкой войне и, сколько помню, довольно легкомысленно. Подражание французскому тону времен Людовика XV было в моде. Любовь к отечеству казалась педантством. Тогдашние умники превозносили Наполеона с фанатическим подобострастием и шутили над нашими неудачами. К несчастию, заступники отечества были немного простоваты; они были осмеяны довольно забавно и не имели никакого влияния. Их патриотизм ограничивался жестоким порицанием употребления французского языка в обществах, введения иностранных слов, грозными выходками противу Кузнецкого моста и тому подобным. Молодые люди говорили обо всем русском с презрением или равнодушием и, шутя, предсказывали России участь Рейнской конфедерации. Словом, общество было довольно гадко.

Вдруг известие о нашествии и воззвание государя поразили нас. Москва взволновалась. Появились простонародные листки графа Растопчина; народ ожесточился. Светские балагуры присмирели; дамы вструхнули. Гонители французского языка и Кузнецкого моста взяли в обществах решительный верх, и гостиные наполнились патриотами: кто высыпал из табакерки французский табак и стал нюхать русский; кто сжег десяток французских брошюрок, кто отказался от лафита и принялся за кислые щи. Все закаялись говорить по-французски; все закричали о Пожарском и Минине и стали проповедовать народную войну, собираясь на долгих отправиться в саратовские деревни.

Полина не могла скрывать свое презрение, как прежде не скрывала своего негодования. Такая проворная перемена и трусость выводили ее из терпения. На бульваре, на Пресненских прудах, она нарочно говорила по-французски; за столом в присутствии слуг нарочно оспоривала патриотическое хвастовство, нарочно говорила о многочисленности наполеоновых войск, о его военном гении. Присутствующие бледнели, опасаясь доноса, и спешили укорить ее в приверженности ко врагу отечества. Полина презрительно улыбалась. «Дай бог, — говорила она, — чтобы все русские любили свое отечество, как я его люблю». Она удивляла меня. Я всегда знала Полину скромной и молчаливой и не понимала, откуда взялась у ней такая смелость. «Помилуй, — сказала я однажды, — охота тебе вмешиваться не в наше дело. Пусть мужчины себе дерутся и кричат о политике; женщины на войну не ходят, и им дела нет до Бонапарта». Глаза ее засверкали. «Стыдись, — сказала она, — разве женщины не имеют отечества? разве нет у них отцов, братьев, мужьев? Разве кровь русская для нас чужда? Или ты полагаешь, что мы рождены для того только, чтоб нас на бале вертели в экосезах, а дома заставляли вышивать по канве собачек? Нет, я знаю, какое влияние женщина может иметь на мнение общественное или даже на сердце хоть одного человека. Я не признаю уничижения, к которому присуждают нас. Посмотри на m-me de Staël: Наполеон боролся с нею, как с неприятельскою силой... И дядюшка смеет еще насмехаться над ее робостию при приближении французской армии! «Будьте покойны, сударыня: Наполеон воюет против России, не противу вас...» Да! если б дядюшка попался в руки французам, то его бы пустили гулять по Пале-Роялю; но m-me de Staël в таком случае умерла бы в государственной темнице. А Шарлот Корде, а наша Марфа Посадница? а княгиня Дашкова? чем я ниже их? Уж, верно, не смелостию души и решительностью». Я слушала Полину с изумлением. Никогда не подозревала я в ней такого жара, такого честолюбия. Увы! К чему привели ее необыкновенные качества души и мужественная возвышенность ума? Правду сказал мой любимый писатель: Il n'est de bonheur que dans les voies communes[79].

Приезд государя усугубил общее волнение. Восторг патриотизма овладел наконец и высшим обществом. Гостиные превратились в палаты прений. Везде толковали о патриотических пожертвованиях. Повторяли бессмертную речь молодого графа Мамонова, пожертвовавшего всем своим имением. Некоторые маменьки после того заметили, что граф уже не такой завидный жених, но мы все были от него в восхищении. Полина бредила им. «Вы чем пожертвуете?» — спросила она раз у моего брата. «Я не владею еще моим имением, — отвечал мой повеса. — У меня всего навсе тридцать тысяч долгу: приношу их в жертву на алтарь отечества». Полина рассердилась. «Для некоторых людей, — сказала она, — и честь и отечество, все безделица. Братья их умирают на поле сражения, а они дурачатся в гостиных. Не знаю, найдется ли женщина, довольно низкая, чтоб позволить таким фиглярам притворяться перед нею в любви». Брат мой вспыхнул. «Вы слишком взыскательны, княжна, — возразил он. — Вы требуете, чтобы все видели в вас m-me de Staël и говорили бы вам тирады из «Корины». Знайте, что кто шутит с женщиною, тот может не шутить

---

[79] Счастье можно найти лишь на проторенных дорогах (франц.).

перед лицом отечества и его неприятелей». С этим словом он отвернулся. Я думала, что они навсегда поссорились, но ошиблась: Полине понравилась дерзость моего брата, она простила ему неуместную шутку за благородный порыв негодования и, узнав через неделю, что он вступил в Мамоновский полк, сама просила, чтоб я их помирила. Брат был в восторге. Он тут же предложил ей свою руку. Она согласилась, но отсрочила свадьбу до конца войны. На другой день брат мой отправился в армию.

Наполеон шел на Москву; наши отступали; Москва тревожилась. Жители ее выбирались один за другим. Князь и княгиня уговорили матушку вместе ехать в их скую деревню.

Мы приехали в **, огромное село в двадцати верстах от губернского города. Около нас было множество соседей, большею частию приезжих из Москвы. Всякий день все бывали вместе; наша деревенская жизнь походила на городскую. Письма из армии приходили почти каждый день, старушки искали на карте местечка бивака и сердились, не находя его. Полина занималась одною политикою, ничего не читала, кроме газет, растопчинских афишек, и не открывала ни одной книги. Окруженная людьми, коих понятия были ограничены, слыша постоянно суждения нелепые и новости неосновательные, она впала в глубокое уныние; томность овладела ее душою. Она отчаивалась в спасении отечества, казалось ей, что Россия быстро приближается к своему падению, всякая реляция усугубляла ее безнадежность, полицейские объявления графа Растопчина выводили ее из терпения. Шутливый слог их казался ей верхом неприличия, а меры, им принимаемые, варварством нестерпимым. Она не постигала мысли тогдашнего времени, столь великой в своем ужасе, мысли, которой смелое исполнение спасло Россию и освободило Европу. Целые часы проводила она, облокотясь на карту России, рассчитывая версты, следуя за быстрыми движениями войск. Странные мысли приходили ей в голову. Однажды она мне объявила о своем намерении уйти из деревни, явиться в французский лагерь, добраться до Наполеона и там убить его из своих рук. Мне не трудно было убедить ее в безумстве такого предприятия — но мысль о Шарлоте Корде долго ее не оставляла.

Отец ее, как уже вам известно, был человек довольно легкомысленный; он только и думал, чтоб жить в деревне как можно более по-московски. Давал обеды, завел théâtre de société[80], где разыгрывал французские proverbes[81] и всячески старался разнообразить

---

[80] домашний любительский театр (франц.).
[81] пословицы (франц.).

наши удовольствия. В город прибыло несколько пленных офицеров. Князь обрадовался новым лицам и выпросил у губернатора позволение поместить их у себя...

Их было четверо — трое довольно незначащие люди, фанатически преданные Наполеону, нестерпимые крикуны, правда, выкупающие свою хвастливость почтенными своими ранами. Но четвертый был человек чрезвычайно примечательный.

Ему было тогда 26 лет. Он принадлежал хорошему дому. Лицо его было приятно. Тон очень хороший. Мы тотчас отличили его. Ласки принимал он с благородной скромностью. Он говорил мало, но речи его были основательны. Полине он понравился тем, что первый мог ясно ей истолковать военные действия и движения войск. Он успокоил ее, удостоверив, что отступление русских войск было не бессмысленный побег и столько же беспокоило французов, как ожесточало русских. «Но вы, — спросила его Полина, — разве вы не убеждены в непобедимости вашего императора?» Сеникур (назову же и его именем, данным ему г-м Загоскиным) — Сеникур, несколько помолчав, отвечал, что в его положении откровенность была бы затруднительна. Полина настоятельно требовала ответа. Сеникур признался, что устремление французских войск в сердце России могло сделаться для них опасно, что поход 1812 года, кажется, кончен, но не представляет ничего решительного. «Кончен! — возразила Полина, — а Наполеон все еще идет вперед, а мы всё еще отступаем!» «Тем хуже для нас», — отвечал Сеникур и заговорил о другом предмете.

Полина, которой надоели и трусливые предсказания, и глупое хвастовство наших соседей, жадно слушала суждения, основанные на знании дела и беспристрастии. От брата получала я письма, в которых толку невозможно было добиться. Они были наполнены шутками, умными и плохими, вопросами о Полине, пошлыми уверениями в любви и проч. Полина, читая их, досадовала и пожимала плечами. «Признайся, — говорила она, — что твой Алексей препустой человек. Даже в нынешних обстоятельствах, с полей сражений находит он способ писать ничего не значащие письма, какова же будет мне его беседа в течение тихой семейственной жизни?» Она ошиблась. Пустота братниных писем происходила не от его собственного ничтожества, но от предрассудка, впрочем самого оскорбительного для нас: он полагал, что с женщинами должно употреблять язык, приноровленный к слабости их понятий, и что важные предметы до нас не касаются. Таковое мнение везде было бы невежливо, но у нас оно и глупо. Нет сомнения, что русские женщины лучше образованны, более читают, более мыслят, нежели мужчины, занятые бог знает чем.

Разнеслась весть о Бородинском сражении. Все толковали о нем; у всякого было свое самое верное известие, всякий имел список убитым и раненым. Брат нам не писал. Мы чрезвычайно были встревожены. Наконец один из развозителей всякой всячины приехал нас известить о его взятии в плен, а между тем пошепту объявил Полине о его смерти. Полина глубоко огорчилась. Она не была влюблена в моего брата и часто на него досадовала, но в эту минуту она в нем видела мученика, героя, и оплакивала втайне от меня. Насколько раз я застала ее в слезах. Это меня не удивляло, я знала, какое болезненное участие принимала она в судьбе страждущего нашего отечества. Я не подозревала, что было еще причиною ее горести.

Однажды утром гуляла я в саду; подле меня шел Сеникур; мы разговаривали о Полине. Я заметила, что он глубоко чувствовал ее необыкновенные качества и что ее красота сделала на него сильное впечатление. Я, смеясь, дала ему заметить, что положение его самое романическое. В плену у неприятеля раненый рыцарь влюбляется в благородную владетельницу замка, трогает ее сердце и наконец получает ее руку. «Нет, — сказал мне Сеникур, — княжна видит во мне врага России и никогда не согласится оставить свое отечество». В эту минуту Полина показалась в конце аллеи, мы пошли к ней навстречу. Она приближалась скорыми шагами. Бледность ее меня поразила.

«Москва взята», — сказала она мне, не отвечая на поклон Сеникура; сердце мое сжалось, слезы потекли ручьем. Сеникур молчал, потупя глаза. «Благородные, просвещенные французы, — продолжала она голосом, дрожащим от негодования, — ознаменовали свое торжество достойным образом. Они зажгли Москву.

— Москва горит уже два дни». — «Что вы говорите, — закричал Сеникур, — не может быть». — «Дождитесь ночи, — отвечала она сухо, — может быть, увидите зарево». — «Боже мой! Он погиб, — сказал Сеникур; как, разве вы не видите, что пожар Москвы есть гибель всему французскому войску, что Наполеону негде, нечем будет держаться, что он принужден будет скорее отступить сквозь разоренную, опустелую сторону при приближении зимы с войском расстроенным и недовольным! И вы могли думать, что французы сами изрыли себе ад! нет, нет, русские, русские зажгли Москву. Ужасное, варварское великодушие! Теперь все решено: ваше отечество вышло из опасности; но что будет с нами, что будет с нашим императором...»

Он оставил нас. Полина и я не могли опомниться. «Неужели, — сказала она, — Сеникур прав и пожар Москвы наших рук дело? Если так... О, мне можно гордиться именем россиянки! Вселенная изумится великой жертве! Теперь и падение наше мне не страшно, честь наша спасена;

никогда Европа не осмелится уже бороться с народом, который рубит сам себе руки и жжет свою столицу».

Глаза ее так и блистали, голос так и звенел. Я обняла ее, мы смешали слезы благородного восторга и жаркие моления за отечество. «Ты не знаешь? — сказала мне Полина с видом вдохновенным, — твой брат... он счастлив, он не в плену — радуйся: он убит за спасение России».

Я вскрикнула и упала без чувств в ее объятия...

АРАП ПЕТРА ВЕЛИКОГО

ГЛАВА I

Я в Париже:
Я начал жить, а не дышать.

Дмитриев.

Журнал путешественника.

В числе молодых людей, отправленных Петром Великим в чужие края, для приобретения сведений, необходимых государству преобразованному, находился его крестник, арап Ибрагим. Он обучался в парижском военном училище, выпущен был капитаном артиллерии, отличился в Испанской войне и, тяжело раненный, возвратился в Париж. Император посреди обширных своих трудов не переставал осведомляться о своем любимце и всегда получал лестные отзывы насчет его успехов и поведения. Петр был очень им доволен и неоднократно звал его в Россию, но Ибрагим не торопился. Он отговаривался различными предлогами, то раною, то желанием усовершенствовать свои познания, то недостатком в деньгах, и Петр снисходительствовал его просьбам, просил его заботиться о своем здоровье, благодарил за ревность к учению и, крайне бережливый в собственных своих расходах, не жалел для него своей казны, присовокупляя к червонцам отеческие советы и предостерегательные наставления.

По свидетельству всех исторических записок ничто не могло сравниться с вольным легкомыслием, безумством и роскошью французов того времени. Последние годы царствования Людовика XIV, ознаменованные строгой набожностию двора, важностию и приличием, не оставили никаких следов. Герцог Орлеанский, соединяя многие блестящие качества с пороками всякого рода, к несчастию, не имел и тени лицемерия. Оргии Пале-Рояля не были тайною для Парижа; пример был заразителен. На ту пору явился Law; алчность к деньгам соединилась с жаждою наслаждений и рассеянности; имения исчезали; нравственность гибла; французы смеялись и рассчитывали, и государство распадалось под игривые припевы сатирических водевилей.

Между тем общества представляли картину самую занимательную. Образованность и потребность веселиться сблизили все состояния. Богатство, любезность, слава, таланты, самая странность, всё, что подавало пищу любопытству или обещало удовольствие, было принято с одинаковой благосклонностью. Литература, ученость и философия оставляли тихий свой кабинет и являлись в кругу большого света угождать моде, управляя ее мнениями. Женщины царствовали, но уже не требовали обожания. Поверхностная вежливость заменила глубокое почтение. Проказы герцога Ришелье, Алкивиада новейших Афин, принадлежат истории и дают понятие о нравах сего времени.

> Temps fortuné, marqué par la licence,
> Où la folie, agitant son grelot,
> D'un pied léger parcourt toute la France,
> Où nul mortel ne daigne être dévot,
> Où l'on fait tout excepté pénitence[82].

Появление Ибрагима, его наружность, образованность и природный ум возбудили в Париже общее внимание. Все дамы желали видеть у себя le Nègre du czar[83] и ловили его наперехват; регент приглашал его не раз на свои веселые вечера; он присутствовал на ужинах, одушевленных молодостию Аруэта и старостию Шолье, разговорами Монтескье и Фонтенеля; не пропускал ни одного бала, ни одного праздника, ни одного первого представления, и предавался общему вихрю со всею пылкостию своих лет и своей породы. Но мысль променять это рассеяние, эти блестящие забавы на суровую простоту Петербургского двора не одна ужасала Ибрагима. Другие сильнейшие узы привязывали его к Парижу. Молодой африканец любил.

Графиня D., уже не в первом цвете лет, славилась еще своею красотою. Семнадцати лет, при выходе ее из монастыря, выдали ее за человека, которого она не успела полюбить и который впоследствии никогда о том не заботился. Молва приписывала ей любовников, но по снисходительному уложению света она пользовалась добрым именем, ибо нельзя было упрекнуть ее в каком-нибудь смешном или соблазнительном приключенье. Дом ее был самый модный. У ней соединялось лучшее парижское общество. Ибрагима представил ей молодой Мервиль, почитаемый вообще последним ее любовником, что и старался он дать почувствовать всеми способами.

Графиня приняла Ибрагима учтиво, но безо всякого особенного внимания; это польстило ему. Обыкновенно смотрели на молодого негра как на чудо, окружали его, осыпали приветствиями и вопросами, и это любопытство, хотя и прикрытое видом благосклонности, оскорбляло его самолюбие. Сладостное внимание женщин, почти единственная цель наших усилий, не только не радовало его сердца, но даже исполняло горечью и негодованием. Он чувствовал, что он для них род какого-то редкого зверя, творенья особенного, чужого, случайно перенесенного в мир, не имеющий с ним ничего общего. Он даже завидовал людям, никем не замеченным, и почитал их ничтожество благополучием.

Мысль, что природа не создала его для взаимной страсти, избавила его от самонадеянности и притязаний самолюбия, что придавало редкую прелесть обращению его с женщинами. Разговор его был прост и важен; он понравился графине D., которой надоели вечные шутки и тонкие намеки французского остроумия. Ибрагим часто бывал у ней. Мало-помалу она привыкла к наружности молодого негра и даже стала находить что-то приятное в этой курчавой голове, чернеющей посреди пудреных париков ее гостиной. (Ибрагим был ранен в голову и вместо парика носил повязку.) Ему было двадцать семь лет от роду; он был высок и строен, и не одна красавица заглядывалась на него с чувством более лестным, нежели простое любопытство, но предубежденный Ибрагим или ничего не замечал, или видел одно кокетство. Когда же взоры его встречались со взорами графини, недоверчивость его исчезала. Ее глаза выражали такое милое добродушие, ее обхождение с ним было так просто, так непринужденно, что невозможно было в ней подозревать и тени кокетства или насмешливости.

Любовь не приходила ему на ум, — а уже видеть графиню каждый день было для него необходимо. Он повсюду искал ее встречи, и встреча с нею казалась ему каждый раз неожиданной милостию неба. Графиня, прежде чем он сам, угадала его чувства. Что ни говори, а любовь без надежд и требований трогает сердце женское вернее всех расчетов обольщения. В присутствии Ибрагима графиня следовала за всеми его движениями, вслушивалась во все его речи; без него она задумывалась и впадала в обыкновенную свою рассеянность... Мервиль первый заметил эту взаимную склонность и поздравил Ибрагима. Ничто так не воспламеняет любви, как ободрительное замечание постороннего. Любовь слепа и, не доверяя самой себе, торопливо хватается за всякую опору. Слова Мервиля пробудили Ибрагима. Возможность обладать любимой женщиной доселе не представлялась его воображению; надежда вдруг озарила его душу; он влюбился без памяти. Напрасно графиня, испуганная исступлению его страсти, хотела противуставить ей увещания дружбы и советы благоразумия, она сама ослабевала. Неосторожные вознаграждения быстро следовали одно за другим. И наконец, увлеченная силою страсти, ею же внушенной, изнемогая под ее влиянием, она отдалась восхищенному Ибрагиму...

Ничто не скрывается от взоров наблюдательного света. Новая связь графини стала скоро всем известна. Некоторые дамы изумлялись ее выбору, многим казался он очень естественным. Одни смеялись, другие видели с ее стороны непростительную неосторожность. В первом упоении страсти Ибрагим и графиня ничего не замечали, но вскоре двусмысленные шутки мужчин и колкие замечания женщин стали до них доходить. Важное и холодное обращение Ибрагима доселе ограждало его от подобных нападений; он выносил их нетерпеливо и не знал, чем отразить. Графиня, привыкшая к уважению света, не могла хладнокровно видеть себя предметом сплетней и насмешек. Она то со слезами жаловалась Ибрагиму, то горько упрекала его, то умоляла за нее не вступаться, чтоб напрасным шумом не погубить ее совершенно.

Новое обстоятельство еще более запутало ее положение. Обнаружилось следствие неосторожной любви. Утешения, советы, предложения — все было истощено и все отвергнуто. Графиня видела неминуемую гибель и с отчаянием ожидала ее.

Как скоро положение графини стало известно, толки начались с новою силою. Чувствительные дамы ахали от ужаса; мужчины бились об заклад, кого родит графиня: белого ли, или черного ребенка. Эпиграммы сыпались насчет ее мужа, который один во всем Париже ничего не знал и ничего не подозревал.

Роковая минута приближалась. Состояние графини было ужасно. Ибрагим каждый день был у нее. Он видел, как силы душевные и телесные постепенно в ней исчезали. Ее слезы, ее ужас возобновлялись поминутно. Наконец она почувствовала первые муки. Меры были приняты наскоро. Графа нашли способ удалить. Доктор приехал. Два дня перед сим уговорили одну бедную женщину уступить в чужие руки новорожденного своего младенца; за ним послали поверенного. Ибрагим находился в кабинете близ самой спальни, где лежала несчастная графиня. Не смея дышать, он слышал ее глухие стенанья, шепот служанки и приказанья доктора. Она мучилась долго. Каждый стон ее раздирал его душу; каждый промежуток молчания обливал его ужасом... вдруг он услыхал слабый крик ребенка и, не имея силы удержать своего восторга, бросился в комнату графини — черный младенец лежал на постеле в ее ногах. Ибрагим к нему приблизился. Сердце его билось сильно. Он благословил сына дрожащею рукою. Графиня слабо улыбнулась и протянула ему слабую руку... но доктор, опасаясь для больной слишком сильных потрясений, оттащил Ибрагима от ее постели. Новорожденного положили в крытую корзину и вынесли из дому по потаенной лестнице. Принесли другого ребенка и поставили его колыбель в спальне роженицы. Ибрагим уехал немного успокоенный. Ждали графа. Он возвратился поздно, узнал о счастливом разрешении супруги и был очень доволен. Таким образом публика, ожидавшая соблазнительного шума, обманулась в своей надежде и была принуждена утешаться единым злословием.

Все вошло в обыкновенный порядок. Но Ибрагим чувствовал, что судьба его должна была перемениться и что связь его рано или поздно могла дойти до сведения графа D. В таком случае, что бы ни произошло, погибель графини была неизбежна. Он любил страстно и так же был любим; но графиня была своенравна и легкомысленна. Она любила не в первый раз. Отвращение, ненависть могли заменить в ее сердце чувства самые нежные. Ибрагим предвидел уже минуту ее охлаждения; доселе он не ведал ревности, но с ужасом ее предчувствовал; он воображал, что страдания разлуки должны быть менее мучительны, и уже намеревался разорвать несчастную связь, оставить Париж и отправиться в Россию, куда давно призывали его и Петр и темное чувство собственного долга.

ГЛАВА II

Дни, месяцы проходили, и влюбленный Ибрагим не мог решиться оставить им обольщенную женщину. Графиня час от часу более к нему привязывалась. Сын их воспитывался в отдаленной провинции. Сплетни света стали утихать, и любовники начинали наслаждаться бо́льшим спокойствием, молча помня минувшую бурю и стараясь не думать о будущем.

Однажды Ибрагим был у выхода герцога Орлеанского. Герцог, проходя мимо его, остановился и вручил ему письмо, приказав прочесть на досуге. Это было письмо Петра Первого. Государь, угадывая истинную причину его отсутствия, писал герцогу, что он ни в чем неволить Ибрагима не намерен, что предоставляет его доброй воле возвратиться в Россию или нет, но что во всяком случае он никогда не оставит прежнего своего питомца. Это письмо тронуло Ибрагима до глубины сердца. С той минуты участь его была решена. На другой день он объявил регенту свое намерение немедленно отправиться в Россию. «Подумайте о том, что делаете, — сказал ему герцог, — Россия не есть ваше отечество; не думаю, чтоб вам когда-нибудь удалось опять увидеть знойную вашу родину; но ваше долговременное пребывание во Франции сделало вас равно чуждым климату и образу жизни полудикой России. Вы не родились подданным Петра. Поверьте мне: воспользуйтесь его великодушным позволением.

Останьтесь во Франции, за которую вы уже проливали свою кровь, и будьте уверены, что и здесь ваши заслуги и дарования не останутся без достойного вознаграждения». Ибрагим искренно благодарил герцога, но остался тверд в своем намерении. «Жалею, — сказал ему регент, — но, впрочем, вы правы». Он обещал ему отставку и написал обо всем русскому царю.

Ибрагим скоро собрался в дорогу. Накануне своего отъезда провел он, по обыкновению, вечер у графини D. Она ничего не знала; Ибрагим не имел духа ей открыться. Графиня была спокойна и весела. Она несколько раз подзывала его к себе и шутила над его задумчивостью. После ужина все разъехались. Остались в гостиной графиня, ее муж да Ибрагим. Несчастный отдал бы все на свете, чтоб только остаться с нею наедине; но граф D., казалось, расположился у камина так спокойно, что нельзя было надеяться выжить его из комнаты. Все трое молчали. «Bonne nuit»[84], — сказала наконец графиня. Сердце Ибрагима стеснилось и вдруг почувствовало все ужасы разлуки. Он стоял неподвижно. «Bonne nuit, messieurs»[85], — повторила графиня. Он все не двигался... наконец глаза его потемнели, голова закружилась, он едва мог выйти из комнаты. Приехав домой, он почти в беспамятстве написал следующее письмо:

---

[84] Доброй ночи (франц.).
[85] Доброй ночи, господа (франц.).

«Я еду, милая Леонора, оставляю тебя навсегда. Пишу тебе, потому что не имею сил иначе с тобою объясниться.

Счастие мое не могло продолжиться. Я наслаждался им вопреки судьбе и природе. Ты должна была меня разлюбить; очарование должно было исчезнуть. Эта мысль меня всегда преследовала, даже в те минуты, когда, казалось, забывал я все, когда у твоих ног упивался я твоим страстным самоотвержением, твоею неограниченною нежностию... Легкомысленный свет беспощадно гонит на самом деле то, что дозволяет в теории: его холодная насмешливость, рано или поздно, победила бы тебя, смирила бы твою пламенную душу и ты наконец устыдилась бы своей страсти... что было б тогда со мною? Нет! лучше умереть, лучше оставить тебя прежде ужасной этой минуты...

Твое спокойствие мне всего дороже: ты не могла им наслаждаться, пока взоры света были на нас устремлены. Вспомни все, что ты вытерпела, все оскорбления самолюбия, все мучения боязни; вспомни ужасное рождение нашего сына. Подумай: должен ли я подвергать тебя долее тем же волнениям и опасностям? Зачем силиться соединить судьбу столь нежного, столь прекрасного создания с бедственной судьбою негра, жалкого творения, едва удостоенного названия человека?

Прости, Леонора, прости, милый, единственный друг. Оставляя тебя, оставляю первые и последние радости моей жизни. Не имею ни отечества, ни ближних. Еду в печальную Россию, где мне отрадою будет мое совершенное уединение. Строгие занятия, которым отныне предаюсь, если не заглушат, то по крайней мере будут развлекать мучительные воспоминания о днях восторгов и блаженства... Прости, Леонора — отрываюсь от этого письма, как будто из твоих объятий; прости, будь счастлива — и думай иногда о бедном негре, о твоем верном Ибрагиме».

В ту же ночь он отправился в Россию.

Путешествие не показалось ему столь ужасно, как он того ожидал. Воображение его восторжествовало над существенностию. Чем более удалялся он от Парижа, тем живее, тем ближе представлял он себе предметы, им покидаемые навек.

Нечувствительным образом очутился он на русской границе. Осень уже наступала. Но ямщики, несмотря на дурную дорогу, везли его с быстротою ветра, и в семнадцатый день своего путешествия прибыл он утром в Красное Село, чрез которое шла тогдашняя большая дорога.

Оставалось двадцать восемь верст до Петербурга. Пока закладывали лошадей, Ибрагим вошел в ямскую избу. В углу человек высокого росту, в зеленом кафтане, с глиняною трубкою во рту, облокотясь на стол, читал гамбургские газеты. Услышав, что кто-то вошел, он поднял голову. «Ба! Ибрагим? — закричал он, вставая с лавки. — Здорово, крестник!»

Ибрагим, узнав Петра, в радости к нему было бросился, но почтительно остановился. Государь приблизился, обнял его и поцеловал в голову. «Я был предуведомлен о твоем приезде, — сказал Петр, — и поехал тебе навстречу. Жду тебя здесь со вчерашнего дня». Ибрагим не находил слов для изъявления своей благодарности. «Вели же, — продолжал государь, — твою повозку везти за нами; а сам садись со мною и поедем ко мне». Подали государеву коляску. Он сел с Ибрагимом, и они поскакали. Чрез полтора часа они приехали в Петербург. Ибрагим с любопытством смотрел на новорожденную столицу, которая подымалась из болота по манию самодержавия. Обнаженные плотины, каналы без набережной, деревянные мосты повсюду являли недавнюю победу человеческой воли над супротивлением стихий. Дома казались наскоро построены. Во всем городе не было ничего великолепного, кроме Невы, не украшенной еще гранитною рамою, но уже покрытой военными и торговыми судами. Государева коляска остановилась у дворца так называемого Царицына сада. На крыльце встретила Петра женщина лет тридцати пяти, прекрасная собою, одетая по последней парижской моде. Петр поцеловал ее в губы и, взяв Ибрагима за руку, сказал: «Узнала ли ты, Катенька, моего крестника: прошу любить и жаловать его по-прежнему». Екатерина устремила на него черные, проницательные глаза и благосклонно протянула ему ручку. Две юные красавицы, высокие, стройные, свежие как розы стояли за нею и почтительно приблизились к Петру. «Лиза, — сказал он одной из них, — помнишь ли ты маленького арапа, который для тебя крал у меня яблоки в Ораньенбауме? вот он: представляю тебе его». Великая княжна засмеялась и покраснела. Пошли в столовую. В ожидании государя стол был накрыт. Петр со всем семейством сел обедать, пригласив и Ибрагима. Во время обеда государь с ним разговаривал о разных предметах, расспрашивал его о Испанской воине, о внутренних делах Франции, о регенте, которого он любил, хотя и осуждал в нем многое. Ибрагим отличался умом точным и наблюдательным. Петр был очень доволен его ответами; он вспомнил некоторые черты Ибрагимова младенчества и рассказывал их с таким добродушием и веселостью, что никто в ласковом и гостеприимном хозяине не мог бы подозревать героя полтавского, могучего и грозного преобразователя России.

После обеда государь, по русскому обыкновению, пошел отдохнуть. Ибрагим остался с императрицей и с великими княжнами. Он старался удовлетворить их любопытству, описывал образ парижской жизни, тамошние праздники и своенравные моды. Между тем некоторые из особ, приближенных к государю, собрались во дворец. Ибрагим узнал великолепного князя Меншикова, который, увидя арапа, разговаривающего с Екатериной, гордо на него покосился; князя Якова

Долгорукого, крутого советника Петра; ученого Брюса, прослывшего в народе русским Фаустом; молодого Рагузинского, бывшего своего товарища, и других пришедших к государю с докладами и за приказаниями.

Государь вышел часа через два. «Посмотрим, — сказал он Ибрагиму, — не позабыл ли ты своей старой должности. Возьми-ка аспидную доску да ступай за мною». Петр заперся в токарне и занялся государственными делами. Он по очереди работал с Брюсом, с князем Долгоруким, с генерал-полицмейстером Девиером и продиктовал Ибрагиму несколько указов и решений. Ибрагим не мог надивиться быстрому и твердому его разуму, силе и гибкости внимания и разнообразию деятельности. По окончанию трудов Петр вынул карманную книжку, дабы справиться, все ли им предполагаемое на сей день исполнено. Потом, выходя из токарни, сказал Ибрагиму: «Уж поздно; ты, я чай, устал: ночуй здесь, как бывало в старину. Завтра я тебя разбужу».

Ибрагим, оставшись наедине, едва мог опомниться. Он находился в Петербурге, он видел вновь великого человека, близ которого, еще не зная ему цены, провел он свое младенчество. Почти с раскаянием признавался он в душе своей, что графиня D., в первый раз после разлуки, не была во весь день единственной его мыслию. Он увидел, что новый образ жизни, ожидающий его, деятельность и постоянные занятия могут оживить его душу, утомленную страстями, праздностию и тайным унынием. Мысль быть сподвижником великого человека и совокупно с ним действовать на судьбу великого народа возбудила в нем в первый раз благородное чувство честолюбия. В сем расположении духа он лег в приготовленную для него походную кровать, и тогда привычное сновидение перенесло его в дальний Париж в объятия милой графини.

ГЛАВА III

На другой день Петр по своему обещанию разбудил Ибрагима и поздравил его капитан-лейтенантом бомбардирской роты Преображенского полка, в коей он сам был капитаном. Придворные окружили Ибрагима, всякий по-своему старался обласкать нового любимца. Надменный князь Меншиков дружески пожал ему руку. Шереметев осведомился о своих парижских знакомых, а Головин позвал обедать. Сему последнему примеру последовали и прочие, так что Ибрагим получил приглашений по крайней мере на целый месяц.

Ибрагим проводил дни однообразные, но деятельные — следственно, не знал скуки. Он день ото дня более привязывался к государю, лучше постигал его высокую душу. Следовать за мыслями великого человека есть наука самая занимательная. Ибрагим видал Петра в сенате, оспориваемого Бутурлиным и Долгоруким, разбирающего важные запросы законодательства, в адмиралтейской коллегии утверждающего морское величие России, видел его с Феофаном, Гавриилом Бужинским и Копиевичем, в часы отдохновения рассматривающего переводы иностранных публицистов или посещающего фабрику купца, рабочую ремесленника и кабинет ученого. Россия представлялась Ибрагиму огромной мастеровою, где движутся одни машины, где каждый работник, подчиненный заведенному порядку, занят своим делом. Он почитал и себя обязанным трудиться у собственного станка и старался как можно менее сожалеть об увеселениях парижской жизни. Труднее было ему удалить от себя другое, милое воспоминание: часто думал он о графине D., воображал ее справедливое негодование, слезы и уныние... но иногда мысль ужасная стесняла его грудь: рассеяние большого света, новая связь, другой счастливец — он содрогался; ревность начинала бурлить в африканской его крови, и горячие слезы готовы были течь по его черному лицу.

Однажды утром сидел он в своем кабинете, окруженный деловыми бумагами, как вдруг услышал громкое приветствие на французском языке; Ибрагим с живостью оборотился, и молодой Корсаков, которого он оставил в Париже, в вихре большого света, обнял его с радостными восклицаниями. «Я сей час только приехал, — сказал Корсаков, — и прямо прибежал к тебе. Все наши парижские знакомые тебе кланяются, жалеют о твоем отсутствии; графиня D. велела звать тебя непременно, и вот тебе от нее письмо». Ибрагим схватил его с трепетом и смотрел на знакомый почерк надписи, не смея верить своим глазам. «Как я рад, — продолжал Корсаков, — что ты еще не умер со скуки в этом варварском Петербурге! что здесь делают, чем занимаются? кто твой портной? заведена ли у вас хоть опера?» Ибрагим в рассеянии отвечал, что, вероятно, государь работает теперь на корабельной верфи. Корсаков засмеялся. «Вижу, — сказал он, — что тебе теперь не до меня; в другое время наговоримся досыта; еду представляться государю». С этим словом он перевернулся на одной ножке и выбежал из комнаты.

Ибрагим, оставшись наедине, поспешно распечатал письмо. Графиня нежно ему жаловалась, упрекая его в притворстве и недоверчивости. «Ты говоришь, — писала она, — что мое спокойствие дороже тебе всего на свете: Ибрагим! если б это была правда, мог ли бы ты подвергнуть меня состоянию, в которое привела меня нечаянная весть о твоем отъезде? Ты боялся, чтоб я тебя не удержала; будь уверен, что, несмотря на мою любовь, я умела бы ею пожертвовать твоему благополучию и тому, что почитаешь ты своим долгом».

Графиня заключала письмо страстными уверениями в любви и заклинала его хоть изредка ей писать, если уже не было для них надежды снова свидеться когда-нибудь.

Ибрагим двадцать раз перечел это письмо, с восторгом целуя бесценные строки. Он горел нетерпением услышать что-нибудь об графине и собрался ехать в адмиралтейство, надеясь там застать еще Корсакова, но дверь отворилась, и сам Корсаков явился опять; он уже представлялся государю — и по своему обыкновению казался очень собою доволен. «Entre nous[86], — сказал он Ибрагиму, — государь престранный человек; вообрази, что я застал его в какой-то холстяной фуфайке, на мачте нового корабля, куда принужден я был карабкаться с моими депешами. Я стоял на веревочной лестнице и не имел довольно места, чтоб сделать приличный реверанс, и совершенно замешался, что отроду со мной не случалось. Однако ж государь, прочитав бумаги, посмотрел на меня с головы до ног и, вероятно, был приятно поражен вкусом и щегольством моего наряда; по крайней мере он улыбнулся и позвал меня на сегодняшнюю ассамблею. Но я в Петербурге совершенный чужестранец, во время шестилетнего отсутствия я вовсе позабыл здешние обыкновения, пожалуйста будь моим ментором, заезжай за мной и представь меня». Ибрагим согласился и спешил обратить разговор к предмету, более для него занимательному. «Ну, что графиня D.?» — «Графиня? она, разумеется, сначала очень была огорчена твоим отъездом; потом, разумеется, мало-помалу утешилась и взяла себе нового любовника; знаешь кого? длинного маркиза R.; что же ты вытаращил свои арапские белки? или все это кажется тебе странным; разве ты не знаешь, что долгая печаль не в природе человеческой, особенно женской; подумай об этом хорошенько, а я пойду, отдохну с дороги; не забудь же за мною заехать».

Какие чувства наполнили душу Ибрагима? ревность? бешенство? отчаянье? нет; но глубокое, стесненное уныние. Он повторял себе: «Это я предвидел, это должно было случиться». Потом открыл письмо графини, перечел его снова, повесил голову и горько заплакал. Он плакал долго. Слезы облегчили его сердце. Посмотрев на часы, увидел он, что время ехать. Ибрагим был бы очень рад избавиться, но ассамблея была дело должностное, и государь строго требовал присутствия своих приближенных. Он оделся и поехал за Корсаковым.

---

[86] Между нами (франц.).

Корсаков сидел в шлафорке, читая французскую книгу. «Так рано», — сказал он Ибрагиму, увидя его. «Помилуй, — отвечал тот, — уж половина шестого; мы опоздаем; скорей одевайся и поедем». Корсаков засуетился, стал звонить изо всей мочи; люди сбежались; он стал поспешно одеваться. Француз-камердинер подал ему башмаки с красными каблуками, голубые бархатные штаны, розовый кафтан, шитый блестками; в передней наскоро пудрили парик, его принесли. Корсаков всунул в него стриженую головку, потребовал шпагу и перчатки, раз десять перевернулся перед зеркалом и объявил Ибрагиму, что он готов. Гайдуки подали им медвежие шубы, и они поехали в Зимний дворец.

Корсаков осыпал Ибрагима вопросами, кто в Петербурге первая красавица? кто славится первым танцовщиком? какой танец нынче в моде? Ибрагим весьма неохотно удовлетворял его любопытству. Между тем они подъехали ко дворцу. Множество длинных саней, старых колымаг и раззолоченных карет стояло уже на лугу. У крыльца толпились кучера в ливрее и в усах, скороходы, блистающие мишурою, в перьях и с булавами, гусары, пажи, неуклюжие гайдуки, навьюченные шубами и муфтами своих господ: свита необходимая, по понятиям бояр тогдашнего времени. При виде Ибрагима поднялся между ними общий шепот: «Арап, арап, царский арап!» Он поскорее провел Корсакова сквозь эту пеструю челядь. Придворный лакей отворил им двери настичь, и они вошли в залу. Корсаков остолбенел... В большой комнате, освещенной сальными свечами, которые тускло горели в облаках табачного дыму, вельможи с голубыми лентами через плечо, посланники, иностранные купцы, офицеры гвардии в зеленых мундирах, корабельные мастера в куртках и полосатых панталонах толпою двигались взад и вперед при беспрерывном звуке духовой музыки. Дамы сидели около стен; молодые блистали всею роскошью моды. Золото и серебро блистало на их робах; из пышных фижм возвышалась, как стебель, их узкая талия; алмазы блистали в ушах, в длинных локонах и около шеи. Они весело повертывались направо и налево, ожидая кавалеров и начала танцев. Барыни пожилые старались хитро сочетать новый образ одежды с гонимою стариною: чепцы сбивались на соболью шапочку царицы Натальи Кириловны, а робронды и мантильи как-то напоминали сарафан и душегрейку. Казалось, они более с удивлением, чем с удовольствием, присутствовали на сих нововведенных игрищах и с досадою косились на жен и дочерей голландских шкиперов, которые в канифасных юбках и в красных кофточках вязали свой чулок, между собою смеясь и разговаривая как будто дома. Корсаков не мог опомниться. Заметя новых гостей, слуга подошел к ним с пивом и стаканами на подносе. «Que diable est-ce que tout cela?»⁸⁷, — спрашивал Корсаков вполголоса у Ибрагима. Ибрагим не мог не улыбнуться. Императрица и великие княжны, блистая красотою и нарядами, прохаживались между рядами гостей, приветливо с ними разговаривая. Государь был в другой комнате. Корсаков, желая ему показаться, насилу мог туда пробраться сквозь беспрестанно движущуюся толпу. Там сидели большею частию иностранцы, важно покуривая свои глиняные трубки и опоражнивая глиняные кружки. На столах расставлены были бутылки пива и вина, кожаные мешки с табаком, стаканы с пуншем и шахматные доски. За одним из сих столов Петр играл в шашки с одним широкоплечим английским шкипером. Они усердно салютовали друг друга залпами табачного дыма, и государь так был озадачен нечаянным ходом своего противника, что не заметил Корсакова, как он около их ни вертелся. В это время толстый господин, с толстым букетом на груди, суетливо вошел, объявил громогласно, что танцы начались,— и тотчас ушел; за ним последовало множество гостей, в том числе и Корсаков.

Неожиданное зрелище его поразило. Во всю длину танцевальной залы, при звуке самой плачевной музыки, дамы и кавалеры стояли в два ряда друг против друга; кавалеры низко кланялись, дамы еще ниже приседали, сперва прямо против себя, потом поворотясь направо, потом налево, там опять прямо, опять направо и так далее. Корсаков, смотря на сие затейливое препровождение времени, таращил глаза и кусал себе губы. Приседания и поклоны продолжались около получаса; наконец они прекратились, и толстый господин с букетом провозгласил, что церемониальные танцы кончились, и приказал музыкантам играть менуэт. Корсаков обрадовался и приготовился блеснуть. Между молодыми гостьями одна в особенности ему понравилась. Ей было около шестнадцати лет, она была одета богато, но со вкусом, и сидела подле мужчины пожилых лет, виду важного и сурового. Корсаков к ней разлетелся и просил сделать честь пойти с ним танцевать. Молодая красавица смотрела на него с замешательством и, казалось, не знала, что ему сказать. Мужчина, сидевший подле нее, нахмурился еще более. Корсаков ждал ее решения, но господин с букетом подошел к нему, отвел на средину залы и важно сказал: «Государь мой, ты провинился: во-первых, подошед к сей молодой персоне, не отдав ей три должные реверанса; а во-вторых, взяв на себя самому ее выбрать, тогда как в менуэтах право сие подобает даме, а не кавалеру; сего ради имеешь ты быть весьма наказан, именно должен выпить кубок большого орла».

---

⁸⁷ Что за чертовщина все это? (франц.).

Корсаков час от часу более дивился. В одну минуту гости его окружили, шумно требуя немедленного исполнения закона. Петр, услыша хохот и сии крики, вышел из другой комнаты, будучи большой охотник лично присутствовать при таковых наказаниях. Перед ним толпа раздвинулась, и он вступил в круг, где стоял осужденный и перед ним маршал ассамблеи с огромным кубком, наполненным мальвазии. Он тщетно уговаривал преступника добровольно повиноваться закону. «Ага, — сказал Петр, увидя Корсакова, — попался, брат, изволь же, мосье, пить и не морщиться». Делать было нечего. Бедный щеголь, не переводя духу, осушил весь кубок и отдал его маршалу. «Послушай, Корсаков, — сказал ему Петр, — штаны-то на тебе бархатные, каких и я не ношу, а я тебя гораздо богаче. Это мотовство; смотри, чтоб я с тобой не побранился». Выслушав сей выговор, Корсаков хотел выйти из кругу, но зашатался и чуть не упал, к неописанному удовольствию государя и всей веселой компании. Сей эпизод не только не повредил единству и занимательности главного действия, но еще оживил его. Кавалеры стали шаркать и кланяться, а дамы приседать и постукивать каблучками с большим усердием и уж вовсе не наблюдая каданса. Корсаков не мог участвовать в общем веселии. Дама, им выбранная, по повелению отца своего, Гаврилы Афанасьевича, подошла к Ибрагиму и, потупя голубые глаза, робко подала ему руку. Ибрагим протанцевал с нею менуэт и отвел ее на прежнее место; потом, отыскав Корсакова, вывел его из залы, посадил в карету и повез домой. Дорогою Корсаков сначала невнятно лепетал: «Проклятая ассамблея!.. проклятый кубок большого орла!..» — но вскоре заснул крепким сном, не чувствовал, как он приехал домой, как его раздели и уложили; и проснулся на другой день с головною болью, смутно помня шарканья, приседания, табачный дым, господина с букетом и кубок большого орла.

ГЛАВА IV

Не скоро ели предки наши,
Не скоро двигались кругом
Ковши, серебряные чаши
С кипящим пивом и вином.

Руслан и Людмила.

Теперь должен я благосклонного читателя познакомить с Гаврилою Афанасьевичем Ржевским. Он происходил от древнего боярского рода, владел огромным имением, был хлебосол, любил соколиную охоту; дворня его была многочисленна. Словом, он был коренной русский барин, но его выражению, не терпел немецкого духу и старался в домашнем быту сохранить обычаи любезной ему старины.

Дочери его было семнадцать лет от роду. Еще ребенком лишилась она матери. Она была воспитана по-старинному, то есть окружена мамушками, нянюшками, подружками и сенными девушками, шила золотом и не знала грамоты; отец ее, несмотря на отвращение свое от всего заморского, не мог противиться ее желанию учиться пляскам немецким у пленного шведского офицера, живущего в их доме. Сей заслуженный танцмейстер имел лет пятьдесят от роду, правая нога была у него прострелена под Нарвою и потому была не весьма способна к менуэтам и курантам, зато левая с удивительным искусством и легкостию выделывала самые трудные па. Ученица делала честь ее стараниям. Наталья Гавриловна славилась на ассамблеях лучшею танцовщицей, что и было отчасти причиною проступку Корсакова, который на другой день приезжал извиняться перед Гаврилою Афанасьевичем; но ловкость и щегольство молодого франта не понравились гордому боярину, который и прозвал его остроумно французской обезьяною.

День был праздничный. Гаврила Афанасьевич ожидал несколько родных и приятелей. В старинной зале накрывали длинный стол. Гости съезжались с женами и дочерьми, наконец освобожденными от затворничества домашнего указами государя и собственным его примером. Наталья Гавриловна поднесла каждому гостю серебряный поднос, уставленный золотыми чарочками, и каждый выпил свою, жалея, что поцелуй, получаемый в старину при таком случае, вышел уж из обыкновения. Пошли за стол. На первом месте, подле хозяина, сел тесть его, князь Борис Алексеевич Лыков, семидесятилетний боярин; прочие гости, наблюдая старшинство рода и тем поминая счастливые времена местничества, сели — мужчины по одной стороне, женщины по другой; на конце заняли свои привычные места: барская барыня в старинном шушуне и кичке; карлица, тридцатилетняя малютка, чопорная и сморщенная, и пленный швед в синем поношенном мундире. Стол, уставленный множеством блюд, был окружен суетливой и многочисленной челядью, между которою отличался дворецкий строгим взором, толстым брюхом и величавой неподвижностию. Первые минуты обеда посвящены были единственно на внимание к произведениям старинной нашей кухни, звон тарелок и деятельных ложек возмущал один общее безмолвие. Наконец, хозяин, видя, что время занять гостей приятною беседою, оборотился и спросил: «А где же Екимовна? Позвать ее сюда». Несколько слуг бросились было в разные стороны, но в ту же минуту старая женщина, набеленная и нарумяненная, убранная цветами и мишурою, в штофном робронде, с открытой шеей и грудью, вошла припевая и подплясывая. Ее появление произвело общее удовольствие.

— Здравствуй, Екимовна, — сказал князь Лыков, — каково поживаешь?

— Подобру-поздорову, кум: поючи да пляшучи, женишков поджидаючи.

— Где ты была, дура? — спросил хозяин.

— Наряжалась, кум, для дорогих гостей, для божия праздника, по царскому наказу, по боярскому приказу, на смех всему миру, по немецкому маниру.

При сих словах поднялся громкий хохот, и дура стала на свое место, за стулом хозяина.

— А дура-то врет, врет, да и правду соврет, — сказала Татьяна Афанасьевна, старшая сестра хозяина, сердечно им уважаемая. — Подлинно, нынешние наряды на смех всему миру. Коли уж и вы, батюшки, обрили себе бороду и надели кургузый кафтан, так про женское тряпье толковать, конечно, нечего: а, право, жаль сарафана, девичьей ленты и повойника. Ведь посмотреть на нынешних красавиц, и смех и жалость: волоски-то взбиты, что войлок, насалены, засыпаны французской мукою, животик перетянут так, что еле не перервется, исподницы напялены на обручи: в колымагу садятся бочком; в двери входят — нагибаются. Ни стать, ни сесть, ни дух перевести — сущие мученицы, мои голубушки.

— Ох, матушка Татьяна Афанасьевна, — сказал Кирила Петрович Т., бывший в Рязани воевода, где нажил себе три тысячи душ и молодую жену, то и другое с грехом пополам. — По мне жена как хочешь одевайся: хоть кутафьей, хоть болдыханом; только б не каждый месяц заказывала себе новые платья, а прежние бросала новешенькие. Бывало, внучке в приданое доставался бабушкин сарафан, а нынешние робронды — поглядишь — сегодня на барыне, а завтра на холопке. Что делать? разорение русскому дворянству! беда, да и только. — При сих словах он со вздохом посмотрел на свою Марью Ильиничну, которой, казалось, вовсе не нравились ни похвалы старине, ни порицания новейших обычаев. Прочие красавицы разделяли ее неудовольствие, но молчали, ибо скромность почиталась тогда необходимой принадлежностию молодой женщины.

— А кто виноват, — сказал Гаврила Афанасьевич, напеня кружку кислых щей. — Не мы ли сами? Молоденькие бабы дурачатся, а мы им потакаем.

— А что нам делать, коли не наша воля? — возразил Кирила Петрович. — Иной бы рад был запереть жену в тереме, а ее с барабанным боем требуют на ассамблею; муж за плетку, а жена за наряды. Ох, уж эти ассамблеи! наказал нас ими господь за прегрешения наши.

Марья Ильинична сидела как на иголках; язык у нее так и свербел; наконец она не вытерпела и, обратясь к мужу, спросила его с кисленькой улыбкою, что находит он дурного в ассамблеях?

— А то в них дурно, — отвечал разгоряченный супруг, — что с тех пор, как они завелись, мужья не сладят с женами. Жены позабыли слово апостольское: жена да убоится своего мужа; хлопочут не о хозяйстве, а об обновах; не думают, как бы мужу угодить, а как бы приглянуться офицерам-вертопрахам. Да и прилично ли, сударыня, русской боярыне или боярышне находиться вместе с немцами-табачниками да с их работницами? Слыхано ли дело, до ночи плясать и разговаривать с молодыми мужчинами? и добро бы еще с родственниками, а то с чужими, с незнакомыми.

— Сказал бы словечко, да волк недалечко, — сказал, нахмурясь, Гаврила Афанасьевич. — А признаюсь — ассамблеи и мне не по нраву: того и гляди, что на пьяного натолкнешься, аль и самого на смех пьяным напоят. Того и гляди, чтоб какой-нибудь повеса не напроказил чего с дочерью; а нынче молодежь так избаловалась, что ни на что не похоже. Вот, например, сын покойного Евграфа Сергеевича Корсакова на прошедшей ассамблее наделал такого шуму с Наташей, что привел меня в краску. На другой день, гляжу, катят ко мне прямо на двор; я думал, кого-то бог несет — уж не князя ли Александра Даниловича? Не тут-то было: Ивана Евграфовича! небось не мог остановиться у ворот да потрудиться пешком дойти до крыльца — куды! влетел! расшаркался, разболтался!.. Дура Екимовна уморительно его передразнивает; кстати: представь, дура, заморскую обезьяну.

Дура Екимовна схватила крышку с одного блюда, взяла под мышку будто шляпу и начала кривляться, шаркать и кланяться во все стороны, приговаривая: «мусье... мамзель... ассамблея... пардон». Общий и продолжительный хохот снова изъявил удовольствие гостей.

— Ни дать ни взять — Корсаков, — сказал старый князь Лыков, отирая слезы смеха, когда спокойствие мало-помалу восстановилось. — А что греха таить? Не он первый, не он последний воротился из неметчины на святую Русь скоморохом. Чему там научаются наши дети? Шаркать, болтать бог весть на каком наречии, не почитать старших да волочиться за чужими женами. Изо всех молодых людей, воспитанных в чужих краях (прости господи), царский арап всех более на человека походит.

— Конечно, — заметил Гаврила Афанасьевич, — человек он степенный и порядочный, не чета ветрогону... Это кто еще въехал в ворота на двор? Уж не опять ли обезьяна заморская? Вы что зеваете, скоты? — продолжал он, обращаясь к слугам, — бегите, отказать ему; да чтоб и впредь...

— Старая борода, не бредишь ли? — прервала дура Екимовна. — Али ты слеп: сани-то государевы, царь приехал.

Гаврила Афанасьевич встал поспешно из-за стола; все бросились к окнам; и в самом деле увидели государя, который всходил на крыльцо, опираясь на плечо своего денщика. Сделалась суматоха. Хозяин бросился навстречу Петра; слуги разбегались как одурелые, гости перетрусились, иные даже думали, как бы убраться поскорее домой. Вдруг в передней раздался громозвучный голос Петра, все утихло, и царь вошел в сопровождении хозяина, оторопелого от радости. «Здорово, господа», — сказал Петр с веселым лицом. Все низко поклонились. Быстрые взоры царя отыскали в толпе молодую хозяйскую дочь; он подозвал ее. Наталья Гавриловна приближилась довольно смело, но покраснев не только по уши, а даже по плеча. «Ты час от часу хорошеешь», — сказал ей государь и по своему обыкновению поцеловал ее в голову; потом, обратясь к гостям: «Что же? Я вам помешал. Вы обедали; прошу садиться опять, а мне, Гаврила Афанасьевич, дай-ка анисовой водки». Хозяин бросился к величавому дворецкому, выхватил из рук у него поднос, сам наполнил золотую чарочку и подал ее с поклоном государю. Петр, выпив, закусил кренделем и вторично пригласил гостей продолжать обед. Все заняли свои прежние места, кроме карлицы и барской барыни, которые не смели оставаться за столом, удостоенным царским присутствием. Петр сел подле хозяина и спросил себе щей. Государев денщик подал ему деревянную ложку, оправленную слоновой костью, ножик и вилку с зелеными костяными черенками, ибо Петр никогда не употреблял другого прибора, кроме своего. Обед, за минуту пред сим шумно оживленный весельем и говорливостию, продолжался в тишине и принужденности. Хозяин, из почтения и радости, ничего не ел, гости также чинились и с благоговением слушали, как государь по-немецки разговаривал с пленным шведом о походе 1701 года. Дура Екимовна, несколько раз вопрошаемая государем, отвечала с какою-то робкой холодностью, что (замечу мимоходом) вовсе не доказывало природной ее глупости. Наконец обед кончился. Государь встал, за ним и все гости. «Гаврила Афанасьевич! — сказал он хозяину: — Мне нужно с тобою поговорить наедине», — и, взяв его под руку, увел в гостиную и запер за собою дверь. Гости остались в столовой, шепотом толкуя об этом неожиданном посещении, и, опасаясь быть нескромными, вскоре разъехались один за другим, не поблагодарив хозяина за его хлеб-соль. Тесть его, дочь и сестра провожали их тихонько до порогу и остались одни в столовой, ожидая выхода государева.

ГЛАВА V

Чрез полчаса дверь отворилась, и Петр вышел. Важным наклонением головы ответствовал он на тройной поклон князя Лыкова, Татьяны Афанасьевны и Наташи и пошел прямо в переднюю. Хозяин подал ему красный его тулуп, проводил его до саней и на крыльце еще благодарил за оказанную честь. Петр уехал.

Возвратясь в столовую, Гаврила Афанасьевич казался очень озабочен. Сердито приказал он слугам скорее сбирать со стола, отослал Наташу в ее светлицу и, объявив сестре и тестю, что ему нужно с ними поговорить, повел их в опочивальню, где обыкновенно отдыхал он после обеда. Старый князь лег на дубовую кровать, Татьяна Афанасьевна села на старинные штофные кресла, придвинув под ноги скамеечку; Гаврила Афанасьевич запер все двери, сел на кровать в ногах князя Лыкова и начал вполголоса следующий разговор:

— Недаром государь ко мне пожаловал; угадайте, о чем он изволил со мною беседовать?

— Как нам знать, батюшка-братец, — сказала Татьяна Афанасьевна.

— Не приказал ли тебе царь ведать какое-либо воеводство? — сказал тесть. — Давно пора. Али предложил быть в посольстве? что же? ведь и знатных людей — не одних дьяков посылают к чужим государям.

— Нет, — отвечал зять, нахмурясь. — Я человек старого покроя, нынче служба наша не нужна, хоть, может быть, православный русский дворянин стоит нынешних новичков, блинников да басурманов, — но это статья особая.

— Так о чем же, братец, — сказала Татьяна Афанасьевна, — изволил он так долго с тобою толковать? Уж не беда ли какая с тобою приключилась? Господь упаси и помилуй!

— Беда не беда, а признаюсь, я было призадумался.

— Что же такое, братец? о чем дело?

— Дело о Наташе: царь приезжал ее сватать.

— Слава богу, — сказала Татьяна Афанасьевна, перекрестясь.— Девушка на выданье, а каков сват, таков и жених, — дай бог любовь да совет, а чести много. За кого же царь ее сватает?

— Гм, — крякнул Гаврила Афанасьевич, — за кого? то-то, за кого.

— А за кого же? — повторил князь Лыков, начинавший уже дремать.

— Отгадайте, — сказал Гаврила Афанасьевич.

— Батюшка-братец, — отвечала старушка, — как нам угадать? мало ли женихов при дворе: всякий рад взять за себя твою Наташу. Долгорукий, что ли?

— Нет, не Долгорукий.

— Да и бог с ним: больно спесив. Шеин, Троекуров?

— Нет, ни тот ни другой.

— Да и мне они не по сердцу: ветрогоны, слишком понабрались немецкого духу. Ну так Милославский?

— Нет, не он.

— И бог с ним: богат да глуп. Что же? Елецкий? Львов? нет? неужто Рагузинский? Воля твоя: ума не приложу. Да за кого ж царь сватает Наташу?

— За арапа Ибрагима.

Старушка ахнула и всплеснула руками. Князь Лыков приподнял голову с подушек и с изумлением повторил: «За арапа Ибрагима!»

— Батюшка-братец, — сказала старушка слезливым голосом, — не погуби ты своего родимого дитяти, не дай ты Наташеньки в когти черному диаволу.

— Но как же,— возразил Гаврила Афанасьевич,— отказать государю, который за то обещает нам свою милость, мне и всему нашему роду?

— Как, — воскликнул старый князь, у которого сон совсем прошел, — Наташу, внучку мою, выдать за купленного арапа!

— Он роду не простого, — сказал Гаврила Афанасьевич, — он сын арапского салтана. Басурмане взяли его в плен и продали в Цареграде, а наш посланник выручил и подарил его царю. Старший брат арапа приезжал в Россию с знатным выкупом и...

— Батюшка, Гаврила Афанасьевич, — перервала старушка, — слыхали мы сказку про Бову-королевича да Еруслана Лазаревича. Расскажи-тко нам лучше, как отвечал ты государю на его сватание.

— Я сказал, что власть его с нами, а наше холопье дело повиноваться ему во всем.

В эту минуту за дверью раздался шум. Гаврила Афанасьевич пошел отворить ее, но, почувствовав сопротивление, он сильно ее толкнул, дверь отворилась — и увидели Наташу, в обмороке простертую на окровавленном полу.

Сердце в ней замерло, когда государь заперся с ее отцом. Какое-то предчувствие шепнуло ей, что дело касается до нее, и когда Гаврила Афанасьевич отослал ее, объявив, что должен говорить ее тетке и деду, она не могла противиться влечению женского любопытства, тихо через внутренние покои подкралась к дверям опочивальни и не пропустила ни одного слова из всего ужасного разговора; когда же услышала последние отцовские слова, бедная девушка лишилась чувств и, падая, расшибла голову о кованый сундук, где хранилось ее приданое.

Люди сбежались; Наташу подняли, понесли в ее светлицу и положили на кровать. Через несколько времени она очнулась, открыла глаза, но не узнала ни отца, ни тетки. Сильный жар обнаружился, она твердила в бреду о царском арапе, о свадьбе — и вдруг закричала жалобным и пронзительным голосом: «Валериан, милый Валериан, жизнь моя! спаси меня: вот они, вот они!..» Татьяна Афанасьевна с беспокойством взглянула на брата, который побледнел, закусил губы и молча вышел из светлицы. Он возвратился к старому князю, который, не могши взойти на лестницу, оставался внизу.

— Что Наташа? — спросил он.

— Худо,— отвечал огорченный отец, — хуже, чем я думал: она в беспамятстве бредит Валерианом.

— Кто этот Валериан? — спросил встревоженный старик. — Неужели тот сирота, стрелецкий сын, что воспитывался у тебя в доме?

— Он сам, — отвечал Гаврила Афанасьевич, — на беду мою, отец его во время бунта спас мне жизнь, и черт меня догадал принять в свой дом проклятого волчонка. Когда, тому два году, по его просьбе, записали его в полк, Наташа, прощаясь с ним, расплакалась, а он стоял как окаменелый. Мне показалось это подозрительным, и я говорил о том сестре. Но с тех пор Наташа о нем не упоминала, а про него не было ни слуху, ни духу. Я думал, она его забыла; ан, видно, нет. Решено: она выйдет за арапа.

Князь Лыков не противуречил: это было бы напрасно. Он поехал домой; Татьяна Афанасьевна осталась у Наташиной постели; Гаврила Афанасьевич, послав за лекарем, заперся в своей комнате, и в его доме все стало тихо и печально.

Неожиданное сватовство удивило Ибрагима по крайней мере столь же, как и Гаврилу Афанасьевича. Вот как это случилось: Петр, занимаясь делами с Ибрагимом, сказал ему:

— Я замечаю, брат, что ты приуныл; говори прямо: чего тебе недостает? — Ибрагим уверил государя, что он доволен своей участью и лучшей не желает.

— Добро, — сказал государь, — если ты скучаешь безо всякой причины, так я знаю, чем тебя развеселить.

По окончанию работы Петр спросил Ибрагима:

— Нравится ли тебе девушка, с которой ты танцевал минавет на прошедшей ассамблее?

— Она, государь, очень мила и, кажется, девушка скромная и добрая.

— Так я ж тебя с нею познакомлю покороче. Хочешь ли ты на ней жениться?

— Я, государь?..

— Послушай, Ибрагим, ты человек одинокий, без роду и племени, чужой для всех, кроме одного меня. Умри я сегодня, завтра что с тобою будет, бедный мой арап? Надобно тебе пристроиться, пока есть еще время; найти опору в новых связях, вступить в союз с русским боярством.

— Государь, я счастлив покровительством и милостями вашего величества. Дай мне бог не пережить своего царя и благодетеля, более ничего не желаю; но если б и имел в виду жениться, то согласятся ли молодая девушка и ее родственники? моя наружность...

— Твоя наружность! какой вздор! чем ты не молодец? Молодая девушка должна повиноваться воле родителей, а посмотрим, что скажет старый Гаврила Ржевский, когда я сам буду твоим сватом? — При сих словах государь велел подавать сани и оставил Ибрагима, погруженного в глубокие размышления.

«Жениться! — думал африканец, — зачем же нет? ужели суждено мне провести жизнь в одиночестве и не знать лучших наслаждений и священнейших обязанностей человека потому только, что я родился под пятнадцатым градусом? Мне нельзя надеяться быть любимым: детское возражение! разве можно верить любви? разве существует она в женском, легкомысленном сердце? Отказавшись навек от милых заблуждений, я выбрал иные обольщения — более существенные. Государь прав: мне должно обеспечить будущую судьбу мою. Свадьба с молодою Ржевскою присоединит меня к гордому русскому дворянству, и я перестану быть пришельцем в новом моем отечестве. От жены я не стану требовать любви, буду довольствоваться ее верностью, а дружбу приобрету постоянной нежностию, доверенностию и снисхождением».

Ибрагим, по своему обыкновению, хотел заняться делом, но воображение его слишком было развлечено. Он оставил бумаги и пошел бродить по невской набережной. Вдруг услышал он голос Петра; оглянулся и увидел государя, который, отпустив сани, шел за ним с веселым видом. «Все, брат, кончено, — сказал Петр, взяв его под руку. — Я тебя сосватал. Завтра поезжай к своему тестю; но смотри, потешь его боярскую спесь; оставь сани у ворот; пройди через двор пешком; поговори с ним о его заслугах, о знатности — и он будет от тебя без памяти. А теперь, — продолжал он, потряхивая дубинкою, — заведи меня к плуту Данилычу, с которым надо мне переведаться за его новые проказы».

Ибрагим, сердечно отблагодарив Петра за его отеческую заботливость о нем, довел его до великолепных палат князя Меншикова и возвратился домой.

ГЛАВА VI

Тихо теплилась лампада перед стеклянным кивотом, в коем блистали золотые и серебряные оклады наследственных икон. Дрожащий свет ее слабо озарял занавешенную кровать и столик, уставленный склянками с ярлыками. У печки сидела служанка за самопрялкою, и легкий шум ее веретена прерывал один тишину светлицы.

— Кто здесь? — произнес слабый голос. Служанка встала тотчас, подошла к кровати и тихо приподняла полог. — Скоро ли рассветет? — спросила Наталья.

— Теперь уже полдень, — отвечала служанка.

— Ах боже мой, отчего же так темно?

— Окна закрыты, барышня.

— Дай же мне поскорее одеваться.

— Нельзя, барышня, дохтур не приказал.

— Разве я больна? давно ли?

— Вот уж две недели.

— Неужто? а мне казалось, будто я вчера только легла...

Наташа умолкла; она старалась собрать рассеянные мысли. Что-то с нею случилось, но что именно? не могла вспомнить. Служанка все стояла перед нею, ожидая приказания. В это время раздался снизу глухой шум.

— Что такое? — спросила больная.

— Господа откушали, — отвечала служанка; — встают из-за стола. Сейчас придет сюда Татьяна Афанасьевна.

Наташа, казалось, обрадовалась; она махнула слабою рукою. Служанка задернула занавес и села опять за самопрялку.

Через несколько минут из-за двери показалась голова в белом широком чепце с темными лентами, и спросили вполголоса:

— Что Наташа?

— Здравствуй, тетушка, — сказала тихо больная; и Татьяна Афанасьевна к ней поспешила.

— Барышня в памяти, — сказала служанка, осторожно придвигая кресла.

Старушка со слезами поцеловала бледное, томное лицо племянницы и села подле нее. Вслед за нею немец-лекарь, в черном кафтане и в ученом парике, вошел, пощупал у Наташи пульс и объявил по-латыни, а потом и по-русски, что опасность миновалась. Он потребовал бумаги и чернильницы, написал новый рецепт и уехал, а старушка встала и, снова поцеловав Наталью, с доброю вестию тотчас отправилась вниз к Гавриле Афанасьевичу.

В гостиной, в мундире при шпаге, с шляпою в руках, сидел царский арап, почтительно разговаривая с Гаврилою Афанасьевичем. Корсаков, растянувшись на пуховом диване, слушал их рассеянно и дразнил заслуженную борзую собаку; наскуча сим занятием, он подошел к зеркалу, обыкновенному прибежищу его праздности, и в нем увидел Татьяну Афанасьевну, которая из-за двери делала брату незамечаемые знаки.

— Вас зовут, Гаврила Афанасьевич, — сказал Корсаков, обратясь к нему и перебив речь Ибрагима. Гаврила Афанасьевич тотчас пошел к сестре и притворил за собою дверь.

— Дивлюсь твоему терпению, — сказал Корсаков Ибрагиму. — Битый час слушаешь ты бредни о древности рода Лыковых и Ржевских и еще присовокупляешь к тому свои нравоучительные примечания! На твоем месте j'aurais planté là[88] старого враля и весь его род, включая тут же и Наталию Гавриловну, которая жеманится, притворяется больной, une petite santé...[89] Скажи по совести, ужели ты влюблен в эту маленькую mijaurée[90]? Послушай, Ибрагим, последуй хоть раз моему совету; право, я благоразумнее, чем кажусь. Брось эту блажную мысль. Не женись. Мне сдается, что твоя невеста никакого не имеет особенного к тебе расположения. Мало ли что случается на свете? Например: я, конечно, собою не дурен, но случалось, однако ж, мне обманывать мужей, которые были, ей-богу, ничем не хуже моего. Ты сам... помнишь нашего парижского приятеля, графа D.? Нельзя надеяться на женскую верность; счастлив, кто смотрит на это равнодушно! Но ты!.. С твоим ли пылким, задумчивым и подозрительным характером, с твоим сплющенным носом,

---

[88] я бы плюнул на (франц.).
[89] слабой здоровьем (франц.).
[90] жеманницу (франц.).

вздутыми губами, с этой шершавой шерстью бросаться во все опасности женитьбы?..

— Благодарю за дружеский совет, — перервал холодно Ибрагим, — но знаешь пословицу: не твоя печаль чужих детей качать...

— Смотри, Ибрагим, — отвечал, смеясь, Корсаков, — чтоб тебе после не пришлось эту пословицу доказывать на самом деле, в буквальном смысле.

Но разговор в другой комнате становился горяч.

— Ты уморишь ее, — говорила старушка. — Она не вынесет его виду.

— Но посуди ты сама, — возражал упрямый брат. — Вот уж две недели ездит он женихом, а до сих пор не видал невесты. Он наконец может подумать, что ее болезнь пустая выдумка, что мы ищем только как бы время продлить, чтоб как-нибудь от него отделаться. Да что скажет и царь? Он уж и так три раза присылал спросить о здоровье Натальи. Воля твоя — а я ссориться с ним не намерен.

— Господи боже мой, — сказала Татьяна Афанасьевна, — что с нею, бедною, будет? По крайней мере пусти меня приготовить ее к такому посещению. — Гаврила Афанасьевич согласился и возвратился в гостиную.

— Слава богу, — сказал он Ибрагиму, — опасность миновалась. Наталье гораздо лучше; если б не совестно было оставить здесь одного дорогого гостя, Ивана Евграфовича, то я повел бы тебя вверх взглянуть на свою невесту.

Корсаков поздравил Гаврилу Афанасьевича, просил не беспокоиться, уверил, что ему необходимо ехать, и побежал в переднюю, не допуская хозяина проводить себя.

Между тем Татьяна Афанасьевна спешила приготовить больную к появлению страшного гостя. Вошед в светлицу, она села, задыхаясь, у постели, взяла Наташу за руку, но не успела еще вымолвить слова, как дверь отворилась. Наташа спросила: кто пришел. Старушка обмерла и онемела. Гаврила Афанасьевич отдернул занавес, холодно посмотрел на больную и спросил, какова она? Больная хотела ему улыбнуться, но не могла. Суровый взгляд отца ее поразил, и беспокойство овладело ею. В это время показалось, что кто-то стоял у ее изголовья. Она с усилием приподняла голову и вдруг узнала царского арапа. Тут она вспомнила все, весь ужас будущего представился ей. Но изнуренная природа не получила приметного потрясения. Наташа снова опустила голову на подушку и закрыла глаза... сердце в ней билось болезненно. Татьяна Афанасьевна подала брату знак, что больная хочет уснуть, и все вышли потихоньку из светлицы, кроме служанки, которая снова села за самопрялку.

Несчастная красавица открыла глаза и, не видя уже никого около своей постели, подозвала служанку и послала ее за карлицею. Но в ту же минуту круглая, старая крошка как шарик подкатилась к ее кровати. Ласточка (так называлась карлица) во всю прыть коротеньких ножек, вслед за Гаврилою Афанасьевичем и Ибрагимом, пустилась вверх по лестнице и притаилась за дверью, не изменяя любопытству, сродному прекрасному полу. Наташа, увидя ее, выслала служанку, и карлица села у кровати на скамеечку.

Никогда столь маленькое тело не заключало в себе столь много душевной деятельности. Она вмешивалась во все, знала все, хлопотала обо всем. Хитрым и вкрадчивым умом умела она приобрести любовь своих господ и ненависть всего дома, которым управляла самовластно. Гаврила Афанасьевич слушал ее доносы, жалобы и мелочные просьбы; Татьяна Афанасьевна поминутно справлялась с ее мнениями и руководствовалась ее советами; а Наташа имела к ней неограниченную привязанность и доверяла ей все свои мысли, все движения шестнадцатилетнего своего сердца.

— Знаешь, Ласточка? — сказала она, — батюшка выдает меня за арапа.

Карлица вздохнула глубоко, и сморщенное лицо ее сморщилось еще более.

— Разве нет надежды, — продолжала Наташа, — разве батюшка не сжалится надо мною?

Карлица тряхнула чепчиком.

— Не заступятся ли за меня дедушка али тетушка?

— Нет, барышня. Арап во время твоей болезни всех успел заворожить. Барин от него без ума, князь только им и бредит, а Татьяна Афанасьевна говорит: жаль, что арап, а лучшего жениха грех нам и желать.

— Боже мой, боже мой! — простонала бедная Наташа.

— Не печалься, красавица наша, — сказала карлица, целуя ее слабую руку. — Если уж и быть тебе за арапом, то все же будешь на своей воле. Нынче не то, что в старину; мужья жен не запирают: арап, слышно, богат; дом у вас будет как полная чаша, заживешь припеваючи...

— Бедный Валериан! — сказала Наташа, но так тихо, что карлица могла только угадать, а не слышать эти слова.

— То-то барышня, — сказала она, таинственно понизив голос, — кабы ты меньше думала о стрелецком сироте, так бы в жару о нем не бредила, а батюшка не гневался б.

— Что? — сказала испуганная Наташа, — я бредила Валерианом, батюшка слышал, батюшка гневается!

— То-то и беда, — отвечала карлица. — Теперь, если ты будешь просить его не выдавать тебя за арапа, так он подумает, что Валериан тому причиною. Делать нечего: уж покорись воле родительской, а что будет то будет.

Наташа не возразила ни слова. Мысль, что тайна ее сердца известна отцу ее, сильно подействовала на ее воображение. Одна надежда ей оставалась: умереть прежде совершения ненавистного брака. Эта мысль ее утешила. Слабой и печальной душой покорилась она своему жребию.

ГЛАВА VII

В доме Гаврилы Афанасьевича из сеней направо находилась тесная каморка с одним окошечком. В ней стояла простая кровать, покрытая байковым одеялом, а пред кроватью еловый столик, на котором горела сальная свеча и лежали открытые ноты. На стене висел старый синий мундир и его ровесница, треугольная шляпа; над нею тремя гвоздиками прибита была лубочная картина, изображающая Карла XII верхом. Звуки флейты раздавались в этой смиренной обители. Пленный танцмейстер, уединенный ее житель, в колпаке и в китайчатом шлафорке, услаждал скуку зимнего вечера, наигрывая старинные шведские марши, напоминающие ему веселое время его юности. Посвятив целые два часа на сие упражнение, швед разобрал свою флейту, вложил ее в ящик и стал раздеваться.

В это время защелка двери его приподнялась, и красивый молодой человек высокого росту, в мундире, вошел в комнату.

Удивленный швед встал испуганно.

— Ты не узнал меня, Густав Адамыч, — сказал молодой посетитель тронутым голосом, — ты не помнишь мальчика, которого учил ты шведскому артикулу, с которым ты чуть не наделал пожара в этой самой комнатке, стреляя из детской пушечки.

Густав Адамыч пристально всматривался...

— Э-э-э, — вскричал он наконец, обнимая его, — сдарофо, тофно ли твой сдесь. Садись, твой тобрий повес, погофорим.

ДУБРОВСКИЙ

ТОМ ПЕРВЫЙ

ГЛАВА I.

Несколько лет тому назад в одном из своих поместий жил старинный русской барин, Кирила Петрович Троекуров. Его богатство, знатный род и связи давали ему большой вес в губерниях, где находилось его имение. Соседи рады были угождать малейшим его прихотям; губернские чиновники трепетали при его имени; Кирила Петрович принимал знаки подобострастия как надлежащую дань; дом его всегда был полон гостями, готовыми тешить его барскую праздность, разделяя шумные, а иногда и буйные его увеселения. Никто не дерзал отказываться от его приглашения, или в известные дни не являться с должным почтением в село Покровское. В домашнем быту Кирила Петрович выказывал все пороки человека необразованного. Избалованный всем, что только окружало его, он привык давать полную волю всем порывам пылкого своего нрава и всем затеям довольно ограниченного ума. Не смотря на необыкновенную силу физических способностей, он раза два в неделю страдал от обжорства и каждый вечер бывал навеселе. В одном из флигелей его дома жили 16 горничных, занимаясь рукоделиями, свойственными их полу. Окны во флигеле были загорожены деревянною решеткою; двери запирались замками, от коих ключи хранились у Кирила Петровича. Молодые затворницы, в положеные часы, сходили в сад и прогуливались под надзором двух старух. От времени до времени Кирила Петрович выдавал некоторых из них за муж и новые поступали на их место. С крестьянами и дворовыми обходился он строго и своенравно; не смотря на то, они были ему преданы: они тщеславились богатством и славою своего господина и в свою очередь позволяли себе многое в отношении к их соседам, надеясь на его сильное покровительство.

Всегдашние занятия Троекурова состояли в разъездах около пространных его владений, в продолжительных пирах, и в проказах, ежедневно при том изобретаемых и жертвою коих бывал обыкновенно какой-нибудь новый знакомец; хотя и старинные приятели не всегда их избегали за исключением одного Андрея Гавриловича Дубровского. Сей Дубровский, отставной поручик гвардии, был ему ближайшим соседом и владел семидесятью душами. Троекуров, надменный в сношениях с людьми самого высшего звания, уважал Дубровского, не смотря на его смиренное состояние. Некогда были они товарищами по службе и Троекуров знал по опыту нетерпеливость и решительность его характера. Обстоятельства разлучил и их надолго. Дубровский с расстроенным состоянием принужден был выдти в отставку и поселиться в остальной своей деревне. Кирила Петрович, узнав о том, предлагал ему свое покровительство, но Дубровский благодарил его и остался беден и независим. Спустя несколько лет Троекуров, отставной генерал-аншеф, приехал в свое поместие, они свиделись и обрадовались друг другу. С тех пор они каждый день бывали вместе, и Кирила Петрович, отроду не удостоивавший никого своим посещением, заезжал запросто в домишка своего старого товарища. Будучи ровесниками, рожденные в одном сословии, воспитанные одинаково, они сходствовали отчасти и в характерах и в наклонностях. В некоторых отношениях и судьба их была одинакова: оба женились по любви, оба скоро овдовели, у обоих оставалось по ребенку. – Сын Дубровского воспитывался в Петербурге, дочь Кирила Петровича росла в глазах родителя, и Троекуров часто говаривал Дубровскому: «Слушай, брат, Андрей Гаврилович: коли в твоем Володьке будет путь, так отдам за него Машу; даром что он гол как сокол». Андрей Гаврилович качал головой и отвечал обыкновенно: «Нет, Кирила Петрович: мой Володька не жених Марии Кириловне. Бедному дворянину, каков он, лучше жениться на бедной дворяночке, да быть главою в доме, чем сделаться приказчиком избалованной бабенки».

Все завидовали согласию, царствующему между надменным Троекуровым и бедным его соседом и удивлялись смелости сего последнего, когда он за столом у Кирила Петровича прямо высказывал свое мнение, не заботясь о том, противуречило ли оно мнениям хозяина. Некоторые пытались было ему подражать и выдти из пределов должного повиновения, но Кирила Петрович так их пугнул, что навсегда отбил у них охоту к таковым покушениям, и Дубровский один остался вне общего закона. Нечаянный случай все расстроил и переменил.

Раз в начале осени, Кирила Петрович собирался в отъезжее поле. Накануне был отдан приказ псарям и стремянным быть готовыми к пяти часам утра. Палатка и кухня отправлены были вперед на место, где Кирила Петрович должен был обедать. Хозяин и гости пошли на псарный двор, где более пяти сот гончих и борзых жили в довольстве и тепле, прославляя щедрость Кирила Петровича на своем собачьем языке. Тут же находился и лазарет для больных собак, под присмотром штаб-лекаря

Тимошки, и отделение, где благородные суки ощенялись и кормили своих щенят. Кирила Петрович гордился сим прекрасным заведением, и никогда не упускал случая похвастаться оным перед своими гостями, из коих каждый осматривал его по крайней мере уже в двадцатый раз. Он расхаживал по псарне, окруженный своими гостями и сопровождаемый Тимошкой и главными псарями; останавливался пред некоторыми канурами, то расспрашивая о здоровии больных, то делая замечания более или менее строгие и справедливые – то подзывая к себе знакомых собак и ласково с ними разговаривая. Гости почитали обязанностию восхищаться псарнею Кирила Петровича. Один Дубровский молчал и хмурился. Он был горячий охотник. Его состояние позволяло ему держать только двух гончих и одну свору борзых; он не мог удержаться от некоторой зависти при виде сего великолепного заведения. «Что же ты хмуришься, брат», спросил его Кирила Петрович, «или псарня моя тебе не нравится?» «Нет», отвечал он сурово, «псарня чудная, вряд людям вашим житье такое ж, как вашим собакам». Один из псарей обиделся. «Мы на свое житье», сказал он, «благодаря бога и барина, не жалуемся – а что правда – то правда, иному и дворянину не худо бы променять усадьбу на любую здешнюю канурку. – Ему было б и сытнее и теплее». Кирила Петрович громко засмеялся при дерзком замечании своего холопа, а гости во след за ним захохотали, хотя и чувствовали, что шутка псаря могла отнестися и к ним. Дубровский побледнел, и не сказал ни слова. В сие время поднесли в лукошке Кирилу Петровичу новорожденных щенят – он занялся ими, выбрал себе двух, прочих велел утопить. Между тем Андрей Гаврилович скрылся, и никто того не заметил.

Возвратясь с гостями со псарного двора, Кирила Петрович сел ужинать и тогда только не видя Дубровского хватился о нем. Люди отвечали, что Андрей Гаврилович уехал домой. Троекуров велел тотчас его догнать и воротить непременно. От роду не выезжал он на охоту без Дубровского, опытного и тонкого ценителя псовых достоинств и безошибочного решителя всевозможных охотничьих споров. Слуга, поскакавший за ним, воротился, как еще сидели за столом, и доложил своему господину, что дескать Андрей Гаврилович не послушался и не хотел воротиться. Кирила Петрович, по обыкновению своему разгоряченный наливками, осердился и вторично послал того же слугу сказать Андрею Гавриловичу, что если он тотчас же не приедет ночевать в Покровское, то он, Троекуров, с ним навеки рассорится. Слуга снова поскакал, Кирила Петрович, встал изо стола, отпустил гостей и отправился спать.

На другой день первый вопрос его был: здесь ли Андрей Гаврилович? Вместо ответа ему подали письмо, сложенное треугольником; Кирила Петрович приказал своему писарю читать его вслух – и услышал следующее:

«Государь мой примилостивый,

Я до тех пор не намерен ехать в Покровское, пока не вышлете Вы мне псаря Парамошку с повинною; а будет моя воля наказать его или помиловать, а я терпеть шутки от Ваших холопьев не намерен, да и от Вас их не стерплю – потому что я не шут, а старинный дворянин. – За сим остаюсь покорным ко услугам

Андрей Дубровский».

По нынешним понятиям об этикете письмо сие было бы весьма неприличным, но оно рассердило Кирила Петровича не странным слогом и расположением, но только своею сущностью: «Как», загремел Троекуров, вскочив с постели босой, «высылать к нему моих людей с повинной, он волен их миловать, наказывать! – да что он в самом деле задумал; да знает ли он с кем связывается? Вот я ж его... Наплачется он у меня, узнает, каково идти на Троекурова!»

Кирила Петрович оделся, и выехал на охоту, с обыкновенной своею пышностью, – но охота не удалась. Во весь день видели одного только зайца, и того протравили. Обед в поле под палаткою также не удался, или по крайней мере был не по вкусу Кирила Петровича, который прибил повара, разбранил гостей и на возвратном пути со всею своей охотою нарочно поехал полями Дубровского.

Прошло несколько дней, и вражда между двумя соседами не унималась. Андрей Гаврилович не возвращался в Покровское – Кирила Петрович без него скучал, и досада его громко изливалась в самых оскорбительных выражениях, которые благодаря усердию тамошних дворян, доходили до Дубровского исправленные и дополненные. Новое обстоятельство уничтожило и последнюю надежду на примирение.

Дубровский объезжал однажды малое свое владение; приближаясь к березовой роще, услышал он удары топора, и через минуту треск повалившегося дерева. Он поспешил в рощу и наехал на Покровских мужиков, спокойно ворующих у него лес. Увидя его, они бросились было бежать. Дубровский со своим кучером поймал из них двоих и привел их связанных к себе на двор. Три неприятельские лошади достались тут же в добычу победителю. Дубровский был отменно сердит, прежде сего никогда люди Троекурова, известные разбойники, не осмеливались шалить в пределах его владений, зная приятельскую связь его с их господином. Дубровский видел, что теперь пользовались они происшедшим разрывом – и решился, вопреки всем понятиям о праве войны, проучить своих пленников прутьями, коими запаслись они в его же роще, а лошадей отдать в работу, приписав к барскому скоту.

Слух о сем происшествии в тот же день дошел до Кирила Петровича. Он вышел из себя и в первую минуту гнева хотел было со всеми своими дворовыми учинить нападение на Кистеневку (так называлась деревня его соседа), разорить ее до-тла, и осадить самого помещика в его усадьбе. Таковые подвиги были ему не в диковину. Но мысли его вскоре приняли другое направление.

Расхаживая тяжелыми шагами взад и вперед по зале, он взглянул нечаянно в окно и увидел у ворот остановившуюся тройку – маленький человек в кожаном картузе и фризовой шинеле вышел из телеги и пошел во флигель к приказчику; Троекуров узнал заседателя Шабашкина, и велел его позвать. Через минуту Шабашкин уже стоял перед Кирилом Петровичем, отвешивая поклон за поклоном, и с благоговением ожидая его приказаний.

– Здорово, как бишь тебя зовут, – сказал ему Троекуров, – зачем пожаловал?

– Я ехал в город, ваше превосходительство, – отвечал Шабашкин – и зашел к Ивану Демьянову узнать, не будет ли какого приказания от вашего превосходительства.

– Очень кстати заехал, как бишь тебя зовут; мне до тебя нужда. Выпей водки, да выслушай.

Таковой ласковый прием приятно изумил заседателя. Он отказался от водки и стал слушать Кирила Петровича со всевозможным вниманием.

– У меня сосед есть, – сказал Троекуров, – мелкопоместный грубиян; я хочу взять у него имение – как ты про то думаешь?

– Ваше превосходительство, коли есть какие-нибудь документы, или…

– Врешь братец, какие тебе документы. На то указы. В том-то и сила, чтобы безо всякого права отнять имение. Постой однако ж. Это имение принадлежало некогда нам, было куплено у какого-то Спицына, и продано потом отцу Дубровского. Нельзя ли к этому придраться.

– Мудрено, ваше высокопревосходительство, вероятно сия продажа совершена законным порядком.

– Подумай, братец, поищи хорошенько.

– Если бы, например, ваше превосходительство могли каким ни есть образом достать от вашего соседа запись или купчую, в силу которой владеет он своим имением, то конечно…

– Понимаю, да вот беда – у него все бумаги сгорели во время пожара.

– Как, ваше превосходительство, бумаги его сгорели! чего ж вам лучше? – в таком случае извольте действовать по законам, и без всякого сомнения получите ваше совершенное удовольствие.

– Ты думаешь? Ну, смотри же. Я полагаюсь на твое усердие, а в благодарности моей можешь быть уверен.

Шабашкин поклонился почти до земли, вышел вон, с того же дни стал хлопотать по замышленному делу, и благодаря его проворству, ровно через две недели, Дубровский получил из города приглашение доставить немедленно надлежащие объяснения насчет его владения сельцом Кистеневкою.

Андрей Гаврилович, изумленный неожиданным запросом, в тот же день написал в ответ довольно грубое отношение, в коем объявлял он, что сельцо Кистеневка досталось ему по смерти покойного его родителя, что он владеет им по праву наследства, что Троекурову до него дела никакого нет, и что всякое постороннее притязание на сию его собственность есть ябеда и мошенничество.

Письмо сие произвело весьма приятное впечатление в душе заседателя Шабашкина. Он увидел, во первых, что Дубровский мало знает толку в делах, во вторых, что человека столь горячего и неосмотрительного не трудно будет поставить в самое невыгодное положение.

Андрей Гаврилович, рассмотрев хладнокровно запросы заседателя, увидел необходимость отвечать обстоятельнее. Он написал довольно дельную бумагу, но впоследствии времени оказавшуюся недостаточной.

Дело стало тянуться. Уверенный в своей правоте Андрей Гаврилович мало о нем беспокоился, не имел ни охоты, ни возможности сыпать около себя деньги, и хоть он, бывало, всегда первый трунил над продажной совестью чернильного племени, но мысль соделаться жертвой ябеды не приходила ему в голову. С своей стороны Троекуров столь же мало заботился о выигрыше им затеянного дела – Шабашкин за него хлопотал, действуя от его имени, стращая и подкупая судей и толкуя вкрив и впрям всевозможные указы. Как бы то ни было, 18... года, февраля 9 дня, Дубровский получил через городовую полицию приглашение явиться к ** земскому судьи для выслушания решения оного по делу спорного имения между им, поручиком Дубровским, и генерал-аншефом Троекуровым, и для подписки своего удовольствия или неудовольствия. В тот же день Дубровский отправился в город; на дороге обогнал его Троекуров. Они гордо взглянули друг на друга, и Дубровский заметил злобную улыбку на лице своего противника.

ГЛАВА II

Приехав в город Андрей Гаврилович остановился у знакомого купца, ночевал у него и на другой день утром явился в присутствие уездного суда. Никто не обратил на него внимания. Вслед за ним приехал и Кирила Петрович. Писаря встали и заложили перья за ухо. Члены встретили его с изъявлениями глубокого подобострастия, придвинули ему кресла из уважения к его чину, летам и дородности; он сел при открытых дверях, – Андрей Гаврилович стоя прислонился к стенке – настала глубокая тишина, и секретарь звонким голосом стал читать определение суда.

Мы помещаем его вполне, полагая, что всякому приятно будет увидать один из способов, коими на Руси можем мы лишиться имения, на владение коим имеем неоспоримое право.

18… года октября 27 дня ** уездный суд рассматривал дело о неправильном владении гвардии поручиком Андреем Гавриловым сыном Дубровским имением, принадлежащим генерал-аншефу Кирилу Петрову сыну Троекурову, состоящим ** губернии в сельце Кистеневке, мужеска пола** душами, да земли с лугами и угодьями ** десятин. Из коего дела видно: означенный генерал-аншеф Троекуров прошлого 18… года июня 9 дня взошел в сей суд с прошением в .том, что покойный его отец коллежский асессор и кавалер Петр Ефимов сын Троекуров в 17…м году августа 14 дня, служивший в то время в ** наместническом правлении провинциальным секретарем, купил из дворян у канцеляриста Фадея Егорова сына Спицына имение, состоящее ** округи в помянутом сельце Кистеневке (которое селение тогда по ** ревизии называлось Кистеневскими выселками), всего значущихся по 4-й ревизии мужеска пола ** душ со всем их крестьянским имуществом, усадьбою, с пашенною и непашенною землею, лесами, сенными покосы, рыбными ловли по речке, называемой Кистеневке, и со всеми принадлежащими к оному имению угодьями и господским деревянным домом, и словом все без остатка, что ему после отца его, из дворян урядника Егора Терентьева сына Спицына по наследству досталось и во владении его было, не оставляя из людей ни единыя души, а из земли ни единого четверика, ценою за 2 500 р., на что и купчая в тот же день в ** палате суда и расправы совершена, и отец его тогда же августа в 26-й день ** земским судом введен был во владение и учинен за него отказ. – А наконец 17… года сентября 6-го дня отец его волей божиею помер, а между тем он проситель генерал-аншеф Троекуров с 17… года почти с малолетства находился в военной службе и по большой части был в походах за границами, почему он и не мог иметь сведения, как о смерти отца его, равно и об оставшемся после его имении. Ныне же по выходе совсем из той службы в отставку и по возвращении в имения отца его, состоящие ** и ** губерниях **, ** и ** уездах, в разных селениях, всего до 3 000 душ, находит, что из числа таковых имений вышеписанными ** душами (коих по нынешней ** ревизии значится в том сельце всего ** душ) с землею и со всеми угодьями владеет без всяких укреплений вышеписанный гвардии поручик Андрей Дубровский, почему, представляя при оном прошении ту подлинную купчию, данную отцу его продавцом Спицыным, просит, отобрав помянутое имение из неправильного владения Дубровского, отдать по принадлежности в полное его, Троекурова, распоряжение. А за несправедливое оного присвоение, с коего он пользовался получаемыми доходами, по учинении об оных надлежащего дознания, положить с него, Дубровского, следующее по законам взыскание и оным его, Троекурова, удовлетворить.

По учинении ж ** земским судом по сему прошению исследований открылось: что помянутый нынешний владелец спорного имения гвардии поручик Дубровский дал на месте дворянскому заседателю объяснение, что владеемое им ныне имение, состоящее в означенном сельце Кистеневке, ** душ с землею и угодьями, досталось ему по наследству после смерти отца его, артиллерии подпоручика Гаврила Евграфова сына Дубровского, а ему дошедшее по покупке от отца сего просителя, прежде бывшего провинциального секретаря, а потом коллежского асессора Троекурова, по доверенности, данной от него в 17... году августа 30 дня, засвидетельствованной в ** уездном суде, титулярному советнику Григорью Васильеву сына Соболеву, по которой должна быть от енего на имение сие отцу его купчая, потому что во оной именно сказано, что он, Троекуров, все доставшееся ему по купчей от канцеляриста Спицына имение, ** душ с землею, продал отцу его Дубровского, и следующие по договору деньги, 3200 рублей, все сполна с отца его без возврата получил и просил оного доверенного Соболева выдать отцу его указную крепость. А между тем отцу его в той же доверенности по случаю заплаты всей суммы владеть тем покупным у него имением и распоряжаться впредь до совершения оной крепости, как настоящему владельцу, и ему, продавцу Троекурову, впредь и никому в то имение уже не вступаться. Но когда именно и в каком присутственном месте таковая купчая от поверенного Соболева дана его отцу, – ему, Андрею Дубровскому, неизвестно, ибо он в то время был в совершенном малолетстве, и после смерти его отца таковой крепости отыскать не мог, а полагает, что не сгорела ли с прочими бумагами и имением во время бывшего в 17... году в доме их пожара, о чем известно было и жителям того селения. А что оным имением со дня продажи Троекуровым или выдачи Соболеву доверенности, то есть с 17... года, а по смерти отца его с 17... года и поныне, они, Дубровские, бесспорно владели, в том свидетельствуется на окольных жителей – которые, всего 52 человека, на опрос под присягою показали, что действительно, как они могут запомнить, означенным спорным имением начали владеть помянутые г.г. Дубровские назад сему лет с 70 без всякого от кого-либо спора, но по какому именно акту или крепости, им неизвестно. – Упомянутый же по сему делу прежний покупчик сего имения, бывший провинциальный секретарь Петр Троекуров, владел ли сим имением, они не запомнят. Дом же г.г. Дубровских назад сему лет 30-ть от случившегося в их селении в ночное время пожара сгорел, причем сторонние люди допускали, что доходу означенное спорное имение может приносить, полагая с того времени в сложности, ежегодно не менее как до 2000 р.

Напротив же сего генерал-аншеф Кирила Петров сын Троекуров 3-го генваря сего года взошел в сей суд с прошением, что хотя помянутый гвардии поручик Андрей Дубровский и представил при учиненном следствии к делу сему выданную покойным его отцом Гаврилом Дубровским титулярному советнику Соболеву доверенность на запроданное ему имение, но по оной не только подлинной купчей, но даже и на совершение когда-либо оной никаких ясных доказательств по силе генерального регламента 19 главы и указа 1752 года ноября 29 дня не представил. Следовательно, самая доверенность ныне, за смертию самого дателя оной, отца его, по указу 1818 года мая... дня, совершенно уничтожается. – А сверх сего – велено спорные имения отдавать во владения – крепостные по крепостям, а не крепостные по розыску.

На каковое имение, принадлежащее отцу его, представлен уже от него в доказательство крепостной акт, по которому и следует, на основании означенных узаконений, из неправильного владения помянутого Дубровского отобрав, отдать ему по праву наследства. А как означенные помещики, имея во владении не принадлежащего им имения и без всякого укрепления, и пользовались с оного неправильно и им не принадлежащими доходами, то по исчислении, сколько таковых будет причитаться по силе ..... взыскать с помещика Дубровского и его, Троекурова, оными удовлетворить. – По рассмотрении какового дела и учиненной из оного и из законов выписки в ** уездном суде определено:

Как из дела сего видно, что генерал-аншеф Кирила Петров сын Троекуров на означенное спорное имение, находящееся ныне во владении у гвардии поручика Андрея Гаврилова сына Дубровского, состоящее в сельце Кистеневке, по нынешней ... ревизии всего мужеска пола ** душ, с землею и угодьями, представил подлинную купчию на продажу оного покойному отцу его, провинциальному секретарю, который потом был коллежским асессором, в 17... году из дворян канцеляристом Фадеем Спицыным, и что сверх сего сей покупщик, Троекуров, как из учиненной на той купчей надписи видно, был в том же году ** земским судом введен во владение, которое имение уже и за него отказано, и хотя напротив сего со стороны гвардии поручика Андрея Дубровского и представлена доверенность, данная тем умершим покупщиком Троекуровым титулярному советнику Соболеву для совершения купчей на имя отца его, Дубровского, но по таковым сделкам не только утверждать крепостные недвижимые имения, но даже и временно владеть по указу ..... воспрещено, к тому ж и самая доверенность смертию дателя оной совершенно уничтожается. – Но чтоб сверх сего действительно была по оной доверенности совершена где и когда на означенное спорное имение купчая, со стороны Дубровского никаких ясных доказательств к делу с начала производства, то есть с 18... года, и по сие время не представлено. А потому сей суд и полагает: означенное имение, ** душ, с землею и угодьями, в каком ныне положении тое окажется, утвердить по представленной на оное купчей за генерал-аншефа Троекурова о удалении от распоряжения оным гвардии поручика Дубровского и о надлежащем вводе во владение за него, г. Троекурова, и об отказе за него, как дошедшего ему по наследству, предписать ** земскому суду. – А хотя сверх сего генерал-аншеф Троекуров и просит о взыскании с гвардии поручика Дубровского за неправое владение наследственным его имением воспользовавшихся с оного доходов. – Но как оное имение, по показанию старожилых людей, было у г.г. Дубровских несколько лет в бесспорном владении, и из дела сего не видно, чтоб со стороны г. Троекурова были какие-либо до сего времени прошении о таковом неправильном владении Дубровскими оного имения, к тому по уложению велено, ежели кто чужую землю засеет или усадьбу загородит, и на того о неправильном завладении станут бити челом, и про то сыщется допрямо, тогда правому отдавать тую землю и с посеянным хлебом, и городьбою, и строением, а посему генерал-аншефу Троекурову в изъявленном на гвардии поручика Дубровского иске отказать, ибо принадлежащее ему имение возвращается в его владение, не изъемля из оного ничего. А что при вводе за него оказаться может все без остатка, предостава между тем генерал-аншефу Троекурову, буде он имеет о таковой своей претензии какие-либо ясные и законные доказательства, может просить где следует особо. – Каковое решение напред объявить как истцу, равно и ответчику, на законном основании, апелляционным порядком, коих и вызвать в сей суд для выслушания сего решения и подписки удовольствия или неудовольствия чрез полицию.

Каковое решение подписали все присутствующие того суда.

Секретарь умолкнул, заседатель встал и с низким поклоном обратился к Троекурову, приглашая его подписать предлагаемую бумагу, и торжествующий Троекуров, взяв от него перо, подписал под решением суда совершенное свое удовольствие.

Очередь была за Дубровским. Секретарь поднес ему бумагу. Но Дубровский стал неподвижен, потупя голову.

Секретарь повторил ему свое приглашение подписать свое полное и совершенное удовольствие или явное неудовольствие, если паче чаяния чувствует по совести, что дело его есть правое, и намерен в положеное законами время просить по апелляции куда следует. Дубровский молчал… Вдруг он поднял голову, глаза его засверкали, он топнул ногою, оттолкнул секретаря с такою силою, что тот упал, и схватив чернильницу, пустил ею в заседателя. Все пришли в ужас. «Как! не почитать церковь божию! прочь, хамово племя!» Потом, обратясь к Кирилу Петровичу: «Слыхано дело, ваше превосходительство, – продолжал он, – псари вводят собак в божию церковь! собаки бегают по церкви. Я вас уж проучу…» Сторожа сбежались на шум, и насилу им овладели. Его вывели и усадили в сани. Троекуров вышел вслед за ним, сопровождаемый всем судом. Внезапное сумасшествие Дубровского сильно подействовало на его воображение и отравило его торжество.

Судии, надеявшиеся на его благодарность, не удостоились получить от него ни единого приветливого слова. Он в тот же день отправился в Покровское. Дубровский между тем лежал в постеле; уездный лекарь, по счастию не совершенный невежда, успел пустить ему кровь, приставить пиявки и шпанские мухи. К вечеру ему стало легче, больной пришел в память. На другой день повезли его в Кистеневку, почти уже ему не принадлежащую.

ГЛАВА III

Прошло несколько времени, а здоровье бедного Дубровского все еще было плохо; правда припадки сумасшествия уже не возобновлялись, но силы его приметно ослабевали. Он забывал свои прежние занятия, редко выходил из своей комнаты, и задумывался по целым суткам. Егоровна, добрая старуха, некогда ходившая за его сыном, теперь сделалась и его нянькою. Она смотрела за ним как за ребенком, напоминала ему о времени пищи и сна, кормила его, укладывала спать. Андрей Гаврилович тихо повиновался ей, и кроме ее не имел ни с кем сношения. Он был не в состоянии думать о своих делах, хозяйственных распоряжениях, и Егоровна увидела необходимость уведомить обо всем молодого Дубровского, служившего в одном из гвардейских пехотных полков и находящегося в то время в Петербурге. Итак, отодрав лист от расходной книги, она продиктовала повару Харитону, единственному кистеневскому грамотею, письмо, которое в тот же день и отослала в город на почту.

Но пора читателя познакомить с настоящим героем нашей повести.

Владимир Дубровский воспитывался в Кадетском корпусе и выпущен был корнетом в гвардию; отец не щадил ничего для приличного его содержания и молодой человек получал из дому более нежели должен был ожидать. Будучи расточителен и честолюбив, он позволял себе роскошные прихоти; играл в карты и входил в долги, не заботясь о будущем, и предвидя себе рано или поздно богатую невесту, мечту бедной молодости.

Однажды вечером, когда несколько офицеров сидели у него, развалившись по диванам и куря из его янтарей, Гриша, его камердинер, подал ему письмо, коего надпись и печать тотчас поразили молодого человека. Он поспешно его распечатал и прочел следующее:

«Государь ты наш, Владимир Андреевич, — я, твоя старая нянька, решилась тебе доложить о здоровьи папенькином! Он очень плох, иногда заговаривается, и весь день сидит как дитя глупое — а в животе и смерти бог волен. Приезжай ты к нам, соколик мой ясный мы тебе и лошадей вышлем на Песочное. Слышно, земский суд к нам едет отдать нас под начал Кирилу Петровичу Троекурову — потому что мы-дскать ихние, а мы искони Ваши, — и отроду того не слыхивали.

Ты бы мог живя в Петербурге доложить о том царю-батюшке, а он бы не дал нас в обиду. — Остаюсь твоя верная раба, нянька

Орина Егоровна Бузырева.

Посылаю мое материнское благословение Грише, хорошо ли он тебе служит?

У нас дожди идут вот ужо друга неделя и пастух Родя помер около Миколина дня».

Владимир Дубровский несколько раз сряду перечитал сии довольно бестолковые строки с необыкновенным волнением. Он лишился матери с малолетства и, почти не зная отца своего, был привезен в Петербург на 8-м году своего возраста – со всем тем он романически был к нему привязан, и тем .более любил семейственную жизнь, чем менее успел насладиться ее тихими радостями.

Мысль потерять отца своего тягостно терзала его сердце, а положение бедного больного, которое угадывал он из письма своей няни, ужасало его. Он воображал отца, оставленного в глухой деревне, на руках глупой старухи и дворни, угрожаемого каким-то бедствием и угасающего без помощи в мучениях телесных и душевных. Владимир упрекал себя в преступном небрежении. Долго не получал он от отца писем ? и не подумал о нем осведомиться, полагая его в разъездах или хозяйственных заботах.

Он решился к нему ехать и даже выйти в отставку, если болезненное состояние отца потребует его присутствия. Товарищи, заметя его беспокойство, ушли. Владимир, оставшись один, написал просьбу об отпуске – закурил трубку и погрузился в глубокие размышления.

Тот же день стал он хлопотать об отпуске и через 3 дня был уж на большой дороге.

Владимир Андреевич приближался к той станции, с которой должен он был своротить на Кистеневку. Сердце его исполнено было печальных предчувствий, он боялся уже не застать отца в живых, он воображал грустный образ жизни, ожидающий его в деревне, глушь, безлюдие, бедность и хлопоты по делам, в коих он не знал никакого толку. Приехав на станцию, он вошел к смотрителю и спросил вольных лошадей. Смотритель осведомился куда надобно было ему ехать, и объявил, что лошади, присланные из Кистеневки, ожидали его уже четвертые сутки. Вскоре явился к Владимиру Андреевичу старый кучер Антон, некогда водивший его по конюшне, и смотревший за его маленькой лошадкою. Антон прослезился, увидя его, поклонился ему до земли, сказал ему, что старый его барин еще жив, и побежал запрягать лошадей. Владимир Андреевич отказался от предлагаемого завтрака и спешил отправиться. Антон повез его проселочными дорогами – и между ими завязался разговор.

– Скажи, пожалуйста, Антон, какое дело у отца моего с Троекуровым?

— А бог их ведает, батюшка Владимир Андреевич... Барин, слышь, не поладил с Кирилом Петровичем, а тот и подал в суд — хотя по часту он сам себе судия. Не наше холопье дело разбирать барские воли, а ей-богу, напрасно батюшка ваш пошел на Кирила Петровича, плетью обуха не перешибешь.

— Так видно этот Кирила Петрович у вас делает что хочет?

— И вестимо, барин — заседателя, слышь, он и в грош не ставит, исправник у него на посылках. Господа съезжаются к нему на поклон, и то сказать, было бы корыто, а свиньи-то будут.

— Правда ли, что отымает он у нас имение?

— Ох, барин, слышали так и мы. На днях покровский пономарь сказал на крестинах у нашего старосты: полно вам гулять; вот ужо приберет вас к рукам Кирила Петрович. Микита кузнец и сказал ему: и полно, Савельич, не печаль кума, не мути гостей — Кирила Петрович сам по себе, а Андрей Гаврилович сам по себе — а все мы божии да государевы; да ведь на чужой рот пуговицы не нашьешь.

— Стало быть, вы не желаете перейти во владение Троекурову?

— Во владение Кирилу Петровичу! Господь упаси и избави — у него часом и своим плохо приходится, а достанутся чужие, так он с них не только шкурку, да и мясо-то отдерет. — Нет, дай бог долго здравствовать Андрею Гавриловичу, а коли уж бог его приберет, так не надо нам никого, кроме тебя, наш кормилец. Не выдавай ты нас, а мы уж за тебя станем. — При сих словах Антон размахнул кнутом, тряхнул вожжами, и лошади его побежали крупной рысью.

Тронутый преданностию старого кучера, Дубровский замолчал — и предался снова размышлениям. Прошло более часа — вдруг Гриша пробудил его восклицанием: Вот Покровское! Дубровский поднял голову. Он ехал берегом широкого озера, из которого вытекала речка и вдали извивалась между холмами; на одном из них над густою зеленью рощи возвышалась зеленая кровля и бельведер огромного каменного дома, на другом пятиглавая церковь и старинная колокольня; около разбросаны были деревенские избы с их огородами и колодезями. Дубровский узнал сии места — он вспомнил, что на сем самом холму играл он с маленькой Машей Троекуровой, которая была двумя годами его моложе и тогда уже обещала быть красавицей. Он хотел об ней осведомиться у Антона, но какая-то застенчивость удержала его.

Подъехав к господскому дому, он увидел белое платье, мелькающее между деревьями сада. В это время Антон ударил по лошадям и, повинуясь честолюбию, общему и деревенским кучерам как и извозчикам, пустился во весь дух через мост и мимо села. Выехав из деревни, поднялись они на гору, и Владимир увидел березовую рощу, и влево на открытом месте серенький домик с красной кровлею; сердце в нем забилось; перед собою видел он Кистеневку и бедный дом своего отца.

Через 10 минут въехал он на барский двор. Он смотрел вокруг себя с волнением неописанным. 12 лет не видал он своей родины. Березки, которые при нем только что были посажены около забора, выросли и стали теперь высокими ветвистыми деревьями. Двор, некогда украшенный тремя правильными цветниками, меж коими шла широкая дорога, тщательно выметаемая, обращен был в некошаный луг, на котором паслась опутанная лошадь. Собаки было залаяли, но, узнав Антона, умолкли и замахали косматыми хвостами. Дворня высыпала из людских изоб и окружила молодого барина с шумными изъявлениями радости. Насилу мог он продраться сквозь их усердную толпу, и взбежал на ветхое крыльцо; в сенях встретила его Егоровна и с плачем обняла своего воспитанника. – Здорово, здорово, няня, – повторял он, прижимая к сердцу добрую старуху, – что батюшка, где он? каков он?

В эту минуту в залу вошел, насилу передвигая ноги, старик высокого роста, бледный и худой, в халате и колпаке.

– Здравствуй, Володька! – сказал он слабым голосом, и Владимир с жаром обнял отца своего. Радость произвела в больном слишком сильное потрясение, он ослабел, ноги под ним подкосились, и он бы упал, если бы сын не поддержал его.

– Зачем ты встал с постели, – говорила ему Егоровна, – на ногах не стоишь, а туда же норовишь, куда и люди.

Старика отнесли в спальню. Он силился с ним разговаривать, но мысли мешались в его голове, и слова не имели никакой связи. Он замолчал и впал в усыпление. Владимир поражен был его состоянием. Он расположился в его спальне – и просил оставить его наедине с отцом. Домашние повиновались, и тогда все обратились к Грише, и повели в людскую, где и угостили его по-деревенскому, со всевозможным радушием, измучив его вопросами и приветствиями.

ГЛАВА IV

Где стол был яств, там гроб стоит.

Несколько дней спустя после своего приезда молодой Дубровский хотел заняться делами, но отец его был не в состоянии дать ему нужные объяснения – у Андрея Гавриловича не было поверенного. Разбирая его бумаги, нашел он только первое письмо заседателя и черновой ответ на оное – из того не мог он получить ясное понятие о тяжбе, и решился ожидать последствий, надеясь на правоту самого дела.

Между тем здоровье Андрея Гавриловича час от часу становилось хуже. Владимир предвидел его скорое разрушение и не отходил от старика, впадшего в совершенное детство.

Между тем положеный срок прошел, и апелляция не была подана. Кистеневка принадлежала Троекурову. Шабашкин явился к нему с поклонами и поздравлениями и просьбою назначить, когда угодно будет его высокопревосходительству вступить во владение новоприобретенным имением – самому или кому изволит он дать на то доверенность. Кирила Петрович смутился. От природы не был он корыстолюбив, желание мести завлекло его слишком далеко, совесть его роптала. Он знал, в каком состоянии находился его противник, старый товарищ его молодости – и победа не радовала его сердце. Он грозно взглянул на Шабашкина, ища к чему привязаться, чтоб его выбранить, но не нашед достаточного к тому предлога, сказал ему сердито: – Пошел вон, не до тебя.

Шабашкин, видя, что он не в духе, поклонился и спешил удалиться. А Кирила Петрович, оставшись наедине, стал расхаживать взад и вперед, насвистывая: Гром победы раздавайся, что всегда означало в нем необыкновенное волнение мыслей.

Наконец он велел запрячь себе беговые дрожки, оделся потеплее (это было уже в конце сентября) и, сам правя, выехал со двора.

Вскоре завидел он домик Андрея Гавриловича, и противуположные чувства наполнили душу его. Удовлетворенное мщение и властолюбие заглушали до некоторой степени чувства более благородные, но последние наконец восторжествовали. Он решился помириться с старым своим соседом, уничтожить и следы ссоры, возвратив ему его достояние. Облегчив душу сим благим намерением, Кирила Петрович пустился рысью к усадьбе своего соседа – и въехал прямо на двор.

В это время больной сидел в спальней у окна. Он узнал Кирила Петровича, и ужасное смятение изобразилось на лице его – багровый румянец заступил место обыкновенной бледности, глаза засверкали, он произносил невнятные звуки. Сын его, сидевший тут же за хозяйственными книгами, поднял голову и поражен был его состоянием. Больной указывал пальцем на двор с видом ужаса и гнева. Он торопливо подбирал полы своего халата, собираясь встать с кресел, приподнялся и вдруг упал. Сын бросился к нему, старик лежал без чувств и без дыхания – паралич его ударил.

– Скорей, скорей в город за лекарем! – кричал Владимир.

– Кирила Петрович спрашивает вас, – сказал вошедший слуга. Владимир бросил на него ужасный взгляд.

– Скажи Кирилу Петровичу, чтоб он скорее убирался, пока я не велел его выгнать со двора – пошел.

Слуга радостно побежал исполнить приказание своего барина; Егоровна всплеснула руками. – Батюшка ты наш, – сказала она пискливым голосом, – погубишь ты свою головушку! Кирила Петрович съест нас.

– Молчи, няня, – сказал с сердцем Владимир, – сейчас пошли Антона в город за лекарем.

Егоровна вышла.

В передней никого не было – все люди сбежались на двор смотреть на Кирила Петровича. Она вышла на крыльцо – и услышала ответ слуги, доносящего от имени молодого барина. Кирила Петрович выслушал его сидя на дрожках. Лицо его стало мрачнее ночи, он с презрением улыбнулся, грозно взглянул на дворню и поехал шагом около двора. Он взглянул и в окошко, где за минуту перед сим сидел Андрей Гаврилович, но где уж его не было. Няня стояла крыльце, забыв о приказании барина. Дворня с шумом толковала о сем происшедствии. Вдруг Владимир явился между людьми и отрывисто сказал: – Не надобно лекаря, батюшка скончался.

Сделалось смятение. Люди бросились в комнату старого барина. Он лежал в креслах, на которые перенес его Владимир; правая рука его висела до полу, голова опущена была на грудь – не было уж и признака жизни в сем теле еще не охладелом, но уже обезображенном кончиною. Егоровна взвыла – слуги окружили труп, оставленный на их попечение, – вымыли его, одели в мундир, сшитый еще в 1797 году, и положили на тот самый стол, за которым только лет они служили своему господину.

ГЛАВА V

Похороны совершились на третий день. Тело бедного старика лежало на столе, покрытое саваном и окруженное свечами. Столовая полна была дворовых. Готовились к выносу. Владимир и трое слуг подняли гроб. Священник пошел вперед, дьячок сопровождал его, воспевая погребальные молитвы. Хозяин Кистеневки в последний раз перешел за порог своего дома. Гроб понесли рощею. Церковь находилась за нею. День был ясный и холодный. Осенние листья падали с дерев.

При выходе из рощи, увидели кистеневскую деревянную церковь и кладбище, осененное старыми липами. Там покоилось тело Владимировой матери; там подле могилы ее накануне вырыта была свежая яма.

Церковь полна была кистеневскими крестьянами, пришедшими отдать последнее поклонение господину своему. Молодой Дубровский стал у клироса; он не плакал и не молился – но лицо его было страшно. Печальный обряд кончился. Владимир первый пошел прощаться с телом – за ним и все дворовые – принесли крышку и заколотили гроб. Бабы громко выли; мужики изредка утирали слезы кулаком. Владимир и тех же 3 слуг понесли его на кладбище – в сопровождении всей деревни. Гроб опустили в могилу – все присутствующие бросили в нее по горсти песку – яму засыпали, поклонились ей, и разошлись. Владимир поспешно удалился, всех опередил, и скрылся в Кистеневскую рощу.

Егоровна от имени его пригласила попа и весь причет церковный на похоронный обед – объявив, что молодой барин не намерен на оном присутствовать – и таким образом отец Антон ?, попадья Федотовна и дьячок пешком отправились на барский двор, рассуждая с Егоровной о добродетелях покойника и о том, что, повидимому, ожидало его наследника. (Приезд Троекурова и прием ему оказанный были уже известны всему околодку, и тамошние политики предвещали важные оному последствия.)

– Что будет – то будет, – сказала попадья, – а жаль, если не Владимир Андреевич будет нашим господином. Молодец, нечего сказать.

– А кому же как не ему и быть у нас господином, – прервала Егоровна.– Напрасно Кирила Петрович и горячится. Не на робкого напал – мой соколик и сам за себя постоит – да и, бог даст, благодетели его не оставят. Больно спесив Кирила Петрович! а небось поджал хвост, когда Гришка мой закричал ему: Вон, старый пес! – долой со двора!

– Ахти, Егоровна, – сказал дьячок, – да как у Григорья-то язык повернулся, я скорее соглашусь, кажется, лаять на владыку, чем косо взглянуть на Кирила Петровича. Как увидишь его, страх и трепет и краплет пот ?, а спина-то сама так и гнется, так и гнется…

– Суета сует, – сказал священник, – и Кирилу Петровичу отпоют вечную память, все как ныне и Андрею Гавриловичу, разве похороны будут побогаче, да гостей созовут побольше – а богу не все ли равно!

– Ах, батька! и мы хотели зазвать весь околоток, да Владимир Андреевич не захотел. Небось у нас всего довольно, – есть чем угостить, да что прикажешь делать По крайней мере, коли нет людей, так уж хоть вас уподчую, дорогие гости наши.

Сие ласковое обещание и надежда найти лакомый пирог ускорили шаги собеседников и они благополучно прибыли в барской дом, где стол был уже накрыт и водка подана.

Между тем Владимир углублялся в чащу дерев, движением и усталостию стараясь заглушать душевную скорбь. Он шел не разбирая дороги; сучья поминутно задевали и царапали его, нога его поминутно вязла в болоте, – он ничего не замечал. Наконец достигнул он маленькой лощины, со всех сторон окруженной лесом; ручеек извивался молча около деревьев, полобнаженных осенью. Владимир остановился, сел на холодный дерн, и мысли одна другой мрачнее стеснились в душе его… Сильно чувствовал он свое одиночество. Будущее для него являлось покрытым грозными тучами. Вражда с Троекуровым предвещала ему новые несчастия. Бедное его достояние могло отойти от него в чужие руки – в таком случае нищета ожидала его. Долго сидел он неподвижно на том же месте, взирая на тихое течение ручья, уносящего несколько поблеклых листьев – и живо представляющего ему верное подобие жизни – подобие столь обыкновенное. Наконец заметил он, что начало смеркаться – он встал и пошел искать дороги домой, но еще долго блуждал по незнакомому лесу, пока не попал на тропинку, которая и привела его прямо к воротам его дома.

Навстречу Дубровскому попался поп со всем причетом. Мысль о несчастлив ом предзнаменовании пришла ему в голову. Он невольно пошел стороною и скрылся за деревом. Они его не заметили и с жаром говорили между собою, проходя мимо его.

– Удались от зла и сотвори благо, – говорил поп попадье, – нечего нам здесь оставаться. Не твоя беда, чем бы дело ни кончилось. – Попадья что-то отвечала, но Владимир не мог ее расслышать.

Приближаясь увидел он множество народа – крестьяне и дворовые люди толпились на барском дворе. Издали услышал Владимир необыкновенный шум и говор. У сарая стояли две тройки. На крыльце несколько незнакомых людей в мундирных сертуках, казалось, о чем-то толковали.

– Что это значит, – спросил он сердито у Антона, который бежал ему навстречу. – Это кто такие, и что им надобно?

– Ах, батюшка Владимир Андреевич, – отвечал старик, задыхаясь. – Суд приехал. Отдают нас Троекурову, отымают нас от твоей милости!..

Владимир потупил голову, люди его окружили несчастного своего господина. – Отец ты наш, – кричали они, цалуя ему руки, – не хотим другого барина, кроме тебя, прикажи, осударь, с судом мы управимся. Умрем, а не выдадим.

Владимир смотрел на них, и странные чувства волновали его. – Стойте смирно, – сказал он им, – а я с приказными переговорю.

– Переговори, батюшка, – закричали ему из толпы, – да усовести окаянных.

Владимир подошел к чиновникам. Шабашкин, с картузом на голове, стоял подбочась и гордо взирал около себя.

Исправник, высокой и толстый мужчина лет пятидесяти с красным лицом и в усах, увидя приближающегося Дубровского, крякнул, и произнес охриплым голосом: – Итак, я вам повторяю то, что уже сказал: по решению уездного суда отныне принадлежите вы Кирилу Петровичу Троекурову, коего лицо представляет здесь г. Шабашкин. – Слушайтесь его во всем, что ни прикажет, а вы, бабы, любите и почитайте его, а он до вас большой охотник. – При сей острой шутке исправник захохотал, а Шабашкин и прочие члены ему последовали.

Владимир кипел от негодования. – Позвольте узнать, что это значит, – спросил он с притворным холоднокровием у веселого исправника.

– А это то значит, – отвечал замысловатый чиновник, – что мы приехали вводить во владение сего Кирила Петровича Троекурова и просить иных прочих убираться по-добру по-здорову.

– Но вы могли бы, кажется, отнестися ко мне, прежде чем к моим крестьянам – и объявить помещику отрешение от власти...

– А ты кто такой, – сказал Шабашкин с дерзким взором. – Бывший помещик Андрей Гаврилов сын Дубровский волею божиею помре, – мы вас не знаем, да и знать не хотим.

– Владимир Андреевич наш молодой барин, – сказал голос из толпы.

– Кто там смел рот разинуть, – сказал грозно исправник, – какой барин, какой Владимир Андреевич, – барин ваш Кирила Петрович Троекуров – слышите ли, олухи.

– Как не так, – сказал тот же голос.

– Да это бунт! – кричал исправник. – Гей, староста сюда!

Староста выступил вперед.

– Отыщи сей же час, кто смел со мною разговаривать, я его!

Староста обратился к толпе, спрашивая, кто говорил? но все молчали; вскоре в задних рядах поднялся ропот, стал усиливаться и в одну минуту превратился в ужаснейшие вопли. Исправник понизил голос и хотел было их уговаривать.

– Да что на него смотреть, – закричали дворовые, – ребята! долой их! – и вся толпа двинулась.

Шабашкин и другие члены поспешно бросились в сени – и заперли за собою дверь.

– Ребята, вязать?, – закричал тот же голос, – и толпа стала напирать...

— Стойте, — крикнул Дубровский. — Дураки! что вы это? вы губите и себя и меня. — Ступайте по дворам и оставьте меня в покое. Не бойтесь, государь милостив, я буду просить его. Он нас не обидит. Мы все его дети. А как ему за вас будет заступиться, если вы станете бунтовать и разбойничать.

Речь молодого Дубровского, его звучный голос и величественный вид произвели желаемое действие. Народ утих, разошелся — двор опустел. Члены сидели в сенях. Наконец Шабашкин тихонько отпер двери, вышел на крыльцо и с униженными поклонами стал благодарить Дубровского за его милостивое заступление. Владимир слушал его с презрением и ничего не отвечал.

— Мы решили, — продолжал заседатель, — с вашего дозволения остаться здесь ночевать; а то уж темно, и ваши мужики могут напасть на нас на дороге. Сделайте такую милость: прикажите постлать нам хоть сена в гостиной; чем свет, мы отправимся во-свояси.

— Делайте, что хотите, — отвечал им сухо Дубровский, — я здесь уже не хозяин. — С этим словом он удалился в комнату отца своего, и запер за собою дверь.

ГЛАВА VI

«Итак, все кончено, — сказал он сам себе; — еще утром имел я угол и кусок хлеба. Завтра должен я буду оставить дом, где я родился и где умер мой отец, виновнику его смерти и моей нищеты». И глаза его неподвижно остановились на портрете его матери. Живописец представил ее облокоченною на перилы, в белом утреннем платьи с алой розою в волосах. «И портрет этот достанется врагу моего семейства, — подумал Владимир, — он заброшен будет в кладовую вместе с изломанными стульями, или повешен в передней, предметом насмешек и замечаний его псарей — а в ее спальней, в комнате… где умер отец, поселится его приказчик, или поместится его гарем. Нет! нет! пускай же и ему не достанется печальный дом, из которого он выгоняет меня». Владимир стиснул зубы — страшные мысли рождались в уме его. Голоса подьячих доходили до него — они хозяйничали, требовали то того, то другого, и неприятно развлекали его среди печальных его размышлений. Наконец все утихло.

Владимир отпер комоды и ящики, занялся разбором бумаг покойного. Они большею частию состояли из хозяйственных счетов и переписки по разным делам. Владимир разорвал их, не читая. Между ими попался ему пакет с надписью: письма моей жены. С сильным движением чувства, Владимир принялся за них: они писаны были во время Турецкого похода и были адресованы в армию из Кистеневки. Она описывала ему свою пустынную жизнь, хозяйственные занятия, с нежностию сетовала на разлуку и призывала его домой, в объятия доброй подруги, в одном из них она изъявляла ему свое беспокойство на счет здоровья маленького Владимира; в другом она радовалась его ранним способностям и предвидела для него счастливую и блестящую будущность. Владимир зачитался, и позабыл все на свете, погрузись душою в мир семейственного счастия, и не заметил, как прошло время, стенные часы пробили 11. Владимир положил письма в карман, взял свечу и вышел из кабинета. В зале приказные спали на полу. На столе стояли стаканы, ими опорожненые, и сильный дух рома слышался по всей комнате. Владимир с отвращением прошел мимо их в переднюю – двери были заперты – не нашел ключа, Владимир возвратился в залу, – ключ лежал на столе, Владимир отворил дверь и наткнулся на человека, прижавшегося в угол – топор блестел у него, и обратясь к нему со свечою, Владимир узнал Архипа-кузнеца. – Зачем ты здесь? – спросил он.

– Ах, Владимир Андреевич, это вы, – отвечал Архип пошепту, – господь помилуй и спаси! хорошо, что вы шли со свечою! – Владимир глядел на него с изумлением.

– Что ты здесь притаился? – спросил он кузнеца.

– Я хотел… я пришел… было проведать, все ли дома, – тихо отвечал Архип запинаясь.

– А зачем с тобою топор?

– Топор-то зачем? – Да как же без топора нонече и ходить. Эти приказные такие, вишь, озорники – того и гляди…

– Ты пьян, брось топор, поди выспись.

– Я пьян? Батюшка Владимир Андреевич, бог свидетель, ни единой капли во рту не было… да и пойдет ли вино на ум, слыхано ли дело – подьячие задумали нами владеть, подьячие гонят наших господ с барского двора… Эк они храпят, окаянные – всех бы разом; так и концы в воду.

Дубровский нахмурился. – Послушай, Архип, – сказал он, немного помолчав, – не дело ты затеял. Не приказные виноваты. Засвети-ко фонарь ты, ступай за мною.

Архип взял свечку из рук барина, отыскал за печкою фонарь, засветил его, и оба тихо сошли с крыльца и пошли около двора. Сторож начал бить в чугунную доску, собаки залаяли.

– Кто, сторожа? – спросил Дубровский.

– Мы, батюшка, – отвечал тонкий голос, – Василиса да Лукерья.

– Подите по дворам, – сказал им Дубровский, – вас не нужно.

– Шабаш, – промолвил Архип.

– Спасибо, кормилец, – отвечали бабы – и тотчас отправились домой.

Дубровский пошел далее. Два человека приблизились к нему; они его окликали. Дубровский узнал голос Антона и Гриши. – Зачем вы не спите? – спросил он их.

– До сна ли нам, – отвечал Антон. – До чего мы дожили, кто бы подумал…

– Тише! – перервал Дубровский, – где Егоровна?

– В барском доме в своей светелке, – отвечал Гриша.

– Поди, приведи ее сюда, да выведи из дому всех наших людей, чтоб ни одной души в нем не оставалось – кроме приказных – а ты, Антон, запряги телегу.

Гриша ушел и через минуту явился с своею матерью. Старуха не раздевалась в эту ночь; кроме приказных никто в доме не смыкал глаза.

– Все ли здесь? – спросил Дубровский, – не осталось ли никого в доме?

– Никого, кроме подьячих, – отвечал Гриша.

– Давайте сюда сена или соломы, – сказал Дубровский.

Люди побежали в конюшню и возвратились, неся в охапках сено.

– Подложите под крыльцо. – Вот так. Ну ребята, огню!

Архип открыл фонарь, Дубровский зажег лучину.

– Постой, – сказал он Архипу, – кажется, в торопях я запер двери в переднюю, поди скорей отопри их.

Архип побежал в сени – двери были отперты. Архип запер их на ключ, примолвя вполголоса: как не так, отопри! и возвратился к Дубровскому.

Дубровский приблизил лучину, сено вспыхнуло, пламя взвилось – и осветило весь двор.

– Ах, ты, – жалобно закричала Егоровна, – Владимир Андреевич, что ты делаешь!

– Молчи, – сказал Дубровский. – Ну дети, прощайте, иду, куда бог поведет; будьте счастливы с новым вашим господином.

– Отец наш, кормилец, – отвечали люди, – умрем, не оставим тебя, идем с тобою.

Лошади были поданы; Дубровский сел с Гришею в телегу и назначил им местом свидания Кистеневскую рощу. Антон ударил по лошадям, и они выехали со двора.

Поднялся ветер. В одну минуту пламя обхватило весь дом. Красный дым вился над кровлею. Стеклы трещали, сыпались, пылающие бревны стали падать, раздался жалобный вопль и крики: «горим, помогите, помогите».

– Как не так, – сказал Архип, с злобной улыбкой взирающий на пожар.

– Архипушка, – говорила ему Егоровна, – спаси их, окаянных, бог тебя наградит.

– Как не так, – отвечал кузнец.

В сию минуту приказные показались в окно, стараясь выломать двойные рамы. Но тут кровля с треском рухнула, и вопли утихли.

Вскоре вся дворня высыпала на двор. Бабы с криком спешили спасти свою рухлядь, ребятишки прыгали, любуясь на пожар. Искры полетели огненной мятелью, избы загорелись.

– Теперь все ладно, – сказал Архип, – каково горит, а? чай, из Покровского славно смотреть. – В сию минуту новое явление привлекло его внимание; кошка бегала по кровле пылающего сарая, недоумевая, куда спрыгнуть – со всех сторон окружало ее пламя. Бедное животное жалким мяуканием призывало на помощь. Мальчишки помирали со смеху, смотря на ее отчаяние.

– Чему смеетеся, бесенята, – сказал им сердито кузнец. – Бога вы не боитесь – божия тварь погибает, а вы с дуру радуетесь – и поставя лестницу на загоревшуюся кровлю, он полез за кошкою. Она поняла его намерение и с видом торопливой благодарности уцепилась за его рукав. Полуобгорелый кузнец с своей добычей полез вниз.

– Ну, ребята, прощайте, – сказал он смущенной дворне, – мне здесь делать нечего. Счастливо, не поминайте меня лихом.

Кузнец ушел, пожар свирепствовал еще несколько времени. Наконец унялся, и груды углей без пламени ярко горели в темноте ночи и около них бродили погорелые жители Кистеневки.

ГЛАВА VII

На другой день весть о пожаре разнеслась по всему околодку. Все толковали о нем с различными догадками и предположениями. Иные уверяли, что люди Дубровского, напившись пьяны на похоронах, зажгли дом из неосторожности, другие обвиняли приказных, подгулявших на новоселии, многие уверяли, что он сам сгорел с земским судом и со всеми дворовыми. Некоторые догадывались об истине, и утверждали, что виновником сего ужасного бедствия был сам Дубровский, движимый злобой и отчаянием. Троекуров приезжал на другой же день на место пожара и сам производил следствие. Оказалось, что исправник, заседатель земского суда, стряпчий и писарь, так же как Владимир Дубровский, няня Егоровна, дворовый человек Григорий, кучер Антон и кузнец Архип пропали неизвестно куда. Все дворовые показали, что приказные сгорели в то время, как повалилась кровля; обгорелые кости их были отрыты. Бабы Василиса и Лукерья сказали, что Дубровского и Архипа-кузнеца видели они за несколько минут перед пожаром. Кузнец Архип, по всеобщему показанию, был жив и вероятно главный, если не единственный виновник пожара. На Дубровском лежали сильные подозрения. Кирила Петрович послал губернатору подробное описание всему происшедствию, и новое дело завязалось.

Вскоре другие вести дали другую пищу любопытству и толкам. В ** появились разбойники и распространили ужас по всем окрестностям. Меры, принятые противу них правительством, оказались недостаточными. Грабительства, одно другого замечательнее, следовали одно за другим. Не было безопасности ни по дорогам, ни по деревням. Несколько троек, наполненных разбойниками, разъезжали днем по всей губернии – останавливали путешественников и почту, приезжали в селы, грабили помещичьи дома и предавали их огню. Начальник шайки славился умом, отважностью и каким-то великодушием. Рассказывали о нем чудеса; имя Дубровского было во всех устах, все были уверены, что он, а не кто другой, предводительствовал отважными злодеями. Удивлялись одному – поместия Троекурова были пощажены; разбойники не ограбили у него ни единого сарая; не остановили ни одного воза. С обыкновенной своей надменностью Троекуров приписывал сие исключение страху, который умел он внушить всей губернии, также и отменно хорошей полиции, им заведенной в его деревнях. Сначала соседи смеялись между собою над высокомерием Троекурова и каждый день ожидали, чтоб незваные гости посетили Покровское, где было им чем поживиться, но наконец принуждены были с ним согласиться и сознаться, что и разбойники оказывали ему непонятное уважение… Троекуров торжествовал и при каждой вести о новом грабительстве Дубровского рассыпался в насмешках насчет губернатора, исправников и ротных командиров, от коих Дубровский уходил всегда невредимо.

Между тем наступило 1-е октября – день храмового праздника в селе Троекурова. Но прежде чем приступим к описанию сего торжества и дальнейших происшествий, мы должны познакомить читателя с лицами для него новыми, или о коих мы слегка только упомянули в начале нашей повести.

ГЛАВА VIII

Читатель, вероятно, уже догадался, что дочь Кирила Петровича, о которой сказали мы еще только несколько слов, есть героиня нашей повести. В эпоху, нами описываемую, ей было 17 лет, и красота ее была в полном цвете. Отец любил ее до безумия, но обходился с нею со свойственным ему своенравием, то стараясь угождать малейшим ее прихотям, то пугая ее суровым, а иногда и жестоким обращением. Уверенный в ее привязанности, никогда не мог он добиться ее доверенности. Она привыкла скрывать от него свои чувств и мысли, ибо никогда не могла знать наверно, каким образом будут они приняты. Она не имела подруг и выросла в уединении. Жены и дочери соседей редко езжали к Кирилу Петровичу, коего обыкновенные разговоры и увеселения требовали товарищества мужчин, а не присутствия дам. Редко наша красавица являлась посреди гостей, пирующих у Кирила Петровича. Огромная библиотека, составленная большею частию из сочинений французских писателей 18 века, была отдана в ее распоряжение. Отец ее, никогда не читавший ничего, кроме Совершенной Поварихи, не мог руководствовать ее в выборе книг, и Маша, естественным образом, перерыв сочинения всякого рода, остановилась на романах. Таким образом совершила она свое воспитание, начатое некогда под руководством мамзель Мими, которой Кирила Петрович оказывал большую доверенность и благосклонность, и которую принужден он был наконец выслать тихонько в другое поместие, когда следствия его дружества оказались слишком явными. Мамзель Мими оставила по себе память довольно приятную. Она была добрая девушка, и никогда во зло не употребляла влияния, которое видимо имела над Кирилом Петровичем – в чем отличалась она от других наперсниц, поминутно им сменяемых. Сам Кирила Петрович, казалось, любил ее более прочих, и черноглазый мальчик, шалун лет 9-ти, напоминающий полуденные черты m-lle Мими, воспитывался при нем и признан был его сыном, не смотря на то, что множество босых ребятишек, как две капли воды похожих на Кирила Петровича, бегали перед его окнами и считались дворовыми. Кирила Петрович выписал из Москвы для своего маленького Саши француза-учителя, который и прибыл в Покровское во время происшедствий, нами теперь описываемых.

Сей учитель понравился Кирилу Петровичу своей приятной наружностью и простым обращением. Он представил Кирилу Петровичу свои аттестаты и письмо от одного из родственников Троекурова, у которого 4 года жил он гувернером. Кирила Петрович все это пересмотрел и был недоволен одною молодостью своего француза – не потому, что полагал бы сей любезный недостаток несовместным с терпением и опытностью, столь нужными в несчастном звании учителя, но у него были свои сомнения, которые тотчас и решился ему объяснить. Для сего велел он позвать к себе Машу (Кирила Петрович по-французски не говорил и она служила ему переводчиком).

– Подойди сюда, Маша: скажи ты этому мусье, что так и быть – принимаю его; только с тем, чтоб он у меня за моими девушками не осмелился волочиться, не то я его, собачьего сына… переведи это ему, Маша.

Маша покраснела и, обратясь к учителю, сказала ему по-французски, что отец ее надеется на его скромность и порядочное поведение.

Француз ей поклонился, и отвечал, что он надеется заслужить уважение, даже если откажут ему в благосклонности.

Маша слово в слово перевела его ответ.

– Хорошо, хорошо, – сказал Кирила Петрович, – не нужно для него ни благосклонности, ни уважения. Дело его ходить за Сашей и учить грамматике да географии, переведи это ему.

Марья Кириловна смягчила в своем переводе грубые выражения отца, и Кирила Петрович отпустил своего француза во флигель, где назначена была ему комната.

Маша не обратила никакого внимания на молодого француза, воспитанная в аристократических предрассудках, учитель был для нее род слуги или мастерового, а слуга иль мастеровой не казался ей мужчиною. Она не заметила и впечатления, ею произведенного на M-r Дефоржа, ни его смущения, ни его трепета, ни изменившегося голоса. Несколько дней сряду потом она встречала его довольно часто, не удостоивая большей внимательности. Неожиданным образом получила она о нем совершенно новое понятие. На дворе у Кирила Петровича воспитывались обыкновенно несколько медвежат и составляли одну из главных забав покровского помещика. В первой своей молодости медвежата приводимы были ежедневно в гостиную, где Кирила Петрович по целым часам возился с ними, стравливая их с кошками и щенятами. Возмужав они бывали посажены на цепь, в ожидании настоящей травли. Изредка выводили пред окна барского дома и подкатывали им порожнюю винную бочку, утыканную гвоздями; медведь обнюхивал ее, потом тихонько до нее дотрогивался, колол себе лапы, осердясь толкал ее сильнее, и сильнее становилась боль. Он входил в совершенное бешенство, с ревом бросался на бочку, покаместь не отымали у бедного зверя предмета тщетной его ярости. Случалось, что в телегу впрягали пару медведей, волею и неволею сажали в нее гостей, и пускали их скакать на волю божию. Но лучшею шуткою почиталась у Кирила Петровича следующая.

Прогладавшегося медведя запрут бывало в пустой комнате, привязав его веревкою за кольцо, ввинченное в стену. Веревка была длиною почти во всю комнату, так что один только противуположный угол мог быть безопасным от нападения страшного зверя. Приводили обыкновенно новичка к дверям этой комнаты, нечаянно вталкивали его к медведю, двери запирались, и несчастную жертву оставляли наедине с косматым пустынником. Бедный гость, с оборванной полою и до крови оцарапанный, скоро отыскивал безопасный угол, но принужден был иногда целых три часа стоять прижавшись к стене, и видеть, как разъяренный зверь в двух шагах от него ревел, прыгал, становился на дыбы, рвался и силился до него дотянуться. Таковы были благородные увеселения русского барина!

Несколько дней спустя после приезда учителя, Троекуров вспомнил о нем и вознамерился угостить его в медвежьей комнате: для сего, призвав его однажды утром, повел он его с собою темными корридорами – вдруг боковая дверь отворилась – двое слуг вталкивают в нее француза и запирают ее на ключ. Опомнившись, учитель увидел привязанного медведя, зверь начал фыркать, издали обнюхивая своего гостя, и вдруг, поднявшись на задние лапы, пошел на него... Француз не смутился, не побежал, и ждал нападения. Медведь приблизился, Дефорж вынул из кармана маленькой пистолет, вложил его в ухо голодному зверю и выстрелил. Медведь повалился. все сбежалось, двери отворились, Кирила Петрович вошел, изумленный развязкою своей шутки.

Кирила Петрович хотел непременно объяснения всему делу – кто предварил Дефоржа о шутке, для него предуготовленной, или зачем у него в кармане был заряженный пистолет. Он послал за Машей, Маша прибежала и перевела французу вопросы отца.

– Я не слыхивал о медведе, – отвечал Дефорж, – но я всегда ношу при себе пистолеты, потому что не намерен терпеть обиду, за которую, по моему званью, не могу требовать удовлетворения.

Маша смотрела на него с изумлением, и перевела слова его Кирилу Петровичу. Кирила Петрович ничего не отвечал, велел вытащить медведя и снять с него шкуру; потом обратясь к своим людям сказал: – Каков молодец! не струсил, ей-богу, не струсил. С той минуты он Дефоржа полюбил, и не думал уже его пробовать.

Но случай сей произвел еще большее впечатление на Марью Кириловну. Воображение ее было поражено: она видела мертвого медведя и Дефоржа, спокойно стоящего над ним и спокойно с нею разговаривающего. Она увидела, что храбрость и гордое самолюбие не исключительно принадлежат одному сословию – и с тех пор стала оказывать молодому учителю уважение, которое час от часу становилось внимательнее. Между ими основались некоторые сношения. Маша имела прекрасный голос и большие музыкальные способности, Дефорж вызвался давать ей уроки. После того читателю уже не трудно догадаться, что Маша в него влюбилась, сама еще в том себе не признаваясь.

ТОМ ВТОРОЙ

ГЛАВА IX

Накануне праздника гости начали съезжаться, иные останавливались в господском доме и во флигелях, другие у приказчика, третьи у священника, четвертые у зажиточных крестьян. Конюшни полны были дорожных лошадей, дворы и сараи загромождены разными экипажами. В 9 часов утра заблаговестили к обедне, и все потянулось к новой каменной церкве, построенной Кирилом Петровичем и ежегодно украшаемой его приношениями. Собралось такое множество почетных богомольцев, что простые крестьяне не могли поместиться в церкве, и стояли на паперти и в ограде. Обедня не начиналась – ждали Кирила Петровича. Он приехал в коляске шестернею – и торжественно пошел на свое место, сопровождаемый Мариею Кириловной. Взоры мужчин и женщин обратились на нее; первые удивлялись ее красоте, вторые со вниманием осмотрели ее наряд. Началась обедня, домашние певчие пели на крылосе, Кирила Петрович сам подтягивал, молился, не смотря ни на право, ни на лево, и с гордым смирением поклонился в землю, когда дьякон громогласно упомянул и о зиждителе храма сего.

Обедня кончилась. Кирила Петрович первый подошел ко кресту. Все двинулись за ним, потом соседи подошли к нему с почтением. Дамы окружили Машу. Кирила Петрович, выходя из церкви, пригласил всех к себе обедать, сел в коляску и отправился домой. Все поехали вслед за ним. Комнаты наполнились гостями. Поминутно входили новые лица, и насилу могли пробраться до хозяина. Барыни сели чинным полукругом, одетые по запоздалой моде, в поношенных и дорогих нарядах, все в жемчугах и брилиантах, мужчины толпились около икры и водки, с шумным разногласием разговаривая между собою. В зале накрывали стол на 80 приборов. Слуги суетились, расставляя бутылки и графины, и прилаживая скатерти. Наконец дворецкий провозгласил: кушание поставлено, – и Кирила Петрович первый пошел садиться за стол, за ним двинулись дамы и важно заняли свои места, наблюдая некоторое старшинство, барышни стеснились между собою как робкое стадо козочек и выбрали себе места одна подле другой. Против них поместились мужчины. На конце стола сел учитель подле маленького Саши.

Слуги стали разносить тарелки по чинам, в случае недоумения руководствуясь Лафатерскими догадками, и почти всегда безошибочно. Звон тарелок и ложек слился с шумным говором гостей, Кирила Петрович весело обозревал свою трапезу, и вполне наслаждался счастием хлебосола. В это время въехала на двор коляска, запряженная шестью лошадьми.

– Это кто? – спросил хозяин.

– Антон Пафнутьич, – отвечали несколько голосов. Двери отворились, и Антон Пафнутьич Спицын, толстый мужчина лет 50, с круглым и рябым лицом украшенным тройным подбородком, ввалился в столовую кланяясь, улыбаясь, и уже собираясь извиниться…

– Прибор сюда, – закричал Кирила Петрович, – милости просим, Антон Пафнутьич, садись, да скажи нам что это значит: не был у моей обедни и к обеду опоздал. Это на тебя не похоже, ты и богомолен, и покушать любишь.

– Виноват, – отвечал Антон Пафнутьич, привязывая салфетку в петлицу горохового кафтана, – виноват, батюшка Кирила Петрович, я было рано пустился в дорогу, да не успел отъехать и десяти верст, вдруг шина у переднего колеса пополам – что прикажешь? К счастию не далеко было от деревни – пока до нее дотащились, да отыскали кузнеца, да все кое-как уладили, прошли ровно 3 часа – делать было нечего. Ехать ближним путем через Кистеневской лес я не осмелился, а пустился в объезд…

– Эге! – прервал Кирила Петрович,– да ты, знать, не из храброго десятка; чего ты боишься.

– Как чего боюсь, батюшка Кирила Петрович, а Дубровского-то; того и гляди попадешься ему в лапы. Он малый не промах, никому не спустит, а с меня пожалуй и две шкуры сдерет.

– За что же, братец, такое отличие?

– Как за что, батюшка Кирила Петрович? а за тяжбу-то покойника Андрея Гавриловича. Не я ли в удовольствие ваше, т. е. по совести и по справедливости, показал, что Дубровские владеют Кистеневкой безо всякого на то права, а единственно по снисхождению вашему. И покойник (царство ему небесное) обещал со мною по-свойски переведаться, а сынок, пожалуй, сдержит слово батюшкино. Доселе Бог миловал. – Всего-навсего разграбили у меня один анбар, да того и гляди до усадьбы доберутся.

– А в усадьбе-то будет им раздолье, – заметил Кирила Петрович, – я чай красная шкатулочка полным полна...

– Куда, батюшка Кирила Петрович. Была полна, а нынче совсем опустела!

– Полно врать, Антон Пафнутьич. Знаем мы вас; куда тебе деньги тратить, дома живешь свинья свиньей, никого не принимаешь, своих мужиков обдираешь, знай копишь да и только.

– Вы все изволите шутить, батюшка Кирила Петрович, – пробормотал с улыбкою Антон Пафнутьич, – а мы ей-богу, разорились – и Антон Пафнутьич стал заедать барскую шутку хозяина жирным куском кулебяки. Кирила Петрович оставил его и обратился к новому исправнику, в первый раз к нему в гости приехавшему, и сидящему на другом конце стола подле учителя.

– А что, поймаете хоть вы Дубровского, господин исправник?

Исправник струсил, поклонился, улыбнулся, заикнулся и произнес наконец:

– Постараемся, ваше превосходительство.

– Гм, постараемся. Давно, давно стараются, а проку все-таки нет. Да правда, зачем и ловить его. Разбои Дубровского благодать для исправников – разъезды, следствия, подводы, а деньги в карман. Как такого благодетеля извести? Не правда ли, господин исправник?

– Сущая правда, ваше превосходительство, – отвечал совершенно смутившийся исправник.

Гости захохотали.

– Люблю молодца за искренность, – сказал Кирила Петрович, а жаль покойного нашего исправника Тараса Алексеевича – кабы не сожгли его, так в околодке было бы тише. А что слышно про Дубровского? где его видели последний раз?

– У меня, Кирила Петрович, – пропищал толстый дамской голос, – в прошлый вторник обедал он у меня...

Все взоры обратились на Анну Савишну Глобову, довольно простую вдову, всеми любимую за добрый и веселый нрав. Все с любопытством приготовились услышать ее рассказ.

– Надобно знать, что тому три недели послала я приказчика на почту с деньгами для моего Ванюши. Сына я не балую, да и не в состоянии баловать хоть бы и хотела; однако, сами изволите знать: офицеру гвардии нужно содержать себя приличным образом, и я с Ванюшей делюсь как могу своими доходишками. Вот и послала ему 2000 рублей, хоть

Дубровский не раз приходил мне в голову, да думаю: город близко, всего 7 верст, авось бог пронесет. Смотрю: вечером мой приказчик возвращается, бледен, оборван и пеш – я так и ахнула. – Что такое? что с тобою сделалось? Он мне: матушка Анна Савишна – Разбойники ограбили; самого чуть не убили – сам Дубровский был тут, хотел повесить меня, да сжалился, и отпустил – за то всего обобрал – отнял и лошадь и телегу. Я обмерла; царь мой небесный, что будет с моим Ванюшею? Делать нечего: написала я сыну письмо, рассказала все и послала ему свое благословение без гроша денег.

Прошла неделя, другая – вдруг въезжает ко мне на двор коляска. Какой-то генерал просит со мною увидеться: милости просим; входит ко мне человек лет 35, смуглый, черноволосый, в усах, в бороде, сущий портрет Кульнева, рекомендуется мне как друг и сослуживец покойного мужа Ивана Андреевича: он-де ехал мимо и не мог не заехать к его вдове, зная, что я тут живу. Я угостила его чем бог послал, разговорились о том о сем, наконец и о Дубровском. Я рассказала ему свое горе. Генерал мой нахмурился. – Это странно, – сказал он, – я слыхал, что Дубровский нападает не на всякого, а на известных богачей, но и тут делится с ними, а не грабит дочиста, а в убийствах никто его не обвиняет, нет ли тут плутни, прикажите-ка позвать вашего приказчика. – Пошли за приказчиком, он явился; только увидел генерала, он так и остолбенел. «Расскажи-ка мне, братец, каким образом Дубровский тебя ограбил, и как он хотел тебя повесить». Приказчик мой задрожал и повалился генералу в ноги. – Батюшка, виноват – грех попутал – солгал. «Коли так, – отвечал генерал, – так изволь же рассказать барыне, как все дело случилось, а я послушаю». Приказчик не мог опомниться. «Ну что же, – продолжал генерал, – рассказывай: где ты встретился с Дубровским?» – У двух сосен, батюшка, у двух сосен. – «Что же сказал он тебе?» – Он спросил у меня, чей ты, куда едешь и зачем? – «Ну, а после?» – А после потребовал он письмо и деньги. – «Ну». – Я отдал ему письмо и деньги. – «А он? – Ну – а он?» – Батюшка, виноват. – «Ну, что ж он сделал?» – Он возвратил мне деньги и письмо, да сказал: ступай себе с богом – отдай это на почту. – «Ну, а ты?»

– Батюшка, виноват. – «Я с тобою, голубчик, управлюсь, – сказал грозно генерал, – а вы, сударыня, прикажите обыскать сундук этого мошенника, и отдайте мне его на руки, а я его проучу. Знайте, что Дубровский сам был гвардейским офицером, он не захочет обидеть товарища». Я догадывалась, кто был его превосходительство, нечего мне было с ним толковать. Кучера привязали приказчика к козлам коляски. Деньги нашли; генерал у меня отобедал, потом тотчас уехал, и увез с собою приказчика. Приказчика моего нашли на другой день в лесу, привязанного к дубу и ободранного как липку.

Все слушали молча рассказ Анны Савишны, особенно барышни. Многие из них втайне ему доброжелательствовали, видя в нем героя романического – особенно Марья Кириловна, пылкая мечтательница, напитанная таинственными ужасами Радклиф.

– И ты, Анна Савишна, полагаешь, что у тебя был сам Дубровский, – спросил Кирила Петрович. – Очень же ты ошиблась. Не знаю, кто был у тебя в гостях, а только не Дубровский.

– Как, батюшка, не Дубровский, да кто же, как не он, выедет на дорогу и станет останавливать прохожих, да их осматривать.

– Не знаю, а уж верно не Дубровский. Я помню его ребенком, не знаю почернели ль у него волоса, а тогда был он кудрявый белокуренькой мальчик – но знаю наверное, что Дубровский пятью годами старше моей Маши, и что следственно ему не 35 лет, а около 23.

– Точно так, ваше превосходительство, – провозгласил исправник, у меня в кармане и приметы Владимира Дубровского. В них точно сказано, что ему от роду 23-й год.

– А! – сказал Кирила Петрович, – кстати: прочти-ка, а мы послушаем, не худо нам знать его приметы, авось в глаза попадется, так не вывернется.

Исправник вынул из кармана довольно замаранный лист бумаги, развернул его с важностию и стал читать нараспев.

«Приметы Владимира Дубровского, составленные по сказкам бывших его дворовых людей.

«От роду 23 года, роста середнего, лицом чист, бороду бреет, глаза имеет карие, волосы русые, нос прямой. Приметы особые: таковых не оказалось».

– И только, – сказал Кирила Петрович.

– Только, – отвечал исправник, складывая бумагу.

– Поздравляю, г-н исправник. Ай да бумага! по этим приметам немудрено будет вам отыскать Дубровского. Да кто же не среднего роста, у кого не русые волосы, не прямой нос, да не карие глаза! Бьюсь об заклад, 3 часа сряду будешь говорить с самим Дубровским, а не догадаешься, с кем бог тебя свел. Нечего сказать, умные головушки приказные.

Исправник смиренно положил в карман свою бумагу и молча принялся за гуся с капустой. Между тем слуги успели уж несколько раз обойти гостей, наливая каждому его рюмку. Несколько бутылок горского и цымлянского громко были уже откупорены и приняты благосклонно под именем шампанского, лица начинали рдеть, разговоры становились звонче, несвязнее и веселее.

– Нет, – продолжал Кирила Петрович, – уж не видать нам такого исправника, каков был покойник Тарас Алексеевич! Этот был не промах, не разиня. Жаль что сожгли молодца, а то бы от него не ушел ни один человек изо всей шайки. Он бы всех до единого переловил – да и сам Дубровский не вывернулся б и не откупился. Тарас Алексеевич деньги с него взять-то бы взял, да и самого не выпустил – таков был обычай у покойника. Делать нечего, видно, мне вступиться в это дело, да пойти на разбойников с моими домашними. На первый случай отряжу человек двадцать, так они и очистят воровскую рощу; народ не трусливый, каждый в одиночку на медведя ходит – от разбойников не попятятся.

– Здоров ли ваш медведь, батюшка Кирила Петрович, – сказал Антон Пафнутьич, вспомня при сих словах о своем косматом знакомце и о некоторых шутках, коих и он был когда-то жертвою.

– Миша приказал долго жить, – отвечал Кирила Петрович. – Умер славною смертью, от руки неприятеля. Вон его победитель, – Кирила Петрович указывал на Дефоржа; – выменяй образ моего француза. Он отомстил за твою… с позволения сказать… Помнишь?

– Как не помнить, – сказал Антон Пафнутьич почесываясь, – очень помню. Так Миша умер. Жаль Миши, ей-богу жаль! какой был забавник! какой умница! эдакого медведя другого не сыщешь. Да зачем мусье убил его?

Кирила Петрович с великим удовольствием стал рассказывать подвиг своего француза, ибо имел счастливую способность тщеславиться всем, что только ни окружало его. Гости со вниманием слушали повесть о Мишиной смерти, и с изумлением посматривали на Дефоржа, который, не подозревая, что разговор шел о его храбрости, спокойно сидел на своем месте и делал нравственные замечания резвому своему воспитаннику.

Обед, продолжавшийся около 3 часов, кончился; хозяин положил салфетку на стол – все встали и пошли в гостиную, где ожидал их кофей, карты и продолжение попойки, столь славно начатой в столовой.

ГЛАВА X

Около семи часов вечера некоторые гости хотели ехать, но хозяин, развеселенный пуншем, приказал запереть ворота и объявил, что до следующего утра никого со двора не выпустит. Скоро загремела музыка, двери в залу отворились и бал завязался. Хозяин и его приближенные сидели в углу, выпивая стакан за стаканом и любуясь веселостию молодежи. Старушки играли в карты. Кавалеров, как и везде, где не квартирует какой-нибудь уланской бригады, было менее, нежели дам, все мужчины годные на то были завербованы. Учитель между всеми отличался, он танцовал более всех, все барышни выбирали его и находили, что с ним очень ловко вальсировать. Несколько раз кружился он с Марьей Кириловною – и барышни насмешливо за ними примечали. Наконец около полуночи усталый хозяин прекратил танцы, приказал давать ужинать – а сам отправился спать.

Отсутствие Кирила Петровича придало обществу более свободы и живости. Кавалеры осмелились занять место подле дам. Девицы смеялись и перешоптывались со своими соседами; дамы громко разговаривали через стол. Мужчины пили, спорили и хохотали – словом, ужин был чрезвычайно весел – и оставил по себе много приятных воспоминаний.

Один только человек не участвовал в общей радости – Антон Пафнутьич сидел пасмурен и молчалив на своем месте, ел рассеянно и казался чрезвычайно беспокоен. Разговоры о разбойниках взволновали его воображение. Мы скоро увидим, что он имел достаточную причину их опасаться.

Антон Пафнутьич, призывая господа в свидетели в том, что красная шкатулка его была пуста, не лгал и не согрешал – красная шкатулка точно была пуста, деньги, некогда в ней хранимые, перешли в кожаную суму, которую носил он на груди под рубашкой. Сею только предосторожностию успокоивал он свою недоверчивость ко всем и вечную боязнь. Будучи принужден остаться ночевать в чужом доме, он боялся, чтоб не отвели ему ночлега где-нибудь в уединенной комнате, куда легко могли забраться воры, он искал глазами надежного товарища и выбрал наконец Дефоржа. Его наружность, обличающая силу, а пуще храбрость, им оказанная при встрече с медведем, о коем бедный Антон Пафнутьич не мог вспомнить без содрагания, решили его выбор. Когда встали изо стола, Антон Пафнутьич стал вертеться около молодого француза, покрякивая и откашливаясь, и наконец обратился к нему с изъяснением.

– Гм, гм, нельзя ли, мусье, переночевать мне в вашей конурке, потому что извольте видеть...

– Que désire monsieur?[91] – спросил Дефорж, учтиво ему поклонившись.

---

[91] Чего изволите? (фр.)

– Эк беда, ты, мусье, по-русски еще не выучился. Же ве, муа, ше ву куше[92], понимаешь ли?

– Monsieur, trиs volontiers, – отвечал Дефорж, – veuillez donner des ordres en consйquence[93].

Антон Пафнутьич, очень довольный своими сведениями во французском языке, пошел тотчас распоряжаться.

Гости стали прощаться между собою и каждый отправился в комнату, ему назначенную. А Антон Пафнутьич пошел с учителем во флигель. Ночь была темная. Дефорж освещал дорогу фонарем, Антон Пафнутьич шел за ним довольно бодро, прижимая изредка к груди потаенную суму – дабы удостовериться, что деньги его еще при нем.

Пришед во флигель, учитель засветил свечу и оба стали раздеваться; между тем Антон Пафнутьич похаживал по комнате, осматривая замки и окна – и качая головою при сем неутешительном смотре. Двери запирались одною задвижкою, окна не имели еще двойных рам. Он попытался было жаловаться на то Дефоржу, но знания его во французском языке были слишком ограничены для столь сложного объяснения – француз его не понял, и Антон Пафнутьич принужден был оставить свои жалобы. Постели их стояли одна против другой, оба легли, и учитель потушил свечу.

– Пуркуа ву туше, пуркуа ву туше[94], – закричал Антон Пафнутьич, спрягая с грехом пополам русский глагол тушу на французский лад. – Я не могу, дормир[95], в потемках. – Дефорж не понял его восклицаний и пожелал ему доброй ночи.

– Проклятый басурман, – проворчал Спицын, закутываясь в одеяло. – Нужно ему было свечку тушить. Ему же хуже. Я спать не могу без огня. – Мусье, мусье, – продолжал он, – Же ве авек ву парле[96]. – Но француз не отвечал и вскоре захрапел.

– Храпит бестия француз, – подумал Антон Пафнутьич, – а мне так сон в ум нейдет. Того и гляди воры войдут в открытые двери или влезут в окно – а его, бестию, и пушками не добудишься. – Мусье! а, Мусье! – дьявол тебя побери.

Антон Пафнутьич замолчал – усталость и винные пары мало по малу превозмогли его боязливость – он стал дремать, и вскоре глубокой сон овладел им совершенно.

---

[92] Я хочу спать у вас (фр.).
[93] Сделайте одолжение, сударь… извольте соответственно распорядиться (фр.).
[94] Зачем вы тушите, вы тушите? (фр.)
[95] спать (фр.).
[96] Я хочу с вами говорить (фр.).

Странное готовилось ему пробуждение. Он чувствовал, сквозь сон, что кто-то тихонько дергал его за ворот рубашки. Антон Пафнутьич открыл глаза, и при лунном свете осеннего утра увидел перед собою Дефоржа: француз в одной руке держал карманный пистолет, другою отстегивал заветную суму. Антон Пафнутьич обмер.

– Кесь ке се, мусье, кесь ке се[97], – произнес он трепещущим голосом.

– Тише, молчать, – отвечал учитель чистым русским языком, – молчать или вы пропали. Я Дубровский.

ГЛАВА XI

Теперь попросим у читателя позволения объяснить последние происшествия повести нашей предыдущими обстоятельствами, кои не успели мы еще рассказать.

На станции** в доме смотрителя, о коем мы уже упомянули, сидел в углу проезжий с видом смиренным и терпеливым – обличающим разночинца или иностранца, т. е. человека, не имеющего голоса на почтовом тракте. Бричка его стояла на дворе, ожидая подмазки. В ней лежал маленький чемодан, тощее доказательство не весьма достаточного состояния. Проезжий не спрашивал себе ни чаю, ни кофию, поглядывал в окно и посвистывал к великому неудовольствию смотрительши, сидевшей за перегородкою.

– Вот бог послал свистуна, – говорила она в пол-голоса, – эк посвистывает – чтоб он лопнул, окаянный басурман.

– А что? – сказал смотритель, – что за беда, пускай себе свищет.

– Что за беда? – возразила сердитая супруга. – А разве не знаешь приметы?

– Какой приметы? что свист деньгу выживает. И! Пахомовна, у нас что свисти, что нет: а денег все нет как нет.

– Да отпусти ты его, Сидорыч. Охота тебе его держать. Дай ему лошадей, да провались он к чорту.

– Подождет, Пахомовна; на конюшне всего три тройки, четвертая отдыхает. Того и гляди, подоспеют хорошие проезжие; не хочу своею

---

[97] Что это, сударь, что это (фр.).

шеей отвечать за француза. Чу, так и есть! вон скачут. Э ге ге, да как шибко; уж не генерал ли?

Коляска остановилась у крыльца. Слуга соскочил с козел – отпер дверцы, и через минуту молодой человек в военной шинели и в белой фуражке вошел к смотрителю – вслед за ним слуга внес шкатулку и поставил ее на окошко.

– Лошадей, – сказал офицер повелительным голосом.

– Сейчас, – отвечал смотритель. – Пожалуйте подорожную.

– Нет у меня подорожной. Я еду в сторону – – Разве ты меня не узнаешь?

Смотритель засуетился и кинулся торопить ямщиков. Молодой человек стал расхаживать взад и вперед по комнате, зашел за перегородку, и спросил тихо у смотрительши: кто такой проезжий.

– Бог его ведает, – отвечала смотрительша, – какой-то француз. Вот уж 5 часов как дожидается лошадей да свищет. Надоел проклятый.

Молодой человек заговорил с проезжим по-французски.

– Куда изволите вы ехать? – спросил он его.

– В ближний город, – отвечал француз, – оттуда отправляюсь к одному помещику, который нанял меня за глаза в учители. Я думал сегодня быть уже на месте, но г. смотритель, кажется, судил иначе. В этой земле трудно достать лошадей, г-н офицер.

– А к кому из здешних помещиков определились вы, – спросил офицер.

– К г-ну Троекурову, – отвечал француз.

– К Троекурову? кто такой этот Троекуров?

– Ma foi, mon officier[98]… я слыхал о нем мало доброго. Сказывают, что он барин гордый и своенравный, жестокой в обращении со своими домашними – что никто не может с ним ужиться, что все трепещут при его имени, что с учителями (avec les outchitels) он не церемонится, и уже двух засек до смерти.

– Помилуйте! и вы решились определиться к такому чудовищу.

– Что ж делать, г-н офицер. Он предлогает мне хорошее жалование, 3000 р. в год и все готовое. Быть может, я буду счастливее других. У меня старушка мать, половину жалования буду отсылать ей на пропитание, из остальных денег в 5 лет могу скопить маленький капитал достаточный для будущей моей независимости – и тогда bonsoir[99], еду в Париж и пускаюсь в комерческие обороты.

– Знает ли вас кто-нибудь в доме Троекурова? – спросил он.

---

[98] Право, господин офицер… (фр.).
[99] прощайте (фр.).

— Никто, — отвечал учитель, — меня он выписал из Москвы чрез одного из своих приятелей, коего повар, мой соотечественник, меня рекомендовал. Надобно вам знать, что я готовился было не в учителя, а в кандиторы — но мне сказали, что в вашей земле звание учительское не в пример выгоднее — — Офицер задумался. — Послушайте, — прервал офицер, — что если бы вместо этой будущности предложили вам 10000 чистыми деньгами, с тем, чтоб сей же час отправились обратно в Париж.

Француз посмотрел на офицера с изумлением, улыбнулся и покачал головою.

— Лошади готовы, — сказал вошедший смотритель. — Слуга подтвердил то же самое.

— Сейчас, — отвечал офицер, — выдте вон на минуту. — Смотритель и слуга вышли. — Я не шучу, — продолжал он по-французски, —10000 могу я вам дать, мне нужно только ваше отсутствие и ваши бумаги. — При сих словах он отпер шкатулку и вынул несколько кип ассигнаций.

Француз вытаращил глаза. Он не знал, что и думать. — Мое отсутствие — — мои бумаги, — повторял он с изумлением. — Вот мои бумаги — Но вы шутите; зачем вам мои бумаги?

— Вам дела нет до того. Спрашиваю, согласны вы или нет?

Француз, все еще не веря своим ушам, протянул бумаги свои молодому офицеру, который быстро их пересмотрел. — Ваш пашпорт — — хорошо. Письмо рекомендательное, посмотрим. Свидетельство о рождении, прекрасно. Ну вот же вам ваши деньги, отправляйтесь назад. Прощайте — —

Француз стоял как вкопаный.

Офицер воротился. — Я было забыл самое важное. Дайте мне честное слово, что все это останется между нами — честное ваше слово.

— Честное мое слово, — отвечал француз. — Но мои бумаги, что мне делать без них.

— В первом городе объявите, что вы были ограблены Дубровским. Вам поверят, и дадут нужные свидетельства. Прощайте, дай бог вам скорее доехать до Парижа и найти матушку в добром здоровьи.

Дубровский вышел из комнаты, сел в коляску и поскакал.

Смотритель смотрел в окошко, и когда коляска уехала, обратился к жене с восклицанием: — Пахомовна, знаешь ли ты что? ведь это был Дубровский.

Смотрительша опрометью кинулась к окошку, но было уже поздно — Дубровский был уже далеко. Она принялась бранить мужа: — Бога ты не боишься, Сидорыч, зачем ты не сказал мне того прежде, я бы хоть взглянула на Дубровского, а теперь жди, чтоб он опять завернул. Бессовестный ты право, бессовестный!

Француз стоял как вкопаный. Договор с офицером, деньги, все казалось ему сновидением. Но кипы ассигнаций были тут у него в кармане и красноречиво твердили ему о существенности удивительного происшедствия.

Он решился нанять лошадей до города. Ямщик повез его шагом, и ночью дотащился он до города.

Не доезжая до заставы, у которой, вместо часового, стояла развалившаяся бутка, француз велел остановиться, – вылез из брички, и пошел пешком, объяснив знаками ямщику, что бричку и чамодан дарит ему на водку. Ямщик был в таком же изумлении от его щедрости, как и сам француз от предложения Дубровского. Но, заключив из того, что немец сошел с ума, ямщик поблагодарил его усердным поклоном, и не рассудив за благо въехать в город, отправился в известное ему увеселительное заведение, коего хозяин был весьма ему знаком. Там провел он целую ночь, а на другой день утром на порожней тройке отправился во-свояси – без брички и без чамодана, с пухлым лицом и красными глазами.

Дубровский, овладев бумагами француза, смело явился, как мы уже видели, к Троекурову и поселился в его доме. Каковы ни были его тайные намерения (мы их узнаем после), но в его поведении не оказалось ничего предосудительного. Правда, он мало занимался воспитанием маленького Саши, давал ему полную свободу повесничать, и не строго взыскивал за уроки, задаваемые только для формы – зато с большим прилежанием следил за музыкальными успехами своей ученицы, и часто по целым часам сиживал с нею за фортепьяно. Все любили молодого учителя – Кирила Петрович за его смелое проворство на охоте, Марья Кириловна за неограниченное усердие и робкую внимательность, Саша – за снисходительность к его шалостям, домашние за доброту и за щедрость повидимому несовместную с его состоянием. Сам он, казалось, привязан был ко всему семейству и почитал уже себя членом оного.

Прошло около месяца от его вступления в звание учительское до достопамятного празднества, и никто не подозревал, что в скромном молодом французе таился грозный разбойник – коего имя наводило ужас на всех окрестных владельцев. Во все это время Дубровский не отлучался из Покровского, но слух о разбоях его не утихал благодаря изобретательному воображению сельских жителей, но могло статься и то, что шайка его продолжала свои действия и в отсутствии начальника.

Ночуя в одной комнате с человеком, коего мог он почесть личным своим врагом и одним из главных виновников его бедствия, – Дубровский не мог удержаться от искушения. Он знал о существовании сумки, и решился ею завладеть. Мы видели, как изумил он бедного Антона

Пафнутьича неожиданным своим превращением из учителей в разбойники.

В 9 часов утра гости, ночевавшие в Покровском, собрались один за другим в гостиной, где кипел уже самовар, перед которым в утреннем платье сидела Марья Кириловна, – а Кирила Петрович в байковом сертуке и в туфлях выпивал свою широкую чашку, похожую на полоскательную. Последним появился Антон Пафнутьич; он был так бледен и казался так расстроен, что вид его всех поразил, и что Кирила Петрович осведомился о его здоровии. Спицын отвечал безо всякого смысла и с ужасом поглядывал на учителя, который тут же сидел, как ни в чем не бывало. Через несколько минут слуга вошел и объявил Спицыну, что коляска его готова – Антон Пафнутьич спешил откланяться и не смотря на увещания хозяина вышел поспешно из комнаты и тотчас уехал. Не понимали, что с ним сделалось, и Кирила Петрович решил, что он объелся. После чаю и прощального завтрака прочие гости начали разъезжаться, вскоре Покровское опустело, и все вошло в обыкновенный порядок.

ГЛАВА XII

Прошло несколько дней, и не случилось ничего достопримечательного. Жизнь обитателей Покровского была однообразна. Кирила Петрович ежедневно выезжал на охоту; чтение, прогулки и музыкальные уроки занимали Марью Кириловну – особенно музыкальные уроки. Она начинала понимать собственное сердце и признавалась, с невольной досадою, что оно не было равнодушно к достоинствам молодого француза. Он с своей стороны не выходил из пределов почтения и строгой пристойности, и тем успокоивал ее гордость и боязливые сомнения. Она с большей и большей доверчивостью предавалась увлекательной привычке. Она скучала без Дефоржа, в его присутствии поминутно занималась им, обо всем хотела знать его мнение и всегда с ним соглашалась. Может быть, она не была еще влюблена, но при первом случайном препятствии или незапном гонении судьбы пламя страсти должно было вспыхнуть в ее сердце.

Однажды, пришед в залу, где ожидал ее учитель, Марья Кириловна с изумлением заметила смущение на бледном его лице. Она открыла фортепьяно, пропела несколько нот, но Дубровский под предлогом головной боли извинился, перервал урок и, закрывая ноты, подал ей украдкою записку. Марья Кириловна, не успев одуматься, приняла ее и раскаялась в ту же минуту, но Дубровского не было уже в зале. Марья Кириловна пошла в свою комнату, развернула записку и прочла следующее:

«Будьте сегодня в 7 часов в беседке у ручья – Мне необходимо с вами говорить».

Любопытство ее было сильно возбуждено. Она давно ожидала признания, желая и опасаясь его. Ей приятно было бы услышать подтверждение того, о чем она догадывалась, но она чувствовала, что ей было бы неприлично слышать такое объяснение от человека, который по состоянию своему не мог надеяться когда-нибудь получить ее руку. Она решилась идти на свидание, но колебалась в одном: каким образом примет она признание учителя, с аристократическим ли негодованием, с увещаниями ли дружбы, с веселыми шутками, или с безмолвным участием. Между тем она поминутно поглядывала на часы. Смеркалось, подали свечи, Кирила Петрович сел играть в бостон с приезжими соседями. Столовые часы пробили третью четверть седьмого – и Марья Кириловна тихонько вышла на крыльцо – огляделась во все стороны и побежала в сад.

Ночь была темна, небо покрыто тучами – в двух шагах от себя нельзя было ничего видеть, но Марья Кириловна шла в темноте по знакомым дорожкам, и через минуту очутилась у беседки; тут остановилась она, дабы перевести дух и явиться перед Дефоржем с видом равнодушным и неторопливым. Но Дефорж стоял уже перед нею.

– Благодарю вас, – сказал он ей тихим и печальным голосом, – что вы не отказали мне в моей просьбе. Я был бы в отчаянии, если бы на то не согласились.

Марья Кириловна отвечала заготовленною фразой: – Надеюсь, что вы не заставите меня раскаяться в моей снисходительности.

Он молчал и, казалося, собирался с духом. – Обстоятельства требуют… я должен вас оставить, – сказал он наконец, – вы скоро, может быть, услышите… Но перед разлукой я должен с вами сам объясниться…

Мария Кириловна не отвечала ничего. В этих словах видела она предисловие к ожидаемому признанию.

– Я не то, что вы предполагаете, – продолжал он, потупя голову, – я не француз Дефорж, я Дубровский.

Марья Кириловна вскрикнула.

– Не бойтесь, ради бога, вы не должны бояться моего имени. Да я тот несчастный, которого ваш отец лишил куска хлеба, выгнал из отеческого дома и послал грабить на больших дорогах. Но вам не надобно меня бояться – ни за себя, ни за него. все кончено. – Я ему простил. Послушайте, вы спасли его. Первый мой кровавый подвиг должен был свершиться над ним. Я ходил около его дома, назначая, где вспыхнуть пожару, откуда войти в его спальню, как пересечь ему все пути к бегству – в ту минуту вы прошли мимо меня, как небесное видение, и сердце мое смирилось. Я понял, что дом, где обитаете вы, священ, что ни единое существо, связанное с вами узами крови, не подлежит моему проклятию. Я отказался от мщения, как от безумства. Целые дни я бродил около садов Покровского в надежде увидеть издали ваше белое платье. В ваших неосторожных прогулках я следовал за вами, прокрадываясь от куста к кусту, счастливый мыслию, что вас охраняю, что для вас нет опасности там, где я присутствую тайно. Наконец случай представился. Я поселился в вашем доме. Эти три недели были для меня днями счастия. Их воспоминание будет отрадою печальной моей жизни…. Сегодня я получил известие, после которого мне невозможно долее здесь оставаться. Я расстаюсь с вами сегодня… сей же час.. Но прежде я должен был вам открыться, чтоб вы не проклинали меня, не презирали. Думайте иногда о Дубровском. Знайте, что он рожден был для иного назначения, что душа его умела вас любить, что никогда…

Тут раздался легкой свист – и Дубровский умолк. Он схватил ее руку и прижал к пылающим устам. Свист повторился. – Простите, – сказал Дубровский, – меня зовут, минута может погубить меня. – Он отошел, Марья Кириловна стояла неподвижно – Дубровский воротился и снова взял ее руку. – Если когда-нибудь, – сказал он ей нежным и трогательным голосом,– если когда-нибудь несчастие вас постигнет и вы ни от кого не будете ждать ни помощи, ни покровительства, в таком случае обещаетесь ли вы прибегнуть ко мне, требовать от меня всего – для вашего спасения? Обещаетесь ли вы не отвергнуть моей преданности?

Мария Кириловна плакала молча. Свист раздался в третий раз.

– Вы меня губите! – закричал Дубровский. – Я не оставлю вас, пока не дадите мне ответа – обещаетесь ли вы или нет?

– Обещаюсь, – прошептала бедная красавица.

Взволнованная свиданием с Дубровским Марья Кириловна возвращалась из саду. Ей показалось, что все люди разбегались – дом был в движении, на дворе было много народа, у крыльца стояла тройка – издали услышала она голос Кирила Петровича – и спешила войти в комнаты, опасаясь, чтоб отсутствие ее не было замечено. В зале встретил ее Кирила Петрович, гости окружали исправника, нашего знакомца, и осыпали его вопросами. Исправник в дорожном платье, вооруженный с ног до головы, отвечал им с видом таинственным и суетливым. – Где ты была, Маша, – спросил Кирила Петрович, – не встретила ли ты m-r Дефоржа?– Маша насилу могла отвечать отрицательно.

– Вообрази, – продолжал Кирила Петрович, – исправник приехал его схватить и уверяет меня, что это сам Дубровский.

— Все приметы, ваше превосходительство, — сказал почтительно исправник.

— Эх, братец, — прервал Кирила Петрович, — убирайся, знаешь куда, со своими приметами. Я тебе моего француза не выдам, покаместь сам не разберу дела. — Как можно верить на слово Антону Пафнутьичу, трусу и лгуну: ему пригрезилось, что учитель хотел ограбить его. Зачем он в то же утро не сказал мне о том ни слова.

— Француз застращал его, ваше превосходительство, — отвечал исправник, — и взял с него клятву молчать…

— Вранье, — решил Кирила Петрович, — сейчас я все выведу на чистую воду. — Где же учитель? — спросил он у вошедшего слуги.

—Нигде не найдут-с, — отвечал слуга.

— Так сыскать его, — закричал Троекуров, начинающий сумневаться. — Покажи мне твои хваленые приметы,— сказал он исправнику, который тотчас и подал ему бумагу.

— Гм, гм, 23 года … Оно так, да это еще ничего не доказывает. Что же учитель?

— Не найдут-с, — был опять ответ. Кирила Петрович начинал беспокоиться, Марья Кириловна была ни жива, ни мертва. — Ты бледна, Маша, — заметил ей отец, — тебя перепугали.

— Нет, папенька, — отвечала Маша, — у меня голова болит.

— Поди, Маша, в свою комнату и не беспокойся. — Маша поцаловала у него руку и ушла скорее в свою комнату, там она бросилась на постелю и зарыдала в истерическом припадке. Служанки сбежались, раздели ее, насилу-насилу успели ее успокоить холодной водой и всевозможными спиртами — ее уложили, и она впала в усыпление.

Между тем француза не находили. Кирила Петрович ходил взад и вперед по зале, грозно насвистывая Гром победы раздавайся. Гости шептались между собою, исправник казался в дураках — француза не нашли. Вероятно, он успел скрыться, быв предупрежден. Но кем и как? это оставалось тайною.

Било 11, и никто не думал о сне. Наконец Кирила Петрович сказал сердито исправнику:

— Ну что? ведь не до свету же тебе здесь оставаться, дом мой не харчевня, не с твоим проворством, братец, поймать Дубровского, если уж это Дубровский. Отправляйся-ка во-свояси, да вперед будь расторопнее. Да и вам пора домой, — продолжал он, обратясь к гостям. — Велите закладывать — а я хочу спать.

Так немилостиво расстался Троекуров со своими гостями!

ГЛАВА XIII

Прошло несколько времени без всякого замечательного случая. Но в начале следующего лета произошло много перемен в семейном быту Кирила Петровича.

В 30-ти верстах от него находилось богатое поместие князя Верейского. Князь долгое время находился в чужих краях – всем имением его управлял отставной маиор, и никакого сношения не существовало между Покровским и Арбатовым. Но в конце мая месяца князь возвратился из-за границы и приехал в свою деревню, которой от роду еще не видал. Привыкнув к рассеянности, он не мог вынести уединения, и на третий день по своем приезде отправился обедать к Троекурову, с которым был некогда знаком.

Князю было около 50 лет, но он казался гораздо старее. Излишества всякого рода изнурили его здоровие и положили на нем свою неизгладимую печать. Не смотря на то наружность его была приятна, замечательна, а .привычка быть всегда в обществе придавала ему некоторую любезность особенно с женщинами. Он имел непрестанную нужду в рассеянии и непрестанно скучал. Кирила Петрович был чрезвычайно доволен его посещением, приняв оное знаком уважения от человека, знающего свет; он по обыкновению своему стал угощать его смотром своих заведений и повел на псарный двор. Но князь чуть не задохся в собачьей атмосфере, и спешил выдти вон, зажимая нос платком, опрысканным духами. Старинный сад с его стрижеными липами, четвероугольным прудом и правильными аллеями ему не понравился; он любил английские сады и так называемую природу, но хвалил и восхищался; слуга пришел доложить, что кушание поставлено. Они пошли обедать. Князь прихрамывал, устав от своей прогулки, и уже раскаиваясь в своем посещении.

Но в зале встретила их Марья Кириловна, и старый волокита был поражен ее красотой. Троекуров посадил гостя подле ее. Князь был оживлен ее присутствием, был весел и успел несколько раз привлечь ее внимание любопытными своими рассказами. После обеда Кирила Петрович предложил ехать верхом, но князь извинился, указывая на свои бархатные сапоги – и шутя над своею подагрой – он предпочел прогулку в линейке, с тем чтоб не разлучаться с милою своей соседкою. Линейку заложили. Старики и красавица сели втроем и поехали. Разговор не прерывался. Марья Кириловна с удовольствием слушала льстивые и веселые приветствия светского человека, как вдруг Верейский, обратясь к Кирилу Петровичу, спросил у него, что значит это погорелое строение, и ему ли оно принадлежит? – – Кирила Петрович нахмурился; воспоминания, возбуждаемые в нем погорелой усадьбою, были ему неприятны. Он отвечал, что земля теперь его и что прежде принадлежала она Дубровскому. – Дубровскому, – повторил Верейский, – как, этому славному разбойнику? – Отцу его, – отвечал Троекуров, – да и отец-то был порядочный разбойник.

– Куда же девался наш Ринальдо?[100] жив ли он, схвачен ли он?

– И жив и на воле – и покаместь у нас будут исправники за одно с ворами, до тех пор не будет он пойман; кстати, князь, Дубровский побывал ведь у тебя в Арбатове?

– Да, прошлого году он, кажется, что-то сжег или разграбил... Не правда ли, Марья Кириловна, что было бы любопытно познакомиться покороче с этим романтическим героем?

– Чего любопытно! – сказал Троекуров, – она знакома с ним – он целые три недели учил ее музыки, да слава богу не взял ничего за уроки. –Тут Кирила Петрович начал рассказывать повесть о своем французе-учителе. Марья Кириловна сидела как на иголках, Верейский выслушал с глубоким вниманием, нашел все это очень странным, и переменил разговор. Возвратясь он велел подавать свою карету, и не смотря на усильные просьбы Кирила Петровича остаться ночевать, уехал тотчас после чаю. Но прежде просил Кирила Петровича приехать к нему в гости с Марьей Кириловной – и гордый Троекуров обещался, ибо, взяв в уважение княжеское достоинство, две звезды и 3000 душ родового имения, он до некоторой степени почитал князя Верейского себе равным.

Два дня спустя после сего посещения Кирила Петрович отправился с дочерью в гости к князю Верейскому. Подъезжая к Арбатову он не мог не любоваться чистыми и веселыми избами крестьян и каменным господским домом – выстроенным во вкусе английских замков. Перед домом расстилался густозеленый луг, на коем паслись швейцарские коровы, звеня своими колокольчиками. Пространный парк окружал дом со всех сторон. Хозяин встретил гостей у крыльца, и подал руку молодой красавице. Они вошли в великолепную залу, где стол был накрыт на три прибора. Князь подвел гостей к окну, и им открылся прелестный вид. Волга протекала перед окнами, по ней шли нагруженные барки под натянутыми парусами и мелькали рыбачьи лодки, столь выразительно прозванные душегубками. За рекою – тянулись холмы и поля, несколько

---

[100] Ринальдо– Ринальдо-Ринальдини, благородный разбойник из одноименного романа Х. А. Вульпиуса (1762–1827).

деревень оживляли окрестность. Потом они занялись рассмотрением галлерей картин, купленных князем в чужих краях. Князь объяснял Марьи Кириловне их различное содержание, историю живописцев, указывал на достоинство и недостатки. Он говорил о картинах не на условленном языке педантического знатока, но с чувством и воображением. Марья Кириловна слушала его с удовольствием. Пошли за стол. Троекуров отдал полную справедливость винам своего Амфитриона[101] и искусству его повара, а Марья Кириловна не чувствовала ни малейшего замешательства или принуждения в беседе с человеком, которого видела она только во второй раз отроду. После обеда хозяин предложил гостям пойти в сад. Они пили кофей в беседке на берегу широкого озера, усеянного островами. Вдруг раздалась духовая музыка, и шестивесельная лодка причалила к самой беседке. Они поехали по озеру, около островов – посещали некоторые из них – на одном находили мраморную статую, на другом уединенную пещеру, на третьем памятник с таинственной надписью, возбуждавшей в Марьи Кириловне девическое любопытство, не вполне удовлетворенное учтивыми недомолвками князя – время прошло незаметно – начало смеркаться. Князь под предлогом свежести и росы спешил возвратиться домой – самовар их ожидал. Князь просил Марью Кириловну хозяйничать в доме старого холостяка. Она разливала чай – слушая неистощимые рассказы любезного говоруна – вдруг раздался выстрел – и ракетка осветила небо. Князь подал Марье Кириловне шаль и позвал ее и Троекурова на балкон. Перед домом в темноте разноцветные огни вспыхнули, завертелись, поднялись вверх колосьями, пальмами, фонтанами, посыпались дождем, звездами, угасали, и снова вспыхивали. Марья Кириловна веселилась как дитя. Князь Верейской радовался ее восхищению – а Троекуров был чрезвычайно им доволен, ибо принимал tous les frais[102] князя, как знаки уважения и желания ему угодить.

Ужин в своем достоинстве ничем не уступал обеду. Гости отправились в комнаты, для них отведенные, и на другой день поутру расстались с любезным хозяином, дав друг другу обещание вскоре снова увидеться.

ГЛАВА XIV

---

[101] Амфитрион – греческий царь. Его имя стало нарицательным для обозначения гостеприимного хлебосольного хозяина.
[102] все расходы (фр.).

Марья Кириловна сидела в своей комнате, вышивая в пяльцах, перед открытым окошком. Она не путалась шелками, подобно любовнице Конрада, которая в любовной рассеянности вышила розу зеленым шелком. Под ее иглой канва повторяла безошибочно узоры подлинника, не смотря на то ее мысли не следовали за работой, они были далеко.

Вдруг в окошко тихонько протянулась рука — кто-то положил на пяльцы письмо и скрылся, прежде чем Марья Кириловна успела образумиться. В это самое время слуга к ней вошел и позвал ее к Кирилу Петровичу. Она с трепетом спрятала письмо за косынку, и поспешила к отцу — в кабинет.

Кирила Петрович был не один. Князь Верейский сидел у него. При появлении Марьи Кириловны князь встал и молча поклонился ей с замешательством для него необыкновенным. — Подойди сюда, Маша, — сказал Кирила Петрович, — скажу тебе новость, которая, надеюсь, тебя обрадует. Вот тебе жених, князь тебя сватает.

Маша остолбенела, смертная бледность покрыла ее лицо. Она молчала. Князь к ней подошел, взял ее руку и с видом тронутым спросил: согласна ли она сделать его счастие. Маша молчала.

— Согласна, конечно, согласна, — сказал Кирила Петрович, — но знаешь, князь: девушке трудно выговорить это слово. Ну, дети, поцалуйтесь и будьте счастливы.

Маша стояла неподвижно, старый князь поцаловал ее руку, вдруг слезы побежали по ее бледному лицу. Князь слегка нахмурился.

— Пошла, пошла, пошла, — сказал Кирила Петрович, — осуши свои слезы, и воротись к нам веселешенька. Они все плачут при помолвке, — продолжал он, обратясь к Верейскому, — это у них уж так заведено... Теперь, князь, поговорим о деле — т. е. о приданом.

Марья Кириловна жадно воспользовалась позволением удалиться. Она побежала в свою комнату, заперлась и дала волю своим слезам, воображая себя женою старого князя; он вдруг показался ей отвратительным и ненавистным — — брак пугал ее как плаха, как могила... «Нет, нет, — повторяла она в отчаянии, — лучше умереть, лучше в монастырь, лучше пойду за Дубровского». Тут она вспомнила о письме, и жадно бросилась его читать, предчувствуя, что оно было от него. В самом деле оно было писано им — и заключало только следующие слова: «Вечером в 10 час. на прежнем месте».

ГЛАВА XV

Луна сияла – июльская ночь была тиха – изредка подымался ветерок, и легкий шорох пробегал по всему саду.

Как легкая тень молодая красавица приблизилась к месту назначенного свидания. Еще никого не было видно, вдруг из-за беседки очутился Дубровский перед нею.

– Я все знаю, – сказал он ей тихим и печальным голосом. – Вспомните ваше обещание.

– Вы предлагаете мне свое покровительство, – отвечала Маша, – но не сердитесь – оно пугает меня. Каким образом окажете вы мне помочь?

– Я бы мог избавить вас от ненавистного человека.

– Ради бога, не трогайте его, не смейте его тронуть, если вы меня любите – я не хочу быть виною какого-нибудь ужаса...

– Я не трону его, воля ваша для меня священна. Вам обязан он жизнию. Никогда злодейство не будет совершено во имя ваше. Вы должны быть чисты даже и в моих преступлениях. Но как же спасу вас от жестокого отца?

– Еще есть надежда. Я надеюсь тронуть его моими слезами и отчаянием. Он упрям, но он так меня любит.

– Не надейтесь по пустому: в этих слезах увидит он только обыкновенную боязливость и отвращение, общее всем молодым девушкам, когда идут они замуж не по страсти, а из благоразумного расчета; что если возьмет он себе в голову сделать счастие ваше вопреки вас самих; если насильно повезут вас под венец, чтоб навеки предать судьбу вашу во власть старого мужа...

– Тогда, тогда делать нечего, явитесь за мною – я буду вашей женою.

Дубровский затрепетал – бледное лицо покрылось багровым румянцем, и в ту же минуту стало бледнее прежнего. Он долго молчал – потупя голову.

– Соберитесь с всеми силами души, умоляйте отца, бросьтесь к его ногам: представьте ему весь ужас будущего, вашу молодость, увядающую близ хилого и развратного старика – решитесь на жестокое объяснение; скажите, что если он останется неумолим, то... то вы найдете ужасную защиту... скажите, что богатство не доставит вам ни одной минуты счастия; роскошь утешает одну бедность, и то с непривычки на одно мгновение; не отставайте от него, не пугайтесь ни его гнева, ни угроз – пока останется хоть тень надежды, ради бога, не отставайте. Если ж не будет уже другого средства...

Тут Дубровский закрыл лицо руками, он, казалось, задыхался – Маша плакала…

– Бедная, бедная моя участь, – сказал он, горько вздохнув. – За вас отдал бы я жизнь, видеть вас издали, коснуться руки вашей было для меня упоением. И когда открывается для меня возможность прижать вас к волнуемому сердцу и сказать: Ангел умрем! бедный, я должен остерегаться от блаженства – я должен отдалять его всеми силами… Я не смею пасть к вашим ногам, благодарить небо за непонятную незаслуженную награду. О как должен я ненавидеть того – но чувствую – теперь в сердце моем нет места ненависти.

Он тихо обнял стройный ее стан и тихо привлек ее к своему сердцу. Доверчиво склонила она голову на плечо молодого разбойника. Оба молчали.

Время летело. – Пора, – сказала наконец Маша. Дубровский как будто очнулся от усыпления. Он взял ее руку и надел ей на палец кольцо.

– Если решитесь прибегнуть ко мне, – сказал он, – то принесите кольцо сюда, опустите его в дупло этого дуба – я буду знать, что делать.

Дубровский поцаловал ее руку и скрылся между деревьями.

ГЛАВА XVI

Сватовство князя Верейского не было уже тайною для соседства – Кирила Петрович принимал поздравления, свадьба готовилась. Маша день ото дня отлагала решительное объявление. Между тем обращение ее со старым женихом было холодно и принужденно. Князь о том не заботился. Он о любви не хлопотал, довольный ее безмолвным согласием.

Но время шло. Маша наконец решилась действовать – и написала письмо князю Верейскому; она старалась возбудить в его сердце чувство великодушия, откровенно признавалась, что не имела к нему ни малейшей привязанности, умоляла его отказаться от ее руки и самому защитить ее от власти родителя. Она тихонько вручила письмо князю Верейскому, тот прочел его наедине и нимало не был тронут откровенностью своей невесты. Напротив, он увидел необходимость ускорить свадьбу и для того почел нужным показать письмо будущему тестю.

Кирила Петрович взбесился; насилу князь мог уговорить его не показывать Маше и виду, что он уведомлен о ее письме. Кирила Петрович согласился ей о том не говорить, но решился не тратить времени и назначил быть свадьбе на другой же день. Князь нашел сие весьма благоразумным, пошел к своей невесте, сказал ей, что письмо очень его опечалило, но что он надеется современем заслужить ее привязанность, что мысль ее лишиться слишком для него тяжела, и что он не в силах согласиться на свой смертный приговор. За сим он почтительно поцеловал ее руку и уехал, не сказав ей ни слова о решении Кирила Петровича.

Но едва успел он выехать со двора, как отец ее вошел, и напрямик велел ей быть готовой на завтрашний день. Марья Кириловна, уже взволнованная объяснением князя Верейского, залилась слезами и бросилась к ногам отца. – Папинька, – закричала она жалобным голосом, – папенька, не губите меня, я не люблю князя, я не хочу быть его женою...

– Это что значит, – сказал грозно Кирила Петрович, – до сих пор ты молчала и была согласна, а теперь, когда все решено, ты вздумала капризничать и отрекаться Не изволь дурачиться; этим со мною ты ничего не выиграешь.

– Не губите меня, – повторяла бедная Маша, – за что гоните меня от себя прочь, и отдаете человеку нелюбимому, разве я вам надоела, я хочу остаться с вами по прежнему. Папенька, вам без меня будет грустно, еще грустнее, когда подумаете, что я несчастлива, папенька: не принуждайте меня, я не хочу идти замуж...

Кирила Петрович был тронут, но скрыл свое смущение и оттолкнув ее сказал сурово:

– Все это вздор, слышишь ли. Я знаю лучше твоего, что нужно для твоего счастия. Слезы тебе не помогут, послезавтра будет твоя свадьба.

– Послезавтра, – вскрикнула Маша, – боже мой! Нет, нет, невозможно, этому не быть. Папенька, послушайте, если уже вы решились погубить меня, то я найду защитника, о котором вы и не думаете, вы увидите, вы ужаснетесь, до чего вы меня довели.

– Что? что? – сказал Троекуров, – угрозы! мне угрозы, – дерзкая девчонка! – Да знаешь ли ты, что я с тобою сделаю то, чего ты и не воображаешь. Ты смеешь меня стращать защитником. Посмотрим, кто будет этот защитник.

– Владимир Дубровский, – отвечала Маша в отчаянии.

Кирила Петрович подумал, что она сошла с ума, и глядел на нее с изумлением. – Добро, – сказал он ей, после некоторого молчания, – жди себе кого хочешь в избавители, а покаместь сиди в этой комнате, ты из нее не выдешь до самой свадьбы. – С этим словом Кирила Петрович вышел и запер за собою двери.

Долго плакала бедная девушка, воображая все, что ожидало ее, но бурное объяснение облегчило ее душу, и она спокойнее могла рассуждать о своей участи и о том, что надлежало ей делать. Главное было для нее: избавиться от ненавистного брака; участь супруги разбойника казалась для нее раем в сравнении со жребием, ей уготованным. Она взглянула на кольцо, оставленное ей Дубровским. Пламенно желала она с ним увидеться наедине и еще раз перед решительной минутой долго посоветоваться. Предчувствие сказывало ей, что вечером найдет она Дубровского в саду, близ беседки; она решилась пойти ожидать его там – как только станет смеркаться. Смерклось – Маша приготовилась, но дверь ее заперта на ключ. Горничная отвечала ей из-за двери, что Кирила Петрович не приказал ее выпускать. Она была под арестом. Глубоко оскорбленная, она села под окошко, и до глубокой ночи сидела не раздеваясь, неподвижно глядя на темное небо. На рассвете она задремала, но тонкий сон ее был встревожен печальными видениями и лучи восходящего солнца уже разбудили ее.

ГЛАВА XVII

Она проснулась, и с первой мыслью представился ей весь ужас ее положения. Она позвонила, девка вошла и на вопросы ее отвечала, что Кирила Петрович вечером ездил в Арбатово и возвратился поздно, что он дал строгое приказание не выпускать ее из ее комнаты и смотреть за тем, чтоб никто с нею не говорил – что впрочем не видно никаких особенных приготовлений к свадьбе, кроме того, что велено было попу не отлучаться из деревни ни под каким предлогом. После сих известий девка оставила Марью Кириловну и снова заперла двери.

Ее слова ожесточили молодую затворницу – голова ее кипела – кровь волновалась – она решилась дать знать обо всем Дубровскому и стала искать способа отправить кольцо в дупло заветного дуба; в это время камушек ударился в окно ее, стекло зазвенело – и Марья Кириловна взглянула на двор и увидела маленького Сашу, делающего ей тайные знаки. Она знала его привязанность и обрадовалась ему. Она отворила окно.

– Здравствуй, Саша, – сказала она, – зачем ты меня зовешь? – Я пришел, сестрица, узнать от вас, не надобно ли вам чего-нибудь. Папенька сердит и запретил всему дому вас слушаться, но велите мне сделать, что вам угодно, и я для вас все сделаю.

– Спасибо, милый мой Сашинька, слушай: ты знаешь старый дуб с дуплом, что у беседки?

– Знаю, сестрица.

– Так если ты меня любишь, сбегай туда поскорей, и положи в дупло вот это кольцо, да смотри же, чтоб никто тебя не видал.

С этим словом она бросила ему кольцо и заперла окошко.

Мальчик поднял кольцо, во весь дух пустился бежать – и в три минуты очутился у заветного дерева. Тут он остановился, задыхаясь, оглянулся во все стороны и положил колечко в дупло. Окончив дело благополучно, хотел он тот же час донести о том Марьи Кириловне, как вдруг рыжий и косой оборванный мальчишка мелькнул из-за беседки, кинулся к дубу и запустил руку в дупло. Саша быстрее белки бросился к нему и зацепился за, его обеими руками.

– Что ты здесь делаешь? – сказал он грозно.

– Тебе како дело? – отвечал мальчишка, стараясь от него освободиться.

– Оставь это кольцо, рыжий заяц, – кричал Саша, – или я проучу тебя по-свойски.

Вместо ответа тот ударил его кулаком по лицу, но Саша его не выпустил – и закричал во все горло: – Воры, воры – сюда, сюда…

Мальчишка силился от него отделаться. Он был повидимому двумя годами старее Саши, и гораздо его сильнее, но Саша был увертливее. Они боролись несколько минут, наконец рыжий мальчик одолел. Он повалил Сашу на земь и схватил его за горло.

Но в это время сильная рука вцепилась в его рыжие и щетинистые волосы и садовник Степан приподнял его на пол-аршина от земли…

– Ах, ты, рыжая бестия, – говорил садовник, – да как ты смеешь бить маленького барина…

Саша успел вскочить и оправиться. – Ты меня схватил под силки, – сказал он, – а то бы никогда меня не повалил. Отдай сейчас кольцо, и убирайся.

– Как не так, – отвечал рыжий, и вдруг перевернувшись на одном месте, освободил свои щетины от руки Степановой. Тут он пустился было бежать, но Саша догнал его, толкнул в спину, и мальчишка упал со всех ног – садовник снова его схватил и связал кушаком.

– Отдай кольцо!

– Погоди, барин, – сказал Степан, – мы сведем его на расправу к приказчику.

Садовник повел пленника на барской двор, а Саша его сопровождал, с беспокойством поглядывая на свои шаровары, разорванные и замаранные зеленью. Вдруг все трое очутились перед Кирилом Петровичем, идущим осматривать свою конюшню.

– Это что? – спросил он Степана.

Степан в коротких словах описал все происшедствие. Кирила Петрович выслушал его со вниманием.

– Ты, повеса, – сказал он, обратясь к Саше, – за что ты с ним связался?

– Он украл из дупла кольцо, папенька, прикажите отдать кольцо.

– Какое кольцо, из какого дупла?

– Да мне Марья Кириловна… да то кольцо…

Саша смутился, спутался. Кирила Петрович нахмурился – и сказал, качая головою:

– Тут замешалась Марья Кириловна. Признавайся во всем, или так отдеру тебя розгою, что ты и своих не узнаешь.

– Ей-богу, папенька, я, папенька – – Мне Марья Кириловна ничего не приказывала, папенька.

– Степан, ступай-ка да срежь мне хорошенькую, свежую березовую розгу

– Постойте, папенька, я все вам расскажу. Я сегодня бегал по двору, а сестрица Марья Кириловна открыла окошко – и я подбежал – и сестрица не нарочно уронила кольцо, и я спрятал его в дупло, и... и... этот рыжий мальчик хотел кольцо украсть.

– Не нарочно уронила, а ты хотел спрятать – – Степан, ступай за розгами.

– Папенька, погодите, я все расскажу. Сестрица Марья Кириловна велела мне сбегать к дубу и положить кольцо в дупло, я и сбегали положил кольцо – а этот скверный мальчик…

Кирила Петрович обратился к скверному мальчику – и спросил его грозно:

– Чей ты?

– Я дворовый человек господ Дубровских, – отвечал рыжий мальчик.

Лицо Кирила Петровича омрачилось.

– Ты, кажется, меня господином не признаешь, добро, – отвечал он. – А что ты делал в моем саду?

– Малину крал, – отвечал мальчик с большим равнодушием.

– Ага, слуга в барина: каков поп, таков и приход, а малина разве растет у меня на дубах?

Мальчик ничего не отвечал.

– Папенька, прикажите ему отдать кольцо, – сказал Саша.

– Молчи, Александр, – отвечал Кирила Петрович, – не забудь, что я собираюсь с тобою разделаться. Ступай в свою комнату. Ты – косой – ты мне кажешься малый не промах. – Отдай кольцо и ступай домой.

Мальчик разжал кулак и показал, что в его руке не было ничего.

– Если ты мне во всем признаешься, так я тебя не высеку, дам еще пятак на орехи. Не то, я с тобою сделаю то, чего ты не ожидаешь. Ну!

Мальчик не отвечал ни слова и стоял, потупя голову и приняв на себя вид настоящего дурачка.

– Добро, – сказал Кирила Петрович, – запереть его куда-нибудь, да смотреть, чтоб он не убежал – или со всего дома шкуру спущу.

Степан отвел мальчишку на голубятню, запер его там, и приставил смотреть за ним старую птичницу Агафию.

– Сейчас ехать в город за исправником, – сказал Кирила Петрович, проводив мальчика глазами, – да как можно скорее.

– Тут нет никакого сомнения. Она сохранила сношения с проклятым Дубровским. Но ужели и в самом деле она звала его на помощь? – думал Кирила Петрович, расхаживая по комнате и сердито насвистывая: Гром победы. – Может. быть, я наконец нашел на его горячие следы, и он от нас не увернется. Мы воспользуемся этим случаем. Чу! колокольчик, слава богу, это исправник.

– Гей, привести сюда мальчишку пойманного.

Между тем тележка въехала на двор, и знакомый уже нам исправник вошел в комнату весь запыленный.

– Славная весть, – сказал ему Кирила Петрович, – я поймал Дубровского.

– Слава богу, ваше превосходительство, – сказал исправник с видом обрадованным, – где же он?

– То есть не Дубровского, а одного из его шайки. Сейчас его приведут. Он пособит нам поймать самого атамана. Вот его и привели.

Исправник, ожидавший грозного разбойника, был изумлен, увидев 13-летнего мальчика, довольно слабой наружности. Он с недоумением обратился к Кирилу Петровичу и ждал объяснения. Кирила Петрович стал тут же рассказывать утреннее происшедствие, не упоминая однако ж о Марьи Кириловне.

Исправник выслушал его со вниманием, поминутно взглядывая на маленького негодяя, который, прикинувшись дурачком, казалось не обращал никакого внимания на все, что делалось около него.

– Позвольте, ваше превосходительство, переговорить с вами наедине, – сказал наконец исправник.

Кирила Петрович повел его в другую комнату и запер за собою дверь.

Через полчаса они вышли опять в залу, где невольник ожидал решения своей участи.

– Барин хотел, – сказал ему исправник, – посадить тебя в городской острог, выстегать плетьми и сослать потом на поселение – но я вступился за тебя и выпросил тебе прощение. – Развязать его.

Мальчика развязали.

– Благодари же барина, – сказал исправник. Мальчик подошел к Кирилу Петровичу и поцаловал у него руку.

– Ступай себе домой, – сказал ему Кирила Петрович, – да вперед не крадь малины по дуплам.

Мальчик вышел, весело спрыгнул с крыльца и пустился бегом не оглядываясь через поле в Кистеневку. Добежав до деревни, он остановился у полуразвалившейся избушки, первой с края, и постучал в окошко – окошко поднялось, и старуха показалась. – Бабушка, хлеба, – сказал мальчик, – я с утра ничего не ел, умираю с голоду.

– Ах, это ты, Митя, да где ж ты пропадал, бесенок, – отвечала старуха.

– После расскажу, бабушка, ради бога хлеба. – Да войди ж в избу. – Некогда, бабушка, – мне надо сбегать еще в одно место. Хлеба, ради Христа, хлеба. – Экой непосед, – проворчала старуха, – на, вот тебе ломотик, – и сунула в окошко ломоть черного хлеба. Мальчик жадно его прикусил и жуя мигом отправился далее.

Начинало смеркаться. Митя пробирался овинами и огородами в Кистеневскую рощу. Дошедши до двух сосен, стоящих передовыми стражами рощи, он остановился, оглянулся во все стороны, свистнул свистом пронзительным и отрывисто и стал слушать; легкий и продолжительный свист послышался ему в ответ, кто-то вышел из рощи и приблизился к нему.

ГЛАВА XVIII

Кирила Петрович ходил взад и вперед по зале, громче обыкновенного насвистывая свою песню; весь дом был в движении – слуги бегали, девки суетились – в сарае кучера закладывали карету – на дворе толпился народ. В уборной барышни, перед зеркалом, дама, окруженная служанками, убирала бледную, неподвижную Марью Кириловну, голова ее томно клонилась под тяжестью брилиантов, она слегка вздрагивала, когда неосторожная рука укалывала ее, но молчала, бессмысленно глядясь в зеркало.

– Скоро ли? – раздался у дверей голос Кирила Петровича. – Сию минуту, – отвечала дама, – Марья Кириловна, встаньте, посмотритесь; хорошо ли? – Марья Кириловна встала и не отвечала ничего. Двери отворились. – Невеста готова, – сказала дама Кирилу Петровичу, – прикажите садиться в карету. – С богом, – отвечал Кирила Петрович, и взяв со стола образ, – подойди ко мне, Маша, – сказал он ей тронутым голосом, – благословляю тебя... – Бедная девушка упала ему в ноги и зарыдала. – Папинька... папинька... – говорила она в слезах, и голос ее замирал. Кирила Петрович спешил ее благословить – ее подняли и почти понесли в карету. С нею села посаженая мать – и одна из служанок. Они поехали в церковь. Там жених уж их ожидал. Он вышел навстречу невесты, и был поражен ее бледностию и странным видом. Они вместе вошли в холодную, пустую церковь – за ними заперли двери. Священник вышел из алтаря и тотчас же начал. Марья Кириловна ничего не видала, ничего не слыхала, думала об одном, с самого утра она ждала Дубровского, надежда ни на минуту ее не покидала, но когда священник обратился к ней с обычными вопросами, она содрогнулась и обмерла – но еще медлила, еще ожидала; священник, не дождавшись ее ответа, произнес невозвратимые слова.

Обряд был кончен. Она чувствовала холодный поцалуй немилого супруга, она слышала веселые поздравления присутствующих и все еще не могла поверить, что жизнь ее была навеки окована, что Дубровский не прилетел освободить ее. Князь обратился к ней с ласковыми словами, она их не поняла, они вышли из церкви, на паперти толпились крестьяне из Покровского. Взор ее быстро их обежал – и снова оказал прежнюю бесчувственность. Молодые сели вместе в карету и поехали в Арбатово, туда уже отправился Кирила Петрович, дабы встретить там молодых. Наедине с молодою женой князь нимало не был смущен ее холодным видом. Он не стал докучать ее приторными изъяснениями и смешными восторгами, Слова его были просты, и не требовали ответов. Таким образом проехали они около 10 верст, лошади неслись быстро по кочкам проселочной дороги, и карета почти не качалась на своих английских рессорах. Вдруг раздались крики погони, карета остановилась, толпа вооруженных людей окружила ее, и человек в полу-маске, отворив дверцы со стороны, где сидела молодая княгиня, сказал ей: – Вы свободны, выходите. – Что это значит,– закричал князь, – кто ты такой?.. – Это Дубровский, – сказала княгиня. Князь, не теряя присутствия духа, вынул из бокового кармана дорожный пистолет и выстрелил в маскированного разбойника. Княгиня вскрикнула, и с ужасом закрыла лицо обеими руками. Дубровский был ранен в плечо, кровь показалась. Князь, не теряя ни минуты, вынул другой пистолет, но ему не дали времени выстрелить, дверцы растворились, и несколько сильных рук вытащили его из кареты и вырвали у него пистолет. Над ним засверкали ножи. – Не трогать его! – закричал Дубровский, – и мрачные его сообщники отступили. – Вы свободны, – продолжал Дубровский, обращаясь к бледной княгине. – Нет, – отвечала она. – Поздно – я обвенчана, я жена князя Верейского. – Что вы говорите, – закричал с отчаяния Дубровский, – нет, вы не жена его, вы были приневолены, вы никогда не могли согласиться… – Я согласилась, я дала клятву, –

возразила она с твердостию, – князь мой муж, прикажите освободить его, и оставьте меня с ним. Я не обманывала. Я ждала вас до последней минуты… Но теперь, говорю вам, теперь поздно. Пустите нас.

Но Дубровский уже ее не слышал, боль раны и сильные волнения души – лишили его силы. Он упал у колеса, разбойники окружили его. Он успел сказать им несколько слов, они посадили его верхом, двое из них его поддерживали, третий взял лошадь под устцы, и все поехали в сторону, оставя карету посреди дороги, людей связанных, лошадей отпряженных, но не разграбя ничего и не пролив ни единой капли крови, в отмщение за кровь своего атамана.

ГЛАВА XIX

Посреди дремучего леса на узкой лужайке возвышалось маленькое земляное укрепление, состоящее из вала и рва, за коими находилось несколько шалашей и землянок.

На дворе множество людей, коих по разнообразию одежды и по общему вооружению можно было тотчас признать за разбойников, обедало, сидя без шапок, около братского котла. На валу подле маленькой пушки сидел караульный, поджав под себя ноги; он вставлял заплатку в некоторую часть своей одежды, владея иголкою и искусством, обличающим опытного портного – и поминутно посматривал во все стороны.

Хотя некоторый ковшик несколько раз переходил из рук в руки, странное молчание царствовало в сей толпе – разбойники отобедали, один после другого вставал и молился богу, некоторые разошлись по шалашам, – а другие разбрелись по лесу – или прилягли соснуть, по русскому обыкновению.

Караульщик кончил свою работу, встряхнул свою рухлядь, полюбовался заплатою, приколол к рукаву иголку – сел на пушку верхом и запел во все горло меланхолическую старую песню:

Не шуми, мати зеленая дубровушка,
Не мешай мне молодцу думу думати.

В это время дверь одного из шалашей отворилась, и старушка в белом чепце, опрятно и чопорно одетая, показалась у порога.

— Полно тебе, Степка, — сказала она сердито, — барин почивает, а ты знай горланишь — нет у вас ни совести, ни жалости.

— Виноват, Егоровна, — отвечал Степка, — ладно, больше не буду, пусть он себе, наш батюшка, почивает да выздоравливает.

Старушка ушла, а Степка стал расхаживать по валу.

В шалаше, из которого вышла старуха, за перегородкою, раненый Дубровский лежал на походной кровате. Перед ним на столике лежали его пистолеты, а сабля висела в головах. Землянка устлана и обвешана была богатыми коврами, в углу находился женской серебряный туалет и трюмо. Дубровский держал в руке открытую книгу, но глаза его были закрыты. И старушка, поглядывающая на него из-за перегородки, не могла знать, заснул ли он или только задумался.

Вдруг Дубровский вздрогнул — в укреплении сделалась тревога — и Степка просунул к нему голову в окошко. — Батюшка, Владимир Андреевич, — закричал он, — наши знак подают, нас ищут. Дубровский вскочил с кровати, схватил оружие, и вышел из шалаша. Разбойники с шумом толпились на дворе, при его появлении настало глубокое молчание.

— Все ли здесь? — спросил Дубровский.

— Все, кроме дозорных, — отвечали ему.

— По местам! — закричал Дубровский.

И разбойники заняли каждый определенное место. В сие время трое дозорных прибежали к воротам — Дубровский пошел к ним навстречу.

— Что такое? — спросил он их.

— Солдаты в лесу, — отвечали они, — нас окружают.

Дубровский велел запереть вороты — и сам пошел освидетельствовать пушечку. По лесу раздалось несколько голосов — и стали приближаться — разбойники ожидали в безмолвии. Вдруг три или четыре солдата показались из лесу — и тотчас подались назад, выстрелами дав знать товарищам. — Готовиться к бою, — сказал Дубровский, и между разбойниками сделался шорох — снова все утихло. Тогда услышали шум приближающейся команды, оружия блеснули между деревьями, человек полтораста солдат высыпало из лесу и с криком устремились на вал. Дубровский приставил фитиль, выстрел был удачен: одному оторвало голову, двое были ранены. Между солдатами произошло смятение, но офицер бросился вперед, солдаты за ним последовали и сбежали в ров; разбойники выстрелили в них из ружей и пистолетов, и стали с топорами в руках защищать вал, на который лезли остервенелые солдаты, оставя во рву человек двадцать раненых товарищей. Рукопашный бой завязался — солдаты уже были на валу — разбойники начали уступать, но Дубровский, подошед к офицеру, приставил ему пистолет ко груди и выстрелил, офицер грянулся навзничь, несколько солдат подхватили его на руки и спешили унести в лес, прочие, лишась начальника, остановились. Ободренные разбойники воспользовались сей минутою недоумения, смяли их, стеснили в ров, осаждающие побежали – разбойники с криком устремились за ними. Победа была решена. Дубровский, полагаясь на совершенное расстройство неприятеля, остановил своих, и заперся в крепости, приказав подобрать раненых, удвоив караулы и никому не велев отлучаться.

Последние происшедствия обратили уже не на шутку внимание правительства на дерзновенные разбои Дубровского. Собраны были сведения о его местопребывании. Отправлена была рота солдат дабы взять его мертвого или живого. Поймали несколько человек из его шайки и узнали от них, что уж Дубровского между ими не было. Несколько дней после ….. он собрал всех своих сообщников, объявил им, что намерен навсегда их оставить, советовал и им переменить образ жизни. – Вы разбогатели под моим начальством, каждый из вас имеет вид, с которым безопасно может пробраться в какую-нибудь отдаленную губернию и там провести остальную жизнь в честных трудах и в изобилии. Но вы все мошенники и, вероятно, не захотите оставить ваше ремесло. – После сей речи он оставил их, взяв с собою одного **. Никто не знал, куда он девался. Сначала сумневались в истине сих показаний – приверженность разбойников к атаману была известна. Полагали, что они старались о его спасении. Но последствия их оправдали – грозные посещения, пожары и грабежи прекратились. Дороги стали свободны. По другим известиям узнали, что Дубровский скрылся за границу.

СПИСОК

КАПИТАНСКАЯ ДОЧКА	1
ЕГИПЕТСКИЕ НОЧИ	86
ПИКОВАЯ ДАМА	98
КИРДЖАЛИ	119
РОСЛАВЛЕВ	124
АРАП ПЕТРА ВЕЛИКОГО	150
ДУБРОВСКИЙ	159

CPSIA information can be obtained
at www.ICGtesting.com
Printed in the USA
BVHW030745180920
588723BV00019B/163